以史为鉴知用人
化识达智早成才

人才鉴要——中国人才思想原典

徐颂陶 余兴安 编著

中国人事出版社

图书在版编目(CIP)数据

人才鉴要：中国人才思想原典/徐颂陶，余兴安编著. —北京：中国人事出版社，2011

ISBN 978-7-5129-0097-4

Ⅰ.①人… Ⅱ.①徐…②余… Ⅲ.①人才学-思想评论-中国-古代 Ⅳ.①C96-092

中国版本图书馆 CIP 数据核字(2011)第 149156 号

中国人事出版社出版发行

(北京市惠新东街 1 号　邮政编码：100029)

出 版 人：张梦欣

*

新华书店经销

保定市中画美凯印刷有限公司印刷装订

787 毫米×960 毫米　16 开本　30.75 印张　440 千字

2011 年 8 月第 1 版　2011 年 8 月第 1 次印刷

定价：58.00 元

读者服务部电话：010-84643933/64929211/64921644

发行部电话：010-64961894

出版社网址：http://www.renshipublish.com

序

张柏林

人才资源是第一资源，是一个国家、一个地区经济社会发展中最为重要的战略资源。当前世界范围内的激烈竞争，归根到底是人才的竞争。

我们国家历来重视人才资源的开发，积累了丰富的理论和实践经验。在最近召开的全国人才工作会议上，胡锦涛总书记强调，要培养造就规模宏大、结构优化、布局合理、素质优良的人才队伍，确立国家人才竞争比较优势，进入世界人才强国行列。为实现这一宏伟的人才战略目标，我们必须认真学习领会全国人才工作会议精神，学习一切对我们有用的人才理论和实践经验。延绵数千年灿烂文明的中华民族传统文化中，就包括着优秀的古代人才思想。这些熠熠生辉的人才学思想，穿越千年时空，经受历史考验，至今依然充满着生机和活力。可以说，古代人才思想与当今人才理论一脉相承，值得我们好好学习和借鉴。

学习古代人才思想，有助于树立正确的人才观。古代圣贤认为，人才价值高于其他任何物质资源。一个国家从弱小走向强大，并能永葆昌盛，关键在人才。人才之于国家，犹椽檩之于庙堂。房屋的高度和坚固程度取决于椽檩，国家的安定和兴旺发达则有赖于人才。一个国家、一个朝代的衰败和灭亡，往往是因为忽视人才、选错人才甚至摧残人才所致。古人关于人才价值的论述，对于当前我们树立人才竞争力是国家竞争力的关键，人才是国家经济社会发展竞争力的核心等理念提供了重要历史依据。

学习古代人才思想，要善于借鉴和运用古人的成才论。如何实现从人力资源大国迈向人才资源强国，如何形成人才辈出、人尽其才的生动局面，是党和政府关切的重要命题。这方面，古人有很多思想值得我们学习。古人认为人才的成功不仅依赖于主观因素，也依赖于客观因素。主观因素是个人修养，“自天子以至于庶人，壹是皆以修身为本”。客观因素是教育培养，“玉不琢，不成器；人不学，不知义。”古人早就认识到良好的社会环境是人成才的重要保障。值此盛世，我们要不断改革完善人才工作的体制机制、积极推进人才服务体系建设，为人才成长和发挥作用创造良好的外部环境和条件。

学习古代人才思想，要努力掌握古人的用人之道，真正用好人才。培养和发现人才固然重要，但目的在于使用。用好人才关键是掌握正确的用人标准，扬长避短，使其各得其所。古人既重视人才的能力，更看重人才的品德。把德当成人才是否堪用的第一标准，并往往把政治上是否忠于统治集团、拥护其主张放在首位。古人还认为，人才各异，要人尽其才，用其所专。尺有所短，寸有所长。要量才任用，将人才置于合适的岗位。这些思想和观点，对当前深刻理解“人才优先、使用为本”的人才工作基本方针有很强的借鉴意义。

学习古代人才思想，要善于结合实际，努力掌握和应用古人的识才之术。古人对人才的界定并不刻板，不同的人对人才的界定不一样，但核心的东西亘古不变，即人才必须能为国家民族作出贡献，能有利于社会和他人。古人的识才术为我们提供了一个很好的视角。“试玉要烧三日满，辨才须待七年期”，这既说明识才的难度，也强调了从实践中识才的重要性。实践是发现和检验人才的主要途径，通过考核，变相马为赛马是古人发现人才的重要手段。学习古人的识才术，有助于我们更好地选拔任用人才。

学习古代人才思想，要坚持学习和发展古人对人才的激励保障举措。古人重视人才的激励奖惩，把赏罚作为区分善恶、选举英才、教化百姓的重要手段，正所谓“无德不贵，无能不官，无功不赏，无罪不罚”。通过激励，引导人才向善。古人还重视人才保障，这些保障不仅包括必要的衣食住行等物质方面，还包括情感归宿，做到善待人才、信任人才，给予一定的荣誉等等。

我国古代人才思想和人才实践的掌故典籍，如熠熠星河，灿烂繁盛。为从众多典籍中汲取精华，徐颂陶等同志不辞繁琐，从先秦至明清浩如烟海的典籍中，精选了有代表性的300多篇原典，编著成《人才鉴要——中国人才思想原典》一书，展示了我国古代人才思想瑰宝和被实践证明行之有效的成功范例。在书中作者分门别类，按照逻辑关系编纂为人才价值、成才之路、用才之道、识才之术和激励保障五部分，又对每一篇短论进行必要的注释，译成通俗易懂的白话文，并辅以精练的导读说明。我相信，该书的出版，对于我们更好地汲取古人思想精华，结合当前实际，创新人才理论，促进我国人才事业的发展，必将有所裨益。

是为序。

2011年3月于北京

---

* 作者系全国人大政法委副主任、中央组织部原常务副部长、原人事部部长。

前　言

中国古代人才思想已有几千年历史，它是我国传统文化的重要组成部分，无论对我国还是对西方现代文明的发展，都发生过深刻的影响。但由于种种原因，研究古代人才思想的学者寥寥，著作更若晨星，很多观点史无定论、学无确解。当前，我们恰逢人才盛世，人才资源开发提上了重要战略地位，人才学术研究开始活跃，国外学术思想源源流入，作为具有重大思想文化价值的优秀古代人才思想，亟待进行研究开发，发扬光大。

一、中国古代人才思想界说

研究探索中国古代人才思想，首先要准确界定其对象、范围和内涵。顾名思义，人才是指德才兼备，具有超乎一般才能的人，或者说具有一定知识或技能，能进行创造性劳动，为国家和人民作出重要贡献的人。思想是指人们对宇宙、社会、人生所思所想的描述和解释体系。据此理解，人才思想是指人们对人才的含义、标准、价值及其成长与管理规律的认识和主张。人才制度作为人才思想在管理上的体现，其具体内容及其评价，是人才思想的延续和发展，亦应为人才思想的重要内容。从时间上说，古代即指从先秦到清代。

人才思想和任何其他思想一样，都会沿着社会的演替而演替，随着时代的变化而变化。各个时代都有各个时代的人才问题，特别是主导性问题。在解决人才问题的过程中，形成一定的共识和思路，造就了时代需要的人才思想、人才制度和管理模式，体现了不同时代的特点和主流思想。在同一个时代，由于各个学者的师传学脉、价值观念、思维方式、学术思想和学者视野的不同，也会出现对人才问题、人才现象的多元化、多样性的理解。两者一起构成一个时代的人才思想。

综上所述，人才思想具有以下几个特点：一是人才思想是人类社会进化过程中衍生出来或创造出来的精神财富，它是反映人们对人才问题、人才现象的所思所想的描述和解释体系。二是人才思想是一定经济、文化和社会制度的反映，具有普遍性、民族性和国度性，特别是主流人才思想及其指导下制定的人事人才管理制度，为一个社会群体成员所接受和遵循。三是人才思想具有相互联系性和传递性。表现在纵向上，人才思想代代相传、相互影响；在横向上，不同地域、不同民族、不同国家之间可以传播、借鉴，不同人才思想观念之间相互联系影响。四是变迁性和相融性。人才思想不是静止的，而是不断发展变化的。特别是社会制度的变迁、不同国家之间的相互学习、科学技术和生产力的巨大发展，都会给人才思想带来新的要求、新的变化和新的发展。

中国古代人才思想，哺育了一代又一代的精英骄子，创造了优秀人才选拔任用制度，促进了国家管理和社会进步。今天，我们研究探讨古代人才思想，弄清中国人才思想渊源和发展脉络，找出人才成长和管理规律，目的是借鉴学习，古为今用。因此，我们要以马克思主义和建设有中国特色社会主义理论为指导，超越时空局限，贴近原著本意，再现真实本相，努力为当代马克思主义人才理论，即中国特色社会主义人才理论建设服务，为人才资源开发和人才队伍建设服务，为社会主义现代化建设服务。

二、古代人才思想发展阶段及主要内容

按照社会变迁和人才思想的传承转换，中国古代人才思想的发展大致划分为四个阶段。

（一）先秦是中国古代人才思想的原创期

有人群就有管理，就有人才的识别和选拔问题。早在夏、商时代，中国开始进入阶级社会，建立国家政权，形成设官分职、量能授官的选官用人制度，出现了被称为“俊士”“显勇”等类似人才的概念。在《礼记·礼运篇》中说，夏朝“天下为家”，世族相袭，重用贤勇。到了商代，对人的素质和行为有了进一步认识。在《尚书·立政》篇中就有商初成汤“克用三宅三俊”（三宅：宅事、宅牧、宅准，即官职；三俊：指具备刚、柔、正直三德的人）的量才用人规定。

西周是中国奴隶社会人才思想成熟阶段。主要标志为：一是开始出现了古代的人才概念。在成书于西周时期的《尚书》和《诗经》中，有许多褒美人物的概念，如俊民、髦士、吉人、善人、良人；君子、价人、荠人、圣人、哲人、智者等，实质上是对人才的区别和分类。二是认识到人才的重要性，强调人才是君主的依靠和辅佐。《诗经·大雅·文王》中说：“思皇多士，生此王国。王国克生，维国之桢。济济多士，文王以宁。”意思是说，人才是国家的桢干，君主和国家依赖众多人才而安宁。三是形成了人才培养、选用制度的雏形，如培养贵族子弟的“官学”，以及选拔人才的乡举里选制度，即乡大夫选“秀士”；司徒选“俊士”，司马选“进士”。四是强调任用人才要慎重，要“秉心宣犹，考慎其相”，知人知心，不能以貌取人。

奴隶社会的人才思想、人才制度，受到宗法制、世袭制和亲亲贵贵观念的影响，具有很大的局限性和一定的原始性。

春秋战国时期，新旧观念和政治主张激烈碰撞，各种学术思想自由争鸣，导致人才思想迅速发展，为封建社会人才思想、制度的形成发展奠定了理论基础，成为奴隶社会人才思想向封建社会人才思想转变的一个重要里程碑。

春秋时期的人才思想，有两个重要代表人物。一个是齐国政治家管仲。他在《管子》一书中，对人才的重要性、人才类别、人才素质、得人之道和用人之术等都作了深刻的阐述。他说，“夫争天下者，必先争人。”他还说，凡是成功立业，显赫天下，流传后世的，没有听说不善于用人的；凡是破国毁家、身败名裂的，没听说不失去人才的。管子的人才思想在当时和以后都产生了深远的影响。

另一个是孔子。他不仅是位人才思想家，也是一位培养人才的教育家、实践家。他首开中国私家讲学之风，培养三千弟子、七十二贤才。《论语》集中表达了他丰富的人才思想。第一，强调人才的重要意义。他说，“其人在，则其政举；其人亡，则其政息”，“故为政在人”。第二，提出了人才的德行素质标准。孔子强调，人才必须“言忠信，行笃敬”。只有具备“恭、宽、信、敏、惠”五行的人，方可称为“仁人”（即人才）。第三，关于人的才能。孔子认为，“才不才，亦各言其子也”，“人各有能有不能”，主张对人才不要求全责备，而要各展其长。第四，提出了人才的分类概念。孔子把人才分为圣人、贤人、善人、君子、士、成人、有恒者，并分别作了说明。第五，强调人才不是天生的，而是后天教育培养而成的。他说人才“非生而知之者，而学而知之者”。对人才要因才施教。他把弟子分成“德行、政学、言语、文学”四类，根据各人特长进行培养。

总之，孔子的人才思想集春秋之大成，奠定了儒家人才思想的基础。

战国时期人才思想得到进一步发展。墨家率先提出了比较彻底的尚贤使能的主张；以孟轲为代表的儒家，继承和发展了孔子思想，全面阐述了尚贤使能的人才学说。但这种人才思想遭到了道家和法家的反对。庄子主张无为，法家则主张尚法而不尚贤。直到战国后期，诸家人才思想出现了融合的趋势，形成了以儒家为主，儒法道兼容的人才思想。

荀况就是一个代表。他的人才思想主要体现在以下几个方面：一是反对贵族世袭制度，提倡尚贤使能，主张把那些不遵守礼仪法度的士大夫子孙降为庶民百姓，遵守礼仪贤能的庶民百姓升为士大夫，给他们鼓励。二是把人才分为三等到四等，即俗儒、雅儒、大儒或士、君子、贤人、大圣，简化对人才的管理。三是认为人性是可以教化的。他说："性也者，吾所不能为也，然而可化也"（《荀子·性恶》）。就是说，人性虽恶，但可教化。荀况更强调教化在人才培养、成长中的作用。四是强调知与行和环境对成才的影响。他说，人"可以为尧、禹，可以为桀、跖，可以为工匠，可以为农贾，在势注错习俗之所积耳"（《荀子·荣辱》）。他还强调知行统一。认为一个贤能之人，不仅要知，而且要行，用实际行动证明自己的德性和能力。这些都为古代人才思想和制度奠定了基础。

（二）秦汉是中国古代人才思想全面奠基期

秦始皇兼并六国，实现了中国的统一，确立了封建的中央集权制度。为了巩固统一后的封建专制政权，秦始皇彻底废除了西周以来的奴隶主贵族世袭的分封制度，实行中央集权的郡县制，建立了由皇帝直接控制的官吏制度。在用人思想上以法家为主，特别是在初期，存在着严重的尊法反儒的倾向，焚书坑儒就是一个典型的例证。但对儒家的人才思想，也并非完全摒弃，特别是后期，基本上是儒法兼容。秦代虽然只存续 16 年（以统一中国纪年），但对后来的用人思想和用人制度有着深远的影响。

汉代用人思想和用人制度，继承、发展和丰富了秦代的规制，逐步走向以儒家人才思想为主流的用人制度。以汉高祖刘邦、汉武帝刘彻为代表的汉代用人思想，突出表现在以下几个方面：一是人才是成就大业的关键。刘邦认为，张良、萧何、韩信三人都是杰出的人才，吾能用之，此吾所以能夺取天下者也。二是礼贤下士。刘邦说，“贤士大夫有肯从我游者，吾能尊显之”。他求贤若渴地说：“威加海内兮归故乡，安得猛士兮守四方”（《汉书·高帝纪》）。三是公正用人，论功行赏。刘邦对一起打天下的人，名义上还是能与之共利的。他在诏书中说：“与天下之豪士贤大夫共定天下，同安辑之。其有功者上致之王，次为列侯，下乃食邑”（《汉书·高帝纪》）。四是规定举士进贤是各级官吏的一项重要职责。规定进贤受上赏，蔽贤蒙显戮，官员不举荐人才就是失职。

汉武帝刘彻具有开明的人才思想，建立了相应的用人制度。他拓宽士人入仕途径，开创了以儒术举士的新时代。确立察举制度，按人口比例进行选举，取消被举者的资产限制；开办太学和郡国学，培养选拔人才；实行“征召”，直接从各地选拔人才；注重公车上书，亲自阅读吏民奏章，发现人才，破格任用，不求全责备；对于能够胜任特殊事务的人才或者辅佐大才，大胆举用，充分发挥其才干。总之，汉代人才思想极其丰富，用人开明，制度健全。汉代所以能延续存在 400 余年，与当时的人才思想和人才制度有着直接关系。

汉代人才思想研究十分活跃，涌现了一批著名思想家，著作也十分丰富。如汉初陆贾的《新语》、刘安的《淮南子》中的人性论，刘向的勤学修性论，杨雄的人格德性修养论，桓潭的人才选用标准论，王符的就师成才论等等。其中以西汉董仲舒、东汉王充的人才思想最为丰富。

董仲舒通晓儒学，提倡“罢黜百家，独尊儒术”，实行政治统一。他的《举贤良对策》和《春秋繁露》集中反映和代表了当时儒家学派的人才思想。这两本书，在对人才概念作出比较科学阐释的同时，强调要把德行和学问作为人才素质的核心；主张任用贤能，“爱民而好士”，积众贤于朝廷；主张礼贤下士，广开求贤之路和“选举之门”，做到量才授职；倡导实行考绩制度，做到赏罚分明。董仲舒的人才思想，对当时促进官吏制度建设和加强管理起到了重大作用。

王充是东汉前期杰出的唯物主义思想家，又是中国历史上第一个提出与现代含义基本相同的“人才”概念的人。西汉《淮南子》中虽然也出现了“人才”概念，但指的是人的才能；而王充所说的“人才”是指有才能的人。两者只有一字之差，但在人才思想发展史上却跨进了一大步。王充的人才思想，集中体现在他所著的《论衡》中。一是提出了人才新的分类原则。王充指出，“人才高下，不能均同”。他不仅论述了圣、贤、君子、仁人等古代人才分类，还通过对儒生与官吏的比较，反对世俗对儒生的轻视，提出了将儒生分为儒生、通人、文人和鸿儒四个等次。他解释说，“能说一经者为儒生，博览古今者为通人，采掇传书以上书奏论者为文人，能精思著文连结篇章者为鸿儒”。这样，不仅剥去了对圣贤君子的神秘色彩，也把知识分子阶层列到了人才的范围。二是强调人才的德行、才能、学问等素质。王充认为，德行主要是指操行。人的操行有清浊、善恶和贪廉之分，而那些行为清白、善良、廉洁的人可以列入人才的范围。关于人的才能，王充认为，只有具有知识、学问和才智的人，才称得上人才。人才之贵，贵其识知和多闻博识。他提倡勤勉学习，学问广博。他说："学之乃知，不问不识。""学问日多，简练其性，雕琢其材也。故夫学者所以反赖治性，尽材成德也"。他主张求师切磋，"切磋琢磨"（《论衡·告知》）。三是人才的机遇。王充认为，人才能否发挥作用，施展才华，还有个机遇问题。王充在《论衡》中专门写了《逢遇》篇。他说："操行有常贤，仕宦无常遇。贤不贤，才也；遇不遇，时也。""世各自有以取士，士亦各自得以进。进在遇，退在不遇。处尊居显，未必贤，遇也；位卑在下，未必愚，不遇也。"王充对人才、机遇的分析是辩证的，但在什么是"遇"和如何对待"遇"的问题上，又陷入了唯心论的宿命观。他说："有富贵之命，不求自得"，"凡人遇偶及遭累害，皆由命也"（《论衡·命禄》）。这正是王充人才思想的局限所在。

东汉政权解体后，中国一直处于分裂割据的状况，政权频繁更迭，社会动荡不安，在长达 361 年的魏晋南北朝时期，无论社会意识还是用人制度，基本上都是汉代的延续。作为曹魏基业开创人的曹操，深谙用人之道。他主张"不官无功之臣，不赏不战之士"。他多次张榜下诏，唯贤是举，广揽人才。他说："自古受命及中兴之君，曷尝不得贤人君子与之共治天下者乎?""今天下尚未定，此特求贤之急时也"（《三国志·魏书·武帝纪》）。曹操认为，用人必须强调"姿质""志节""材器""品行"和"忠能"，这样才能在战乱年代，打仗治民，建树功业。他主张，用人不避偏短，唯才是举；选人不能求全责备；用人应不拘一格，不避卑贱和仇怨；量能处位，计功受爵，考评真实。正是在这个思想基础上，曹魏创建实行了“九品中正制”，在中国官吏制度历史上具有深远的影响。

作为蜀国丞相的诸葛亮，在长期政治、军事斗争实践中，也形成了一套识人、用人的思想体系。诸葛亮认为，“治国之道，务在举贤”。他在总结两汉兴亡时说：“亲贤臣，远小人，此先汉所以兴隆也；亲小人，远贤臣，此后汉所以倾颓也”（《三国志·蜀书·诸葛亮传》）。诸葛亮还提出了一条修身—养德—成学—广才的成才规律。一是要树立远大的志向并努力践行。他强调要明志，要致远，要年与时驰、意与日去的奋斗。二是要修身养德。他强调，君子之行，静以修身，俭以养德，淡泊明志，宁静致远。三是治学广才。他说，“夫学须静也，才须学也，非学无以广才，非志无以成学。淫慢则不能励精，险躁则不能治性”（《诫子书》）。四是用人唯贤。诸葛亮认为，在不同地位、出身、资历的人中，必然有各种人才。他主张用人必须坚持唯贤。五是以实绩论政用人。他强调要加强考核，赏罚分明，依法办事。诸葛亮不仅在军事上，而且在人才管理上都为后人留下了深刻的思想财富。

在魏晋时期，对什么是才性和如何用人问题，曾经历了一场深刻的辩论，其代表人物和代表观点是：傅嘏的人性同论，李丰的人性异论，钟会的人性合论，王广的人性离论，被当时人们称为“才性四论”。才性问题的讨论，增强了人们对人才问题的认识，推动了对选官用人实践的研究总结，涌现了一批优秀的人才学家和人才学著作，如西晋的傅玄、东晋的葛洪、刘勰的治国修身之道。特别是曹魏的刘邵，深刻全面总结了当时选官用人的历史经验，形成了《人物志》和《都官考课72条》等人才管理学专著。尤其是《人物志》，被誉为“王者得之，为知人之龟鉴；士君子得之，为治性修身之檠栝，其效不为小矣”。《人物志》对人才气质和心理素养的分析、对不同类型人才适合担任的适当职务、对考察鉴别人才的“八观”“五视”法、对人才的知人善任及需避免的偏向，都提出了许多精辟的、独到的见解，作出了深刻的高度的理论概括，在中国人才思想发展史上具有重要的地位，至今仍有重要的借鉴意义。

（三）隋唐宋是古代人才思想成熟期

隋唐时期重新实现了国家统一，出现了政治、经济、文化的繁荣昌盛，中央集权制度得到加强，迫切需要大批人才和新型的官吏制度，推动经济社会发展，维护其统治地位。正是在这种情况下，产生了闻名于世的中国古代文官制度，即科举考试制度。科举制度的影响远远超出了中国国界。早在170多年前，英国学者就认为，科举考试制度是中国的又一个发明，它将和火药、印刷术一样，使欧洲国家发生另一次大的变化（转引自邓嗣禹《中国考试制度史》），在中国人才思想史和人才制度史上占有重要的地位。

隋朝只存续了37年，是中国历史上第二个短命的朝代。但始创于隋朝的科举制度，一直延续了一千三百年。隋文帝开皇三年，首开科举考试，诏举贤良，以志修行、清平干济二科举人（《册府元龟·科目》）。随后，“炀帝嗣兴，又变前法，置进士科”（《旧唐书·薛登传》）。“武德四年，复置秀才、进士两科”（《苏氏演义》卷上）。从此，科举制度已成雏形。

唐代是科举制度发展、完善、成熟时期。贞观之治的形成，与唐太宗李世民的人才思想和用人制度有密切关系。唐太宗重视对人才的培养教育。他说：“人之善恶，诚由近习。”“上智之人，自无所染。但中智之人无恒，从教而变”《贞观政要·尊敬师傅》）。唐太宗任人唯贤，知人善任。他说：“以天下之广，四海之众，千端万绪，须会变通，皆委百司商量，宰相筹划，方可奏行。岂得一日万机，独断一人之虑也。”“任忠贤则享天下之福，任不肖则受天下之祸”（《全唐文》卷一）。唐太宗强调用人必须有道。他说：“用人之道，尤为未易。己之所谓贤，未必尽善；众人所谓毁，未必全恶。知能不举，则为失材；知恶不黜，则为祸始。”他强调，“人才有长短，不必兼通；舍短取长，然后为美”（《全唐文·金镜》）。

正是在他的人才思想指导下，唐代的科举制度，从生员培养、考试分级、设科内容、考试地点和办法、主考机构、及第标准及其人员使用等方面，得到迅速发展和完善，对舞弊防范与处罚，作出了明确规范。从初唐开始，取士之科为三。“由学馆者曰生徒，由州县者曰乡贡；皆升考有司而进退之。其科之目，有秀才、有明经、有俊士、有进士、有明法、有明字、有明算、有一史、有三史、有开元礼、有道举、有童子”（《新唐书·选举志上》）。科举又分为常科和制科两类。常科由吏部每年定期举行，是生徒和乡员参加的考试；制举是皇帝不定期下诏举行的，旨在选拔“非常之才”的考试。武则天时期，科举考试又扩大到武举科，由兵部主持。规定“得试之法，如举人之制。取其躯干雄伟，应对详明，有骁勇材艺及可为统帅者”（《文献通考·选举》）。

宋代的科举制度，比起唐代，更加完善、严密。北宋期间，科举制度作了一次大的改革，在扩大应试者范围，增加录取人数，简化录取程序，增加考试的等级，限定主考官的权力及考试规则等方面，完全走上了规范化、制度化的成熟阶段。《宋史》记载，“宋之科目，有进士，有诸科，有武举。常选之外，又有制科，有童子举，而进士得人为盛。”由于抵抗外患，加强军队建设需要，宋代对武举改革尤大。“旧制，武举三年一试，命官不过三十余人，后增额，以每员者三人即取一以上升上舍，积迭增展，遂至百人入流，比文额太优”（《宋史·选举三》）。

经过几个朝代、近1400年的丰富、发展，中国古代文官制度的核心科举考试制度，从理论上、制度上、实践上更趋完善、成熟，这是中华民族对世界人才理论和文官制度的一大贡献。

在隋、唐、宋时期，与科举制度相媲美的，还有一批政治家、思想家、文学家，认真总结和分析历史上和现实中的人才现象，阐述自己的人才思想，涌现出一批人才思想家和人才理论著作。

成文于隋文帝时期颜之推的《颜氏家训》，既是古今家训的鼻祖，又是包含着丰富人才思想的论著。颜氏认为，人才素质除了德行、学问之外，还要强调应世经务，具有社会实际知识和才干，有一技之长。颜氏还认为，人非生而知之，而是学而知之。只有读书学习才能成才。“学之所知，施无不达”。颜氏提倡人才培养宜早。他说：“古者圣王有胎教之法”，“凡庶纵不能尔，当及婴稚，知人喜怒，便加教诲，使为则为，使止则止。”如果岁数大了，“骄慢已习，方复制之，鞭挞无畏，忿怒日隆而增怨，逮于成长，终为败德”（《颜氏家训·教子》）。颜氏强调，对人才要用长避短，人尽其才。他把人才分为六类，认为他们各有所长，能守一职就不错，不可能什么都兼具。只要力求某一方面有所成就，国家就达到了培养的目的。

在唐宋时期，许多人喜欢在自己的著作中谈论人才问题，参与人才问题的论争。唐朝史学家刘知几，在他的史学理论著作《史通》中，就史学专门人才的特点、培养、使用谈了自己的观点，开创了对专门人才进行研究的先河。刘知几认为，史学人才“记功司过，彰善瘅恶。得失一朝，荣辱千载”，为国家之要道。他说：“史职求真，直笔实录，善恶必书。”因此，史才难得。特别是“史有三才：才、学、识，世罕兼之，故史者少”（《新唐书·刘知几传》）。他批评当时的史官“以恩幸贵臣，凡庸贱品，饱食安步，坐啸画渚”或“势利见升，或以平祈耳擢”（《史通·辨职》），主张选拔真正的史学人才担任史职。

唐朝中期的韩愈、柳宗元，都是年少及第，极赋天才，对人才问题都有精辟的论述。如韩愈《杂论》中的伯乐相马论，《原性》中的“情三品”说，英才教育论。柳宗元的人才命运论，知贤选才论，量才授任论。晚唐时期的白居易是一个人才宿命论者。他认为，“凡人情，通达则谓由人，穿塞而后使命”，“有其人，无其命，虽圣与贤，无可奈何”（《白居易集·王府君志铭》）。他认为，人才要发挥作用，必须具备一定的条件。他说：“古者圣贤，有其才，无其位，不能行其道也。有其才，有其位，无其时，亦不能行其道也。必待有其才，有其位，有其时，然后能行其道也。”（《白居易集·为人上宰相书一首》）。他认为，择才任贤，是君主的要旨，是宰相的主要职责。用人要“官才相得”。他说：“官有小大繁简之殊，才有短长能否之晏。”因此，“审才之要，考察为先；吾之于人，试可而用”，这样才能做到各司其局。

宋朝的人才思想，受到两股思潮，即王安石的改革思潮和“二程”理学思想的影响，无不打上其烙印。王安石担任宰相后，认识到社会问题的症结在于人才缺乏。他说：“国以任贤使能而兴，察贤专己而衰”，“方今之急，在于人才而已”（《上仁宗皇帝言事书》）。王安石主张兴办学校，培养人才。他整顿太学，创立“三舍法”，根据学生程度分舍授业；改革教学内容，提倡教学要“求专门”“兼文武”“尚实用”，培养理财富国、治政强兵人才；统一教材，改进教法，授业坚持“传以心”“授以意”，启发提高学生的能力。调整人才选拔政策，增加择才渠道。他说：科举入官，“世事皆所不习，此科法败坏人才”。他改革科举考试制度，另立明法科，考试律令、《刑法》、断案，培养和选拔经世致用人才。王安石还加强官员的管理，实行考绩，责以职事，纠正浮华不实之风，严加督责，奖优罚劣，改善吏治，曾在特定的时期内使官吏队伍焕然一新。

程颢、程颐是宋明理学的创始者，他们以理学的观点，分析观察人才现象，认为人才的培养，“必本于人伦，明乎物理，其教自小学，洒扫应对以往，修学孝悌忠信，周旋礼乐”，择善修身。就是说，“以道德仁义教养之，又专以行实材学升进”（《二程文集》）。二程主张改革科举制度，加大人才举荐力度，实行“随其才而任之”，用人要经过“朝廷问之经以考其言，试之职以观其材”，使贤者在位，能者在职，百官群僚皆称其任。

宋代另一个理学代表人物是朱熹。他是理学思想的集大成者，在人才研究上有独到的见解。首先，朱熹把人才的本质归结为性、心、情、才的结合。性是气质，是天生禀赋；心是欲，是愿望；情即激情，是性、心的外在表现；才是才能，是性、心、情合一的结果。从而对人才的本质作了全面的阐述。其次，朱熹认为，成才的条件一是气禀，二是学习。他把人分为四类，即圣人、大贤、众人、下民。他认为，圣人、大贤当然是人才。众人、下民虽先天条件比较差，但经过后天的学习修养，不断磨炼，也可以成为次等的人才。第三，朱熹主张立学教人的本意应致力于德行、道艺的增长。他批评当时学校教学是为了应付科举考试，提出要知行并重，主动与启发结合，因才施教，博专结合。提高诚意、正心、修身、齐家、治国、平天下的实务能力。第四，朱熹认为，治国、平天下首先在得人。他主张，选拔官吏应任贤使能，不应凭资历来配拟。朱熹的学术思想，在元、明、清思想领域一直占有统治地位。

（四）元、明、清是古代人才思想走向衰微期

元代统一中国后，在人才思想和人才制度上，沿袭宋制，实施“汉法”，基本没有多大建树。到了明清，人才思想和科举制度有些新的发展，出现过一段盛世，但只不过是昙花一现，总的来说是在走向衰落。

明太祖朱元璋建立中央集权前期，人才思想和制度建设相当开明，富有建设性和创新性。首先在思想上，他强调“政治之道在于任贤”。他说：“举贤任才，立国之本。”“天下非一人独理，必选贤而后治。”在用人上，强调不分贵贱，用长避短，不拘资格，笃信专任，考核黜陟。他说：“良工琢玉，不弃小疵，朝廷用人，必赦小过。”“人之才有长短，亦犹工师文艺有能否，量能授官，则无不可用之才矣。”他认为对担任官职者要经常考核，不能放任自流。“称职者升，平常者复职，不称职者降，贪污者付法司罪之，阘茸者免为民”（《明史·选举法》）。在制度建设上改革创新。朱元璋总结了汉、唐、宋、元选拔官员的经验教训，改革科举考试方式和内容，强调对应试者，要“察之言行以观其德，考之经术以观其业，试之书算骑射以观其能，策之经史时务以观其政事”。“但求实效，不尚盛文”。明代科举考试分为四级：即童试、乡试、会试、殿试。童试取得生员资格，才可参加乡试；乡试取得举人资格，才可参加会试；会试考中后才可以参加由皇帝主试的殿试。后来又开创了八股取士制度，使科举考试更加规范化、制度化。但也带来了另一个问题，即束缚人才的思想，忽视经世致用，埋下了导致没落的祸根。

清代的康乾盛世，是与开明的用人思想分不开的。康熙皇帝在

发展农业水利，重视文化事业的过程中，开科取士，重用汉人士子，整顿官吏队伍，引进外国人才。康熙在总结经验时强调："政治之道，首重人才。""治国家者，以人才为要"（《清圣祖圣训·任命》）。他说："人材者国家之桢干，信者蓄而器使之，唯患其不广"（《圣祖仁皇帝御制文集》）。康熙强调，用人必须讲素质，包括德行、才能和学问。他说：德行是人才的基本素质，主要是忠君循分、公正廉洁、爱民能静。他认为，"做官之要莫过于公正清廉"。康熙强调，用人必须才德兼优。他说："操守虽清，不能办事，亦何裨于国?"康熙改革科举制度，广开才路，罗致人才，特别重视科技人才。同盛唐一样，这是中国用人制度比较开明的时期。

在明清时期，还出现了一批优秀的人才方面的思想家、教育家。如主张人才必须具备德、才、学、识素质的王廷相。他说："服众莫大乎德性，利用莫大乎才识，成功莫大乎学术。君子有志于天下，三者不可废一也"（《王廷相集·王氏家藏集》）。他还强调，君子要治国理民，建功立业，就必须"明经术，察物理，知古今，达事变"，能济世救时。他还主张用人必须有"督驭之道"，认真考核监督，赏罚黜陟，这样管理才能有望成功。

又如大家熟悉的主张"天下兴亡，匹夫有责"的顾炎武，强调人人要"经世致用"。他说："君子之为学，以明道也，以救世也"（《亭林文集·与友论学习》）。他还强调，社会政治决定着人才的盛衰。他说："法令日繁，治具日密，禁行束缚，至不可动。而人之智虑自不能出于绳约之内，故人才也不振"（《日知录·法制》）。他强烈批判科举制度八股取士的弊端，提出了一套完整的取士办法。

晚清时期，封建社会日益衰落，资本主义萌芽开始发展。人才思想和官吏制度也出现了相应变化。八股取士的科举制度，严重阻碍了人才的生长和选拔，遭到了社会的普遍批评，萌生了民主的人才思想。著名文学家、思想家龚自珍认为，清朝的用人制度扼杀人才，根本不讲德才、功绩，而是“累日以为劳，计岁以为阶”，“贤知者终不得越”，发出了“我劝天公重抖擞，不拘一格降人才”的呼吁。改良主义先驱魏源率先提出“人才师夷”、废科举、办学校，学习外国对人才的培养、选拔、使用办法。后来的曾国藩、李鸿章、张之洞等，都主张“中学为体、西学为用”；办学堂，派留学生出洋学习科学技术，认为“学堂是造就人才之道”。张之洞更强调，“人皆知外洋各国之强由于兵，而不知外洋之强由于学。夫立国由于人才，人才由于立学，此古今中外不易之理”。

19 世纪末期，随着帝国主义入侵和中外交流的加强，西方文明对我国社会各界特别是知识分子阶层影响很深，以康有为、谭嗣同、梁启超等为代表的知识分子，提倡改良主义，学习西方。作为中国民主主义先躯者代表的严复，是中国第一批出国的留学生之一。回国后宣传英美的民主自由和专家治国制度，鼓励青年学习技术知识，实行科学救国；他通过翻译《天演论》《原富》等著作，宣传进化论原理和物竞天择、适者生存的学说，鼓励青年的进取精神，主动施展才能，为促进新旧人才制度的交替做了舆论和思想理论准备。

1905 年科举制度的废除，标志着封建官吏制度及其理论退出历史舞台。民主主义人才思想及其制度，正冲决罗网，破土成长，逐步走上历史舞台。

三、贯穿古代人才思想史的几个核心理论

前面我们纵向阐述了古代人才思想发展四阶段，下面再从横向上对古代人才思想作个分析归纳。

（一）人性论是古代人才思想的理论基础

人性是指人的本质属性，如人的天资、性格、魅力、善恶、可塑性等。一个人的培养教育和成长成才，无不与此密切相关，因而成为中国古代人才思想的理论基础。在中国古代人才思想史上，长期存在着人性善恶和可塑性的争论。孔子首先提出了“性”的问题，他说，性者生也。“性相近也，习相远也”（《论语·阳货》）。强调人生下来性情相近，由于各自的修养、习惯、努力不同，才相差甚远。孟子发展了孔子的人性论，强调人无有不善。他说：“恻隐之心，人皆有之；羞恶之心，人皆有之；恭敬之心，人皆有之；是非之心，人皆有之”（《孟子·告子上》）。就是说，人的本质都是善的，大家都有理性思维和伦理道德，认为人的成才在于后天的学习、培养，这就为人才的培养教育奠定了思想理论基础。

与孟子的“性善论”相反，荀况等一批古代思想家主张“性恶论”。荀况提出了“人之性恶，其善者伪”，“凡人之为善，为性恶也”。荀况从“性恶”的观点出发，强调教化的重要性，提出要“化性起伪”。后来元代的张载又提出了“人性二元论”。他把人性分为“天命之性”与“气质之性”。认为前者纯善，后者兼有善恶。这些观点，也为人才培养教育提供了一定的思想基础。各个学派对人性的不同认识，是导致他们对人才的来源、分类、培养、评价、使用以及成才途径等许多根本问题不同认识的根源。

汉代著名儒学家董仲舒从人的性情善恶和资质智愚的观点出发，把人分成八类，即圣人、仁人、君子、贤人、善人、正人、庶人、小人。他认为圣人、仁人可以当三公，贤人、君子可以当卿，善人可以当大夫，正人可以为士，而庶人、小人是天生的体力劳动者，不可能成才。由此可见，人性论决定了人才观，是观察分析一切人才问题、人才现象的思想理论基础。

（二）尊贤使能是古代人才思想的优良传统

尊贤使能在中国人才思想史上已有几千年历史。早在西周，就有了任用吉士善人的人才思想。到了春秋时期，举用善人的人才思想继以发展，出现了尊贤尚能的用人思想。战国时期，墨家进一步提出了比较彻底的尚贤使能主张。以孟子为代表的儒家，阐述了较为完备的尊贤使能学说。孟子主张“贤者在位，能者在职”，“尊贤使能，俊杰在位，则天下之士皆悦，而愿立于朝矣”（《孟子·公孙丑上》）。他认为这是“仁政”的第一个条件和国家巩固的基础。他说：不信仁贤国则空虚，不用贤能国则亡。孟子还提出了贤能的标准。他说：“左右皆曰贤，未可也；诸大夫皆曰贤，未可也；国人皆曰贤，然后察之，见贤焉，然后用之”（《孟子·梁惠王》）。孟子强调，这种以老百姓赞成与否及实际表现作为标准的用人方式才是最可靠的。后来，尊贤使能学说虽然遭到道家和法家的反对，在用人问题上出现过尚法还是尚贤能的争论。但到秦代后期特别是汉代，儒、法、道家观点逐步趋于融合，使尊贤使能的用人思想代代相传。我们今天倡导的尊重知识、尊重人才的思想以及从优秀人才中选拔领导干部的思想，也是尊贤使能思想的丰富发展。它与古代的礼贤下士、尊贤尚能思想是一脉相承的。

（三）德才兼备是古代用才的标准

德才是构成人才素质的基本要素，是人才思想的核心内容。德才的具体内容包括德、才、学、识、能、体各项。古代用人制度和思想往往注重德行、才能和学识，特别突出德行。古代还把德行与气节联系起来，认为德行是大节问题，并把德行、气节放在用人的首要地位。荀况就主张看人要看大节。他在《王制》篇中说，大节好，小节也好，是上等君子；大节好，小节有出入，是中等君子；大节不好，小节即使无可挑剔，那也不值得一提，是不合格君子。

对于德才的关系，普遍主张全面发展，德才兼优，同时又把德行放在更重要的地位，认为德行起统率性作用。对于德的内涵，由于时代不同，常常赋予不同的解释和不同的政治含义。一般包括两方面内容：一是政治方面的含义，即统治阶级的主流政治思想标准，例如封建社会在汉代以后，就是三纲五常，包括忠、孝、礼、义、信、廉、耻等。二是人格、人品、人缘、性格，这也往往决定一个人的命运和成败。

人才标准是人才素质的外在化、具体化，是衡量人才的统一尺度和共识，是评价和任用人才所公认的标准。同时也是选官用人的重要基础，构成了人才思想的核心内容。对于人才的素质标准，历史上进行了大量的有益的探索，形成了各种各样的观点看法，这些思想观点，互为补益，至今仍有重要的理论与实践价值。

（四）知人善任是古代选人用人之术

古人强调，君主的主要任务是识别和选用人才。管子说："明主之举事也，任圣人之虑，用众人之力，而不自与焉"（《管子·形势解》）。他认为，尚贤而不求贤，尊礼贤士而不任用，国家就会灭亡；贤士献智效力，国家才会昌盛。汉代刘向还强调，"治人者，主道也；知事者，臣道也。主道知人，臣道知事，天下大治"。他说，人才难知，善恶难分，君主要在论人、知人、用人上花费心思，了解士人的长短，广开进贤之路，做到知人善任。

古代用人之术，可以概括为以下五点：一是识才得法。就是要"审其好恶""观其交游""察其任下"，这样就可"尽知其短长，知其所不能，益若任之以事"（《管子·短语·君臣》），以做到扬长避短。二是量才要准。古人认为，矜物之人无大士，论人而远古者无高士，既不知古而易其功者无智士，钓名之人无贤士。三是取才有道。要广开贤路，多渠道用人。通过举荐、察荐、自荐、科考等多种形式，选拔经世致用之才。同时强调用人要听其言，责其实，试其官。四是授职论能，用人要“三本”“四慎”。“三本”即德当其位，功当其禄，能当其官；“四慎”即“一曰大德不至仁，不可以授国柄；二曰见贤不能让，不可与尊位；三曰罚避亲贵，不可使主；四曰不好本事，不务地利，而轻赋敛，不可与都邑”。古人认为，一个人都有其长处和短处，有所能有所不能。千里马“一日千里，然其使之搏兔，不如豺狼”。因此，君子不责备于一人，要用人所长。用人如求完人，就无人可用了。人不能无过，用人要看大节，看主流，不能因小的过错掩人之大善。“以人之小恶，忘人之大善，此人主所以失天下也”（《淮南鸿烈·道应训》）。因小过掩人之善，就会失人，天下就不会有圣王贤相了。

（五）人法兼治是古代人才管理思想的精髓

在用人问题上，古人有重德和重功之争。儒家主张士人修身以成名，君主以名选用；法家主张循名责实，课群臣之能。在以什么方法选人用人上，儒家主张王道仁政，重在教化；法家主张以法治国，重在奖惩。儒家主张任用修行事学的文士；法家则主张从战士和下层官吏中选拔人才。儒家主张礼贤下士，举用贤能；法家主张用功劳衡量才能，依据用人法令选用人才。两种主张在长期的用人实践和相互争论中得到丰富发展和完善，互相取长补短，逐渐融为儒法兼治、恩威并施的人才管理理论。许多古代思想家都认为，择人论功不以法，就会使臣属对君主离心，而在下结党营私，士人就会把精力用在交际方面，而不去学习有用的知识和本领。因此，君主要“以法察其言而求其实，以官任其身而保其功，专任法而不自举焉”（《管子·明法解》）。只有按照法令制度举人，实行试职和考绩，才能确定是否是真正的贤能，是否确有功绩。古人都强调对官吏要进行全面而经常的考核。做到大者缓，小者急；贵者舒，而贱者促。“考试（核）之法，合其爵禄，并其秩，积其日，陈其实，计功量罚，以多除少，以名定实，先内第之”（董仲舒《春秋繁露·考功名》）。根据官吏的爵、禄、秩、功、罪，决定高下等级和进退黜陟，进行任、免、升、降。通过考核和奖惩，做到恩威并施，鼓励先进，鞭策落后，以防止人事方面的阿谀逢迎，请谒、贿赂等不良风气。

（六）禀赋、勤奋加机遇是人才成功的规律

古代人才思想留给我们另一个宝贵的遗产，就是对成才和成功作了大量的探索研究，形成了一些鸿篇名著。概括古代人才思想对成才规律的总结，可以用这样一个公式来表示：一个人的成才或成功＝天性＋勤奋＋机遇。天性是指禀赋、天资、性情、性格、人品。

古人强调，天赋助你成功，性格决定命运；勤奋主要是努力学习，刻苦实践，掌握学问、技能，提高识见。古人认为，是学而知之，不是生而知之。学之乃知，不问不识。只有“劳其筋骨，饿其体肤，空乏其身，行弗乱其所为”，才能天降大任于斯人。

机遇即遇到一定的环境、社会条件和机会。这是成功的加速器。汉代王充在《论衡》中说：“操行有常贤，仕宦无常遇。贤不贤，才也；遇不遇，时也。才高行洁，不可保以必尊贵；能薄操浊，不可保以必卑贱。或高才洁行，不遇退在下流；薄能浊操，遇在众上。世各自有以取士，士亦各有自得以进。进在遇，退在不遇。处尊居显，未必贤，遇也；位卑在下，未必愚，不遇也。”王充的这段精辟

论述，把才能、机遇与成功的关系说得既辩证又深刻。因此，一个人才要取得成功，必须全面发展，掌握知识、技能，还要遇到一定的社会环境，及时抓住机遇。既要反对“富贵之命，不求自得”的宿命论，也要反对揣摸迎合主上，卖身求荣，有失人格的举动。

由于时代的影响，古代人才思想也有其局限性和落后性的一面，例如人才宿命论几乎贯穿于人才思想的各个时期；人性论争论中的唯心论观点盛行；人才制度中的宗法观念和轻视劳动人民的思想普遍存在；科举制度后期，形式逐渐僵化，严重扼杀了人才的生长；人才概念中官本位思想严重，忽视对科技方面人才的研究，等等。我们要取其精华，弃其糟粕，继承优良传统，坚持古为今用，促进中国特色人才理论和我国人才队伍建设。

四、中国古代人才思想的价值和借鉴

古代人才思想是中华民族几千年社会政治文化的历史积淀，体现了中华民族的智慧和伟大创造力。它不仅在历史上对社会的发展、国家的管理和人才的成长起到了促进作用，同时对当代的人才思想、人才队伍建设和人事制度改革，仍然具有重要的借鉴价值和指导意义。

古代人才思想的现代价值，首先在于它的直接借鉴意义。古代人才思想是一定社会历史的产物，具有阶级性和局限性。但其中具有科学价值的成才规律和管理方法仍值得借鉴，如考试、考核、奖惩的办法等，《人物志》中考察人才的“五看”“八观”法，对现在选拔人才还有着直接的指导作用。有人说，中国古代很少研究技术和技术规范，但把如何管人的办法琢磨透了。这句话是否确切可以商榷，但的确在一定程度上反映了事实。其次，优秀的古代人才思想与当前我国人事人才工作的现状，具有深层次的精神联系和信息传递的价值。中国的人才思想，无论是古代、近代和当代，都是扎根于中国政治、经济、文化和民族的土壤里，并且具有传承影响作用。今天强调的尊重知识、尊重人才，同古代礼贤下士、尊贤使能的思想一脉相承；今天德才兼备的干部方针同古代用人要讲德行才识也是完全一致的，从这里可以看出传统人才思想与现代人才思想之间传承、联系和影响的关系。最后，传统人才思想的部分内容，经过一定的转化和改造，也能成为现代的思想、制度而古为今用。比如人才的重要性、治政与治吏的关系，以人为本的思想等，只要赋予新的内涵，仍然具有强烈的时代价值。

改革开放以来，思想解放，学术民主，敞开国门，引进了大量国外的人才思想和管理理论，如高尔顿、艾伯特的天才论，布鲁姆的才能发展论，吉尔福特等人的创造性论和西蒙顿的天才与创造性的历史测量学，希尔等人的成功学，舒尔茨的人力资本论，阿尔蒂玛森的能力建设论，还有一些国外著名大学的人力资源管理教材也被大量介绍到国内。引进这些思想、制度无疑是必要的，对我们冲破思想禁锢，提高人才管理水平，会起到积极的推动作用，事实也证明了这一点。

但是，与研究传播国外人才理论相比，我们对古代人才思想研究探讨不够，对我们的管理思想、管理理论研究总结不够，甚至出现了数典忘祖的情况。其实，中国有极其悠久的人才思想史，有丰富的人才思想典籍和管理经验，中国是东方人才学、管理学的发源地。儒家管理思想就相当丰厚。日本、韩国的一些管理学专家、企业家，把儒家管理思想同现代管理实践相结合，创造了儒商学派。这是值得我们学习和深思的。我们应该运用马克思主义和建设有中国特色社会主义理论，对中国古代人才思想进行研究梳理，总结概括，取其精华，弃其糟粕，努力建设具有科学性、时代性、民族性、开放性的当代人才思想和人事管理制度。

首先，要坚持人才思想的科学性。这是所有人才理论能否存在、发展的基础，是人才理论的生命力所在。只有正确反映人才的成长规律和客观管理规律，制定科学的管理制度，抓住对人才问题的真理性认识，揭示成才、成功和人才管理科学的发展方向，才能称得上是人才理论。这就要求我们以马列主义、毛泽东思想、邓小平理论和“三个代表”重要思想为指导，以科学发展观和科学的人才观重新审视古代的和国外引进的各种人才思想，结合当前实施“科教兴国”和“人才强国”战略的实践以及社会主义现代化建设的实际需要，古为今用，洋为中用，推陈出新，与时俱进，丰富和发展中国特色的人才思想，努力创造符合当代要求的中国化、现代化的马克思主义人才理论。

其次，要坚持人才思想的时代性。马克思说：“人们自己创造自己的历史，但是他们并不是随心所欲地创造，并不是在他们选定的条件下创造，而是在直接碰到的、既定的、从过去继承下来的条件下创造”（《马克思恩格斯选集》第1卷第603页）。人才思想是一定历史条件下的产物，一个时代有一个时代的人才思想，它不能脱离特定的时代。当前，经济全球化深入发展，新科技革命日新月异，知识经济时代已经到来，我国正处于全面建设小康社会和创新型社会的新的历史时期。人才思想理论建设，必然带有这个时代的基本特征，打上这个时代的烙印。就是说，要把人才资源开发作为经济社会发展的根本动力，努力建设一支规模宏大、结构优化、布局合理、素质优良的人才队伍。要树立我国在国际人才竞争中的比较优势，进入世界人才强国行列，为在本世纪中叶基本实现社会主义现代化奠定人才基础。要创新思想理念，深化人才人事制度改革，坚持服务发展、人才优先、以用为本、创新机制、高端引领、整体开发的人才发展指导方针。具体说，一是培养造就一大批坚持以科学发展观统领现代化建设、善于治国理政的高素质、专业化的党政人才；二是适应推进经济结构调整和增长方式转变需要，大力培养企业经营管理人才和高技能人才；三是围绕增强自主创新能力、建设创新型国家，努力建设一支以高层次创新人才为重点的专业技术人才队伍；四是以构建和谐社会和服务社会主义新农村建设为目标，加强社会人才、农村人力资源开发和实用人才队伍建设，为改革开放、现代化建设提供强有力的人才保证和智力支持。

再次，要坚持人才思想的民族性。思想文化是民族、国家分野的标志，是凝聚力、向心力的核心。中国古代人才思想，是中华民族文化、民族精神和民族传统的具体体现，是人才思想存在的土壤和根基，是中华历史传承的积淀，体现了中国人的价值观念、思维方式、伦理道德、情趣爱好和中国的社会发展道路。我们要学习、借鉴、传承、创新古代优秀人才思想，使其适应当代的需要，为今天的人事人才工作服务。当然，我们也要学习、引进国外科学的人才理论和管理制度经验，但必须要运用马克思主义人才理论，结合中国实际，进行研究、改造、提高，使其成为适合当代需要的中国化的马克思主义人才思想和科学的人才管理制度。

最后，要坚持人才思想的开放性。任何一种人才思想，必须与不同民族、不同国家之间进行相互交流、相互渗透、相互吸收，才能得到更好的发展。中华民族传统的人才思想，所以具有强大的生命力，就是因为各民族思想的融合和学习借鉴国外优秀思想的结果。我们要积极参与世界性的人才竞争，加强人才资源开发、学术技术交流，拓展和提高人才的国际化程度，吸收融汇世界上一切先进的人才管理理论知识，做到学习不照搬，继承不因袭，努力把中国特色人才理论建设推进到一个新的历史阶段。

徐颂陶

2011 年 2 月于北京

作者系原人事部副部长。

目　　录

第一篇　人才价值

第二篇　成才之路

第三篇　用才之道

第四篇　识才之术

第五篇　激励保障

第一篇　人才价值

导 语

人才在经济社会发展中的地位和价值这一历史命题，早在我国春秋战国时期，圣贤们就有过深刻的阐释和论述。此后历朝历代，思想家、政治家和文学家对人才价值的著述观点不断丰富和充实，至今这些观点还熠熠生辉，影响着后人对人才价值的判断。这些观点主要包括：

一是人才是国家中兴的关键。古代圣贤认为，国家社稷要从弱小到强大，关键在于人才。如燕昭王采纳了谋士郭隗的意见，大力招揽贤才，最后打败了齐国。三国时期，袁绍和曹操论道，袁绍认为成大事可倚靠有利的战略地形，而曹操的观点是“吾任天下之智力，以道御之，无所不可”。重视人才是曹操最后胜出的根本原因。

二是人才是国家长治久安的保障。人才是国之重器、房之栋梁，是国家兴旺和社会安定的基石。治国理事必先选人才。墨子说，“入国而不存其士，则亡国矣。见贤而不急，则缓其君矣。”唐太宗李世民认为，“夫国之匡辅，必待忠良，任使得人，天下自治。”清朝一代名臣海瑞强调：“天下之事，……尤在于得其人。”

三是人才资源重于物质资源。先人们很早就意识到人才的重要性，有识之士普遍认为人才的价值高于其他物质资源。比如《国语·楚语》提到“国之宝六”，人才为首。明代潘游龙在《康济谱》一书记载古语“得地千里不如得一贤人”，“为国入宝，不如献贤”。

四是不重视人才国家将走向衰弱甚至灭亡。古代圣贤很早就意识到不重视人才可能给江山社稷带来隐患，甚至导致国家的灭亡。

如汉代刘向认为“士存国存、士亡国亡”；宋代王安石认为“贤才不用，法度不修，偷假岁月，则幸或可以无他，旷日持久，则未尝不终于大乱”。这从反面进一步强调了人才的价值和重要性。

人才是治国中兴的根本，这个被几千年实践证明的理念，对于当前实施人才强国战略，实现中华民族的伟大复兴，对于贯彻落实“人才优先，使用为本”的人才队伍建设指导思想，有着极其重要的借鉴意义。我们奉行的一系列人才观念，与古代人才思想是一脉相承的，是优秀传统人才思想在当前情况下的新发展。比如，古代关于“得地千里不如得一贤人”的观念，与今天所说的人才资源是第一资源的思想具有异曲同工之妙。我们要认真学习研究和借鉴古代人才思想，更好地为全面建设小康社会，实现中华民族伟大复兴服务。

国之六宝　人才为首

王孙圉[1]聘于晋，定公飨[2]之。赵简子鸣玉以相，问于王孙圉曰："楚之白珩[3]犹在乎？"对曰："然。"简子曰："其为宝也几何矣？"曰："未尝为宝。楚之所宝者，曰观射父，能作训辞，以行事于诸侯，使无以寡君为口实。又有左史倚相，能道训典，以叙百物，以朝夕献善败于寡君，使寡君无忘先王之业。又能上下悦于鬼神，顺道其欲恶，使神无有怨痛于楚国。又有薮曰云连徒洲，金木竹箭之所生也。龟、珠、角、齿、皮、革、羽、毛，所以备赋，以戒不虞者也。所以共币帛，以宾享于诸侯者也。若诸侯之好币具，而导之以训辞，有不虞之备，而皇神相之，寡君其可以免罪于诸侯，而国民保焉。此楚国之宝也。若夫白珩，先王之玩也，何宝之焉？圉闻国之宝六而已。明王圣人能制议百物，以辅相国家，则宝之；玉足以庇荫嘉谷，使无水旱之灾，则宝之；龟足以宪臧否，则宝之；珠足以御火灾，则宝之；金足以御兵乱，则宝之；山林薮[4]泽，足以备财用，则宝之。若夫哗嚣之美，楚虽蛮夷，不能宝也。"

先秦·《国语·楚语》

【注释】

（1）圉（yǔ）：同"圄"。（2）飨（xiǎng 享）：用酒食招待客人，泛指请人受用。（3）白珩：珩（háng）；古代佩玉上部的横玉，形似磬，或似半环。（4）薮（sǒu 擞）：大泽、湖泊。

【译文】

楚国大夫王孙圉奉命出使晋国，晋定公设宴招待他。席间，赵简子敲击身上戴着的玉佩，自豪地向王孙圉问道："你们楚国有块叫'白珩'的美玉，现在还在吗？"王孙圉回答："还在。"赵简子接着又问："这块美玉是稀世之宝，价值不低吧？"王孙圉回答："我们并没有将它当成宝物。楚国视为宝物的是位名叫观射父的贤臣，他善于辞令，擅长在诸侯间处理外交事务，使鄗国君主不致贻人以口实。还有一位左史名叫倚相也是国之瑰宝，他能讲述典籍中记载的治国经验教训，并据以妥善处理各种国家事务，早晚向鄗国君主陈述治国成败的道理，使君主不忘先王所开创的事业。他还能讨得鬼神的欢心，通晓鬼神的喜欢和厌恶，使鬼神不降灾于楚国。除此之外，我们还有一大片横亘徒州的沼泽，叫做云梦，盛产金、木、竹箭，还出产龟甲、珠石、兽角、兽齿以及皮革和羽毛，可据以征收赋税和备意外之急用，也可作为赠送诸侯的礼品。这样有了与诸侯修好的礼品，有了典籍中的训辞作为治国的指导，有了备意外急用的物资，上天神灵又来相助，鄗国的君主就可以不得罪诸侯，且百姓就可以安居乐业。这些才是楚国的宝物。至于像‘白珩’这样的美玉，不过是先王的一种玩物，哪里算得上什么宝物？我曾听人说，国家的宝物有六：一是能使君王圣明百姓归顺，裁断各种事务，用来辅佐国家，就以他为珍宝。二是祭祀时用的玉器，象征美好，能庇佑风调雨顺、五谷丰登，也把它当做宝物。三是能预卜祸福得失的龟甲，也将其作为一宝。四是能防御火灾的珍珠，也把它当做一宝。五是可制作兵器、平息叛乱的金属，也将其作为一宝。六是山林沼泽，盛产国家需用的财物，也把它当做一宝。至于那些表面好看，哗众取宠的物品，我们楚国虽是蛮夷之邦，也不将它视为宝物。”

招揽贤才　中兴国家

燕昭王[(1)]收破燕后即位，卑身厚币，以招贤者，欲将以报仇。故往见郭隗先生曰："齐因孤国之乱，而袭破燕。孤极知燕小力少，不足以报。然得贤士与共国，以雪先王之耻，孤之愿也。敢问以国报仇者奈何?"

郭隗先生对曰："帝者与师处，王者与友处，霸者与臣处，亡国与役处。诎指[(2)]而事之，北面而受学，则百己者至；先趋而后息，先问而后嘿[(3)]，则什己者至；人趋己趋，则若己者至；冯[(4)]几据杖，眄[(5)]视指使，则厮役之人至。若恣睢[(6)]奋击，呴籍[(7)]叱咄，则徒隶之人至矣。此古服道致士之法也。王诚博选国中之贤者而朝其门下，天下闻王朝其贤臣，天下之士，必趋于燕矣。"

昭王曰："寡人将谁朝而可?"郭隗先生曰："臣闻古之君人有以千金求千里马者，三年不能得。涓人[(8)]言于君曰：'请求之。'君遣之，三月，得千里马，马已死，买其首五百金，反以报君。君大怒曰：'所求者生马，安事死马而捐五百金?'涓人对曰：'死马且买之五百金，况生马乎？天下必以王为能市马，马今至矣!'于是不能期年，千里之马至者三。今王诚欲致士，先从隗始。隗且见事，况贤于隗者乎？岂远千里哉!"

于是昭王为隗筑宫，而师之。乐毅[(9)]自魏往，邹衍[(10)]自齐往，剧辛自赵往，士争凑燕。燕王吊死问生，与百姓同其甘苦。二十八年，燕国殷富，士卒乐佚轻战。于是遂以乐毅为上将军，与秦、楚、三晋合谋以伐齐。齐兵败，闵王出走于外。燕兵独追北，入至临淄[(11)]，尽取齐宝，烧其宫室宗庙。齐城之不下者，唯独莒，即墨[(12)]。

先秦·《战国策·燕策一》

【注释】

(1) 燕昭王：名职，公元前311—前279年在位。即位后改革政治，招徕人才，于公元前284年大破齐国，是为燕国最强盛时期。(2) 诎：弯曲、委屈；指：通“旨”，意旨。(3) 嘿：沉思。(4) 冯：通“凭”，凭借、依靠。(5) 眄：斜视。(6) 恣睢：放纵、粗暴。(7) 呴籍：脚踏地跳跃的样子。(8) 涓人：宫廷中主管洒扫清洁的人。(9) 乐毅：魏国名将乐羊之后，率燕军大败齐国，封“昌国君”。(10) 邹衍：为阴阳五行家的代表人物。(11) 临淄：齐都城，即今山东淄博。(12) 莒：今山东莒县；即墨：今山东平度县。

【译文】

燕昭王收拾了残破的燕国之后，登上了王位。他谦卑恭敬，以厚礼重金招聘贤才，准备依靠他们报仇雪耻。于是，他去见郭隗先生，说：“齐国趁我国内乱，发动突然袭击，打败了燕国。我深知国小力弱，不可能报仇。然而如果能得到有才干的人，与他们共同管理国家，来洗脱先王的耻辱，这是我的愿望。请问要报国家的大仇，应该怎么办？”

郭隗先生回答说：“成就帝业的国君，以贤者为师，同朝共事；成就王业的国君，以贤者为友，同朝共事；成就霸业的国君，以贤者为臣，同朝共事；亡国的国君，以贤者为奴仆，则不能保有国家。折节屈尊侍奉贤者，面向老师接受教导，那么，才干超过自己百倍的人就会到来；先于别人去劳役，后于别人去休息，先于别人去求教，并在求教后认真思考，那么，才干超过自己十倍的人就会到来；别人怎么做，自己也不假思考地追随，那么，与自己才干相近者到来；靠着几案，拄着手杖，颐指气使，指手画脚，那么，干杂活、服苦役的人就会到来；如果对人暴虐粗野，动辄发怒，任意呵斥，那么，只有唯唯诺诺，唯命是从的犯人、奴隶才会到来。这些都是古代施行王道，招揽人才的办法。大王如果能够广泛选拔国内的人才，亲自登门拜访，天下人听说大王亲自拜访贤臣，天下的贤士一定都会奔赴燕国。”

昭王说：“我应当拜访谁才合适呢？”郭隗先生说：“我听说，古代有个君王，要用千金求购千里马，经过三年，也没有买到，宫中有个内臣对国君说：‘请让我去买吧’，国君就派他去。三个月后他找到了千里马，可是马已经死了，就以五百金买了那匹死马的头，回来报告国君。国君大怒说：‘我要找的是活马，怎么能白白花了五百金买个死马呢？’内臣回答说：‘死马尚且肯花五百金，更何况活马呢？天下人由此一定会认为大王善于买马，那么千里马很快就会买到。’于是，不到一年，三匹千里马就送上门来。现在大王果真想招揽人才，就先从我开始吧；像我这样的人尚且被任用，何况比我更有才干的人呢？难道他们还会以千里为远而不到燕国来吗！”

在这时，燕昭王专为郭隗修建了官宅，并且尊他为师。不久，乐毅从魏国来了，邹衍从齐国来了，剧辛从赵国来了，有才干的人都争先恐后地聚集到燕国。昭王悼念死去的人，安慰活着的人，同老百姓同甘共苦。二十八年后，燕国殷实富裕了，士兵生活安适，都乐意为国而战。于是，昭王就任命乐毅为上将军，与楚、秦、三晋等国合谋讨伐齐国。齐国大败，齐闵王逃往国外。燕国的军队单独追击败逃的齐军，攻下齐都临淄，把那里的宝物全部掠去，烧毁了齐国的宫殿、宗庙。齐国的城邑没有被攻下的，只有莒和即墨两处。

举士任官获大治

先生王斗造门而欲见齐宣王，宣王使谒者延入。王斗曰："斗趋见王为好势，王趋见斗为好士，于王何如?"使者复还报。王曰："先生徐之，寡人请从。"宣王因趋而迎之于门，与入，曰："寡人奉先君之宗庙，守社稷，闻先生直言正谏不讳。"王斗对曰："王闻之过。斗生于乱世，事乱君，焉敢直言正谏。"宣王忿然作色，不说。

有间，王斗曰："昔先君桓公所好者，九合诸侯，一匡天下，天子受籍，立为大伯。今王有四焉。"宣王说，曰："寡人愚陋，守齐国，唯恐失抎之，焉能有四焉?"王斗曰："否。先君好马，王亦好马。先君好狗，王亦好狗。先君好酒，王亦好酒。先君好色，王亦好色。先君好士，是王不好士。"宣王曰："当今之世无士，寡人何好?"王斗曰："世无骐麟騄耳[1]，王驷已备矣。世无东国外俊、庐氏[2]之狗，王之走狗已具矣。世无毛嫱[3]西施，王宫已充矣。王亦不好士也，何患无士?"王曰："寡人忧国爱民，固愿得士以治之。"王斗曰："王之忧国爱民，不若王爱尺縠[4]也。"王曰："何谓也?"王斗曰："王使人为冠，不使左右便辟而使工者何也? 为能之也。今王治齐，非左右便辟无使也，臣故曰不如爱尺縠也。"

宣王谢曰："寡人有罪国家。"于是举士五人任官，齐国大治。

先秦·《战国策·齐策四》

【注释】

(1) 骐麟騄耳：在这里都是指良马。(2) 东国外俊、庐氏：名狗的主人。(3) 毛嫱：美女名。(4) 縠：有结纹的纱。

【译文】

先生王斗登门要拜见齐宣王，宣王派传达去领王斗进来。王斗说："我快步向前去拜见大王是爱慕权势，大王快步向前来迎接我是礼贤下士。大王认为怎么样?”传达汇报王斗的话。宣王说:“让先生慢慢走,我听从他的意见。”于是,宣王跑到门口去迎接王斗,与他一块儿进来。宣王说:“我继承先王的大业,得以治理国家,听说先生能直言批评,无所忌讳。”王斗回答说:“大王听错了。我生在乱世,又侍奉乱君,怎么敢直言批评呢?”宣王听后,怒形于色,很不高兴。

过了一会儿,王斗说:“从前先君齐桓公所爱好的是,多次合并诸侯,一举匡正天下,天子授位,立为霸主。现在,大王有四点和桓公相同。”宣王说:“我愚蠢寡闻,治理齐国,只担心失国,怎能有四种与先君相同呢?”王斗说:“不。先君喜好马,大王也喜好马;先君喜好狗,大王也喜好狗;先君喜好酒,大王也喜好酒;先君好色,大王也好色;先君礼贤下士,大王却不礼贤下士。”宣王说:“现在世上没有士,我又怎么去礼贤下士呢?”王斗说:“世上没有骐騄、騄耳这样的骏马,可是大王已经车马齐备;世上没有东郭外俊和庐氏之狗,可是大王已经有善跑的猎狗;世上没有像毛嫱、西施那样的美女,可是大王的后宫中充满了美女。大王只是不礼贤下士,怎么发愁世上没有士呢?”宣王说:“我忧国爱民,当然愿意得到有才能的人来治理国家。”王斗说:“大王忧国爱民还不如爱一尺绉纱。”宣王说:“这是什么意思?”王斗说:“大王要人做帽子,不要亲近宠爱的人去做,却要工匠去做,为什么?因为他们会做。现在,大王治理国家,却一定要用亲近宠爱的人去治理。所以我说:‘您忧国爱民不如爱一尺绉纱。’”宣王内疚自责说:“我对国家有罪。”于是选拔了五名贤士,任命他们官职,齐国因此治理得很好。

治天下必选贤者

而今天下之士君子，居处言语皆尚贤；逮至其临众发政而治民，莫知尚贤而使能。我以此知天下之士君子，明于小而不明于大也。何以知其然乎？今王公大人有一牛羊之财不能杀，必索良宰；有一衣裳之财不能制，必索良工。当王公大人之于此也，虽有骨肉之亲，无故富贵、面目美好者，实知其不能也，不使之也。是何故？恐其败财也。当王公大人之于此也，则不失尚贤而使能。王公大人有一罢[(1)]马不能治，必索良医；有一危弓不能张，必索良工。当王公大人之于此也，虽有骨肉之亲、无故富贵、面目美好者，实知其不能也，必不使。是何故？恐其败财也。当王公大人之于此也，则不失尚贤而使能。逮[(2)]至其国家则不然，王公大人骨肉之亲、无故富贵、面目美好者则举之。则王公大人之亲其国家也，不若亲其一危弓、罢马、衣裳、牛羊之财与？我以此知天下之士君子，皆明于小而不明于大也。此譬犹喑[(3)]者而使为行人，聋者而使为乐师。是故古之圣王之治天下也，其所富，其所贵，未必王公大人骨肉之亲、无故富贵、面目美好者也。

是故昔者舜耕于历山，陶于河濒，渔于雷泽，灰于常阳。尧得之服泽之阳，立为天子。使接天下之政，而治天下之民。昔伊尹为莘氏女师仆，使为庖人。汤得而举之，立为三公，使接天下之政，治天下之民。昔者傅说居北海之洲，圜土之上，衣褐带索，庸筑于傅岩之城。武丁得而举之，立为三公，使之接天下之政，而治天下之民。是故昔者尧之举舜也，汤之举伊尹也，武丁之举傅说也，岂以为骨肉之亲、无故富贵、面目美好者哉？惟法其言，用其谋，行其道，上可而利天，中可而利鬼，下可而利人，是故推而上之。

古者圣王既审尚贤，欲以为政，故书之竹帛，琢之盘盂，传以遗后世子孙。于先王之书《吕刑》之书然，王曰："於！来！有国有士，告女讼刑。在今而安百姓，女何择言人？何敬不刑？何度不及？”能择人而敬为刑，尧、舜、禹、汤、文、武之道可及也。是何也？则以尚贤及之。于先王之书《竖年》之言然，曰：“晞夫圣、武、知人，以屏辅而身。”此言先王之治天下也，必选择贤者，以为其群属辅佐。

先秦·《墨子·尚贤十》

【注释】

(1) 罢（pí）：古同“疲”，衰弱。(2) 逮：到、及。(3) 喑：哑，不能说话。

【译文】

现在天下的士君子，平时言谈举止之中都知道尚贤，等到他们面对民众发布政令来治理民众时，就忘了尚贤使能了。我由此得知天下的士君子，只懂得小道理而不懂得大道理。怎么知道是这样呢？现在的王公大人有一只牛羊不会杀，一定去找好的屠夫；有一件衣服不会做，一定去找好的裁缝。王公大人在此之时，虽有骨肉之亲和无功受禄而富贵者，以及面貌美丽的人，但知道他们确实没有能力，就不会让他们去做。为什么呢？担心他们会损坏自己的财物，此时的王公大人不失为尚贤使能的人。王公大人有一匹病马不能治，他们一定要找好的兽医，有一张坏弓拉不开，他们一定要找好的工匠，把它修好。王公大人在此之时，虽然有骨肉之亲和无功受禄而富贵者，以及面貌美丽的人，但知道他们确实没有能力，就不会让他们去做。为什么呢？担心自己的财物受到损失。王公大人在此之时，可谓是尚贤使能的人。但是，到了他们治理国家时，就不这样了。他们的骨肉之亲、无功受禄而得到富贵以及面貌美丽的人，都可以被举用。由此看来，王公大人们难道爱自己的国家还不如爱他的一张弓、一匹病马、一件衣裳、一只牛羊吗？我因此知道天下的士君子所看到的只是小处，没有看到大处。这就好像让一个哑巴去充当外交人员，让一个失聪的人去当乐师。因此古代圣王治理天下，他们所使富裕、显贵的，不一定是自己的亲骨肉、无功受禄而富贵以及面貌美丽的人，而是让那些确实为国家建功立业的人得到富贵。

因此，从前舜曾在历山下耕田，在河滨制陶器，在雷泽捕鱼，在恒山南面贩卖东西。（见于《孙诒让墨子闲诂》。）尧在服泽那个地方发现他，并立他为天子，让他接管天下的政事，治理天下民众。从前伊尹是有莘氏的私臣，让他做厨师，汤得到他并加以举用，立他为三公，使他接管天下的政事，治理天下民众。从前傅说曾是殷商的刑徒，被关在北海[①]的监狱里，身穿粗布衣，腰系麻绳，在傅岩当瓦工修筑城墙。武丁得到他并加以举用，立为三公，使他接管天下政事，治理天下民众。由此看来，从前尧举用舜，汤举用伊尹，武丁举用傅说，难道因为他们是骨肉之亲、无功受禄而富贵以及面貌美丽的人吗？只是依照他们的话去做，采用他们的谋略，推行他们的主张，上可利于天，中可利于鬼，下可利于民，所以就把他们选拔上来，居于上位。

古时的圣王既已明白尚贤的道理，想借此为政，所以把它写在竹帛上，雕刻在盘盂上，使其相传而留给子孙后代。在先王留下的《吕刑》中这样记载着君王的言论："呵！来！有国家有领土的人，告诉你们诉讼赏罚之道。现在，你们要安抚百姓，除了贤人，你们还有什么可选择的呢？除了刑罚，你们还有什么可慎重的呢？还担心什么不能达到圣王之道呢？"能选择贤人而谨慎用刑，尧、舜、禹、汤、文、武王的治国之道就可以达到了。这是为什么呢？因为可以通过尚贤而达到。在先王之书《竖年》中记载："寻求圣人、武人、智人，来辅助你自己。"这是说先王治理天下，一定要选择贤能的人做自己的僚属辅佐他。

---

① 注："北海"古代指北方最偏远之地。

没有比用贤更加急迫的事

入国而不存其士[1]，则亡国矣。见贤而不急，则缓其君矣。非贤无急，非士无与虑国。缓贤忘士，而能以其国存者，未曾有也。昔者文公出走而正天下；桓公去国而霸诸侯；越王勾践遇吴王之丑，而尚摄中国之贤君。三子之能达名成功于天下也，皆于其国抑而大丑也。太上无败，其次败而有以成，此之谓用民。吾闻之曰："非无安居也，我无安心也；非无足财也，我无足心也。"是故君子自难而易彼，众人自易而难彼。君子进不败其志，内[2]究其情；虽杂庸民，终无怨心，彼有自信者也。是故为其所难者，必得其所欲焉；未闻为其所欲，而免其所恶者也。是故偪[3]臣伤君，谄下伤上。君必有弗弗[4]之臣，上必有詻詻之下，分议者延延，而交苟者詻詻，焉可以长生保国。臣下重其爵位而不言，近臣则喑，远臣则唫，怨结于民心。谄谀在侧，善议障塞，则国危矣。桀纣不以其无天下之士邪？杀其身而丧天下。故曰："归[5]国宝，不若献贤而进士。"……故虽有贤君，不爱无功之臣；虽有慈父，不爱无益之子。是故不胜其任而处其位，非此位之人也；不胜其爵而处其禄，非此禄之主也。良弓难张，然可以及高入深；良马难乘，然可以任重致远；良才难令，然可以致君见尊。是故江河不恶小谷之满已也，故能大。

先秦·《墨子·亲士》

【注释】

(1) 入国：有人认为"入"疑为"乂"形之误，入国即乂国，乂国即治理国家。(2) 内：依清代俞樾校，"退"义。(3) 偪：迫也，谓贵臣权重迫君。(4) 弗弗：通"拂拂"，辅助。(5) 归：通"馈"，赠送。

【译文】

治理国家却不优待贤士，国家就会灭亡。见到贤士而不急于加以任用，那么君王就难以称王于诸侯而受人尊敬。没有比用贤更急迫的事，除了贤士无人与他一道谋划国事。怠慢和忘却贤士，国家能够长治久安的事，还不曾有过。从前晋文公逃亡在外，后来又成为天下盟主；齐桓公离开国家，后来又称霸诸侯；越王勾践曾受吴王辱没，而后来成为威慑中原名诸侯的贤明君主，中国的有道之君。这三个人能功成名就，扬名天下，都是因为他们能够抑制奇耻大辱。最好当然是没有失败，其次则是虽然失败然后能够成功，这才叫做善于利用人民。我听说："并不是没有安定的居所，而是我没有安定的心境；并不是没有富足的财富，而是没有满足的心愿。"所以君子严以律己，宽以待人；而普通人则是宽以律己，严以待人。君子仕途如意却不得意忘形，仕途坎坷则反省自己内心，以求心安；即使混身于普通人之中，也始终不怨天尤人，他们对自己有信心。所以凡事能够从难处做起，必定能够达到他们的愿望；但却没有听说过只做自己想做的事情，而能免予所憎恨的东西。所以权重逼君的大臣往往伤害国君，也诬陷下属，伤害上司。国君必须有忠诚辅助的大臣，且有敢于真言劝谏的下属，分辨议事的人争论蜂起，互相辩难的人互不相让，这样才可以国治民安。臣子只看重自己的爵位而不敢直言，身边的大臣缄默不语，疏远之臣的意见不被采纳，怨恨就会在民心中集结。谄谀之徒围在身边，好的建议无法传达，那么国家就危险了。桀、纣不正是因为他们身边没有真正的贤士，从而自己被杀而失去天下。所以说，赠送国君宝物，不如推荐贤人志士。……因此，即使有贤君，他也不爱无功之臣，即使有慈父，他也不疼爱无用之子。所以不能胜任其事却居于这一位置的，他就是不适合居于此位之人；不能胜任其爵位而享受这一爵位俸禄的，他就不是享有此俸禄的主人。良弓难以张开，但却可以射得高和进得深；骏马难骑，但却可以载得重行得远；良才难以控制，但可以使国君受人尊重。所以江河不嫌弃小溪充盈自己，故能变成大江大河。

尊贤使能 俊杰在位

孟子曰："尊贤使能，俊杰[1]在位，则天下之士皆悦，而愿立于其朝矣；市，廛[2]而不征，法而不廛，则天下之商皆悦，而愿藏于其市矣；关，讥而不征[3]，则天下之旅皆悦，而愿出于其路矣；耕者，助[4]而不税，则天下之农皆悦，而愿耕于其野矣；廛，无夫里之布[5]，则天下之民皆悦，而愿为之氓[6]矣。信能行此五者，则邻国之民仰之若父母矣。率其子弟，攻其父母，自有生民以来未有能济[7]者也。如此，则无敌于天下。无敌于天下者，天吏[8]也。然而不王者，未之有也。"

先秦·《孟子·公孙丑上》

【注释】

(1) 俊杰：才德出众的人。(2) 廛：市中储藏或堆积货物的栈房。(3) 讥：查看，检查。征：征税。(4) 助：助耕公田。(5) 夫里之布：额外的雇役钱和地税。(6) 氓：百姓。(7) 济：得逞、实现。(8) 天吏：奉行天命之吏。

【译文】

孟子说："尊敬重用贤能的人，使杰出人才身居官位，那么天下有才德的人都会高兴，并且愿意在这样的朝廷里做事；在集市上，把货物堆积在栈房而不用交税，依照规定价格收购滞销货物而不让它积压，那么天下的商人就会高兴，并且愿意把货物在这样的市场中存放；在关卡，只检查而不征税，那么天下的旅客就会高兴，并且愿意在这样的道路上往来；对于庄稼人，只助耕公田而不征私田的税，那么天下的农民就会高兴，并且愿意在这样的田地里耕作；在居民聚集区，不征收额外的雇役钱和地税，那么天下的百姓就会高兴，并且愿意成为这里的百姓了。果真能做到这五点，那就会使邻国的百姓像对待父母一样去仰望他。(邻国妄想攻伐，就如同)率领子弟攻伐自己的父母，从人类出现到现在还没有能够得逞的。像这样，便能够天下无敌。天下无敌的人，可以称得上是代表上天意志，替天行道。做到这一步而不能称王于天下的，从来还没有过。"

立足大处治国家

彼持国者，必不可以独也，然则强固荣辱在于取相矣[1]！身能，相能，如是者王；身不能，知恐惧而求能者，如是者强；身不能，不知恐惧而求能者，安唯便僻左右亲比己者之用[2]，如是者危削；綦之而亡。国者，巨用之则大，小用之则小；綦大而王，綦小而亡，小巨分流者存。巨用之者，先义而后利，安不恤亲疏，不恤贵贱，唯诚能之求，夫是之谓巨用之。小用之者，先利而后义，安不恤是非，不治曲直，唯便僻亲比己者之用，夫是之谓小用之。巨用之者若彼，小用之者若此；小巨分流者，亦一若彼，一若此也。故曰："粹[3]而王，驳[4]而霸，无一焉而亡。"此之谓也。

先秦·《荀子·王霸》

【注释】

(1) 固：破败也。取相：选取辅佐的人。(2) 便僻：阿谀逢迎的人。亲比：亲近。(3) 粹：精粹、完全。此指立足于大处治理国家。(4) 驳：杂，指介于"巨用"与"小用"之间去治理国家。

【译文】

掌握国家权柄的人，一定不能独自一个人去治理国家。国家的强大、破败、荣耀、耻辱关键就在于选择辅佐的人才。君主有才能，辅佐的人也有才能，就可以称王天下；君主自己没有才能，但还知道畏惧而去寻求有才能的人，也可以称霸天下。君主自己没有才能，又不懂得畏惧而去寻求有才能的人，只是知道任用身边善于阿谀逢迎、亲近自己的人，就必然危险，国力削弱，发展到极点就会灭亡。立足于大处去治理国家，国家就会越来越强大，而只注意微小细节去治理国家，国家就会越来越弱小。强大到极点就称王天下，弱小到极点就导致灭亡。介于两者之间，就可以幸存。立足于大处去治理国家的，先讲礼义然后才考虑利益，不考虑亲疏，不考虑贵贱，只求找到真正有才能的人，这就叫立足于大处治理国家。只注重细小末节去治理国家的，先讲利益然后才考虑礼义，不顾及是非，不区分曲直，只任用善于阿谀奉承、亲近自己的人，这就叫做只注重细枝末节治理国家。着眼于大处治理国家就是前面所说的那样，只注重细枝末节治理国家就是后面所说的那样，介于两者之间的，有的像前面那样，有的像后面那样。古书上说："完全立足于大处治理国家的称王天下，介于两者之间的称霸天下，这两种情况一样也不具备的就遭到灭亡。"说的就是这个道理。

齐桓公称霸之秘诀

齐桓五伯之盛者也，前事则杀兄而争国；内行则姑、姊、妹之不嫁者七人，闺门之内，般乐、奢汰，以齐之分奉之而不足；外事则诈邾、袭莒(1)，并国三十五。其事行也若是其险污①、淫汰也，彼固曷(2)足称乎大君子之门哉！若是而不亡，乃霸，何也？曰：呜乎！夫齐桓公有天下之大节焉，夫孰能亡之？倓(3)然见管仲之能足以托国也，是天下之大知也。安忘其怒，出忘其雠，遂立以为仲父，是天下之大决也。立以为仲父，而贵戚莫之敢妒也；与之高、国之位，而本朝之臣莫之敢恶也；与之书社三百，而富人莫之敢距也。贵贱长少秩秩焉，莫不从桓公而贵敬之，是天下之大节也。诸侯有一节如是，则莫之能亡也；桓公兼此数节者而尽有之，夫又何可亡也？其霸也，宜哉！非幸也，数也。

先秦·《荀子·仲尼》

【注释】

(1) 邾（zhū 朱）：古国名，在今山东省邹县。莒（jǔ 举）：中国周代诸侯国名，在今山东省莒县一带。(2) 曷（hé 何）：怎么，为什么。(3) 倓（tán 谈）：安静，安然不疑。

【译文】

齐桓公是“春秋五霸”中最强盛的一位，做君主之前，他杀害了自己的哥哥夺得大权；在他家族的不同辈分中，姑姑、姐姐、妹妹没嫁人的达七个之多，在宫廷之中，贪图享乐、奢侈，拿齐国财富的一半供养他都不觉得满足；对外欺骗邾国，袭击莒国，吞并了大小三十五个国家。他做事如此阴险奸邪、淫佚奢侈，怎么还能够被伟大的孔圣人的门下称道呢？像他这样都没有灭亡，反而成为霸主，这是为什么呢？

回答：齐桓公有天下最大的节义，谁能使他灭亡呢？他看中了管仲的

① 王天海：《荀子校释》有异文，上海古籍出版社。

才干，坚定不疑地把治理国家的大事托付给他，这是天下最大的智慧啊！他忘掉过去的怒气仇恨，于是尊拜管仲为“仲父”，这是天下最伟大的决断。尊奉管仲为“仲父”，而贵族们都不敢嫉妒；给了管仲像高子、国子一样上卿的官位，可是朝中的大臣没有谁敢恨他；给了管仲七千五百户人家的封地，而富贵人没有人胆敢抗拒；全国无论尊贵、贫贱、年长、年少，都很顺从地听从齐桓公而敬奉管仲，这是天下最大的节义。任何诸侯能够有这样的一种节义，就不会有人灭掉他；齐桓公兼有如此多种节义于一身，又怎么能够使他灭亡呢？他能够称霸是顺理成章的事，绝不是侥幸，而是必然的。

用人要尽其才

羿、逢门者[1]，善服射者也。王良、造父者[2]，善服驭者也。聪明君子者，善服人者也。人服而势从之[3]，人不服而势去之，故王者已于服人矣。故人主欲得善射，射远中微，则莫若羿、逢门矣。欲得善驭，及速致远，则莫若王良、造父矣。欲得调一天下，制秦、楚，则莫若聪明君子矣。其用知甚简[4]，其为事不劳而功名致大，甚易处而綦[5]可乐也。故明君以为宝，而愚者以为难。

先秦·《荀子·王霸》

【注释】

(1) 羿：后羿，传说中善于射箭的人。逢门：传说是后羿的徒弟，亦善射。(2) 王良：晋国大夫赵简子的车夫。造父：传说周穆王的车夫。(3) 势从之：指权势随着人的顺服而来。(4) 知：通“智”。(5) 綦：极。

【译文】

后羿、逢门是善于射箭之人。王良、造父是善于驾车之人。聪明的君子是善于使人顺服的。权势是随着人们的顺服而来的；人们不顺服，权势就随之而去。所以君主做到使人顺服就是止境。如果君主想得到善于射箭之人，能射中既远又微小的目标，没有比后羿、逢门更合适的人了；君主要想得到会驾车之人，能够速度既快又跑得很远，那没有比王良、造父更合适的人了。要想一统天下，制服秦楚这样的大国，就没有比聪明的君子更合适的了。他们运用的智慧很简约，办事也不劳累，但是功绩名声却非常大，一切事务让他们来处理既容易又极其轻松愉快。所以英明的君主把聪明的君子当做宝贝，而昏庸的君主却把他们当成可怕之人。

礼贤下士则功成

齐桓公见小臣稷[1]，一日三至弗得见。从者曰："万乘之主，见布衣之士，一日三至而弗得见，亦可以止矣。"桓公曰："不然，士骜[2]禄爵者，固轻其主，其主骜霸王者，亦轻其士。纵夫子骜禄爵，吾庸敢骜霸王乎？"遂见之，不可止。世多举桓公之内行[3]，内行虽不修，霸亦可矣。诚行之此论，而内行修，王犹少。

子产[4]相郑，往见壶丘子林[5]，与其弟子坐必以年[6]，是倚其相於门也。夫相万乘之国而能遗之，谋志论行而以心与人相索，其唯子产乎！故相郑十八年，刑三人，杀二人。桃李之垂於行者，莫之援也；锥刀之遗於道者，莫之举[7]也。

魏文侯见段干木[8]，立倦而不敢息。反见翟黄[9]，踞於堂而与之言。翟黄不说，文侯曰："段干木官之则不肯，禄之则不受；今女欲官则相位，欲禄则上卿。既受吾实，又责吾礼，无乃难乎！"故贤主之畜人也，不肯受实者其礼之。礼士莫高乎节欲，欲节则令行矣。文侯可谓好礼士矣。好礼士，故南胜荆於连堤[10]，东胜齐於长城[11]，虏齐侯，献诸天子，天子赏文侯以上卿。

秦·吕不韦《吕氏春秋·下贤》

【注释】

（1）小臣稷：春秋时齐国隐士，姓小臣，名稷。（2）骜：通"傲"，轻视、傲视。（3）内行：指私生活。（4）子产：公孙侨，春秋时郑国正卿，字子产，一字子美。（5）壶丘子林：郑国的高士，复姓壶丘，名子林。（6）坐必以年：座次必定按入门为弟子的先后排列。（7）锥刀：小刀，喻微小之物。举：拾取。（8）魏文侯：战国时，魏国始立之国君，公元前446年—前396年在位。段干木：战国时魏国隐士。（9）翟黄：魏文侯上卿。（10）连堤：楚地名。（11）长城：指齐境内的长城。

【译文】

齐桓公去见小臣稷，一天去三次都没能见到。随从说："大国的君主去见一个平民，一天去了三次都没有见到，那就算了吧。"齐桓公说："不能这样。士人轻视俸禄官爵的，本来就轻视君主；那些轻视霸王之业的君主，也轻视士人。纵使先生看轻爵位俸禄，我怎么敢轻视霸王之业呢?”于是桓公又去见了小臣稷，随从没能阻止他。世人大多指责齐桓公的私生活，他的私生活虽然不检点（但有好士之心），称霸还是可以的。果真按着上面所说的原则去办，而私生活又检点，就是称王恐怕还不止呢！

子产在郑国做国相，去见壶丘子林，他与壶丘子林的弟子按入门先后次序而坐，这是把相位的尊贵置之于门外了。作为大国的国相而能放下相位架子，谈论思想、议论品行，又能将心比心与别人共同探索，大概只有子产才能做到吧！他在郑国为相十八年，仅处罚了三个人，杀了两人。即使桃李的果实下垂到路边，也没有人去摘；小刀丢在路上，也没有人去拾取。

魏文侯去见段干木，站得疲倦了也不敢休息，回来后又去见上卿翟黄，随意坐在堂上与翟黄说话。翟黄很不高兴，文侯说：“段干木这个人，给他官当他不要，给他俸禄他也不接受；现在你想当官就身居相位，你想要俸禄就给你上卿的俸禄。你既然接受了我给你的官职和俸禄，又要求我礼敬你，恐怕很难吧。”所以贤明的君主对待士人，不肯接受爵禄的就以礼相待。礼遇士人没有比节制欲望更好的了，节制欲望，命令就得以执行。魏文侯可以说是礼贤下士之人了。因为他礼贤下士，所以向南能在连堤打败楚国，向东能在长城战胜齐国，并俘虏了齐侯，把齐侯献给周天子，周天子用上卿的爵位赏赐魏文侯。

王者不却众庶

臣闻吏议逐客，窃[(1)]以为过矣。昔缪公[(2)]求士，西取由余于戎[(3)]，东得百里奚于宛[(4)]，迎蹇叔[(5)]于宋，求邳豹、公孙支[(6)]于晋。此五子者，不产于秦，而缪公用之，并国二十，遂霸西戎。孝公用商鞅之法，移风易俗，民以殷盛，国以富强，百姓乐用，诸侯亲服，获楚、魏之师，举地千里，至今治强。惠王用张仪[(7)]之计，拔三川[(8)]之地，西并巴、蜀，北收上郡[(9)]，南取汉中[(10)]，包九夷[(11)]，制鄢、郢[(12)]，东据成皋[(13)]之险，割膏腴之壤，遂散六国之从[(14)]，使之西面事秦，功施[(15)]到今。昭王得范雎[(16)]，废穰侯，逐华阳[(17)]，强公室，杜私门，蚕食诸侯，使秦成帝业。此四君者，皆以客之功。由此观之，客何负于秦哉！向使四君却客而不内，疏士而不用，是使国无富利之实而秦无强大之名也。

臣闻地广者粟多，国大者人众，兵强则士勇。是以泰山不让土壤，故能成其大；河海不择细流，故能就其深；王者不却众庶，故能明其德。是以地无四方，民无异国，四时充美，鬼神降福，此五帝、三王之所以无敌也。今乃弃黔首以资[(18)]敌国，却宾客以业[(19)]诸侯，使天下之士退而不敢西向，裹足不入秦，此所谓“借寇兵而赍[(20)]盗粮”者也。夫物不产于秦，可宝者多；士不产于秦，而愿忠者众。今逐客以资敌国，损民以益雠，内自虚而外树怨于诸侯，求国无危，不可得也。

秦·李斯《谏逐客书》

【注释】

(1) 窃：私下。以表示自谦。(2) 缪公：即秦缪公，春秋五霸之一。(3) 由余：本是晋人，亡而入戎。缪公使人设法招致，以客礼待之。后秦用由余之计伐戎，开地千里，遂霸西戎。戎：古代少数民族的统称。(4) 百里奚：本为虞国大夫，虞为晋灭时被俘，作为晋献公女儿陪嫁的奴仆入秦。奚从秦国逃亡至楚，被楚国边境的人所拘。缪公闻其贤，以五张羊皮赎之，并任之为相。宛：楚地，今河南省南阳市。(5) 蹇叔：百里奚友人，时游于宋。百里奚荐之，缪公求之于宋而用之为上大夫。(6) 邳豹：其父邳郑为晋君所诛，豹人秦，缪公以之为将。公孙支：又名子桑，先游晋，后归秦为大夫。(7) 张仪：魏人，秦惠王相，为秦制定连横的计策。(8) 三川：本韩地，在今河南省黄河以南地带。(9) 上郡：本魏地，在今陕西省榆林地区。(10) 汉中：本楚地，在今陕西省汉中地区。(11) 九夷：属楚的部族。(12) 鄢：本楚地，今湖北省宜城县。郢：楚郡，今湖北省江陵县。(13) 成皋：一名“虎牢”，为著名军事要塞，在今河南省荥阳县境内。(14) 从：通“纵”，即合纵，东方六国结成联合阵线以抵抗秦国的一种策略，与“连横”针锋相对。(15) 施：持续。(16) 范雎：魏人，字叔，秦相。(17) 穰侯、华阳：均为秦昭王母宣太后弟，擅权专国。(18) 黔首：秦国统治的百姓称黔首。资：资助。(19) 业：这里作动词，成就事业。(20) 赍：给予。

【译文】

我听说官吏在商议驱逐客卿之事，私下认为是搞错了。从前秦缪公寻求贤士，西边从西戎取得由余，东边从宛地得到百里奚，又从宋国迎来蹇叔，还从晋国招来邳豹、公孙支。这五位贤人，不生在秦国，而秦缪公重用他们，吞并国家二十多个，于是称霸西戎。秦孝公采用商鞅的新法，移风易俗，人民因此殷实富足，国家因此富强，百姓乐意为国效力，诸侯亲附归服，战胜楚国、魏国的军队，攻取土地上千里，至今政治安定，国力强盛。秦惠王采纳张仪的计策，攻下三川地区，西进兼并巴、蜀两国，北上收得上郡，南下攻取汉中，席卷九夷各部，控制鄢、郢之地，东面占据成皋天险，割取肥田沃土，于是拆散山东六国的合纵同盟，使他们朝西事奉秦国，功烈延续到今天。昭王得到范雎，废黜穰侯，驱逐华阳君，加强国君公室，杜绝外戚私门，蚕食诸侯领土，使秦国成就帝王大业。这四位君主，都依靠了客卿的功劳。由此看来，客卿哪有什么对不住秦国的地方呢！倘若四位君主拒绝远客而不予接纳，疏远贤士而不加任用，这就会使国家没有丰厚的实力，而让秦国没有强大的名声了。

我听说田地广就粮食多，国家大就人口众多，军队强将士就勇猛。因此，泰山不拒绝细小的泥土，所以能成为那样高大；江河湖海不舍弃细流，所以能变得那样深邃；有志建立王业的人不拒绝民众，所以能彰明他的德行。因此，土地不分东西南北，百姓不论异国他邦，那样便会一年四季富裕美好，天地鬼神降赐福运，这就是五帝、三王无人匹敌的缘故。现在却抛弃百姓使之去帮助敌国，拒绝宾客使之去侍奉诸侯建立功业，使天下的贤士退却而不敢西进，裹足止步不入秦国，这就叫做“借武器给敌寇，送粮食给盗贼”啊。物品中不出产在秦国，而可值得宝贵的很多；贤士中不生长于秦，却愿意效忠的成群。如今驱逐宾客来资助敌国，减损百姓来充实对手，自己内部造成空虚而在外部诸侯中构筑怨恨，那要谋求国家没有危难，是不可能的啊。

仗贤者王　仗贼者亡

夫居高者，自处不可以不安；履危者，任杖不可以不固。自处不安则坠，任杖不固则仆[(1)]。是以圣人居高处上，则以仁义为巢；乘危履倾，则以贤圣为杖。故高而不坠，危而不仆者，尧以仁义为巢，舜以禹稷契为杖。故高而益安，动而益固。处宴安之台，承克让之途，德配天地，光被四表[(2)]，功垂于无穷，名传于不朽，盖自处得其巢，任杖得其人也。秦以刑罚为巢，故有覆巢破卵之患；以李斯赵高为杖，故有顿仆跌伤之祸。何哉？所任非也。故杖圣者帝，杖贤者王，杖仁者霸，杖义者强，杖谗者灭，杖贼者亡。

西汉·陆贾《新语·辅政》

【注释】

(1) 仆（pū）：向前跌倒。(2) 四表：指四方极远之地，亦泛指天下。

【译文】

居于高处的人，安身之处不可以不安全；在险途行走的人，拐杖不可以不坚固。安身之处不安全就会坠落，拐杖不坚固就会跌倒。所以有很高地位的圣人，都以仁义为依托；度过危险倾覆的处境，则依靠贤人的扶持。

之所以居高而不坠，处险而不颠仆，尧是以仁义为依托，舜是依靠禹、稷及契扶持。所以，居处越高越安全，动荡越剧越牢固。

然而有很高地位而得以安全者，凭借推贤尚善，德行堪与天地匹配，恩泽惠及四方，功垂千古，美名永传不朽，原来都是由于安身立命有了依托，并有贤才扶持。

秦以刑罚为依托，所以有巢覆卵破之患；依仗李斯、赵高扶持，所以有摔倒跌伤之祸。什么缘故呢？所用的人并非贤才。

所以倚仗圣人扶持者为帝，倚仗贤才扶持者为王，倚仗仁人扶持者为霸，倚仗讲信义者扶持能强盛；倚仗阿谀奉承，谗毁他人扶持者将失败，倚仗奸佞小人扶持将灭亡。

不任贤则奸佞作乱

凡人莫不知善之为善，恶之为恶；莫不知学问之有益于己，怠戏[1]之无益于事也。然而为之者情欲放溢，而人不能胜其志也。人君莫不知求贤以自助，近贤以自辅；然贤圣或隐于田里，而不预国家之事者，乃观听之臣[2]不明于下，则闭塞之讥归于君；闭塞之讥归于君，则忠贤之士弃于野；忠贤之士弃于野，则佞臣之党存于朝；佞臣之党存于朝，则下不忠于君；下不忠于君，则上不明于下；上不明于下，是故天下所以倾覆[3]也。

西汉·陆贾《新语·资质》

【注释】

(1) 怠戏：怠惰如戏的意思。(2) 观听之臣：指负责监察谏议的大臣。(3) 倾覆：王朝覆灭的意思。

【译文】

没有人不知道什么是善，什么是恶，没有人不知道学问对自己有益，怠惰嬉戏对事业无益。人们知道这些却实际做的是情欲放纵，是不能克制人自己的意志。君主没有不知道寻求贤才作为助手，接近贤才作为辅佐的；可是圣贤之人常常隐居在民间，而不能参与国家政事，就是那些监察谏议之臣不能明达下情，于是闭塞贤路的批评就会归于君主；闭塞贤路的批评归于君主，那么忠诚贤明之士就会被丢弃于民间；忠诚贤明之士被丢弃于民间，那么奸佞之臣就会出现在朝廷上；奸佞之臣群居在朝廷上，则百姓就对君不忠；百姓对君不忠，则统治者就不能明达于民间；统治者不能明达于民间，这就是天下之所以灭亡的原因。

务众贤而同其心

天积众精以自刚，圣人积众贤以自强。天序[1]日月星辰以自光，圣人序爵禄以自明。天所以刚者，非一精之力，圣人所以强者，非一贤之德也。故天道务盛其精，圣人务众其贤。盛其精而壹[2]其阳，众其贤而同其心，壹其阳然后可以致其神，同其心然后可以致其功。是以建治之术，贵得贤而同心。

西汉·董仲舒《春秋繁露》卷六《立元神》

【注释】

(1) 序：排列次第。(2) 壹：统一、一致。

【译文】

上天积聚日月星辰的精气而使自身刚劲，圣人积聚许多贤能之人而使自身强大。天空排列日月群星而自身光亮，圣人排列爵位俸禄而使自身英明。天刚劲的原因，不是一个精光的力量，圣人强大的原因，不是一位贤人的德行。所以天道一定使它的精气旺盛，圣人一定使他的贤人众多。天使它的精气茂盛并且集中它的阳刚，圣人使他的贤人众多并且统一他们的心志；集中精气阳刚然后可以达到天的神妙，统一贤人的心志然后可取事业的成功。因此治理国家的策略，贵在得到贤人而且同心同德。

人无弃人

昔者，公孙龙在赵之时，谓弟子曰："人而无能者，龙不能与游。"有客衣褐带索而见曰："臣能呼。"公孙龙顾谓弟子曰："门下故有能呼者乎?"对曰："无有。"公孙龙曰："与之弟子之籍。"后数日，往说燕王，至于河上，而航在一汜[(1)]，使善呼者呼之，一呼而航来。故曰："圣人之处世，不逆有伎[(2)]能之士。"故老子曰："人无弃人，物无弃物，是谓袭明。"

西汉·刘安《淮南子·道应训》

【注释】

(1) 汜：水边。(2) 伎：技巧、才能。

【译文】

过去，公孙龙在赵国的时候，对弟子们说："没有才能本事的人，我是不与他们交往的。"有一个身穿粗布衣裳，腰系绳索的客人来见公孙龙，说："我会呼喊。"公孙龙听后回头对弟子们说："咱们这里原来有过能呼喊的人吗?"弟子们回答说："没有。"公孙龙说："给他弟子的资格，将他的名字登记在册。"

过了几天，公孙龙要去燕国游说燕王。当走到一条大河边，而渡船却在很远的对岸。公孙龙就让那个善于呼喊的人去喊，只喊了一声，对岸的渡船就闻声划过来了。

所以说：明智的圣人处世，是不得罪那些有技能的人的。因而老子说："人没有被弃置不用的人，物没有被抛置不用的物，这才够得上明智。"

君子劳于求贤

输子[1]之制材木也，正其规矩而凿枘调[2]。师旷[3]之谐五音也，正其六律而宫商调。当世之工匠，不能调其凿枘，则改规矩，不能协声音，则变旧律，是以凿枘刺戾而不合，声音泛越而不和。夫举规矩而知宜，吹律而知变，上也；因循而不作，以俟其人，次也。是以曹丞相[4]日饮醇酒，倪大夫[5]闭口不言。故治大者不可以烦，烦则乱；治小者不可以怠，怠则废。《春秋》曰："其政恢卓，恢卓可以为卿相。其政察察，察察可以为匹夫。"夫维纲不张，礼义不行，公卿之忧也。案上之文，期会之事，丞史[6]之任也。《尚书》曰："俊乂在官，百僚师师，百工惟时，庶尹允谐[7]。"言官得其人，人任其事，故官治而不乱，事起而不废，士守其职，大夫理其位，公卿总要执凡而已。故任能者责成而不劳，任己者事废而无功。桓公之于管仲，耳而目之。故君子劳于求贤，逸于用之，岂云殆哉？

西汉·桓宽《盐铁论·刺复》

【注释】

(1) 输子：又称公输子，公输班，即鲁班，传说中的木工巧匠，后世尊为木匠的祖师。(2) 凿枘：凿，榫（sǔn）眼；枘，榫头。(3) 师旷：春秋时晋国大夫，为瞽者，善辨音律。(4) 曹丞相：西汉初曹参。据《史记·曹相国世家》，曹参信奉道家黄老思想，实行无为政治，常日夜饮酒，不干预政事。(5) 倪大夫：西汉御史大夫倪宽。据《汉书·倪宽传》，宽为人温良，善属文，而嚅于口。(6) 丞史：泛指各级官府的副手、秘书或具体办事官员。(7) 此句引文见《尚书·皋陶谟》和《尚书·益稷》。

【译文】

公输班建筑房屋，校正其规矩标尺而榫头和榫眼得以协调。师旷谐和五音，校正其六律而宫商等音调得以和谐。当今的工匠，不能协调其凿枘，则更改规矩标尺，不能协调声音，则改变传统音律。因此榫头和榫眼相互对不上，声音走调不和谐。拿起规矩标尺就知道合适不合适，吹奏出音律就知道音调的变化，这是最好的；因循规章而不做事，等待适宜的人来做，这是次一等的做法。所以曹丞相每天喝酒，倪大夫闭口不说话。治理大事不可以拘泥于烦琐小节，烦琐就会混乱；治理小事不可以怠惰，怠惰就会弛废。《春秋》上说："在政治上宏大能容，宏大能容可以做卿相。在政治上清醒明察，清醒明察可以做普通人。"礼义廉耻的道德纲纪不张大，礼义道德不能畅行，是公卿忧虑的事。办公的公文，定期办理的公务，是丞史们的事。《尚书》上说："俊杰之才给以公卿的官位，大夫们之间互相学习，各位负责具体事务的官员都能办好自己分内的事务，各级官府的长官都能融洽和谐。"说的是官位得到了适宜的人选，人才得到了合适的职位，故而官府得以治理而不混乱，政务运作而不弛废，士坚守其职责，大夫治理其所管辖的范围，公卿执掌枢要抓大事。所以任用贤能的人督责他人办事而不受累，只知自己办事的人政务弛废而没有功效。齐桓公对于管仲，视为自己的耳目。因此君子在举贤用贤上很勤劳，在具体管理上很安逸，怎能说是怠惰呢？

士存国存　士亡国亡

周威公问于宁子曰："取士有道乎?"对曰："有。穷者达之，亡者存之，废者起之，四方之士则四面而至矣。穷者不达，亡者不存，废者不起，四方之士则四面而畔矣。夫城固不能自守，兵利不能自保，得士而失之，必有其间。夫士存则君尊，士亡则君卑。"周威公曰："士壹至如此乎!"对曰："君不闻夫楚乎?王有士曰楚傒[1]胥、丘负客，王将杀之，出亡之晋，晋人用之，是为城濮之战；又有士曰苗贲皇，王将杀之，出亡走晋，晋人用之，是为鄢陵之战；又有士曰上解于，王将杀之，出亡走晋，晋人用之，是为两棠之战。又有士曰伍子胥，王杀其父兄，出亡走吴，阖闾用之，于是兴师而袭郢。故楚之大得罪梁、郑、宋、卫之君，犹未遽至于此也；此四得罪于其士，三暴其民骨，一亡其国。由是观之，士存则国存，士亡则国亡；子胥怒而亡之，申包胥怒而存之，士胡可无贵乎?"

西汉·刘向《说苑·尊贤》

【注释】

(1) 傒：xī 西。

【译文】

周威公问宁越道："招贤致士有好办法吗?"宁越回答说："有，这就要帮助困厄的贤士飞黄腾达；把流放、逃亡的贤士招抚回来，使其能安身立命；对废黜的贤士重新起用，这样流散在各处的贤士都会纷纷前来投奔了。如果困厄的贤士不能飞黄腾达；流放、逃亡的贤士仍无安身立命之所；被废黜的贤士仍不被起用，则天下贤士都会纷纷向四面八方叛逃而去。倘若城墙很牢固却不能坚守，虽有威猛的士兵和锋利的武器却不能保卫国家，贤士得而复失，那一定是君主有缺点和过错。任用了贤士君主才会受人尊敬，失去贤士君主就会被人鄙视。"

周威公听后说道："贤士的作用如此之大!"宁越接着说："君王没有听

说过楚国发生的事吗？楚王有两位士人名叫楚傒胥、丘负客，楚王将要杀他们，就逃奔到晋国，得到了重用，导致了晋、楚的城濮之战，楚军大败；还有一位士人名叫苗贲皇，因楚王要杀他，也逃亡到晋国，被晋国重用，导致了鄢陵之战，楚军再次大败。还有一位士人名叫上解于，因楚王也要杀他，便逃亡到晋国，被晋国重用，导致了两棠之战争，楚军又一次大败。还有位士人名叫伍子胥，楚王杀了他的父亲和兄长，伍子胥逃亡到吴国，得到了吴王阖闾的信任和重用，他帮助吴国，攻陷楚都郢城。过去，楚国曾得罪过梁、郑、宋、卫等国的君主，都没有惨到这一地步。而这四次得罪了士人，结果导致三次打了大败仗，许多士兵、百姓暴尸于荒野；一次导致国都郢城失陷。这样看来，有贤士辅佐国家就得以生存，失去贤士就会亡国；伍子胥一怒之下使楚国灭亡，伍子胥的结拜兄弟申包胥非常生气，跑到秦国求救，感动了秦哀公，秦派兵救楚，击退吴军挽救了楚国，有胆有识之士所起的作用，难道还可不加以重视吗？”

欲霸王者托于贤

人君之欲平治天下而垂荣名者，必尊贤而下士。《易》曰：“自上下下，其道大光。”又曰：“以贵下贱，大得民也。”夫明王之施德而下下也，将怀远而致近也。

夫朝无贤人，犹鸿鹄之无羽翼也，虽有千里之望，犹不能致其意之所欲至矣。是故绝江海者托于船，致远道者托于乘，欲霸王者托于贤。伊尹、吕尚、管夷吾、百里奚，此霸王之船乘也。释父兄与子孙，非疏之也，任疱人、钓屠与仇雠、仆虏，非阿之也。持社稷、立功名之道，不得不然也。犹大匠之为宫室也，量小大而知材木矣，比功效而知人数矣。是故吕尚聘，而天下知商将亡而周之王也；管夷吾、百里奚任，而天下知齐、秦必霸也；岂特[1]船乘哉！

夫成王霸固有人，亡国破家亦有人。桀用干莘，纣用恶来，宋用唐鞅，齐用苏秦，秦用赵高，而天下知其亡也。非其人而欲有功，譬其若夏至之日而欲夜之长也，射鱼指天，而欲发之当也，虽舜禹犹亦受困，而又况乎俗主哉！

西汉·刘向《说苑·尊贤》

【注释】

(1) 特：单独、单单、特地。

【译文】

作为一国之君，如果要想将天下治理好，使自己的美名流传千古，就必须礼贤下士。《易经》上说：“处于上层地位的人尊重处于下层地位的人，他的事业就能发扬光大。”又说：“地位高贵的人尊重地位卑贱的人，就能大得民心。”一个圣明的君王，如果施行德政，又尊重处于下层的人，远近的百姓就前来归顺于他。

如果朝廷不任用贤德之人，就好比天鹅没有翅膀，虽有飞翔千里的愿望，也没有办法到达想要去的地方。所以横渡江海的人要依靠舟船，作远途旅行的人要乘车马，想成就王道霸业的君主，要任用有德有才的贤臣。伊尹、吕尚、管夷吾、百里奚等人就是成就王道霸业的车船。商汤、文王、齐桓公、秦穆公撇开父兄子孙，不是有意疏远他们；任用曾经的厨司伊尹、渔夫吕尚、仇人管夷吾、奴仆百里奚等人，也并非阿谀逢迎。要治理国家、建功立业，不得不这样做。好比是一位杰出的工匠建造宫殿，规划建筑物的大小方知用什么样的材料，看工程繁简快慢才知要多少人工。所以文王聘用吕尚，天下人就知道商朝要灭亡，周朝要取代其称王；齐桓公任用管夷吾、秦穆公任用百里奚，天下人就知道齐、秦必称霸诸侯。这些贤臣的作用岂止是车和船的作用呢！

因为用人成就王道霸业的大有其人，因为用人家破国亡的也大有其人。夏桀任用干莘，商纣任用恶来，宋国任用唐鞅，齐国任用苏秦，秦国任用赵高，天下人都知道他们必将亡国。任用不是建功立业之人而想建功立业，就好比在黑夜最短的夏至这一天想要夜长；就好比用弓箭对着天空射鱼，却希望能够射中一样，即使是舜和禹这样圣明的君王都无计可施，更何况一般甚至平庸的君王呢！

明君慎于择士

王者何以选贤？夫王者得贤材以自辅，然后治也，虽有尧、舜之明，而股肱不备[(1)]，则主恩不流，化泽不行。故明君在上，慎于择士，务于求贤，设四佐以自辅，有英俊以治官，尊其爵，重其禄，贤者进以显荣，罢者退而劳力，是以主无遗忧，下无邪慝[(2)]，百官能治，臣下乐职，恩流群生，润泽草木。昔者虞舜左禹右皋陶，不下堂而天下治，此使能之效也。

西汉·刘向《说苑·君道》

【注释】

(1) 股肱：指大腿和胳膊的上部。比喻辅佐帝王的得力大臣。(2) 慝：恶，邪恶。

【译文】

做君王的为什么要选用德才兼备的贤能之士呢？因为君王只有得到贤能之士来辅佐自己，才能治理好天下；否则，即使有尧、舜那样的英明，而没有可值得信赖的重臣，那么君主的恩德也不能施及百姓，教化惠泽也不能施行。所以英明的君王居于上位，应谨慎地挑选官吏，务必求得贤才，设置四位重臣来辅佐自己；选取英明贤士来管理各种机构，要使他们的爵位尊荣，使他们的俸禄优厚；对德才兼备的人要使他们显赫荣耀，对行为不端的人要黜退他们，让他们去从事劳作。这样，君王就不会留下忧患，臣民中就不会有奸邪的人，百官能理事，臣下乐于尽职，恩泽遍布众生，滋润草木。从前，舜左有禹，右有皋陶，不下殿堂而治理天下，这就是任用贤能的结果啊！

洞悉所长　荐置其位

管仲言齐桓公曰："夫垦田创邑，辟土殖谷，尽地之利，则臣不若宁戚，请置以为田官；登降揖让，进退闲习，臣不如隰朋，请置以为大行；蚤入晏出[1]，犯君颜色，进谏必忠，不重富贵，不避死亡，则臣不若东郭牙，请置以为谏臣；决狱折中，不诬无罪，不杀无辜，则臣不若弦宁，请置以为大理；平原广囿，车不结轨，士不旋踵，鼓之，而三军之士，视死若归，则臣不若王子成甫，请置以为大司马。君如欲治国强兵，则此五子者足矣。如欲霸王，则夷吾在此。"

夫管仲能知人，桓公能任贤，所以九合诸侯，一匡天下，不用兵车，管仲之功也。《诗》曰："济济多士，文王以宁。"桓公其似之矣。

西汉・刘向《新序・杂事四》

【注释】

(1) 蚤入晏出：蚤，早；晏，晚。早晨出门，晚上归来。

【译文】

管仲对齐桓公说："开垦荒地，创建新邑，耕种五谷，使土地得到充分地利用，这方面我比不上宁戚，请安置宁戚当田官；接待宾客的尊卑谦让礼节，进退规矩的熟习，这方面我不如隰朋，请任用隰朋做接待宾客的大行；上朝早，下朝晚，敢于冒犯君主的脸色，直言进谏，出于忠心，不看重富贵，不贪生怕死，这方面我不如东郭牙，请安置东郭牙当谏臣；判断诉讼案件，解决纷争，不冤枉无罪人，不杀害无辜，这方面我不如弦宁，请任用弦宁做管刑法的大理；在平原旷野之中，战车车辙不乱，战士不后退，击鼓进军，三军将士视死如归，这方面我不如王子成甫，请任命王子成甫做管军事的大司马。君王如果想要治国强兵，那么有这五个人也就足够了。如果想要建立王霸之业，那么有我管夷吾在此。"

管仲能识别人才，齐桓公能任用贤臣，所以能够九合诸侯，使天下得以匡正，而没有使用兵车打仗，这是管仲的功劳。《诗经》上说：“那众多的有才之士，周文王凭借他们得到安宁。”齐桓公大概和这首诗谈的差不多吧！

博学之人非富贵者可比

富人之宅，以一丈之地为内。内中所有，柙匮[1]所羸，缣布丝帛也。贫人之宅，亦以一丈为内。内中空虚，徒四壁立，故名曰贫。夫通人犹富人，不通者犹贫人也。俱以七尺为形，通人胸中怀百家之言，不通者空腹无一牒之诵。贫人之内，徒四所壁立也。慕料贫富不相如，则夫通与不通不相及也。世人慕富不荣通，羞贫，不贱不贤，不推类以况之也。夫富人可慕者，货财多则饶裕，故人慕之。夫富人不如儒生，儒生不如通人。通人积文，十箧[2]以上，圣人之言，贤者之语，上自黄帝，下至秦、汉，治国肥家之术，刺世讥俗之言，备矣。使人通明博见，其为可荣，非徒缣[3]布丝〔帛〕也。萧何入秦，收拾文书，汉所以能制九州者，文书之力也。以文书御天下，天下之富，孰与家人之财？

东汉·王充《论衡·别通》

【注释】

(1) 柙匮：柙，匣子。匮，通“柜”。(2) 箧：小箱子。(3) 缣：双丝的细绢。

【译文】

富人的宅院，以一丈见方的地方作为内室。室中所摆设的是箱子、柜子，装满了丝绸绫缎。穷人的宅院，也以一丈见方的地方作为内室，室中什么也没有，只有四堵墙壁立在那里，因此叫做贫寒。博通古今的人就像是富人，一无所知的人就像是穷人。富人和穷人都是七尺高的身躯，博通古今的人胸中储藏着各家各派的学问，一无所知的人腹内空虚，一页书的知识也没有，就像穷人内室空荡荡、家徒四壁一样。能看到穷人富人的财富不一样，也就应该了解了博通古今和一无所知的人的悬殊差异。世上的人都称羡富人而不推崇博通古今的人，以贫穷为耻却不以不贤明为贱，这是不懂得通过类比来进行比较啊！富人之所以值得称羡，就在于他们财货多、生活舒适优裕。但是，在一般的意义上，富人是不如读书人的，读书人是不如博通古今的人的。博通古今的人积累了十箱子书那样多的知识，其中有圣人的语录、贤人的言行，从上古的黄帝，到近代的秦、汉，治国富家的方法，规谏世人嘲笑低俗的话语等，全都具备了。倘若能够使人们通晓明白事理、增广见闻，那么他就值得尊敬，他就不仅仅是凭借着布帛丝绸使人称羡了。萧何进入秦国的都城咸阳，最先做的事就是搜集秦国的公文典籍。汉朝之所以能夺取天下，靠的就是这些文书的力量。用文书统治天下，天下的财富，比起一个家庭的财富，哪一个多呢？

尔安百姓 何则非人

夫天者国之基也，君者民之统也，臣者，治之材也。工欲善其事，必先利其器。是故将致太平者，必先调阴阳；调阴阳者，必先顺天心；顺天心者，必先安其人；安其人者，必先审择其人。是故国家存亡之本，治乱之机[(1)]，在于明选而已矣。圣人知之，故以为黜陟[(2)]之首。《书》曰："尔安百姓，何择非人？"[(3)]此先王致太平而发颂声也。

东汉·王符《潜夫论·本政第九》

【注释】

(1) 机：关键、要点。 (2) 黜陟：指官吏的进退升降。降官叫黜，升官叫陟。(3)"尔安百姓"二句：见《尚书·吕刑》。

【译文】

上天是国家的基础，君主是百姓的率领者，臣僚是治国的工具。工匠想要把他的活计做好，必须首先使他的工具得心应手。因此，想要把国家治理好，必须首先调和阴阳；要调和阴阳，必须首先顺应天心；要想顺应天心，必须首先安定他的百姓；要想安定他的百姓，必须首先选择他所任用的人。因此，国家存亡的根本，治理的关键，在于公明选任罢了。圣明的帝王明白这个道理，所以把公明选任作为官吏进退升降的首要工作。《尚书》说："你要安定百姓，难道能选择不适当的人来进行管理吗？"这是先王求得天下太平而发出的感叹之声。

不嗜贤　国将乱

夫与死人同病者，不可生也；与亡国同行者，不可存也。岂虚言哉！何以知人且病也？以其不嗜食也。何以知国之将乱也？以其不嗜贤也。是故病家之厨，非无嘉馔也，乃其人弗之能食，故遂于死也。乱国之官，非无贤人也，其君弗之能任，故遂于亡也。夫生飰秔梁(1)，旨酒甘醪(2)，所以养生也，而病人恶之，以为不若菽麦糠糟欲清(3)者，此其将死之候也。尊贤任能，信忠纳谏，所以为安也，而暗君恶之，以为不若奸佞阘茸(4)谗谀之言者，此其将亡之征也。老子曰："夫唯病病，是以不病。"《易》称："其亡其亡，系于苞桑。"(5)是故养寿之士，先病服药；养世之君，先乱任贤，是以身常安而国脉永也。

东汉·王符《潜夫论·思贤》

【注释】

(1) 飰（fàn 饭）：饭的俗字。生飰即是生饭。秔（jīng 京）：同"粳"，不黏的稻米。梁，谷子。生飰秔梁，此处泛指精美的食物。(2) 醪（láo 劳）：浊酒。(3) 欲清：按《潜夫论笺》，"欲"疑为"饮"。"清"疑为"清（jìng 净）"，寒水、凉水。(4) 阘（tà 榻）茸：卑贱的意思。(5) 见《易经·否九五》。苞桑，桑树主干。比喻根基稳固。

【译文】

与病死的人患同样重疾病的，不可能再生存下去；与已经灭亡的国家有同样行为的，也不能再存在下去。这可不是空话。如何知道一个人将要得病了呢？因为他已经不喜欢进食了；如何知道一个国家将要灭亡了呢？因为这个国家不喜欢任用贤臣了。所以，病人家中的厨房里不是没有精美的食物，而是因为他已经不能进食了，因此不免于死去。混乱国家中的百官，其中不是没有贤臣，但是他们的君主不能任用他们，所以最终也不免要灭亡。精美的食物和甘甜的美酒是用来保养身体的，但是病人讨厌它，认为比不上粗糙的食物和凉水，这是他将要病死的征候。尊重贤臣，任用能人，信用忠臣，采纳良言，国家因此能够得到安定的根由，但是昏庸的君主讨厌忠言，认为不如奸佞之流和卑鄙小人所说的谄媚之言，这是国家将要灭亡的征兆。老子说：“正是由于害怕得病而重视预防，所以才能够不得疾病。”《易经》上说：“会不会灭亡，关键在于根基是否牢固。”所以，善于保养的人在没有得病的时候就要加强调养；善于治国的君主在国家未乱的时候就要任用贤臣。这样，身体就能长保安康而国家也能长治久存。

治国首先要选拔辅佐人才

夫裁径尺之帛，刊方寸之木，不任左右，必求良工者，裁帛、刊木非左右之所能故也。径尺之帛，方寸之木，薄物也，非良工不能裁之；况帝王之佐[(1)]，经国之任，可不审择其人乎？夫构大厦者，先择匠，然后简材；治国家者，先择佐，然后定民。大匠构屋，必大材为栋，小材为榱[(2)]桷，苟有所中，尺寸之木无弃也。非独屋有栋梁，国家亦然。大者为宰相，此国之栋梁也。审其栋梁，则经国之本立矣。经国之本立，则庶官无旷，而天工时叙矣。

西晋·傅玄《傅子·授职》

【注释】

(1) 佐：辅助的官员。(2) 榱：椽子。

【译文】

裁剪一尺的布帛，规整方寸的木材，不能随意地让身边的人去做，一定要寻找好的工匠，因为裁剪布帛、规整木材这样的事不是身边亲近的人就能做得了的。一尺布帛、方寸木材，是微不足道的东西，但没有好的工匠尚且不能裁剪、规整，何况是选择帝王的辅佐之臣，要担负起治理国家的重任，能不以审慎的态度去认真地进行选择吗？建筑大厦的人，一般先选择工匠，然后去挑选材料；治国理政的人，要先选拔能够辅佐政事的人才，然后去安抚百姓。优秀的工匠筑房屋，一定要把大的好的材料作为栋梁，小的材料作为椽子。如果它们能够各得其用，那么连一尺一寸长的木材也是不会被遗弃的。绝不仅仅是盖屋要有大梁，治理国家也是这样。有优良品质和优异才能的人担任宰相，这是国家的栋梁啊！慎重地选择栋梁，治理国家政务的关键就抓住了，治理国家的根本有了，即使是一些低官职的人也不会被废置不用，一切正常的秩序就持续地建立起来了。

招贤用才 长治久安

舍轻艘而涉无涯者，不见其必济也；无良辅而羡隆平者，未闻其有成也。鸿鸾之凌虚者，六翮之力也；渊虬之天飞者，云雾之偕也。故招贤用才者，人主之要务也；立功立事者，髦[1]俊之所思也。若乃乐治定而忽智士者，何异欲致远途而弃骐騄[2]哉！

东晋·葛洪《抱朴子·贵贤》

【注释】

(1) 髦：毛中的长毫，喻英俊杰出之士。(2) 騄：古代一种行速极快的良马。

【译文】

舍弃轻快的舟船，不可能横渡无边的大海；没有良臣辅佐，要想天下太平、国家繁荣昌盛，也是从没有过的事。鸿雁、鸾凤能在天空翱翔，凭借的是强有力的翅膀；深渊里的虬龙能飞上天空，凭借的是云雾的力量。所以作为一国的君主，最主要的任务是招贤用才；况且建功立业也是年轻有为之士所孜孜以求的。如果想使国家长治久安，却又忽略了有才能的人，这与想要长途旅行却又舍弃骏马又有什么不同呢！

任使得人　天下自治

夫国之匡辅，必待忠良，任使得其人，天下自治。故尧命四岳，舜举八元，以成恭己之隆，用赞钦明之道。士之居世，贤之立身，莫不戢翼隐鳞，待风云之会；怀奇蕴异，思会遇之秋。是明君旁求俊乂，博访英贤，搜扬侧陋，不以卑而不用，不以辱而不尊。

昔伊尹，有莘之媵[1]臣；吕望，渭滨之贱老；夷吾，困于缧绁[2]，韩信，弊于逃亡。然而商汤不以鼎俎为羞，姬文不以屠钓为耻，终能献规景亳，光启殷朝；执旌牧野，会昌周室。齐成一匡之业，实资仲父之谋；汉以六合为家，是赖淮阴之策。

故舟航之绝海也，必假桡楫之功；鸿鹄之凌云也，必因羽翮[3]之用；帝王之为国也，必藉匡辅之资。故求之斯劳，任之斯逸。虽照车十二，黄金累千，岂如多士之隆，一贤之重！此乃求贤之贵也。

唐·李世民《帝范·求贤篇》

【注释】

(1) 媵（yìng 硬）：古代指随嫁，亦指随嫁的人。(2) 缧绁：捆绑犯人的绳索。引申为牢狱。(3) 羽翮：指鸟羽。翮，羽轴下段不生羽瓣而中空的部分。

【译文】

国君要得到匡正辅佐，必须依靠忠良之臣，用得其人，天下自然得到治理。所以，尧任用了分掌四时、方岳的官，舜选拔任用了八位贤能之人，用来成就治国安邦、清明政治之道。才俊贤明之人在世上安身立命，无不是隐居静待局势的变化；他们怀有卓异的才能，盼望知遇发现之时。因此，英明的君主必须多方访求贤德之人，细心察找地位卑微被埋没的英才。绝不能因其地位卑下而不用，也不能因其受过屈辱而不予尊重。

伊尹本是商汤妻子有莘氏的陪嫁奴隶；吕望起初是渭水之滨穷困潦倒的渔夫；管仲曾一度当过囚徒，韩信早年曾因家境贫困而过着流亡漂泊的生活。然而，商汤并不因为伊尹曾为陪嫁奴隶，成天同饭锅砧板打交道而看不起他；周文王并不因为吕望曾当过屠夫渔翁为耻；结果伊尹向商汤献策，使商朝兴旺；吕望辅助武王，取得牧野之战大捷，使周室得以昌盛。齐桓公九合诸侯，一匡天下，皆赖管仲的谋略；汉之灭楚，统一天下，也全靠淮阴侯韩信之策。

所以，驾船横渡无边无际的大海，一定要凭借船桨作用；鸿雁高空飞翔，一定要借助翅膀的功能；帝王治理国家，一定要依靠贤才佐辅。因此，访求贤才比较辛苦，但任用了贤才君王就可以安逸无忧了。即使拥有大量的珠宝、黄金，哪有众多人才宝贵，怎比得上一位贤者重要！这就是求贤重要的原因啊。

世必有才　随时所用

贞观元年，太宗曰："朕看古来帝王，以仁义为治者，国祚延长；任法御人者[1]，虽救弊於一时，败亡亦促。既见前王成事，足是元龟。今欲专以仁义诚信为治，望革近代之浇薄也[2]。"黄门侍郎王珪对曰："天下雕丧[3]日久，陛下承其余弊，弘道移风，万代之福。但非贤不理，唯在得人。"太宗曰："朕思贤之情，岂舍梦寐[4]！"给事中杜正伦进曰："世必有才，随时所用，岂待梦见傅说，逢吕尚，然后为治乎？"太宗深纳其言。

唐·吴兢《贞观政要·论仁义》

【注释】

(1) 任法御人：用法令治理百姓。(2) 浇薄：人情轻薄，风气浮躁。(3) 雕丧：德行仁义损伤丧失。(4) 岂舍梦寐：在梦中也不忘记。

【译文】

贞观元年（627 年），唐太宗说："我看古代的帝王，用仁义来治理国家的，国运就长久，而用法令管理百姓的，即使能暂时纠正弊端，国运也不会长久。既然已经看到前代帝王的往事，就足以以此为鉴。如今我准备专用仁义诚信来治理国家，希望革除现在人情轻薄浮躁之风。"黄门侍郎王珪回答说："天下德行仁义被损伤且丧失很久了，陛下承接遗留下来的旧风气，发扬道德仁义，改变社会风气，这是万代的福分。但是没有贤人不能治理国家，关键在于得到贤人。"唐太宗说："我思念贤人的心情，在梦中也没有忘记！"给事中杜正伦进言说："世上必有人才，随时供任用，岂能等待梦见傅说，遇到吕尚，然后才来治理国家呢？"唐太宗很同意他的意见。

治国家用好谋臣猛将

房玄龄，齐州临淄人也。初仕隋，为隰城尉。坐事除名[(1)]，徙上郡。太宗徇地渭北[(2)]，玄龄杖策谒于军门。太宗一见，便如旧识，署渭北道行军记室参军[(3)]。玄龄既遇知己，遂罄竭心力。是时，贼寇每平，众人竞求金宝，玄龄独先收人物，致之幕府[(4)]，及有谋臣猛将，与之潜相申结[(5)]，各致死力。累授秦王府记室，兼陕东道大行台考功郎中。玄龄在秦府十余年，恒典管记。隐太子、巢刺王以玄龄及杜如晦为太宗所亲礼，甚恶之，谮之高祖，由是与如晦并遭驱斥。及隐太子将有变也，太宗召玄龄、如晦，令衣道士服，潜引入阁谋议。及事平，太宗入春宫[(6)]，擢拜太子左庶子。贞观元年，迁中书令。三年，拜尚书左仆射，监修国史，封梁国公，实封一千三百户。既总任百司，虔恭夙夜，尽心竭力，不欲一物失所。闻人有善，若己有之。明达吏事，饰以文学，审定法令，意在宽平。不以求备取人，不以己长格物，随能收叙[(7)]，无隔疏贱。论者称为良相焉。十三年，加太子少师。玄龄自以一居端揆[(8)]十有五年，频抗表辞位，优诏不许。十六年，进拜司空，仍总朝政，依旧监修国史。玄龄复以年老请致仕，太宗遣使谓曰："国家久相任使，一朝忽无良相，如失两手。公若筋力不衰，无烦此让。自知衰谢，当更奏闻。"玄龄遂止。太宗又尝追思王业之艰难，佐命之匡弼，乃作《威凤赋》以自喻，因赐玄龄，其见称类如此。

唐·吴兢《贞观政要·论任贤》

【注释】

(1) 坐事：因事犯罪。(2) 徇地：率军队巡行各地，使之降服。(3) 署：代理、暂任。(4) 幕府：车队出征，使用帐幕，所以古代将军的府署称为"幕府"。(5) 潜相申结：暗中再三致意，互相结约。(6) 春宫：太子居住的地方，亦称东宫。(7) 收叙：收录任用。(8) 端揆：指宰相。

【译文】

房玄龄是齐州临淄人，起初在隋朝做官，当隰城行政长官，后来因事犯罪被革职，迁到上郡。唐太宗率军队巡行至渭北，房玄龄拄着拐杖来到军营门前拜见。唐太宗一见到房玄龄，就像看到久别的故人，于是让他代理渭北道行军记室参军。房玄龄既然喜遇知己，就竭尽自己的心智能力为太宗效劳。当时，每平定一个地方，众人都争相搜求珍宝，房玄龄唯独搜罗人才，送他们到幕府，如果有善于谋划的文臣和武艺高超的猛将就暗中与他们再三致意，互相结约，让他们竭尽全力报效国家。后多次提升，任秦王府记室兼陕东大行台考功郎中，房玄龄在秦王府中供职十多年，长期主管秘书事务。隐太子建成、巢剌王元吉因房玄龄与杜如晦是太宗的亲信，都非常憎恨他们，就在高祖面前说他们二人的坏话，因此房玄龄与杜如晦一起遭到高祖的驱逐。到隐太子将要作乱的时候，唐太宗就召见房玄龄与杜如晦，让他们穿上道士的服装，暗中进入太宗住所商议事情。待玄武门之变平息后，唐太宗入春宫当上了太子，就提升房玄龄为太子左庶子。贞观元年（627 年），房玄龄又升任中书省长官。贞观三年，被任命为尚书省左仆射，监管修撰国史，又封为梁国公，实际封食邑为一千三百户。在被任命为宰相后，他更是从早到晚虔诚奉职，尽心竭力，不愿让一人一事处理失当。听到别人有优点，就如同自己有一样。他明了熟悉公文事务，又用文辞修饰，审查或制定法令，注意宽缓平和。他用人不求全责备，也不用自己的长处去衡量别人，总是按照才能的高低或功绩的大小来录用或奖励，不嫌弃疏远自己、出身低贱的人，被人称为良相。贞观十三年（639 年），又被加封为太子少师。房玄龄独任宰相十五年，多次向太宗呈递奏章，要求辞去宰相职务，太宗都不允许。贞观十六年（642 年），房玄龄又晋升为司空，仍然总理朝政，依照旧例监管修撰国史。房玄龄又以年纪老迈，请求辞官，唐太宗派使者对房玄龄说："国家长期任用你为相，是因为朝中若没有贤良的宰相，我就像失去了两只手。您如果精力不衰，就不要辞让此职，如果自己感觉精力衰弱，再另行奏明。"房玄龄才停止自己的请求。唐太宗曾想到开创帝业的艰难和房玄龄辅佐自己创业的功劳，就写了一篇《威风赋》来比喻自己，将它赐给房玄龄，由此可见唐太宗对房玄龄的称赞与依赖的程度。

守国在政　行政在人

夫守国在政，行政在人。人不忠而乱乎政，政乱则国将从之。而且以不诛为仁，是轻国而重仁也。故明主持法以信，驭臣以威，信著则法行[1]，威克则臣惧。法行臣惧，而后治可图也。

北宋·李觏[2]《李觏集》卷第二十一《庆历民言三十篇·本仁》

【注释】

（1）著：显现、显扬。（2）觏：gòu。

【译文】

维护统治国家在于政务，执掌政务在于人。人不忠诚就会导致政务混乱，政务混乱国家也将要跟着变乱。把不诛杀当做仁政，是轻视国家而重视仁政。所以英明的君主以信用来执行法令，用威严来统率群臣，信用彰明，法令就能施行，威严树立，群臣就会畏惧。法令施行，群臣畏惧，天下大治就能够实现了。

贤才辅则天下治

十室之邑[1]，人人提耳而教，且不及，况天下之广、兆民之众哉？曰：纯其心而已矣。仁、义、礼、智四者，动静、言貌、视听无违之谓纯。心纯则贤才辅，贤才辅则天下治。纯心要矣，用贤急焉！

北宋·周敦颐《通书·治第十二》

【注释】

(1) 邑：本义“国”，此处指居民聚居的地方。

【译文】

有十户人家的村镇，要想把每一个人都教育到，那是不可能的，何况天下这么大，人民这么多呢？所以说，只要使人们心地无私就可以了。只要在言行举止上不违背仁、义、礼、智这四个方面就叫纯。心地无私纯洁，那么贤才就能去辅佐；若能得到贤才的辅佐，天下就会大治。因此纯心是关键，用贤才是最要紧的。

圣人养贤　以及万民

臣光曰：君子之养士，以为民也。《易》曰："圣人养贤，以及万民。(1)"夫贤者，其德足以敦化正俗，其才足以顿纲振纪，其明足以烛微虑远，其强足以结仁固义。大则利天下，小则利一国。是以君子丰禄以富之，隆爵以尊之。养一人而及万人者，养贤之道也。

北宋·司马光《资治通鉴》卷二

【注释】

(1)"圣人所养"二句：语出《易·颐》彖辞。意思是圣明的君主首先是养贤人，以为辅佐，使得国泰民安，万众欣悦。

【译文】

司马光评论说：君子奉养士人，是用来为百姓做事的。《易经》上说："君主奉养贤人，影响到百姓的福祉。"贤能的人，其德行足以促进教化、端正风俗，其才能足以整顿纲常、振作法纪，明智足以洞察事物的苗头而作深远的谋虑，他的强干足以固结仁义。得到最大发挥则可以使全天下获得好处，即使一般地发挥才能也可以使国都获得好处。因此君子给予这样的贤人以丰厚的俸禄让他富足，给予高贵的爵位让他尊贵。奉养一位贤人而能使上万的人得到好处，这就是奉养贤人的道理。

士者为国之重器

故南昌尉九江梅福上书曰："昔高祖纳善若不及，从谏如转圜，听言不求其能，举功不考其素，陈平起于亡命而为谋主，韩信拔于行陈而建上将；故天下之士云合归汉，争进奇异，知者竭其策，愚者尽其虑，勇士极其节，怯夫勉其死。合天下之知，并天下之威，是以举秦如鸿毛，取楚若拾遗，此高祖所以无敌于天下也。……士者，国之重器。得士则重，失士则轻。《诗》云：'济济多士，文王以宁。'"

北宋·司马光《资治通鉴》卷三一

【译文】

先前的南昌尉、九江人梅福上书说："从前，汉高祖采纳善言，唯恐不及，听从谏言好比转动圆的器物，听取建议，不求本人一定要有才能，奖励功劳，而不管平常表现，陈平出身于亡命之徒，而能成为重要的谋臣；韩信被提拔于行伍之间，而能拜为上将。因此，天下人才像天上的云彩一样汇聚一起归顺汉朝，争献奇计异能。智者竭尽其策略，愚者也尽心贡献一计之得，勇士尽显不怕死的气节，懦夫自勉，拼命效死。集合天下人的智慧和威力，因此，攻取秦朝就如同拔起一根羽毛，消灭西楚就犹如捡起掉在路上的东西，这就是汉高祖之所以天下无敌的原因。……人才是国家的重要工具。得到人才，国家的政治基础就巩固；失去人才，国家的政治基础就削弱。《诗经》上说："济济一堂的人才，使文王得以安宁。"

良臣佐君成大业

初，郭嘉往见袁绍，绍甚敬礼之，居数十日，谓绍谋臣辛评、郭图曰："夫智者审于量[1]主，故百全而功名可立。袁公徒欲效周公之下士，而不知用人之机，多端寡要[2]，好谋无决，欲与共济天下大难，定霸王之业，难矣。吾将更举而求主，子盍[3]去乎！"二人曰："袁氏有恩德于天下，人多归之，且今最强；去将何之！"嘉知其不寤[4]，不复言，遂去之。操召见，与论天下事，喜曰："使孤成大业者，必此人也！"嘉出，亦喜曰："真吾主也！"操表嘉为司空祭酒。

北宋·司马光《资治通鉴》卷六十二

【注释】

(1) 量：选择。(2) 端：头绪。要：要领。(3) 盍：为什么不。(4) 寤：省悟。

【译文】

起初，郭嘉去见袁绍，袁绍对他十分礼敬。郭嘉住了几十天，对袁绍的谋臣辛评、郭图说："有智之士要审慎地选择主人，才能保全自己，建功立业。袁绍只想仿效周公姬旦礼贤下士，却不懂得用人的方法。事务繁杂，却缺少重点；喜欢谋略，但又优柔寡断。要与他共同拯救天下的大难，建立霸王之业，更困难了。我将另投明主，你们为何不离去呢？"辛评、郭图说："袁氏家族对天下有恩德，人们多来归附，而且现在他的势力最强，还要去投奔谁？"郭嘉知道他们执迷不悟，便不再说，于是离去。曹操召见郭嘉，与他谈论天下大事，高兴地说："使我成就大业的，一定就是此人！"郭嘉出来后，也高兴地说："这才是我的主人！"曹操上表推荐郭嘉为司空祭酒。

吾任天下之智力

初，袁绍与操共起兵，绍问操曰："若事不辑[1]，则方面何所可据？"操曰："足下意以为何如？"绍曰："吾南据河，北阻燕、代，兼戎狄之众，南向以争天下，庶[2]可以济乎！"操曰："吾任天下之智力，以道御之，无所不可。"

北宋·司马光《资治通鉴》卷六十四

【注释】

(1) 辑：成功。(2) 庶：几乎。

【译文】

起初，袁绍与曹操共同起兵讨伐董卓，袁绍问曹操道："假如大事不成，有什么地方可以据守？"曹操说："你的意思如何？"袁绍说："我南据黄河，北方依靠燕、代地区，召集北方戎狄兵力，向南争夺天下，大概可以成功吧！"曹操说："我任用天下的贤能智士，用道统帅使用他们，在什么地方都成。"

得人在审取其实

猛因叹曰："高子伯岂阳平所宜吏乎！"言于秦王坚。坚召见，悦之，问以为治之本，对曰："治本在得人，得人在审举，审举在核真，未有官得其人而国家不治者也。"坚曰："可谓辞简而理博矣。"以为尚书郎。泰固请还州，坚许之。

北宋·司马光《资治通鉴》卷一〇三

【译文】

王猛因而感叹道："高泰怎么能给阳平公当做属吏呢！"并把这话告诉了前秦王苻坚。苻坚召见高泰，很喜欢他，向他询问治国的方略。高泰回答说："治国最重要的在于获得人才，获得人才在于审慎选拔，审慎选拔在于调查实情，没有任官得当而国家不能实现大治的。"苻坚说："这话真可谓言辞简略而道理深刻呀！"任命高泰为尚书郎。高泰固执地请求返回冀州，苻坚同意了。

不任贤才　终将大乱

盖夫天下至大器也，非大明法度，不足以维持；非众建贤才，不足以保守。苟无志诚恻怛忧天下之心[1]，则不能询考贤才，讲求法度。贤才不用，法度不修，偷假岁月，则幸或可以无他，旷日持久，则未尝不终于大乱。

北宋·王安石《王文公文集·卷一·上时政书》

【注释】

(1) 怛（dá）：畏惧、惊恐。

【译文】

治理国家是一件非常重要的事情，如果不认真依法办事，就不能维持国家的统治；如果不广用贤才，就不能保持国家的安定发展。作为一国之君，如不能诚心诚意地为百姓殚精竭虑，就不能招贤纳士以治国安邦，就不会依法办事。不任用贤才，不严格依法办事，苟且偷安、虚度光阴，或许可以侥幸平安无事，但长久下去，就没有不导致天下大乱的。

龙争天下 招致四方人才

七国虎争天下，莫不招致四方游士。然六国所用相[1]，皆其宗族及国人，如齐之田忌、田婴、田文[2]，韩之公仲[3]、公叔，赵之奉阳、平原君[4]，魏王至以太子为相。独秦不然，其始与之谋国以开霸业者，魏人公孙鞅也。其他若楼缓，赵人，张仪、魏冉、范雎[5]皆魏人，蔡泽[6]，燕人，吕不韦，韩人，李斯，楚人，皆委国而听之不疑，卒之所以兼天下者，诸人之力也。燕昭王任郭隗、剧辛、乐毅[7]，几灭强齐，辛、毅皆赵人也。楚悼王任吴起为相，诸侯患楚之强，盖卫人也。

南宋·洪迈《容斋随笔·卷二·秦用他国人》

【注释】

(1) 相：指相国，官名。春秋时齐景公始设左右相，相成为各国强大的卿大夫的世袭官职。(2) 田忌、田婴、田文：田忌，战国初期齐将；田婴，战国齐相；田文，即孟尝君，战国时齐贵族。(3) 公仲：即战国时韩国的公仲多。(4) 奉阳、平原君：奉阳，即奉阳君李兑，战国时赵国大臣；平原君，战国时赵国贵族，赵惠文王之弟，号平原君。任赵相，有食客数千人。(5) 张仪、魏冉、范雎：张仪（？—前 310 年），战国时魏国贵族后代，秦惠文君十年（前 328 年）任秦相，封武信君；魏冉，战国时期秦国大臣，原为楚人，秦武王去世，秦国内乱，他拥立昭王，后一再任相，封于穰（今河南邓县），号称穰侯。范雎（？—前 255 年），战国时魏人，秦昭王四十一年（前 266 年）任秦相，封于应（今河南宝来西南），称应侯，主张远交近攻，歼灭敌国主力。(6) 蔡泽：战国人，公元前 255 年劝说范雎辞退，被任为相国，献计秦昭王灭西周，后辞相位，封刚成君。(7) 郭隗、剧辛、乐毅：郭隗，战国时期燕国人，燕昭王拟招揽人才，向他问计，他说“请先自隗始”，昭王即为其筑宫，敬为师，于是乐毅等相继而至；剧辛（？—前 242），战国时燕将；乐毅，战国时燕将。

【译文】

七国像虎狼一样争霸天下，没一个不招揽四方人才的。但其他六国所用的相国，大多还是自己的宗族子弟或者本国人，像齐国用田忌、田婴、田文为相，韩国用公仲、公叔为相，赵国用奉阳、平原君为相，魏王用本国人到了极致，用了自己的太子为相。只有秦国不那样做，最初参与秦国国政用来争霸天下的，是魏国人公孙鞅。而秦国任命的其他相国，像楼缓是赵国人，张仪、魏冉、范睢都是魏国人，蔡泽是燕国人，吕不韦是韩国人，李斯是楚国人。但是秦国都将国家命运托付给他们，而且任凭治理，从不怀疑，因此最终得以统一天下，都是这些人努力的结果。燕昭王任用过郭隗、剧辛、乐毅，几乎把强大的齐国灭亡了，而剧辛、乐毅都是赵国人。楚悼王任用吴起为相国，诸侯各国都觉得楚国强大起来了而感到忧患恐惧，而吴起呢？是卫国人。

储备人才的意义

人君之于人才，不可以宴安而少缓，不可以仓卒而遽求。缓之于宴安，则其后必危；求之于仓卒，则其危必不可救，此天下之常理也。汉高帝定天下，为吾勍敌者已亡[1]，而豪杰难制者已诛，于是人才宜可少缓矣。然谓周勃可为太尉，谓王陵可佐以陈平。其汲汲于人才，尤不啻于战争之地也。方文帝时，海内得离战伐之苦，天下安，于是人才亦可少缓。然谓周亚夫缓急可用，而付之景帝，顾命之际[2]，惓惓不忘。武帝时，诸侯守藩，幕北远遁[3]，于是人才亦可以少缓。然援霍光于湮没无闻之中[4]，而责以伊周之业、三君之用人才、当宴安无事之时，兼收并蓄，及一旦欲用，呼吸之间，固已森然在列矣。何仓卒之忧乎？夫周勃、陈平、亚夫、霍光辈，平居众人，固不能知其必能成功也，而英雄之君独能收之。故吕氏之变而平、勃出，七国之变而亚夫出，主幼国危而霍光出。向使三君不阴察默窥于无事之时，以待一旦之用，而事变之生，乃彷徨四顾，遽擢而急用之，则颠倒狼狈者多矣。其能端坐而责成功乎？

明皇开元之初[5]，一何人才之多。及治功已成，意得志满，谓宴安为可保，谓仓卒为不足虞，人才之在天下，一皆因循不复省察。胡雏之乱[6]，锐兵长驱，已陷东京，而方皇皇于择将。乃听张垍之言，遂擢李巨罪亡之余。一日授以三节度，而见轻于杨国忠，有口打贼之讥[7]。又召封常清入见，问何策以讨贼。常清见帝忧甚，则大言以解之曰："计日可取。"及帅师出战，一败涂地，潼关失守，两京遂危。此皆明皇不能求人才于宴安之时，而急急于仓卒之过也。

南宋·陈傅良《永嘉先生八面锋·卷一一·无事时当预求人才》

【注释】

(1) 勍：(qíng) 强敌。(2) 顾命：临终之命。后因称天子之遗诏为顾命。(3) 幕北：即漠北。指蒙古高原以北地区。这里以幕北指代不断侵扰汉之边境的匈奴人。幕，通“漠”。(4) 湮（yān）没：埋没。(5) 明皇：唐玄宗李隆基谥至道大圣大明教皇帝。后世多称为明皇。(6) 胡雏之乱：指安史之乱。胡雏，对安禄山的蔑称。安禄山为营州柳城（今辽宁朝阳）人。(7) 有口打贼：指杨国忠轻蔑李巨，认为他无杀敌本事，只会耍嘴皮子。据《旧唐书·李巨传》载，安禄山攻陷洛阳后，唐玄宗想择李巨为帅，并把李巨介绍给宰相杨国忠。杨国忠对他很怠慢，当着刘奉庭的面对李巨说：“比来人多口打贼，公不尔乎?”李巨说：“不知若个军将能与相公手打贼乎?”“有口打贼”本此。

【译文】

国君对于人才的寻求，不能够因为闲适安乐而懈怠毫不在意，也不能在紧急时刻而匆匆忙忙去寻求。由于闲适安乐延缓了对人才的寻求使用，以后一定危险；在紧急时刻才去匆忙寻求人才，一定难以挽救危亡。这是天下的常理。汉高祖平定了天下，认为能作为他强劲对手的已经消灭，豪杰中那些难以控制的人已经诛杀。在这种情况下，对于人才的寻求，似应当稍微放松一些。然而他说周勃可当做太尉，说王陵可当做陈平的副手。他对人才需求的急迫心情，尚且与处于战争的境地没有明显的不同。到汉文帝的时候，全国已脱离了战争的苦难，天下安宁。在这种情况下，对于人才的寻求，也可以稍微放松一些。然而他认为周亚夫在平时和危急时刻均可担当重任，并把他交付给了汉景帝。文帝在临终之时，仍对此念念不忘。汉武帝的时候，诸侯都本分地驻守各自的封地，北方的匈奴也远逃了。在这种情况下，对人才的寻求，也可以稍微放松一些。然而武帝却在霍光埋没无闻的情况下，提拔了霍光，并要求他像伊尹、周公那样辅佐幼主、执掌国政。三个君主选用人才，都是在闲适安乐的时候，把不同的人才都留在身边，待一旦需要的时候，呼吸之间那么短的时间就都整齐在列了。还有什么慌乱和焦虑呢?周勃、陈平、周亚夫、霍光这些人，居于普通的百姓之中，原本不能知道他们一定能成就功业，而英雄的国君却偏偏能拔举使用他们。所以当吕氏变乱发生的时候，出现了陈平、周勃；七国变乱发生的时候，出现了周亚夫；当国君年幼、国家危险的时候，便出现了霍光。假使三位国君在太平无事之时不明察暗访地寻求人才，以备有朝一日使用他们，而是等到事变发生了，才彷徨四顾，匆匆忙忙地提拔官员，急不可待地使用他们，面临倾覆的艰难窘迫的局面就会经常出现。难道能端坐在宝座上，要求臣下在治国安邦上取得成功吗?

唐明皇开元初年，人才济济。等到治理国家取得了成效的时候，唐明皇便意得志满，认为闲适安乐的局面可以保住，认为非常事变不值得提防，不再去考察发掘天下人才。安史之乱发生，敌人的精锐部队长驱直入，已经攻陷了东京洛阳，才匆匆忙忙地选择将领。于是居然听信了张垍的意见，竟提拔了因罪被贬在外的李巨，在一天之内委任他任三个节度使，且这个人曾受到杨国忠轻视，讥讽他只会耍嘴皮。又召封常清入朝谒见，询问用什么对策讨贼。封常清见皇帝十分忧愁，就用大话来劝解他说："几天之内就可以擒获叛贼。"等到率军出战，却一败涂地，潼关失守，洛阳和长安也就危险了。这都是唐明皇不能在闲适安乐的时候选择人才，而是到了非常时期才急急忙忙选用人才的过错。

报国莫如荐贤

夫士有公天下之心，然后能举天下之贤。盖天下之事，非一人所能周知，亦非一人所能独成，必兼收博采，治理可望焉。故前辈谓：报国莫如荐贤。真知要之言哉。今夫富者之治家，有田焉，必求良农使之耕；有货焉，必求能商使之贾[1]；有牛羊焉，必求善豢[2]者使之牧。何则？盖彼拳拳[3]于治家，故不得不求其人也。况受天下之寄，任天下之责者，乃不知求天下之才共治之，岂其智之不若彼富者哉！由其为国之心，未尝如其为家之心之切故也。于此有人焉，廉而且干[4]，虽有不共戴天之仇，公论之下，亦不得而掩焉。苟非其人，虽骨肉之亲，公论之下，亦不得而私焉。世尝谓风宪[5]非亲不保，非仇不弹。又有身为宪佐，风御史荐己就升者。呜呼！委以黜陟[6]百官之权，授以仪表[7]百司之职，乃不思报效，惟假之以行己私。人则受其欺矣，天地鬼神其受欺乎！大抵求而后举，不若不求而举之。为公识而后荐，不若采之舆论之为博。夫己不求贤，必使人之求己者，皆非也。盖求则不必举，举则不必识矣。故古人有闻而举者，有见而举者，有举仇者，有举亲者，有集于簿者，有疏[8]诸屏风者，有书之夹袋者，虽其举不一，要极于公，当无私而已。于戏！诚如是，则为相为风宪者，安有临事乏才之叹？

元·张养浩《风宪忠告·荐举第六》

【注释】

（1）贾：买，卖。（2）豢：喂养牲畜。（3）拳拳：恳切、忠谨貌。（4）干：有才能的，善于办事的。（5）风宪：即风纪、监察官员。（6）黜陟：罢官曰黜，升官曰陟。（7）仪表：立木以示人谓之仪，也叫表。引申为法则、标准、榜样。（8）疏：分条说明的文字。

【译文】

做官的人要有以天下为公之心，然后才能够举荐天下的贤才。天下的事情，不是一个人能全部知道的，也不是一个人单独能够完成的，必须多方网罗人才，广泛地采纳意见，天下治理的愿望才能达到。所以前辈说，报效国家莫如推荐贤才，这是真正懂得根本道理的话啊！现在富人管理家务，有田地，必定寻求好的农夫来耕种；有财货，必定寻求善于经营的商人来做买卖；有牛羊，必定寻求善于饲养牲畜的人来放牧。这是为什么呢？是因为他管理家务很忠谨，所以不得不寻求那些人。何况承受治理天下的寄托，担负治理天下职责的人，却不知道寻求天下的贤才共同治理天下，难道他的智慧不如那些富人吗？那是因为他治理国家之心，不曾像那些富人持家之心那样深切的缘故罢了。在这里有一个人，清廉而且有才能，即使有不共戴天之仇，公论之下，也不能够埋没他。如果不是合适的人，即使是骨肉至亲，公论之下，也不能够偏心。世人曾经说，监察官员对不亲近的人不保举，不是有仇的人不弹劾。又有身为监察官员的辅佐，用含蓄的话暗示御史推荐自己升官的。唉！委以罢黜升迁百官的权力，授予做各部门榜样的职责，却不思报效国家，只是凭借权力职责以谋求自己的私利，世间的人会受他的欺骗，天地鬼神难道会受欺骗吗？大概经人请求而后推荐，不如没有请求而推荐更公道；认识而后推荐，不如采纳舆论更广泛。自己不寻求贤人，一定要让人来请求自己的，这二者都不对。大概请求推荐的就不必推荐他，推荐的人也不一定要认识。所以古人有听说而推荐的，有见面而推荐的，有举荐仇人的，有举荐亲戚的，有从文书中征集的，有写在屏风上的，有写了留在夹袋里的，虽然推荐的方式不一样，但要非常公正无私才对。唉！果真如此，那么担任宰相或者监察官员的，怎么会有遇到事情而缺乏人才的感叹呢！

人法兼资天下治

天下之事，图之固贵于有其法，而尤在于得其人。何谓法？经画而条理[1]之，卓有成绪[2]可考者，法之谓也。何谓人？所以经画而条理之，卓以成绩自许者，人之谓也。得其人而不得其法，则事必不能行；得其法而不得其人，则法必不能济。人法兼资，而天下之治成。

明·海瑞《海瑞集·治黎策》

【注释】

（1）经画：筹划。条理：层次和系统。（2）成绪：成效。此指经实践检验而有成效的法则。

【译文】

治理国家，可贵之处在于有好的法则，但更重要的是任用贤能的人才。什么是好的法则？就是经过严密而系统的筹划制定出来的，并经过实践证明是有成效的法则。什么是贤能的人才？就是能够严格执行好的法则而成绩卓著的官吏。有了贤能的人才而没有好的法则，事情就无法办成；有了好的法则而没有贤能的人才去执行，好的法则也发挥不了它的作用。只有二者兼用，天下才能治理好。

为国入宝 不如献贤

潘鳞长氏[1]曰："昔人有言曰：'得十良马不如得一伯乐，得百良剑不如得一欧冶[2]，得地千里不如得一贤人。'"是故游江海者托于舟，致远道者托于乘[3]，欲伯[4]王者托于贤。弓矢不调，则羿[5]不能以中微；六马不和，造父[6]不能以致远；贤才不用，且舜、禹犹难以为国，况于世主乎哉？文子[7]曰：山有猛虎，林木为之不斩；园有螫虫[8]，葵藿[9]为之不采；国有贤臣，折冲[10]千里。是知天下无常宁之国，国无常治之民，得贤者安昌，失贤者危亡。自古及今，未有不然者也。今将欲兆庶允殖，丰年屡绥，囹圄[11]空虚，兵革不试，化行俗美，绍古缉熙，无疆之烈，而不得豪俊特达[12]以为之用，若凤亏六翮[13]，骥縻[14]四足，欲望摩青天、驾绝域，将安藉哉？然而连城之璧瘗影[15]荆山，夜光之珠潜辉合浦。玉无翼而飞，珠无胫而走。扬声章华之台、炫耀罗绮之堂者，人所举也。贤人有胫而不肯至，宁蠹材于幽岫、韬迹于柴荜者，人莫之举也。昔子贡问于孔子曰："谁为大贤？"子曰："齐鲍叔、郑子皮是已。"子贡曰："齐无管仲，郑无子产乎？"子曰："吾闻进贤为贤，蔽贤为不肖。鲍叔荐管仲，子皮荐子产，未闻二子有所举也。"进贤为贤逾身之贤，矧[16]复抑贤乎？语曰："为国入宝，不如献贤。"故曰：进贤受上赏，蔽贤蒙显戮。斯前识之良规、后代之明镜也。

明·潘游龙《康济谱》卷一

【注释】

(1) 潘鳞长氏：潘游龙，字鳞长，辑有《康济谱》一书，是以经传、正史、政书等按类编成的一部政论性类书。(2) 欧冶：又称欧冶子、区也。相传为春秋末越国人，擅长锻造宝剑。(3) 乘：古代一车四马为一乘。(4) 伯：通"霸"，称霸。(5) 羿：又称后羿、夷弈。传说中夏代东夷族首领，相传他善射，把并出的十日射去九个，杀死猛兽长蛇，为民除害。(6) 造父：西周人，善于驾车，为周穆王驾车巡符，攻破徐偃王有功，赐以赵城（今山西洪洞），为晋国赵氏之祖。(7) 文子：传为老子弟子，与孔子同时，有《文子》一书传世。（8）螫虫：蜂、蝇之类毒虫。（9）葵藿：葵、豆的花叶。（10）折冲：折退敌方的战车，意谓抵御敌人。冲，战车。（11）囹圄：监牢、牢狱。（12）豪俊特达：才智杰出之人。（13）翮：羽根，引申为鸟翼的代称。（14）縻：原意是牛缰绳，引申为牵系、束缚。（15）瘗影：埋藏、隐藏踪迹。（16）矧：况且、何况。

【译文】

潘游龙说："前人曾经说过：'得到十匹良马不如得到一个伯乐，得到一百把宝剑不如得到一个像欧冶一样的工匠，得到方圆千里的土地不如得到一个贤人。'"所以要渡过江海就要依靠舟船，要行远道就要依靠车马，要称王称霸就要依靠贤人。弓箭不调整好，那么后羿就不能射中微小的目标；驾车的马不调教好，造父也不能到达远方；贤才得不到任用，即使是舜、禹尚且难以治理好国家，何况一般的国君呢？文子说：山中有凶猛的老虎，森林因此就不会被砍伐；园圃中有长着毒针的毒虫，葵藿就不会被采摘；国家有贤明的臣子，就能克敌制胜于千里之外。可见，天下没有长久安宁的国家，国家没有长久容易统治的人民，得到贤人，国家就会安定昌盛，失去贤人国家就会危急灭亡。从古至今，没有不是这样的。如今要想使万民生息繁衍，丰年屡屡安定，监狱空无一人，不需动用军队，教化盛行，风俗美好，继承前业而发扬光大，以至空前的强大，却得不到才智杰出的人士加以任用，就像凤凰损伤了双翅，骏马被束缚了四蹄，想要它们飞凌青天，奔驰远方，让它们依靠什么呢？然而价值连城的和氏璧埋藏在荆山之中，夜光明珠潜藏在合浦的深渊。宝玉没有翅膀也能飞行，明珠没有腿也能行走。那些宝物之所以能够在章华台扬名，在罗绮堂显扬闪耀，是因为有人能发现它们。圣贤的人士有腿脚却不肯前来，宁愿在深山之中浪费自己的才华，在柴门之中隐藏自己的踪迹，是因为没有人举荐他们。当初子贡问孔子说："谁可称得上大贤人呢？"孔子答道："齐国的鲍叔牙、郑国的子皮就是。"子贡又问道："齐国不是有管仲，郑国不是有子产吗？"孔子说："我听说推荐贤人的人是贤人，埋没贤能的人是不肖之徒。鲍叔牙推荐管仲，子皮推荐子产，没有听说管仲、子产推荐过什么人。"推荐贤人所体现出来的贤良超过本身所具备的贤良，何况那些还压抑贤良的人呢？古语说："与其向国家进献宝物，不如进献贤人。"所以说：推荐贤人会受到最高的赏赐，埋没贤人将被陈尸示众。这是具有先见之明的前人定下的好规范，是后代人应该借鉴的明镜。

用人与行政相扶持

用人、行政，交相扶以图治，失其一，则一之仅存者不足以救；古今乱亡之轨，所以相寻而不舍也。以要言之，用人其尤亟乎！人而苟为治人也，则治法因之以建，而苛刻纵弛之患两亡矣[(1)]。魏之用人，抑苟免于邪佞尔，无有能立久长之本，建弘远之规者也。孟德之智，所知者有涯；能别于忠佞之分，而不能虚衷以致高朗宏通之士[(2)]；争乱之余，智术兴[(3)]，道德坠，名世之风邈矣[(4)]。

清·王夫之《读通鉴论》卷一一

【注释】

(1) 纵弛：放纵松懈。(2) 高朗宏通：精明高妙、宏大通博。(3) 智术兴：玩弄智巧计谋的方法盛行。(4) 名世：好的社会。

【译文】

用人和行政，相互扶持以图治理，失掉其中一个，则仅存另一个都不足以挽救因此而出现的政治危机；古今动乱灭亡的轨迹，因此相互因循而不改。就主要的而言，用人是其中特别急迫的吧！人如果只是为了管人，则治法也就因之建立起来，而苛刻与纵弛这两种病患就此消彼长。三国曹魏的用人，抑或暂且避了使用奸邪佞悻的人，但没有能够建立起长久的根本，没有建立起宏远的规章制度。以曹孟德的智慧，所知道的有限；他能够区别出忠臣与奸佞，而不能虚怀若谷地招致精明高妙、宏大通博的士人，在战争动乱期间，使机巧智谋盛行，却使道德堕落，前世好的社会风气越来越遥远了。

国家所重者　人才也

人身之所重者，元气也，国家之所以重者，人才也。古人宦辙所至，必须咨访人才为首务[1]。所谓人才者，非词华藻丽，驰声艺苑之谓[2]。必经术足以明道，才略足以匡时。有精苦之志，有深沉之谋，此其人必不欲以浮华显，往往在深山穷谷，可以遁世无闷。或浮湛人间，落落穆穆[3]，非得其同志[4]，则不能相求也。

清·陈宏谋《从政遗规》卷下

【注释】

(1) 咨访：咨询、访问。(2) 艺苑：指艺林。(3) 落落：形容孤独、不遇合。(4) 同志：志同道合的人。

【译文】

对身体而言，重要的莫过于元气，对国家而言，重要的莫过于人才。古人出外做官，所到之处，把寻访人才当做首要的事情。所谓人才，并不是指他们辞藻华丽，驰名艺林。而必定是经世治国之术足以明道，雄才大略足以匡正时弊的人。有精苦的志向，有深沉的谋略，这样的人一定不会追求浮华虚荣，往往身处深山穷谷，遁世于外不觉落寞。或者沉浮人间，却洒脱端庄。不是志同道合，则不能强求。

第二篇　成才之路

导 语

如何成才，是一个历久弥新的话题。关于人才如何成长，历朝历代圣贤有过很多论述，一般认为人才的成长既要靠个人内在的修养和奋斗，也要靠外在的教育培养，同时外部环境对人才的成长也非常关键。

一是人才自我修养。古人强调个人修养，认为人的成长关键在于个人的修养。《三字经》起首句就告诉我们："人之初、性本善，性相近、习相远。"生而为人，本质并无不同，人与人的差别更多的是后天努力程度的差别，其中最重要的就是自身的修炼，所谓"修身、齐家、治国、平天下"，个人修养是一切成功的基石。个人修养不仅对自身有重要的作用，也会影响他人的评价。对帝王将相来说，"其身正，不令而从，其身不正，虽令不从"。因此无论是王侯将相还是布衣百姓，都应"立身行道，终始若一"。人才要成长，最重要的是个人努力，也就是提高自身修养。《礼记·大学》中说："自天子以至于庶人，壹是皆以修身为本。"诸葛亮《诫子书》中说："夫君子之行，静以修身，俭以养德。"只有注重个人修养的人，才有可能成为一个有用于他人，有用于社会的人，正所谓"修之于内，著之于外；行之于小，显之于大。"

二是人才教育培养。一个人的成才离不开个人自我修养，也离不开政府社会对他的教育培养。"三人行，则必有我师"，人才培养首先需要有好的老师，"道之所存，师之所存也。""工欲善其事，必先利其器。士欲宣其义，必先读其书。"有了好的老师，还需要个人的努力，古人十五而志于学，至七十犹乐学，终身学习，韦编三绝，孜孜以求。古有伯乐善相千里马，孟尝君养三千食客，人才培养更需要识人才、重人才的人，正所谓英雄惜英雄。汉代桓宽在《盐铁论·殊路》中写道："非学无以治身，非礼无以辅德。"韩愈说得更直白："人之能为人，由腹有诗书。诗书勤乃有，不勤腹空虚。"璞玉通过雕琢，才能焕发光彩，人才通过培养才能通晓世理、掌握技能。

三是成才外部环境。人才的成长离不开环境，好的环境对人才的成长和发展有促进作用，"尊贤之朝，虽有佞人，化为直臣；虽有奸人，化为良臣"。因此，为了促进人才健康成长，实现其应有的价值，必须要"英俊豪杰，各以小大之才处其位，得其宜"，才能使"士尽力竭智，直言交争而不辞其患"，则国家也就会安乐而长久。

当前，我们正在努力实施人才强国战略。古人关于人才成才之道的论述值得我们认真分析。在打造规模宏大、结构合理、素质精良的人才队伍时，我们应该重视人才环境建设，加大人才教育培养力度，引导人才提高个人修养，为他们成才和发挥作用创造各种各样的机遇条件。

敬以直内 义以方外

坤，至柔而动也刚，至静而德方，后得主而有常，含万物而化光[(1)]。坤道其顺乎！承天而时行，积善之家，必有馀庆；积不善之家，必有馀殃。臣弑其君，子弑其父，非一朝一夕之故，其所由来者渐矣，由辨之不早辨也。

《易》曰："履霜坚冰至[(2)]。"盖言顺也。直，其正也；方，其义[(3)]也。君子敬以直内，义以方外，敬义立而德不孤。直、方、大，不习，无不利，则不疑其所行也。阴虽有美含之，以从王事，弗敢成也。地道也，妻道也，臣道也。地道无成，而代有终也[(4)]。天地变化，草木蕃[(5)]。天地闭[(6)]，贤人隐。

《易》曰："括囊[(7)]无咎无誉。"盖言谨也。君子黄中通理[(8)]，正位居体[(9)]，美在其中，而畅于四支，发于事业，美之至也。阴疑于阳，必战[(10)]。为其嫌于无阳也，故称龙焉；犹未离其类也，故称血焉。夫玄黄者[(11)]，天地之杂也，天玄而地黄。

先秦·《易·坤第二》

【注释】

(1) 至柔：《坤》六爻皆阴，纯阴和顺，故曰"至柔"。德：德行。方：方正。古人以圆说明天体运动，以方正说明地静止。后得主："后"谓后而不先。"得主"谓得乾阳以为主。常：规律。化光：化育广大。(2) 履霜坚冰至：踏霜之时，当知坚冰之日将至。(3) 义：宜。(4)"阴虽有美含之"等八句：系演绎《坤》六三爻辞"含章可贞，或从王事，无成有终"。经文原意：蕴涵章美可以守正，跟从大王做事，虽不成功，但有好的结果。含，含藏。六三以阴居阳位，故为"含章"。阳为章美。(5) 蕃：草木茂盛。(6) 天地闭：天地不交通。(7) 括囊：束扎口袋。(8) 黄中：六五居中，而有中德。古代以土色为黄，土在五行中居中。(9) 正位居体：六五以阴居阳之正位。五为阳之正位，六五阴关为体。(10) 疑：即凝，有聚合之义。(11) 玄黄：天地之正色，此指阴阳相遇两败俱伤。玄，黑中有赤。

【译文】

坤极其柔顺，但运行显示出它的刚强；坤极其娴静，但品德是方正的。

它后而不先，得乾德以为主宰而能保有久常之道，含藏万物而化育广大。坤道多么柔顺！顺承天道依时而行，积善之家，必定福庆有余；积不善之家，必定灾殃有余。大臣杀掉国君，儿子杀死父亲，这并非一朝一夕所造成的，祸患的产生由来已久，是渐积而成的，原因是没有及早察觉。

《周易》说："踏霜之时，预示坚冰之日将至。"这是说顺从事物发展结果。"直"是说正直，"方"是说事物处置得适宜。君子用恭敬以使内心正直，用处事之宜来方正外物，"悦"与"义"已确立而道德就不孤立了。加强修养正直、仁义，不去做那些不道德的事，这样则没有人怀疑他的行为了。坤阴虽然有美德，但宜含藏章美。跟随大王做事，不敢成就自己的功名。这是地道的原则，也是妻道的原则，同样是臣道的原则。地道不敢成就自己功名。但替代天道成就事功罢了。天地交感变化，草木茂盛；天地闭塞不交，贤人隐退。

《周易》说："束扎口袋，没有咎灾，没有名誉。"这是说谨慎的道理。君子内有中德通达文理，外以柔顺之体居正位，美存在于心中，而通畅于四肢，扩大到事业，这可是美到极点啦！阴势盛极而欲等同于阳，阴阳必定会发生战斗。因为坤阴要胜过乾阳，所以《坤》上称"龙"，然而此爻未曾离开阴类，故爻辞称"血"。至于"玄黄"，是天地的杂色，天色为玄，地色为黄。

人求多闻尽其才

说[1]曰："王，人求多闻，时惟建事，学于古训乃有获。事不师[2]古，以克[3]永世，匪说攸闻[4]。惟学逊志，务[5]时敏，厥修乃来，允怀于兹，道积于厥躬。惟斅[6]学半，念终始典于学，厥德修罔觉。监[7]于先王成宪，其永无愆[8]。惟说式[9]克钦承，旁[10]招俊乂，列于庶位。"

先秦·《尚书·商书·说命下》

【注释】

(1) 说：人名，即傅说。武丁梦中所得贤人，后为殷相。(2) 师：学习。(3) 克：能够。(4) 攸闻：所听到的。(5) 务：致力、务求。(6) 斅：教导。(7) 监：通"鉴"，借鉴。(8) 愆：过失。(9) 式：因而、因此。(10) 旁：普遍、广泛。

【译文】

傅说对汤说："王呀，一个人要博闻广听，只有这样才能建功立业，学习古人的良训才会有收获。办事不向古人学习，而国家能够世代相传，是我从来没有听说过的事。只有学习才能使自己的心志谦逊，务必时时努力，美好的品德才会实现，请相信并记住这一点，道德在于你自己去积累。教是学的一半，自始至终不忘学习，道德会不知不觉地逐步完善，借鉴先王现成的经验，就会长期没有过失。臣傅说因而能够奉行您的旨意，广揽众才，使他们各就各位，各尽其才。"

学而后入政

子皮欲使尹何为邑[1]。子产曰："少，未知可否。"子皮曰："愿，吾爱之，不吾叛也。使夫往而学焉，夫亦愈知治矣。"子产曰："不可。人之爱人，求利之也。今吾子爱人则以政，犹未能操刀而使割也，其伤实多。子之爱人，伤之而已，其谁敢求爱于子？子于郑国，栋也。栋折榱[2]崩，侨将厌焉，敢不尽言？子有美锦，不使人学制焉。大官、大邑，身之所庇也，而使学者制焉，其为美锦不亦多乎？侨闻学而后入政，未闻以政学者也。若果行此，必有所害。譬如田猎，射御贯，则能获禽，若未尝登车射御，则败绩厌覆是惧，何暇思获？"子皮曰："善哉！虎不敏。吾闻君子务知大者、远者，小人务知小者、近者。我，小人也。衣服附在吾身，我知而慎之；大官、大邑所以庇身也，我远而慢之。微子之言，吾不知也。他日我曰：'子为郑国，我为吾家，以庇焉，其可也。'今而后知不足。自今请，虽吾家，听子而行。"子产曰："人心之不同，如其面焉，吾岂敢谓子面如吾面乎？抑心所谓危，亦以告也。"子皮以为忠，故委政焉。子产是以能为郑国。

先秦·《左传·襄公三十一年》

【注释】

(1) 子皮：郑国的上卿。子产是其继任者。(2) 榱（cuī）：椽子。

【译文】

春秋时，郑国的子皮想任尹何为邑宰。子产说："尹何年轻，不知他能否胜任。"子皮说："尹何为人忠诚，我喜欢他，他也不会背叛我，让他前往锻炼学习，会逐渐胜任的。"子产说："不行，喜爱一个人，就要有利于他。如今您喜欢一个人，即授之以政权，这就像使不会操刀的人割肉，伤害必多。用这种方法爱人，只能使他受伤害。这样，谁还敢接受您的喜爱呢？您是郑国的栋梁，您这根栋梁将折，我也有被压覆的危险，怎能不尽言相告呢？您若有美锦，是不会让生手试着裁制的。大官、大邑是您自身的庇护，您却让生手学着管理，大官、大邑比起美锦来不是要重要得多吗？我只听说学会后再为政，没听说让生手学着为政的，如果真这样做，一定有害处。比如打猎，只有会射箭会赶车的人才能获得猎物，否则，便只恐车毁人亡，哪里还想着获得猎物呢？”子皮说：“您说得对，我太无知了。我听说君子高瞻远瞩，小人只顾眼前的小事，我就是那目光短浅的小人。美锦制成衣服，穿在身上，我对此会慎重的；大官大邑是我的依靠，我却忽略了。若没有您的劝告，我还不明白。以前我曾说：‘子产治理郑国，我管理我的家事，来庇护我自己，那就可以了。’今天才知道仅此不够，我的家事从此也要向您请教。”子产说：“人心不同，恰如其面。我怎敢说您的面孔就像我的面孔呢？又怎敢说我的心思必定如同您的心思呢？只是我认为此事危险，这才告诉您。”子皮认为子产为人忠诚，便把国政交给子产，子产果然把郑国治理得很好。

修身齐家治国平天下

《大学》之道，在明明德[1]，在亲民，在止于至善。知止而后有定，定而后能静，静而后能安，安而后能虑，虑而后能得。物有本末，事有终始，知所先后，则近道矣。古之欲明明德于天下者，先治其国；欲治其国者，先齐其家；欲齐其家者，先修其身；欲修其身者，先正其心；欲正其心者，先诚其意；欲诚其意者，先致其知；致知在格物[2]。物格而后知至，知至而后意诚，意诚而后心正，心正而后身修，身修而后家齐，家齐而后国治，国治而后天下平。自天子以至于庶人，壹[3]是皆以修身为本。其本乱而末治者否矣，其所厚者薄，而其所薄者厚，未之有也。

先秦·《礼记·大学》

【注释】

(1) 明德：光明的，道德、美好的德行。(2) 格物：指穷尽事物之理。格，至。(3) 壹：一概、全部。

【译文】

《大学》所讲的道，在于发扬美好的品行，在于爱护人民，在于达到至善的境界。知道了要达到的境界，才能确定志向；志向确定了，心情才能宁静；心情宁静了，性情才能安和；性情安和了，考虑问题才能详尽；考虑问题详尽，处理问题才能恰当。凡物皆有本末，凡事皆有始终，知道了事物的本末和轻重缓急，那就接近于道了。古代要在天下发扬美好德行的人，首先要治理好自己的都城；要治理好自己的都城，首先要管好自己的小家；要管好自己的小家，首先要修身养性；要修身养性，首先要端正自己的心；要端正自己的心，首先要有诚意；要有诚意，首先要扩充自己的知识；要扩充自己的知识，就要探索事物的道理。明白了事物的道理，知识才能充实；知识充实了，心意才能真诚；心意真诚了，心术才能端正；心术端正了，才能修身；自身修养好了，小家才能管理好；小家管理好了，都城才能治理好；都城治理好了，天下也就太平了。从天子一直到普通百姓，都把修身看做根本。本如果乱了，末能治理好是不可能的。将本来应当重视的事忽略，而将本来应该忽略的事物重视，想要达到治国、平天下这样的目的，那也是从来没有的事。

治国的九条原则

凡为天下国家有九经，曰：修身也，尊贤也，亲亲也，敬大臣也，体群臣也，子庶民也，来百工也，柔远人也，怀诸侯也。修身则道立，尊贤则不惑，亲亲则诸父昆弟不怨，敬大臣则不眩，体群臣则士之报礼重，子庶民则百姓劝，来百工则财用足，柔远人则四方归之，怀诸侯则天下畏之。齐[1]明盛服，非礼不动，所以修身也；去谗远色，贱货而贵德，所以劝贤也；尊其位，重其禄，同其好恶，所以劝亲亲也；官盛任使，所以劝大臣也；忠信重禄，所以劝士也；时使薄敛，所以劝百姓也；日省月试，既廪[2]称事，所以劝百工也；送往迎来，嘉善而矜不能，所以柔远人也；继绝世，举废国，治乱持危，朝聘以时，厚往而薄来，所以怀诸侯也。

先秦·《中庸》

【注释】

(1) 齐：通“斋”。(2) 既廪：古代官府发给的给养。通“饩”。

【译文】

所有治理国家的人有九条准则，这就是：修养自身，尊重人才，亲和宗族，尊敬大臣，体谅小臣，爱护百姓，招徕各色工匠，礼待边远来客，安抚诸侯。修养自身，就能掌握根本原则；尊重人才，就不会迷惑；亲和宗族，父辈兄弟就不会抱怨；尊敬大臣，处事就不糊涂；体谅小臣，士人回报的礼仪就隆重；爱护百姓，百姓就努力；招徕各种工匠，财富货物就充足；礼待边远来客，境外四方的百姓就来归顺；安抚诸侯，天下就都敬畏。

纯洁心灵，洁净无欲，服饰端庄，无礼的事坚决不做，这是修养自身的方法。摒除奸邪小人，疏远女色，轻贱货财，贵重德行，这是勉励人才的方法。尊崇宗族的辈序，厚给宗族钱财，好恶与他们一致，这就是亲近激励宗族的方法。设置地位尊崇的官职，大胆选拔任用，这是鼓励大臣的方法。待他们忠诚讲信用，给他们优厚的俸禄，这是鼓励士人的方法。按照时令役使，从轻征税，这是鼓励百姓的方法。每日察看，每月考察，付给与他工作相称的粮食，这是鼓励工匠的方法。去时护送，来时欢迎，嘉奖有才能的人，同情才能不足的人，这是礼待边远来客的方法。延续即将绝后的家族，复兴已经颓败的邦国，治理混乱，解救危难，朝见聘问各有定时，赠送从厚，纳贡从薄，这是安抚诸侯的方法。

孔子论学习

子曰："吾尝终日不食，终夜不寝，以思，无益，不如学也。"

子曰："学而时习之，不亦悦乎？有朋自远方来，不亦乐乎？人不知而不愠(1)，不亦君子乎？"

子曰："君子食无求饱，居无求安，敏于事而慎于言，就有道而正焉，可谓好学也已。"

子曰："由！诲汝知之乎！知之为知之，不知为不之，是知也。"

子曰："吾十有五而志于学，三十而立，四十而不惑，五十而知天命，六十而耳顺，七十而从心所欲，不逾矩。"

子曰："温故而知新，可以为师矣。"

子曰："学而不思则罔，思而不学则殆。"

子曰："三人行，必有我师焉。择其善者而从之，其不善者而改之。"

子曰："知之者不如好之者，好之者不如乐之者。"

先秦·《论语》

【注释】

(1) 愠：生气。

【译文】

孔子说："我曾经整日不吃饭，整夜不睡觉，以进行思考，结果没有什么益处，还不如用来学习。"

孔子说："学了，而又时常演练温习，不也是很快乐的吗？有朋友从远方来，不也是很高兴的吗？别人不了解我，而我也不怨恨，不也是君子吗？"

孔子说："君子不追求吃得好、住得舒服，做事敏捷，说话谨慎，接近有道德的人以纠正自己的缺点，就可以说是好学的了。"

孔子说："由！我教你智慧的道理吧！知道就是知道，不知道就是不知道，这就是聪明智慧。”

孔子说：“我十五岁有志于学业，三十岁说话做事都合于礼节，四十岁知道了世间的各种事理而不迷惑，五十岁懂得了天命，六十岁一听便了解别人说话的主旨，七十岁便随心所欲，所想的一切都不会超过规矩。”

孔子说：“温习已经学过的旧知识，却能够有新的体会和收获，这样就可以做老师了。”

孔子说：“只读书不思考，就会陷于迷惑；只思考而不读书，那也是危险的。”

孔子说：“三个人一同走路，其中的人肯定有值得我学习、配做我老师的。我选择好的方面来学习，不好的方面便加以改正。”

孔子说：“对于学问，懂得它的人不如喜好它的人，喜好它的人不如以从事它为乐的人。”

贤者无常师

卫公孙朝[1]问于子贡曰："仲尼焉学？"子贡曰："文武之道，未坠于地，在人。贤者识其大者，不贤者识其小者，莫不有文武之道焉。夫子焉不学？而亦何常师之有？"

先秦·《论语·子张》

【注释】

(1) 公孙朝：春秋时卫国大夫。

【译文】

卫国大夫公孙朝问子贡道："孔子的学问是从哪里学来的呢？"子贡说："周文王和周武王的道，没有失传，仍旧保留在人间。贤能的人能够认识它重要的方面，不贤的人只能认识它次要的方面，那么文王和武王的道就是无处不在的。我的老师怎么能不学习借鉴呢，又何必要有个固定的老师呢？"

孔子论修身

子曰："苟正其身矣，于从政乎何有？不能正其身，如正人何？"

子曰："君子不重[(1)]则不威，学则不固。主忠信。无友不如己者。过，则勿惮[(2)]改。"

子曰："君子周而不比，小人比而不周。"

子曰："人而无信，不知其可也。大车无輗[(3)]，小车无軏[(4)]，其何以行之哉？"

子曰："君子之于天下也，无适[(5)]也，无莫也，义之与比[(6)]。"

子曰："放于利[(7)]而行，多怨。"

子曰："君子成人之美，不成人之恶。小人反是。"

子曰："饭疏食饮水，曲肱[(8)]而枕之，乐亦在其中矣。不义而富且贵，于我如浮云。"

子曰："君子坦荡荡，小人长戚戚。"

子曰："性相近也，习相远也。"

子曰："君子有九思：视思明，听思聪，色思温，貌思恭，言思忠，事思敬，疑思问，忿思难，见得思义。"

子曰："可与言而不与之言，失人；不可与言而与之言，失言。知者不失人，亦不失言。"

子曰："志士仁人，无求生以害仁，有杀身以成仁。"

子曰："躬自厚而薄责于人，则远怨矣。"

子曰："君子义以为质，礼以行之，孙[(9)]以作之，信以成之。君之哉！"

子曰："君子求诸己，小人求诸人。"

子曰："君子矜而不争，群而不党。"

子曰："君子不以言举人，不以人废言。"

先秦·《论语》

【注释】

(1) 重：庄重。(2) 惮：害怕。(3) 輗：音 ní，古代大车车辕前与横木相接的插销。(4) 軏：音 yuè，古代小车车辕前与横木相接的插销。(5) 适：固定不变。(6) 比：比邻、靠拢。(7) 放：依据、根据。利：利益，指个人利益。(8) 肱：由肩至肘的部位，此指胳膊。(9) 孙：通"逊"，谦逊。

【译文】

孔子说："如果能够端正自己的行为，那么治理国家还会有什么问题呢？不能端正自己的行为，如何让别人端正呢？"

孔子说："君子如果不庄重就没有威严，就是学习了也不能巩固。做人要以忠和信为主。不要和不如自己的人交朋友。有了过错，就不要害怕改正。"

孔子说："君子以公正之心对待天下众人，不徇私护短，没有预定的成见及私心；小人则结党营私。"

孔子说："一个人不讲信用，不知道怎么能行。这就好比大车没有輗，小车没有軏，那怎么行走呢？"

孔子说："君子对世上的事情，没有非要怎么做，也没有一定不要怎么做，而是怎样合于义就怎样做。"

孔子说："只根据自身的利益行事，就会招来很多怨恨。"

孔子说："君子成全别人做好事，不帮助别人做坏事。小人则正好相反。"

孔子说："吃粗粮喝凉水，睡觉时枕着胳膊，这其中也是有乐趣的。用不正当的方法得来的富贵，在我看来就如同浮云一般。"

孔子说："君子的心胸宽广开阔，小人的心里经常忧郁。"

孔子说："人的本性是相近的，只因受到不同环境的熏陶，便相距得远了。"

孔子说："君子有九种考虑：看的时候，要考虑是否看明白了；听的时候，要考虑是否听清楚了；待人的脸色，要考虑是否温和；待人的态度，要考虑是否恭敬；与人说活，要考虑是否忠诚；与人做事，要考虑是否严肃认真；有疑问，要考虑是否虚心向别人请教；对人发怒，要考虑是否引起不良的后果；可得到的，要考虑得到了合不合乎道义。"

孔子说："一个人可以和他讲真话，但自己怕得罪人，不对他讲真话，这就失掉朋友了。有些人无法和他讲真话，如果对他讲真话了，这是讲错话。所以一个真正智慧的人，应说的时候直说。既不失人，也不失言。”

孔子说：“志士仁人，不求苟全性命而损害仁义，而是宁肯牺牲性命以成全仁义。”

孔子说：“多责备自己，少责备别人，就不会招来怨恨。”

孔子说：“君子做事以义作为根本，以礼来实现它，用谦逊的态度对待，用诚实的态度来完成。这才是真正的君子啊！”

孔子说：“君子一切依靠自己，小人要求助于别人。”

孔子说：“君子矜持而不与人争执，团结人而不与人勾结。”

孔子说：“君子不因为一两句好话而提拔人，也不因为别人品德不好就废弃他的正确意见。”

百年之计　莫如树人

一年之计，莫如树谷；十年之计，莫如树木；终身之计，莫如树人。一树一获者，谷也；一树十获者，木也；一树百获者，人也。我苟[1]种之，如神用之，举事如神，唯王之门。

先秦·《管子·权修第三》

【注释】

(1) 苟：姑且、暂且。

【译文】

一年的计划，最好是种谷；十年的计划，最好是种树；百年的计划，最好是培养人才。种谷是种一获一之举；种树是种一获十之举；培养人才是种一获百之举。我暂且辛勤育才，将来其效用会十分神奇，而如此神奇的举措，只有王者才能做到。

孟子论修身

孟子曰："有为者辟若掘井，掘井九軔[1]而不及泉，犹为弃井也。"

孟子曰："君子不亮[2]，恶乎执？"

孟子曰："大人者，不失其赤子之心者也。"

孟子曰："人有不为也，而后可以有为。"

孟子曰："言人之不善，当如后患何？"

孟子曰："无为其所不为，无欲其所不欲，如此而已矣。"

孟子曰："仁，人心也；义，人路也。舍其路而弗由，放其心而不知求，哀哉！人有鸡犬放，则知求之；有放心而不知求。学问之道无他，求其放心而已矣。"

先秦·《孟子》

【注释】

(1) 軔：通"仞"，量词，古代以八尺或七尺为一仞。(2) 亮：通"谅"，诚信。

【译文】

孟子说："做事情就好比挖井，挖到九轫深仍不见泉水，如同是个废井。"

孟子说："君子如果不讲求诚信，怎么能坚持操守呢？"

孟子说："有品行操守的人，是不失童心的人。"

孟子说："一个人要有所不为，然后才能有所为。"

孟子说："传播别人的缺点，惹来后患该怎么办呢？"

孟子说："不要做不该做的事，不要享有不该享有的东西，做到这一点就行了。"

孟子说："仁，是人的心灵；义，是人的途径。舍弃途径而不走，失去心灵而不去寻找，多么可悲啊！人有鸡狗丢失了，还知道去寻找，而把善良的心灵丢失了却不懂得去寻找。学问之道没有别的，只要把善良的心灵找回来就行了。"

知之为知之　不知为不知

子路盛服见孔子。孔子曰："由，是裾裾[1]何也？昔者，江出于岷山，其始出也，其源可以滥觞[2]，及其至江之津[3]也，不放舟，不避风，则不可涉也。非维下流水多邪？今汝衣服既盛，颜色充盈[4]，天下且孰肯谏汝矣？"

子路趋而出，改服而入，盖犹若[5]也。孔子曰："志之，吾语汝，奋于言者华，奋于行者伐。色知[6]而有能者，小人也。故君子知之曰知之，不知曰不知；言之要也。能之曰能之，不能曰不能，行之至也。言要则知，行至则仁，既知且仁，夫恶有不足矣哉？"

先秦·《荀子·子道》

【注释】

(1) 裾裾（jū）：衣服穿得华丽的样子。(2) 滥觞（shāng）：浮起酒杯。(3) 津：渡口，此指水大的地方。(4) 充盈：满，此指自满得意的样子。(5) 犹若：舒缓柔顺、气定神闲的样子。(6) 色知：把知识表露在脸上，显示自己的知识。

【译文】

子路穿戴华丽服饰去见孔子。孔子说："由啊，你为什么穿得这么华丽？古时候，长江发源于岷山，它的源头的水可以泛起酒杯，等它流到水大的地方，不把两条船连在一起，不避开风浪就无法渡过。难道不是因为下游的水多了吗？现在你的衣服华丽，神情又意满自得，天下人谁还肯规劝你呢？"

子路急忙走出去，换了衣服走进来，显得气定神闲。孔子说："由啊，记住我告诉你的话，说话谨慎的人不随便说话，行动谨慎的人不会自夸。百般显示自己的知识，自以为有才能的人是小人。所以，君子知道的就说知道，不知道的就说不知道；这是说话的重要原则。能做到的就说能做到，不能做到的就说不能做到，这是行为的准则。说话符合重要原则就是智慧，行为符合准则就是仁德，既有智慧又有仁德，哪里还有什么不足的呢？"

学习可以改变人生

我欲贱而贵，愚而智，贫而富，可乎？曰：其唯学乎。彼学者，行之，曰士也；敦慕焉，君子也；知之，圣人也。上为圣人，下为士君子，孰禁我哉！乡[1]也，混然涂之人[2]也，俄而并乎尧、禹，岂不贱而贵矣哉！乡也，效门室之辨，混然曾不能决也，俄而原仁义，分是非，图回[3]天下于掌上而辨白黑，岂不愚而知矣哉！乡也，胥靡[4]之人，俄而治天下之大器举在此，岂不贫而富矣哉！今有人于此，屑然藏千溢之宝，虽行貣而食[5]，人谓之富矣。彼宝也者，衣之，不可衣也；食之，不可食也。卖之，不可偻售[6]也。然而人谓之富，何也？岂不大富之器诚在此也？是杅杅[7]亦富人已，岂不贫而富矣哉。

故君子无爵而贵，无禄而富，不言而信，不怒而威，穷处而荣，独居而乐，岂不至尊、至富、至重、至严之情举积此哉！故曰：贵名不可以比周争也，不可以夸诞有也，不可以势重协也，必将诚此然后就也。争之则失，让之则至，遵道则积，夸诞则虚。故君子务修其内而让之于外，务积德于身而处之以遵道。如是，则贵名起之如日月，天下应之如雷霆。故曰：君子隐而显，微而明，辞让而胜。《诗》曰："鹤鸣于九皋，声闻于天。"此之谓也。

先秦·《荀子·儒效》

【注释】

（1）乡：通"响"。先前、往日。（2）涂之人：路途之人，即普通百姓。涂，通"途"。（3）图回：图，疑为"圆"。圆回，运转。（4）胥靡：空疏。（5）行貣（tè）：行乞、乞讨。（6）偻售：快速出售。偻，可能为"屡"之通假，快速之意。（7）杅杅（yú鱼）：广大、充足。

【译文】

我想由卑贱变成高贵，由愚蠢变成智慧，由贫穷变成富有，可以吗？回答说，唯一的办法就在于学习。学习这件事，能去实行它的人，就叫做士；勤奋刻苦，勉力从事的人，就是君子；能深刻理解，举一反三，融会贯通的，就是圣人。最高的可以成为圣人，一般的也可以成为君子，谁能够阻挡我进步呢！以前与无知无识的普通老百姓毫无区别，一瞬间就与尧、禹相提并论，这难道不是由卑贱变成了高贵吗！以前还在考察房门和房间怎么辨别，不知如何决断，一瞬间就能够推求仁义的根本，分清是非曲直，处理天下大事圆转自如，就如同区别黑色和白色那样简单，这难道不是由愚陋变成了聪慧吗！以前还是一个一无所有的人，顷刻之间治理天下的大权就掌握在自己手中，这难道不是由贫穷变成了富有吗！如今有这样的人，虽然家藏万贯，却以讨饭为生，但人们还是说他富有。他的那些金银财宝，不能当衣穿，不能当饭吃，又不能很快卖掉，然而人们却说他富有，为什么呢？难道不是因为巨大的财富确实就在这里吗？如此说来，学识渊博也就成为富人了，这难道不是由贫穷变成富有了吗？

所以君子没有爵位也高贵，没有俸禄也富有，无需说话也能取得信用，不必发怒也有威望，处境贫困也感到光荣，处境孤独也感到快乐。这难道不是君子那些最崇高、最富足、最庄重、最威严的东西完全汇集在这里了吗？所以说，尊贵的名声不能通过结党营私的方式来获取，不能通过自吹自擂的方式来拥有，不能凭借权势要挟而得到，一定要专心致志地学习，然后方可得到。如果致力于争夺，就会失去；如果谦恭退让，就可得到；如果遵循正确的原则行事，就能保持尊贵的名声；如果自吹自擂就得不到尊贵的名声。所以君子务必致力于自身的思想修养，举止要谦让得体，务必致力于积累美德，并遵循正确的处世原则。如果能这样，那么高贵的名声就像日月一样兴起，天下人的响应就会如同雷霆一般轰轰烈烈。所以说，君子即使隐居起来了，他的名声也显赫，即使地位低微也极感荣耀，即使谦让也能胜过别人。《诗经》里说："仙鹤在遥远的沼泽地上啼鸣，它的声音却响彻整个天空。"说的就是这个道理。

机遇是成功的条件

舜之耕渔，其贤不肖与为天子同。其未遇时也，以其徒属，掘地财，取水利，编蒲苇，结罘网，手足胼胝不居，然后免于冻馁之患。其遇时也，登为天子，贤士归之，万民誉之，丈夫女子，振振殷殷[(1)]，无不戴说。舜自为诗曰："普天之下，莫非王土，率土之滨，莫非王臣"，所以见尽有之也。尽有之，贤非加也；尽无之，贤非损也；时使然也。

百里奚之未遇时也，亡虢而虏晋，饭牛于秦，传鬻以五羊之皮。公孙枝得而说之，献诸缪公，三日，请属事焉。缪公曰："买之五羊之皮而属事，无乃天下笑乎?"公孙枝对曰："信贤而任之，君之明也；让贤而下之，臣之忠也；君为明君，臣为忠臣，彼信贤，境内将服，敌国且畏，夫谁暇笑哉?"缪公遂用之。谋无不当，举必有功，非加贤也。使百里奚虽贤，无得缪公，必无此名矣。今焉知世之无百里奚哉？故人主之欲求士者，不可不务博也。

先秦·《吕氏春秋·孝行览·慎人》

【注释】

(1) 殷殷：深切的样子。

【译文】

舜在耕田捕鱼时，他的贤与不肖和后来当天子时是相同的。在没有机遇时，舜和他的部属掘地耕作，浇水灌溉，编席结网，手足长满老茧仍不断操劳，方能免除冻饿之苦。有了机遇当上天子，贤士归附，万民称颂，男女老少无不深切地爱戴拥护。舜自己作诗说："整个天下都是天子的土地；环绕土地四周的都是天子的臣民。"可以看出，舜已无所不有。拥有一切，并不是由于他比以前更加贤明；一无所有，他的贤明也没有减损，这都是机遇造成的。

百里奚在没有得到机遇前，逃出虢国又被晋国俘虏，后又流落到秦国喂牛，公孙枝以五张羊皮将他赎回，得到他非常高兴，并举荐给秦穆公，三天后就请求穆公让他料理国家大事。穆公说：“用五张羊皮买来的奴隶负责料理国家大事，会不会被天下人取笑?”公孙枝回答说：“相信并任用贤士，这是君主贤明；礼让贤士甘居下位，是我当臣子的一片忠心；国君英明，臣子忠心，百里奚确是治国贤才，全国都会信服，敌国都会畏惧，谁还有闲暇去耻笑呢?”于是，穆公即重用百里奚，他作出的谋略都很恰当，采取的措施也没有不奏效的，这并不是因为百里奚变得比以前更贤明。即使百里奚是位贤士，如果不遇上秦穆公，也不会成就这样的盛名。现在怎知道世上没有像百里奚这样的贤士？所以君主想访求贤士，不可不广求博访。

修身为功业之前提

夫建大功于天下者必先修于闺门[1]之内，垂大名于万世者必先行之于纤微之事。是以伊尹[2]负鼎，居于有莘之野，修道德于草庐之下，躬执农夫之作，意怀帝王之道，身在衡门[3]之裹，志图八极[4]之表，故释负鼎之志，为天子之佐，克夏立商，诛逆征暴，除天下之患，辟残贼之类，然后海内治，百姓宁。曾子[5]孝于父母，昏定晨省，调寒温，适轻重，勉之于糜粥之间，行之于衽席之上，而德美重于后世。此二者，修之于内，著之于外；行之于小，显之于大。颜回[6]一箪食，一瓢饮，在陋巷之中，人不堪其忧，回也不改其乐。礼以行之，逊以出之。盖力学而诵《诗》、《书》，凡人所能为也；若欲移江、河，动太山[7]，故人力所不能也。如调心在己，背恶向善，不贪于财，不苟于利，分财取寡，服事取劳，此天下易知之道，易行之事也，岂有难哉？若造父[8]之御马。羿[9]之用弩，则所谓难也。君子不以其难为之也，故不知以为善也，绝气力，尚德也。

西汉·陆贾《新语·慎微》

【注释】

(1) 闺门：内室，特指妇女居住的内室。这里泛指家庭。(2) 伊尹：商初的名臣，伊姓，一说名挚，尹是官名。出身奴隶，为有莘氏女的陪嫁之臣，汤用其为小臣，后辅佐汤灭掉夏桀。(3) 衡门：即以横木为门，言之简陋。衡，通“横”。(4) 八极：意思是极为边远的地方。(5) 曾子：名参，孔子的弟子，以孝行著称。(6) 颜回：即颜渊，孔子的弟子，以笃学著称。(7) 太山：即泰山。(8) 造父：古代的善御者，传说曾为周穆王驾车。(9) 羿：即后羿，古代传说中善射之人。

【译文】

在世上建立丰功伟业的人必然先在家中做好修炼，将名声垂于后代万世的人必然先从细微小事上做起。所以伊尹作伙夫，居住在有莘氏的田野上，于草庐之下修习道德，亲身进行农业劳作，胸中却怀有辅佐帝王的奇策良谋，虽然处在简陋的居室之内，志向却是匡扶天下，所以最终解脱了伙夫的劳作，成为天子的辅佐之臣，征服了夏朝建立了商朝，诛灭了叛逆暴虐的敌人，铲除了天下的祸患，消灭了贪残凶恶之辈，然后四海之内得到治理，百姓生活安宁。曾子对父母尽孝道，早晚问安，调理衣服冷暖，照顾周到，主要表现在日常生活的吃穿、休息等方面，但其美德却得到后世的崇尚。这两个人，都是注重内在修养品德，彰显于外在形式，做的虽是小事，影响却很大。颜回靠着一筐食物，一瓢水，居住在破旧的屋子里，别人都不堪忍受这种艰苦，颜回却始终怡然自得。行为要遵循礼的规则，外表要谦逊。大抵努力学习，诵读《诗经》、《尚书》是普通人都能做的；如果是搬迁长江、黄河，挪动泰山，当然是人力所不能及的。如调养自身的心性，弃恶而向善，不贪财，不谋求小利，分配财物取少的那一份，做事选择繁重的那一种，这是天下容易懂得的道理，容易做到的事，难道有什么困难吗？如像造父驾车，后羿射箭一样，则是所谓困难的事。所以，君子不因为这些事难做却非要去做，也不认为那是什么善举，而是为了杜绝尚气争力的事，使人们崇尚道德啊。

不学习不能提高自身修养

非学无以治身，非礼无以辅德。和氏之璞，天下之美宝也，待鉴诸之工而明。毛嫱[1]，天下之姣人也，待香泽脂粉而后容。周公，天下之至圣也，待贤师学问而后通。今齐世庸[2]世之人，不好学问，专以己之愚，而荷负巨任，若无楫舳，济江海而遭大风，漂没于百仞之渊，东流无涯之川，安得沮[3]而止乎！

西汉・桓宽《盐铁论・殊路》

【注释】

(1) 毛嫱：古美女名，传说为赵王之姬。(2) 庸：通“用”。(3) 沮：止，阻止。

【译文】

人不学习就不可能提高自身修养，不懂礼节就不可能辅助德行。楚人卞和所献的璞玉是天下最美的宝物，但只有等待工匠的鉴别和琢磨以后，才能辨出真假。毛嫱是天下的美女，但只有等待香泽脂粉的化妆之后，才能映衬出她的美丽。周公，是天下至高的圣人，但只有通过拜贤师学习、请教以后才能通晓事理。现今济世、用世的人，不好学问，却偏偏以他们那一点愚拙的能力来担负重任，这就像没有舵桨，却要乘船去横渡江海，碰上大风，漂没在百仞的深渊之中，随着东流之水，在那无边无际的河流之中漂荡，哪能够使它停下来呢！

择人而树

阳虎[1]得罪于卫，北见简子曰："自今以来，不复树人矣。"简子曰："何哉?"阳虎对曰："夫堂上之人，臣所树者过半矣；朝廷之吏，臣所立者亦过半矣；边境之士，臣所立者亦过半矣。今夫堂上之人，亲却臣于君；朝廷之吏，亲危臣于法；边境之士，亲却臣于兵。"简子曰："唯贤者为能报恩，不肖者不能。夫树桃李者，夏得休息，秋得食焉；树蒺藜[2]者，夏不得休息，秋得其刺焉。今子之所树者，蒺藜也，非桃李也。自今以来，择人而树，毋已树而择之。"

西汉·刘向《说苑·复恩》

【注释】

(1) 阳虎：又名阳货，春秋鲁人。季氏的家臣，一度掌握鲁的实权。(2) 蒺藜：一年生草本植物。

【译文】

阳虎在卫国获罪后，北上去晋国谒见赵简子说："从今以后，我不再培养人了。"简子问："为什么呢?"阳虎回答说："那朝堂上的大臣，我培养的超过半数；朝廷中的官吏，我所培养的也超过半数；那边境上的将士，我所培养的也超过了半数。可是现在朝堂上的大臣，亲自在君王面前排斥我；朝廷中的官吏，亲自用刑法加害于我；边境上的将士亲自用武力劫持我。"简子说："只有贤人才懂得报恩，那些不肖之徒是不懂报恩的。种植桃李树的人，夏天可在树荫下休息，秋天能得到果实吃；可那种植蒺藜的人，夏天得不到树荫休息，秋天得到的竟是棘刺。现在看来你所栽培的就是蒺藜，并不是桃李。从今以后，要先选择好人才再培养，千万不要等培养了再选择，那就晚了。"

不务学问　不能致圣

周召公年十九，见正而冠，冠则可以为方伯[1]诸侯矣。人之幼稚童蒙之时，非求师正本，无以立身全性。夫幼者必愚，愚者妄行；愚者妄行不能保身。孟子曰："人皆知以食愈饥，莫知以学愈愚。"故善材之幼者，必勤于学问，以修其性……夫学者，崇名立身之本也，仪状齐等，而饰貌者好；质性同伦[2]，而学问者智。是故砥砺琢磨非金也，而可以利金；诗书壁立非我也，而可以厉心。夫问讯之士，日夜兴起，厉中益知，以分别理，是故处身则全，立身不殆。士苟欲深明博察，以垂荣名，而不好问讯之道，则是伐智本而塞智原也，何以立躯也？骐骥虽疾，不遇伯乐不致千里；干将[3]虽利，非人力不能自断焉；乌号[4]之弓虽良，不得排檠[5]，不能自任；人才能高，不务学问，不能致圣。水积成川，则蛟龙生焉；土积成山，则豫樟生焉；学积成圣，则富贵尊显至焉。千金之裘，非一狐之皮；台庙之榱[6]，非一木之枝；先王之法，非一士之智也。故曰讯问者智之本，思虑者智之道也。《中庸》曰："好问近乎智，力行近乎仁，知耻近乎勇。"积小之能大者，其惟仲尼乎！学者所以反情治性尽才者也。亲贤学问，所以长德也；论交合友，所以相致也。《诗》云："如切如磋，如琢如磨。"此之谓也。

西汉·刘向《说苑·建本》

【注释】

(1) 方伯：一方诸侯之长。后世往往代指地方最高行政长官，如明清时的巡抚。(2) 同伦：同一类型。(3) 干将：古宝剑名。春秋时吴人干将所铸造。(4) 乌号：古良弓名。(5) 排檠：矫正弓弩的器具。(6) 榱：房顶上的椽子。

【译文】

西周时期，召公十九岁时，已表现出正直的志向，就举行了成人的加冠礼，加冠后他就能够成为诸侯国的首领了。人在幼年蒙昧时期，如果不拜师学习以巩固根本，日后是不可能立身处世以保全良好天性的。幼小的人总是很愚鲁，愚鲁的人行为就会荒唐，荒唐就不能保全自身。孟子说："人们都知道用食物来充饥，不知道用学习来治疗愚昧。"所以优秀的人才在幼年时期，一定要勤奋学习，以此来修养自己的心性。……学习是提高声名、立身处世的根本。外貌相近，但能修饰容貌的人会更漂亮；资质禀性差不多，但好学、善问的人会更加高明。因而用来打磨用的磨石、玉石等工具并不是金属做的，但却可以使金属锋利；诗书上的思想言论并不是我撰写的，但却可以激励我的心志。那些锐志向学的读书人，早起晚睡，磨炼意志，增长见识，提高辨识事物的能力，因此他们立身心安理得，不会发生危险。读书人假如要深晓事理、博察事物，留下显荣的名声，但却又不喜欢向人提问请教，那就是把智慧的根本、源泉都毁坏和堵塞了，又依靠什么来立身处世呢？称为骐骥的骏马即使跑得快，但没有遇上伯乐也是不可能奔跑千里的；称为干将的宝剑即使锋利，没有人的力量也是不可能斩断任何东西的；称为乌号的良弓即使它再优良，没有弓上的校正器，也是不可能自行瞄准而射中目标的；一些人的天分即使很高，但不致力于学问，也是不可能成为圣人的。积水成了河流，河流中就生长出蛟龙；积土成山，山上就有豫樟之类的树木生长；学问积累多了就成为圣人，那么富贵尊荣就会到来。价值千金的皮衣，不是一只狐狸的毛皮所能缝制成的；台庙中用的椽子，不只是一棵树的枝干；先王制定的制度法则，不是一个人的智慧产生的。因此说互相讨论请教，是智慧的根本，深思熟虑是获得智慧的方式。《中庸》说："喜欢发问请教就接近智慧了，努力去践行就接近仁德了，懂得耻辱就接近勇敢了。"从培养小品德积累起，到成为一位大圣人，那就只有孔子一个人吧，这就是读书人之所以要修炼情性，竭尽自己的才能的原因。亲近贤人虚心向他请教，可以增长自己的德行；与朋友交往，可以达到共同提高的境界。《诗经》上说："如切如磋，如琢如磨。"说的就是这个道理。

好学无早晚

晋平公[1]问于师旷[2]曰："吾年七十，欲学，恐已暮矣。"师旷曰："何不炳烛乎？"平公曰："安有为人臣而戏[3]其君乎？"师旷曰："盲臣安敢戏其君乎？臣闻之，少而好学，如日出之阳；壮而好学，如日中之光；老而好学，如炳烛之明。炳烛之明，孰与昧行乎[4]？"

西汉·刘向《说苑·建本》

【注释】

（1）晋平公：春秋时晋国国君，名彪。公元前557—前532年在位。（2）师旷：晋国的盲乐师。（3）安：哪里。疑问代词。安有：怎么敢有。戏：取笑。疑问副词。（4）孰与昧行乎：与摸黑行走相比，哪一个（更好）呢？昧：安。

【译文】

晋平公曾经问他的乐师师旷道："我年已古稀，仍想学习，恐怕已经太晚了吧？"师旷说："既然太晚了，您怎么不点蜡烛呢？"平公有点儿生气地说："哪里有做臣下的戏弄国君的呢？"师旷说："我一个盲人，怎么敢奚落国君。我听说，少年时代爱好学习，像初升的太阳；壮年时代爱好学习，像正午的阳光；老年时代爱好学习，像蜡烛的光亮。烛光虽弱，总比在黑暗中摸索走路强吧！"

要广泛学习

人目不见青黄曰盲，耳不闻宫商[1]曰聋，鼻不知香臭曰痈[2]。痈聋与盲，不成人者也。人不博览者，不闻古今，不见事类，不知然否，犹目盲、耳聋、鼻痈者也。儒生不博览，犹谓闭暗，况庸人无篇章之类业，不知是非，其为闭暗，甚矣！此则土木之人，耳目俱足，无闻见也。

东汉・王充《论衡・别通》

【注释】

(1) 宫商：“宫、商、角、徵、羽”是我国五声音阶中五个不同音的名称，类似现在简谱中的1、2、3、5、6。(2) 痈（yōng）：鼻疾，不知香臭。

【译文】

眼睛看不见青黄等颜色的叫做瞎子，耳朵听不见各种声音的叫做聋子，鼻子闻不见香臭等味道的叫做鼻痈。有鼻痈、耳聋、眼瞎等病疾的，就不是一个完整的人。人要是不博览群书，不了解古往今来，不体察万事万物，不明白事理，就如同目盲、耳聋、鼻痈的人。读书人不博览群书，就可以称他是闭塞昏暗，何况一般人从来没有读过一点书，不知道是非标准，他们的昏暗闭塞那就更加厉害了。这些人就是泥人木偶，耳朵、眼睛虽然都不欠缺，但却什么也听不见、什么也看不到。

人之有学　犹物之有治

工欲善其事，必先利其器。士欲宣其义，必先读其书。《易》曰：“君子以多志前言往行，以畜其德。”是以人之有学也，犹物之有治也。故夏后之璜，楚和之璧，虽有玉璞卞和之资，不琢不错，不离砾石。夫瑚簋之器，朝祭之服，其始也，乃山野之木，蚕茧之丝耳。使巧倕[(1)]加绳墨而制之斤斧，女工加五色而制之以机杼，则皆成宗庙之器，黼黻[(2)]之章，可羞于鬼神，可御于王公。而况君子敦贞之质，察敏之才，摄之以良朋，教之以明师，文之以礼乐，导之以诗书，赞之以《周易》，明之以《春秋》，其不有济乎？

东汉·王符《潜夫论·赞学》

【注释】

(1) 倕（chuí 锤）：人名。相传为中国上古尧舜时代的一名巧匠，善做弓、耒、耜等。(2) 黼黻（fǔ fú 府服）：绣有华美花纹的礼服。

【译文】

工匠要想做好他的工作，一定要先磨砺好他的工具。读书人想要宣扬他的思想，一定要先好好读书。《易经》上说：“君子通过多了解前人的美好言行，来充实自己的道德修养。”所以人们经过了学习，就如同器物得到了修整磨砺。因而夏代帝君的美玉，楚国的和氏璧即便是被玉璞卞和发现了，不经过琢磨、雕刻，依旧被认为是石头。祭祀所用的瑚簋，所穿朝拜祭祀的礼服，原先的状态不过全都是深山野林的树木、蚕茧抽出来的素丝而已。而这些材料由于经过巧匠用绳墨刀斧制作，经过女工用织布机纺织，给它染上五色，就一件件成了祭庙中的用具、华美漂亮的服饰，可以呈献给鬼神，可以供王公们使用。更何况君子具备了敦厚坚贞的品行，具备了洞察事理聪颖敏捷的才干，用良朋作为辅助，用名师作为指导，用礼乐来增饰文采，以《诗经》《尚书》作为引领，以《周易》作为规劝，以《春秋》来明晓，难道还会有办不成的事吗？

君主应以修身为本

夫小事者味甘而大道者醇淡，近物者易验，而远数者难效，非大明君子，则不能兼通者也。故皆惑于所甘，而不能至乎所淡，眩于所易，而不能反于所难。是以治君世寡而乱君世多也。故人君之所务[1]者，其在大道，远数乎？大道远数者，为仁足以覆帱群生[2]，惠足以抚养百姓，明足以照见四方，智足以统理万物，权足以变应无端，义足以阜[3]生财用，威足以禁遏奸非，武足以平定祸乱；详于听受，而审于官人；达于兴废之原，通于安危之分。如此，则君道毕矣。

夫人君非无治为也，失所先后故也。道有本末，事有轻重，圣人之异乎人者无他焉，盖如此而已矣。鲁桓公容貌美丽，且多技艺，然而无君才大智，不能以礼防正其母，使与齐侯[4]淫乱不绝，驱驰道路，故《诗》刺[5]之曰“猗嗟[6]名兮，美目清兮。仪既成兮，终日射侯[7]，不出正[8]兮。展[9]我甥兮。”下及昭公[10]，亦善有容仪之习，以亟其朝晋也，自郊劳至于赠贿，礼无违者。然而不恤国政。政在大夫，弗能取也；子家羁贤而不能用也；奸[11]大国之明禁，凌虐小国；利人之难，而不知其私；公室四分，民食[12]其他，思莫在于公，不图其终，卒有出奔之祸。《春秋》书而绝之曰：“公孙[13]于齐，次[14]于阳州。”故《春秋外传》曰：“国君者，服[15]宠以为美，安民以为乐，听德以为聪，致远[16]以为明。”又《诗》陈文王之德曰：“惟此文王，帝度其心，貊[17]其德音。其德克明，克明克类[18]，克长克君。王此大邦，克顺克比。比于文王，其德靡悔。既受帝祉[19]，施于孙子。”心能制义曰度，德政应和曰貊，照监四方曰明，施勤无私曰类，教诲不倦曰长，赏庆[20]刑威曰君，慈和遍服曰顺，择善而从曰比，经纬天地曰文。如此则为九德之美，何技艺之尚哉？

东汉·徐干《中论》

【注释】

(1) 务：从事、致力于。(2) 帱：本义为帐子，引申为覆盖。群生：广大老百姓。(3) 阜：盛、多。(4) 齐侯：指齐襄公。(5) 刺：讥讽、讽刺。(6) 猗嗟：叹词。(7) 侯：(古代贵族举行射礼时用的) 箭靶，用兽皮或布制成。(8) 正：靶心。(9) 展：诚然、确定。(10) 昭公：襄公庶子。(11) 奸：通“干”，冒犯。(12) 食：供养。(13) 孙：通“逊”，退避。(14) 次：长久停留。(15) 服：用、任用。(16) 致远：招来远方的人。(17) 貊：通“莫”，静。(18) 类：分类，明辨之义。(19) 祉：福分。(20) 庆：奖赏。

【译文】

琐碎的小事让人觉得兴趣浓厚，而大的道义则像喝酒一样醇厚淡雅，眼前的事物容易得到验证，而长久的打算难以立见成效，不是明鉴君子，就不能二者都能通晓。所以人们都甘愿为美好的东西所迷惑，而不能感受那淡雅的东西，眩晕于那些容易的事物中，却不能反省于那些难以立见实效的长远考虑中。所以世上圣明的君主少，而昏乱的君主多。所以，君主应该致力的，恐怕是在大的道义和长远的谋划吧？大的道义和长远的谋划，使仁德足以覆盖广大生民，恩惠足以抚养百姓，光明足以照耀四方，智慧足以统理万物，权变足以应付无穷的变化，正义足以丰富财物器用，威严足以遏制奸佞，雄武足以平定祸乱。能详尽地听纳别人的意见，审慎地任用人才，通达国家兴衰的利害，知晓社会安危的后果。这样，治国安邦之道就算达到了。

对这些，君主们不是没有去做，而是失去对先后顺序的考虑，才招致祸害的。大道有本末之别，事情有轻重之分，圣人之所以不同于常人之处不在别的，就是因为他们能认清这一关系而已。鲁庄公容貌俊美，又多技艺，却没有治国的大才，不能以礼节约束纠正他母亲，使她与齐襄公淫乱不绝，在齐鲁两国间频繁来往，所以《诗经》指责他说：“啊！鲁庄公面色明净啊，美丽的眼睛多么清秀，礼仪已经完成了，终日射箭啊，箭箭射中靶心。真是我齐侯的外甥啊。”后来到了鲁昭公，也有很美丽的容貌，学习礼仪，在他朝见晋国的时候，从郊外开始慰劳一直到赠送财物，都没有违反礼仪，但他却不顾念国家政事。政权落在大夫手中，不能夺回来，子家羁是位贤士，却不能被任用；冒犯了大国的禁令，欺侮虐待小国；认为别人的灾祸是自己的利益，却不知道如何保住自己的私利；国家一分为四，百姓靠他人供养，心思不在国事上，不考虑其后果，最终招致弃国逃奔的灾祸。《春秋》记载用决断之言说："昭公逃亡到齐国，停留在阳州。"所以，《春秋外传》写道："作为国君，应该以任用受宠爱的贤臣为美，以使平民百姓安乐为快乐，以听取有德之言为聪慧，以使远方的人归顺为目明。"《诗经》还陈述文王的美德，说："这是文王，天帝审度了他的内心，他有宁静淡泊的好名声。他的德行能光照四方，勤政明辨无私，教诲不倦，令人敬畏。统治这样的一个大国，能使民众顺服，彼此亲近。至于文王，他的德行没有遭受不公平的灾祸，他自身已经受到天帝的恩赐，还一直延及子孙。"内心能够制约道义叫做度，德行端正应对和谐叫做貊，光明照临四方叫做明，实施勤政而没有私心叫做类，教导别人不知疲倦叫做长，赏罚分明叫做君，仁慈平和使百姓归附叫做顺，选择好的而跟从叫做比，天地经纬能条理分明叫做文。这些就是九种美德，对技艺有什么尊崇的呢？

淡泊明志 宁静致远

夫君子之行，静以修身，俭以养德。非淡泊无以明志，非宁静无以致远。夫学须静也，才须学也。非学无以广才，非志无以成学。慆慢则不能励精[1]，险躁则不能冶性[2]。年与时驰，意与日去，遂成枯落，多不接世，悲守穷庐，将复何及！

蜀汉·诸葛亮《诫子书》

【注释】

(1) 慆：懒惰。精：精神。(2) 冶：造就、培养。性：性格、性情。

【译文】

君子的品行，是依靠内心安静、精力集中来修养身心的，是依靠俭朴的作风来培养品德的。不恬淡寡欲、排除名利的干扰，就不能明确自己的志向；不心平气和、安宁清静，就不能实现远大的目标。学习一定要心静神清，才能都是通过学习获得的。不学习就不能增长多方面的才能；没有坚定明确的志向，学习也不会成功。懒惰怠慢就不能振作精神，偏激浮躁就不能陶冶性灵。年华随时光飞逝，意志一天天消沉，最后萎靡不振，成为对社会无用的人，悲哀地守在家中打发日子，到那时后悔也来不及了。

人才也要不断学习

权谓蒙及蒋钦曰："卿今并当涂掌事，宜学问以自开益。"蒙曰："在军中常苦多务，恐不容复读书。"权曰："孤岂欲卿治经为博士邪？但当令涉猎见往事耳。卿言多务，孰若孤？孤少时历《诗》《书》《礼记》《左传》《国语》，惟不读《易》。至统事以来，省三史、诸家兵书，自以为大有所益。如卿二人，意性朗悟，学必得之，宁当不为乎？宜急读《孙子》《六韬》《左传》《国语》及三史。孔子言：'终日不食，终夜不寝，以思，无益，不如学也。'光武当兵马之务，手不释卷。孟德亦自谓，老而好学。卿何独不自勉勖(1)邪？"蒙始就学，笃志不倦。其所览见，旧儒不胜……

权常叹曰："人长而进益，如吕蒙、蒋钦，盖不可及也。富贵荣显，更能折节好学，耽悦书传，轻财尚义，所行可迹，并作国士，不亦休乎？"

晋·陈寿《三国志·吴书·吕蒙传》

【注释】

(1) 勉勖：勉励。

【译文】

孙权对部将吕蒙和蒋钦说："你们现在都身居要职，掌管国家大事，应该多读书多学习以增加自己的才干。"吕蒙回答说："军中事务繁多，恐怕不允许再读书学习了。"孙权说："我难道是要你们去钻研经书做博士吗？我只是希望你们粗略地读一些书，了解历史罢了。你们难道比我的事务还多吗？我年轻时读过《诗经》《尚书》《礼记》《左传》《国语》，就是没有读过《周易》。自我掌管国家大事以来，仔细研读了《史记》《汉书》《东观汉记》三史以及各家兵法，自己觉得大有收获。像你们二人如此聪明，学习后一定会有所获，怎么可以不学习呢？应当赶快学《孙子》《六韬》《左传》《国语》和三史。孔子说过：'整天不吃，整夜不睡地空想，是没有什么好处的，还不如去学习。'东汉光武帝在军务繁忙之际，仍是手不释卷。曹操也说自己老而好学。你们为什么偏偏不能勉励自己呢?”自此吕蒙开始专心致志地读书，持之以恒从未感到厌倦。他所看过的书之多，连那些老儒生都赶不上他……

孙权常常感慨地说:“人到了老年还能有所进步，像吕蒙、蒋钦那样，大概一般人是做不到的。富贵显达以后，反而能放下架子，认真学习，爱好读书，轻财重义，这种行为不仅可以为别人提供榜样，而且还能够造就成为国家栋梁之才，不也是很值得称道的吗?”

博学有利于事

人见邻里亲戚有佳快[(1)]者，使子弟慕而学之，不知使学古人，何其蔽也哉？世人但[(2)]见跨马被甲，长矟[(3)]强弓，便云我能为将；不知明乎于道，辨乎地利，比量逆顺，鉴达兴亡之妙也。但知承上接下，积财聚谷，便云我能为相；不知敬鬼事神，移风易俗，调节阴阳，荐举贤圣之至也。但知私财不入，公事夙办，便云我能治民；不知诚己刑[(4)]物，执辔如组，反风灭火，化鸱[(5)]为凤之术也。但知抱令守律，早刑晚舍，便云我能平狱；不知同辕观罪，分剑追财，假言而奸露，不问而情得之察也。爱及农商工贾，厮役奴隶，钓鱼屠肉，饭牛牧羊，皆有失达，可为师表，博学求之，无不利于事也。

北齐·颜之推《颜氏家训·勉学》

【注释】

（1）佳快：资质聪明，优秀。（2）但：仅仅、只是。（3）矟（shuò）：古通“槊”，长矛。（4）刑：通“型”，榜样，此处名词活用为动词，给人做出榜样。（5）鸱（chī）：古书上指鹞鹰。

【译文】

有人看见邻居乡亲中有聪颖优秀之人，就让他的子侄兄弟钦慕他们并向他们学习，却不知道学习古人，这是多么的愚昧无知啊！世人仅仅见到跨骏马，披盔甲，挺长矛，挽强弓，就认为其可以担任将军了，而不知道明事理、辨地利，估量所处环境的优劣，洞察国家兴亡的规律。有人只知道奉迎上司，指挥下属，聚敛钱财，囤粮积谷，就说自己能够担任卿相之职；却不知道敬奉鬼神，移风易俗，调节阴阳，推贤荐圣的大道理。有人以为只是不纳不义之财，勤于公务，便认为自己能治理百姓；却不知道修身正己，给民众做出榜样，不知道有如驾驭车马一样，让不良之民改邪归正，弃恶从善的方法。有人认为只要谨守法令律例，早晚就能判定出有罪无罪，便认为自己能审理案件，而不知道观察罪犯的相貌，查听罪犯所言，实地取证，使用各种审判技巧而使罪行败露，不审讯就能得到真实案情的方法。至于务农的、经商的、做工的、开店的、做仆役的、钓鱼的、杀牲的、喂牛的、放牧的，他们中都必有贤明通达之人，可以作为自己的老师和表率，博学而向多方求问，没有不利于事业的。

珍惜光阴　善始善终

陶士衡曰："昔大禹不吝尺璧而重寸阴。"文士何不诵书，武士何不马射？若乃玄冬修夜，朱明永日，肃其居处，崇其墙仞，门无揉杂，坐阙号呶[(1)]：以之求学，则仲尼之门人也；以之为文，则贾生之升堂也。古者盘盂有铭，几杖有诫，进退循焉，俯仰观焉。文王之诗曰："靡不有初，鲜克有终。"立身行道，终始若一。"造次必于是"，君子之言欤。

唐・姚思廉《梁书・王规传》

【注释】

(1) 呶（náo 挠）：喧哗。

【译文】

晋人陶侃字士衡说过："过去大禹不吝惜尺大的璧玉却看重一寸光阴。"读书人为什么不诵读诗书，练武的人为什么不操习弓马射御？要像那寒冬长夜，朗日普照的白天，整肃自己居住的地方，高筑起围墙来，门前也不要招引闲杂人等，坐处没有呼叫喧哗：这样来求学问，就会像孔夫子的门人一样；这样来做文章，就会像贾谊一样地升堂入室。古时候的人盘盂上面都刻写上铭文，几杖上也刻有诫言，一进一退都遵循不违，低头抬头都能看见。周文王的诗中说："凡事总有个开头，但很少能始终如一地达到预期的结果。"立身行道，开始和结束时都应一以贯之，"匆忙紧迫的时候也应该这样"，这是君子的金玉良言。

不患无才　患志不立

夫工人之染，先修其质，后事其色，质修色积，而染工毕矣。学亦有质，孝悌忠信是也[1]。君子内正其心，外修其行，行有余力，则以学文，文质彬彬，然后为德。夫学者不患才不及，而患志不立，故曰希骥之马，亦骥之乘，希颜之徒，亦颜之伦也。又曰锲而舍之，朽木不折；锲而不舍，金石可镂。斯非其效乎！

唐·房玄龄等《晋书·虞溥传》

【注释】

(1) 孝悌忠信：指孝顺父母，尊敬兄长，忠于君主，取信于朋友的封建社会应具备的道德标准。

【译文】

工人在染色的时候，首先要整修染色的布质，然后再着色，内里修整完了，颜色染上了，染色的工序才完成了。学习也有内里的质，这就是孝悌忠信。君子要在内端正他的品行，对外注意他的行为，行动时有余力，就用来学文，文和质相符，然后才成就高尚的德行。学者忧虑的不是才智不及，而是忧虑没有志向，所以说希望成为千里马的马，必是千里马一类的乘骑，希望成为颜回的人，必是颜回一类的人。又说雕刻到中途就舍弃了，即使是朽木，也不会雕完；坚持雕刻不停，即使是金石也能刻出花纹。这不就是坚持的效用吗？

学习使人有区别

木之就规矩，在梓匠轮舆。人之能为人，由腹有诗书。诗书勤乃有，不勤腹空虚。欲知学之力，贤愚同一初。由其不能学，所入遂异闾[1]。两家各生子，提孩巧相如。少长聚嬉戏，不殊同队鱼。年至十二三，头角稍相疏。二十渐乖张，清沟映污渠。三十骨骼成，乃一龙一猪。问之何因尔？学与不学欤。金璧虽重宝，费用难贮储。学问藏之身，身在即在余。潢潦[2]无根源，朝满夕已除。人不通古今，马牛而襟裾。行身陷不义，况望多名誉。

唐·韩愈《昌黎先生集·符读书城南》

【注释】

(1) 闾：里巷的门。(2) 潢：积水池。潦：路上的流水、积水。

【译文】

木头能中规中矩，成为车轮和厢舆，全在于木匠的制作。人之所以能成为一个人，也全是因为腹中有诗书。诗书要靠勤奋才可以修得，不勤奋就会腹内空虚。想要知道学习的作用，人在出生时智力都是一样的。因为有的人不能用心勤奋地学习，后来的发展就迥然不同了。两家各生了一个孩子，在孩提时候，聪明机巧是一样的。稍微长大一点儿，一起嬉闹游戏，与群鱼成队游浮没有什么两样。到了十二三岁的年纪，头上的丫角也只是稍有不同。二十岁的时候逐渐有所区别，就像清澈的沟溪和污秽的水渠大不一样。三十岁时骨骼都已经长成了，却像是一条龙和一头猪。问一下这是什么原因？就是因为学习与不学习的区别导致的。金银璧玉虽然是重宝，一旦花费使用就难以再储藏起来。但藏于身的学问，只要活着就有。路上坑洼里的积水无根无源，早晨满了，晚上就干干净净了。人如果不通晓古今，就像马牛穿上衣服一样。自己的一举一动都陷入不义境地，何况还能去希求更多的名誉呢？

道之所存　师之所存

人非生而知之者，孰能无惑？惑而不从师，其为惑也，终不解矣。生乎吾前，其闻道也固先乎吾，吾从而师之；生乎吾后，其闻道也亦先乎吾，吾从而师之。吾师道也，夫庸知(1)其年之先后生于吾乎？是故无贵无贱，无长无少，道之所存，师之所存也。

巫医乐师百工之人，不耻相师。士大夫之族，曰师曰弟子云者，则群聚而笑之。问之，则曰："彼与彼年相若也，道相似也，位卑则足羞，官盛则近谀。"呜呼！师道之不复，可知矣。巫医乐师百工之人，君子不齿，今其智乃反不能及，其可怪也欤！

圣人无常师。孔子师郯子、苌弘(2)、师襄、老聃(3)。郯子之徒，其贤不及孔子。孔子曰：三人行，则必有我师。是故弟子不必不如师，师不必贤于弟子，闻道有先后，术业有专攻，如是而已。

唐·韩愈《师说》

【注释】

(1) 庸知：岂知。庸，岂，难道。(2) 郯子：春秋时郯国国君，郯为子爵之国，故称其国君为子。苌弘：周敬王时大夫。(3) 师襄：春秋时鲁国乐官，名襄。老聃：即老子李耳。

【译文】

人不是一生下来就明白事理的，谁能没有疑难问题？有了疑难问题而不向老师请教，那些疑难问题就真的成了疑惑，始终不能得到解决。比我早出生的人，他对知识的掌握本来就比我早，我应该向他学习；比我晚出生的人，他掌握知识也比我早的话，我也应该向他学习。我学习知识的原则，不用知道他是比我先出生还是晚出生呢！因此不论地位是高是低，年纪是长是少，谁掌握了知识，谁就是我的老师。

巫医、乐师和各种工匠，是不把相互学习当做可耻的事情的。士大夫一类的人一提到老师、学生这些称呼，就聚在一起笑话别人。问他们笑些什么，就说："那个老师和那个学生年纪相近，所懂的道理也差不多。拜地位低的人为老师便足以使人感到羞耻，拜官位高的人为老师，则近于阿谀。"唉！从师的风尚不能恢复，由可以明白其中的原因了。巫医、乐师和各种工匠，君子是不屑和他们同列的，现在君子们的智慧，反而赶不上他们，这可真叫奇怪呀！

圣人没有固定的老师，孔子就曾向郯子、苌弘、师襄和老聃学习过。像郯子一类的人，他们的贤明还不如孔子。孔子说："三个人在一块儿走，其中一定有人可以作为我的老师。"因此学生不一定不如老师，老师也不一定比学生高明。懂得道理有先有后，在技术、学业上各有专门的研究，老师和学生的差别不过如此而已。

道业学术 不可不求

士当求进于己，而不可求进于人。所谓求进于己者，道业、学术之精是已。所谓求进于人者，富贵利达之荣是已[(1)]。盖富贵利达，在天而不可求；道业学术，在我而不可不求也。况古之人，不以富贵利达为心也。其所以从仕者，宜假此以行道也[(2)]。道不行而富贵利达者，古人以为耻，而不以为荣。鸣呼！非诚有致君泽民之心者，其孰能与于此？

元·张养浩《牧民忠告·卷下》

【注释】

(1) 利达：显达。(2) 假：凭借。

【译文】

士人应当严格要求自己，努力去追求上进，而不能要求别人帮助使自己上进。所谓的要求自己上进，是指在道德、学术上要求专精。所谓的求得别人的帮助而得到的，只不过是荣华富贵之类的东西。荣华富贵这些东西的得失，取决于上天而不能强求；道德、学术，取决于自身，是不能不追求的。何况古时候的人，不把荣华富贵作为心中追求的目标。他们之所以入仕做官，是想借此实现自己的人生目标的远大抱负。自己的主张、远大抱负得不到实现而获得荣华富贵的人，古人认为是可耻的，而不以为荣。唉！如果不是确实有忠君惠民的想法的人，谁能够做到这个地步呢？

先 学 后 用

洪武二十三年八月辛酉，给事中有荐士者。上问："宜何官?"对曰："宜牧民。"又问："其所长?"对曰："其人才高，年方少，勇于敢为。"上曰："才高者多过中，勇敢者少循理(1)，居使牧民，未见其可，夫素操刀者乃可使割，善制锦者乃可使裁，学未充而欲使入政可乎? 后生年少，未当历练，恃才轻忽，用其血气之勇，鲜有不生事扰民者。且令就学以养其德性，变化气质，俟学成用之。"

明·《明实录·太祖实录·卷一〇三》

【注释】

(1) 循理：依照道理或遵循规律。

【译文】

明洪武二十三年（1390 年）八月，给事中有人推荐一个士子。太祖问："他适合担任什么官职?"回答说："他适合做治理民众的工作。"太祖又问："他有什么特长?"回答说："他才高年少，敢作敢为。"太祖说："才高者办事往往过激，勇敢者做事很少循规蹈矩，如果马上让他做治理民众的工作，恐怕不妥当。惯于操刀的可以让他去当屠夫，善于制锦的可以让他去当裁缝，而学识还不充实就让他管理政事，这行吗? 后生年少不曾经过磨炼，往往自负其才办事不谨慎，血气方刚意气用事，很少有不生事扰民的。还是应该让他再学习，用来培养其道德情操，改变气质，等到学成以后再加以任用。"

胸中切不可有傲

先生曰：人生大病，只是一傲字。为子而傲必不孝，为臣而傲必不忠，为父而傲必不慈，为友而傲必不信；故象与丹朱[1]不肖，亦只一傲字，便结果了此生。诸君常要体此人心本是天然之理，精精明明，无纤介[2]染着，只是一无我而已，胸中切不可有，有即傲也。古先圣人许多好处，也只是无我而已，无我自能谦。谦者众善之基，傲者众恶之魁。

明·王阳明《传习录》

【注释】

(1) 象：是传说中舜的哥哥，是傲慢无礼的不肖之人。丹朱：是传说中尧的儿子，傲慢荒淫。(2) 纤介：细微。

【译文】

王阳明先生说人生大病，只是一个傲字。作为儿子而骄傲必定不孝，作为臣子而骄傲必定不忠，作为父亲而骄傲必定不慈，作为朋友而骄傲必定不信！因此古代的象、丹朱的不肖，也只是一个傲字，便结果了此生。诸君要经常体会这人心本就是天然之理，精精明明，没有一点沾染的，只是一个无我而已，胸中切不可有我，有我即是骄傲。古代的圣人有许多好处，也只是无我而已，无我自然能够谦逊。谦逊是众多善行的根基，骄傲是众多罪恶的魁首。

要与高明的人交往

近闻尔曹学业有进，有司考校[1]，获居前列，吾闻之喜而不寐；此是家门好消息。继吾书香[2]者，在尔辈矣。勉之，勉之！吾非徒望尔辈但取青紫[3]，荣身肥家，如世俗所尚，以夸市井小儿。尔辈须以仁礼存心，以孝弟为本，以圣贤自期，务在光前裕后[4]，斯可矣。吾惟幼而失学无行，无师友之助，迨今中年，未有所成，尔辈当鉴吾既往，及时勉力，毋又自贻他日之悔，如吾今日也。习俗移人，如油渍面，虽贤者不免；况尔曹初学小子，能无溺乎？然惟痛惩深创，乃为善变。昔人云："脱去凡近，以游高明。"此言良足以警，小子识之！吾尝有立志说，与尔十叔，尔辈可从抄录一通[5]，置之几间，时一省览，亦足以发。方邑传于庸医，药可疗夫真病，尔曹勿谓尔伯父只寻常人尔，其言未必足法。又勿谓其言虽似有理，亦只是一场迂阔之谈，非我辈急务。苟如是，吾未如之何矣。读书讲学，此最吾所宿好，今虽干戈扰攘中，四方有来学者，吾亦未尝拒之，所恨牢落尘网，未能身而归。今幸盗贼稍平，以塞责求退，归卧林间，携尔曹朝夕切劘砥砺。吾何乐如之！偶便，先示尔等，尔等勉焉！毋虚吾望。

明·王阳明《王阳明全集》

【注释】

(1) 有司：古代设官分职，各有专司，因称官吏为有司。考校：考试。(2) 书香：古人以芸香草藏书以防虫蛀，故有书香之称。后为读书风气或读书家风的美称。(3) 青紫：高官的代称。汉制，丞相、大尉皆金印紫绶，御史大夫银印青绶。(4) 光前裕后：增光前代，造福后人。(5) 通：通首彻尾，犹言遍。

【译文】

近来听说你们学业有进步，学官考试，名列前茅，我听了以后高兴得睡不着觉；这是我家的好消息。能继承读书家风的，就在你们了。努力！努力！我并非只希望你们取得高官显爵，使自身荣耀家庭富裕，就像世俗所推崇的那样，用以在小市民面前夸耀。你们应该心中随时想着仁礼，以孝顺父母、友爱兄弟为根本，以圣贤为榜样。只要想着为前人争光，为后代造福，这样就可以了。我由于幼年时失去学习的机会，缺乏好的规范，没有老师朋友的帮助，如今人到中年，没有什么成就，你们应当以我的过去为鉴戒，及时努力，不要到将来又后悔，就像我现在悔恨我的过去一样。习俗影响人，正如用油浸泡面粉一样，即使是贤者也不可避免；何况你们是刚刚开始学习的小孩子，难免陷溺其中。然而只有以过去的惨败为教训，才能变好。宋代的谢良佐说过："脱离凡庸浅近的人，和高明的人交往。"这句话很可以作为警戒，你们要记住。我曾经写过一篇关于立志的文章给你们的十叔，你们可以抄录一份，放在桌子上，经常拿来看一看，足以从中受到启示。治病的处方虽然传给了庸医，但药还是可以治疗真病的。你们不要以为你们的伯父只不过是平常人，他说的话未必足以效法。又不要以为他说的话虽然好像有道理，也只是一种不切实际的空论，不是我们的当务之急。如果你们这样认为，那我就不知道怎么办了。读书讲学，这是我平时最喜欢做的事。如今虽然处在战乱时期，各地有来向我学习的人，我也不曾拒绝过他们。所恨的是奔走于人世之间，如处于牢里、网中一样，不能脱身而归家。如今庆幸的是盗贼稍平，只想推卸职责寻求退隐，来到林间闲居，带着你们一天到晚研讨学问相互促进，我感到没有比这更愉快的事了。正好有一点空闲，先写信告诉你们，你们要勉励啊！不要辜负我的期望。

仕而优则学

孔子曰："在下位不获乎上，民不可得而治矣。获乎上有道，不信乎朋友，不获乎上矣。信乎朋友有道，不顺乎亲，不信乎朋友矣。顺乎亲有道，反诸身不诚，不顺乎亲矣。诚身有道，不明乎善，不诚乎身矣。"

《说命》(1)曰："学于古训(2)乃有获，事不师古，以克永世，非说攸闻。"

《周官》(3)曰："学古人官，议事以制(4)，政乃不迷。"

又曰："不学墙面，莅事惟烦。"

子夏(5)曰："仕而优则学，学而优则仕。"

于定国为廷尉，乃迎师学《春秋》，备弟子礼。

柳仲郢(6)三为大镇，公退必读书，手不释卷。

吴奎初为小吏，昼则治公事，夜辄(7)读书不寐者二十余年。

李初平守郴，濂溪(8)为郴令，初平知先生之贤，与之语叹曰："吾欲读书，何如？"先生曰："公老无及矣，某请为公言之。"于是日听先生语，二年果有得。

马伸在官，晨兴必整衣冠，端正坐读《中庸》一遍，然后出视事。

李方子为泉州观察推官，适真德秀来为郡，以师友礼之，郡政皆咨焉。暇则辩论经训，至夜分不倦。

明·杨昱《牧鉴·学问一》

【注释】

(1) 说命：《尚书·说命》。(2) 古训：先王的遗典。(3) 周官：《尚书·周官》。(4) 制：成法、准则。(5) 子夏：卜商，字子夏。孔子弟子。(6) 柳仲郢：唐朝人。其母教子甚严。(7) 辄：总是，就。(8) 濂溪：周敦颐，字茂叔。宋朝理学家，世称濂溪先生。

【译文】

孔子说："职位低下而又得不到上级的信任，就不能把百姓治理好。要得到上级的信任有办法，如果得不到朋友的信任，就得不到上级的信任。要得到朋友的信任有办法，如果不孝顺父母，就得不到朋友的信任。要孝顺父母有办法，如果反躬自问心意不诚，就不能孝顺父母。要使自己心意真诚也有办法，如果不明白什么是善，就不能使自己心意真诚。"

《尚书·说命》说："要学习古代先王的遗典才能有收获，做事不效法先王的遗典，而能够长久，这样的事没有听说过。"

《尚书·周官》说："做官要先学习古人的遗训，商议政事要遵循古人的成法，这样治理国家事务才不会失去判断能力。"

又说："人如果不学习就如同面向墙壁站立一样，目光短浅，遇到事情时就只有烦恼。"

子夏说："做官还有余力便去学习；学习还有余力便去做官。"

于定国担任廷尉后，就请来老师学习《春秋》，并向老师执弟子之礼。

柳仲郢三次担任大镇的节度使，处理完公事后一定要读书，总是手不释卷。

吴奎初担任小官吏，白天治理公事，夜晚总是读书不睡觉，这样做有二十多年。

李初平担任郴卅太守，濂溪先生担任郴州令，李初平知道濂溪先生贤明，与先生谈话时感叹说："我想要读书，怎么样?"先生说："您年纪已大，读书来不及了，请让我为您谈书中的事。"于是李初平每天都听先生讲评，两年以后果然有所收获。

马伸当官时，早晨起床后一定要整理衣帽，端正地坐下读一遍《中庸》，然后才出来处理公事。

李方子担任泉州观察推官，刚巧真德秀来担任郡太守，就把他当做老师朋友以礼相待，郡中的政事都咨询他。有空闲时就讨论儒家经典，到大半夜还不觉得疲倦。

学非记诵 当究事所以然

郑尚书谈泉公训子履淳曰："胆欲大，心欲小，智欲圆，行欲方。大志非才不就，大才非学不成。学非记诵云尔，当究事所以然，融于心目，如身亲履之。南阳一出即相，淮阴[(1)]一出即将，果盖世[(2)]雄才，皆是平时所学，志士读书当知此。不然，世之能读书能文章不善做官的人者最多也。"

明·李诩《戒庵老人漫笔》

【注释】

(1) 淮阴：代指韩信。因韩信是淮阴（今江苏清江西南人）。(2) 盖世：压倒一世，没有人比得过。

【译文】

刑部尚书郑晓教训他的儿子郑履淳说："做事要果断，但考虑要周密，用智要圆通灵活，但行为要端正。有远大志向却没有大的才干是不能达到目的的；而大的才干只有通过学习才能获得。学习并非仅仅是能记忆、朗诵，而是要能理解消化，融会贯通，知其所以这样，如同亲自实践过一样。诸葛亮初出茅庐就当了宰相，韩信一出仕就当了大将，他们都是压倒一世的雄才，其才能都是平时学得的，有志的人读书应当知道这一点。不然，世上能读书、能做文章而不善于做官做人的人就多了。"

好高能下 好洁能容

余性好高，好高则倨傲而不能下[1]。然所不能下者，不能下彼一等倚势仗富之人耳；否则稍有片长寸善，虽隶卒人奴，无不拜也。余性好洁，好洁则狷隘而不能容[2]。然所不能容者，不能容彼一等趋势谄富之人耳；否则果有片长寸善，纵身为大人王公，无不宾也。能下人，故其心虚；其心虚，故所取广；所取广，故其人愈高。然则言天下之能下人者，固言天下之极度好高人者也。余之好高，不亦宜乎！能取人，必无遗人；无遗人，则无人不容；无人不容，则无不洁之行矣。然则言天下之能容人者，固言天下之极好洁人者也。余之好洁，不亦宜乎！

明·李贽《焚书·高洁说》(卷三)

【注释】

(1) 倨傲：傲慢。(2) 狷隘：偏急而狭隘。

【译文】

我生性就喜欢高远，喜欢高远就傲慢而不能下屈。然而，所不能下屈的，是不屈从那些倚仗权势、凭借财富的人；相反，对稍微有点长处和好处的人，即使是为人奴仆氓隶的，我也没有不恭敬相待的。我生性喜爱洁净，喜爱洁净就显得气量狭隘而不能容物。然而我所不能宽容的，是不宽谅那些趋炎附势、谄媚富贵的人；相反，对确有一些长处和善良的人，纵然是身为王公大臣，我也无不以上等宾客之礼相待。能谦卑下人，则内心谦虚；心中谦虚，则收获就多；收获多，则人品就会更高。既然这样，那么天下能迁就人的人，不就是最喜好高远的人吗？我的喜好高远，不也很恰当吗？能从别人那儿得到收获，就一定不会遗漏他人；没有遗漏的人，就会无人不容；没有不容纳的人，就会没有不洁的行为了。既然这样，那么天下能容纳别人的人，一定是最喜好洁净的人。我喜好洁净，不也很恰当吗？

纲常大节　要自家努力

才能技艺，让他占个高名，莫与角胜。至于纲常大节[1]，定要自家努力，不可退居人后。

贫不足羞，可羞是贫而无志；贱不足恶，可恶是贱而无能；老不足叹，可叹是老而虚生；死不足悲，可悲是死而无补。

休诿罪于气化[2]，一切责之人事。休过望于世间，一切求之我身。

事见到无不可时，便斩截做，不要留恋。儿女子之情，不足以语办大事者也。

“断”之一字，原谓义所当行。却念有牵缠、事有掣碍，不得脱然爽洁。总然只在大头脑处成一个“是”字，第二义都放下，况儿女情，利害念，那顾得他。若待你百可意，千称心，一些好事做不成。

明·吕坤《呻吟语》卷上

【注释】

(1) 纲常：即三纲五常。“三纲”指君为臣纲，父为子纲，夫为妻纲。“五常”指仁、义、礼、智、信，是儒家倡导的所谓常行不变的五项道德标准。(2) 气化：中国古代哲学术语，指阴阳之气化生万物。此处指天命、命运。

【译文】

才能技艺让别人占个高名，不要与人争强斗胜。至于原则气节，定要自己十分努力，不可退居人后。

贫穷不令人羞耻，可令人羞耻的是穷而没有志气；低贱不该厌恶，可厌恶的是下贱而没有能力；年老不要叹惜，可叹的是到老时虚度了一生；死亡不必悲伤，可悲的是人死后未留下能补于世的东西。

不要将罪过推给命运，一切都是人们自己造成的。不要对社会过于奢望，一切要自己发愤。

当事情到了非做不可时，便应斩钉截铁地去做，不要留恋犹豫。那儿女情长风云气短的人，是不足以和他谋划大事的。

“断”这个字，原意是说只要符合义就应当决定去行。可是往往会受到各种杂念的缠绕、各种事情的掣肘阻碍，弄得不能爽快决断。实际上，只要头脑里认准了一个“是”字，处于第二位的一切都可放下，何况儿女私情、利害念头，哪顾得这许多？如果等你样样如意，件件称心，便什么好事也做不成了。

竟夕点检　恍然独觉

常看得自家未必是，他人未必非，便有长进。再看得他人皆有可取，吾身只是过多，更有长进。

只竟夕点检：今日说得几句话，关系身心？行得几件事，有益世道？自慊自愧，自恍然独觉矣。

士大夫一身，斯世之奉宏矣[(1)]。不蚕织而文秀，不耕畜而膏粱，不雇贷而车马，不商贩而积蓄，此何故？乃于世分毫无补，惭负两间人。又以大官诧市井，盖棺有余愧矣。

人人自责自尽[(2)]，不直四海无争，弥宇宙间，皆太和之气矣。

担当处，都要个自强不息之心。受用处，都要个有余不尽之意。

无谓人唯唯，遂以为是我也；无谓人默默，遂以为服我也；无谓人煦煦，遂以为爱我也；无谓人卑卑，遂以为恭我也。

明·吕坤《呻吟语》卷上

【注释】

（1）斯世之奉：斯，此。奉，这里指报偿。（2）自尽：尽自己的力量完成应该做的事。《汉书·元帝纪》："方春农桑兴，百姓戳力自尽之时也。"

【译文】

常认识到自己不一定正确，别人不一定错误，便会进步。再认识到别人都有可取之处，自己只是错多，更有进步。

如果每天到晚都检点自己：今日说了几句话，关系到自己身心吗？今日做了几件事，有益于社会风气吗？自己感到歉疚惭愧，自然会猛然领悟。

士大夫的收入是够多的了。不养蚕织布却穿着华丽的衣服，不耕田畜牧却吃着精美的食品，不受雇借贷却有着高车骏马，不经商赚钱却能积蓄钱财。这是为什么呢？如果所说所做对社会毫无补益，真是上有愧于君主，下辜负了百姓。假如再因官在百姓面前耀武扬威，真是死有余愧了。

如果每个人都能严格要求自己，并尽自己的力量完成应该做的事，不仅边境无争，就是整个宇宙间，也会充满和谐的气氛。

承担职责的时候，要有个自强不息之心。成功受用的时候，要有个谦虚退让之意。

不要看见人家唯唯诺诺，就以为是赞同自己；不要认为人家默默无语，就以为是敬服自己；不要看见人家满面春风，就以为是热爱自己；不要看见人家态度谦顺，就以为是恭敬自己。

疑而深思　多有领悟

自喜者，学之深病；能疑者，学之进机。吾自审生平，得力全在能疑，受病全在自喜。少时留意诗文，则自喜诗文；中年考订经济(1)，则自喜经济。四十岁来，乃有志求道，见得着落在人伦，关键在存诚，推行在爱人，随处体贴。因性善思善疑，疑而深思，多所会悟。又即以会悟自喜，则是日日学问，日日有猎心(2)，安得笃志乎？今宜力却此陋习，未得是饥，已得是饱，饱则相安而已，自喜何为？况随时有会，皆是支流，若有一日原本豁然，未知更如何光景。想当手舞足蹈，喜不可言，然与自喜之心不同也。

明·陈龙正《几亭全书》卷二十一

【注释】

(1) 经济：经世济民的学问，指当时应付科举的学问。(2) 猎心：猎取功名的心思。

【译文】

沾沾自喜，是妨碍学习的大病；能够提出疑问，是进步学习的机会。我总结自己生平，最能使自己满意的在于能有疑问，过错全在于沾沾自喜。年少时曾经留意诗文，就自喜于诗文；中年考订经世济民的学问，则自喜于经世济民。四十岁来，才立志于追求道，见得一切着落在于人情世故，关键在于存诚信，推行在于爱人，随处加以体会。因为天性善思善疑，疑而深思，多有所领会觉悟。又即以领会觉悟自喜，则是日日于学问，日日有猎取功名的心，怎么能够笃志于学问呢？今天应该努力改正这个陋习，学不到学问像饥饿一样，学到了就像吃饱了饭，吃饱了才能安心，怎么会沾沾自喜呢？何况随时有领会，都是支流，如果有一日原本豁然明白，未知那时是如何光景。想我应当手舞足蹈，喜不可言，然而这种收获知识的喜悦与沾沾自喜之心不同啊！

人不可生而无师

古者易子而教，后世负笈从师，要无不教其子者。天子之子，特重师傅之选，为国家根本在是也；下至公卿大夫以逮士庶，显晦贫富不同，其为身家根本，一而已！虽有美质，不教胡成？即使至愚，父母之心，安可不尽？中等之人，得教则从而上，失教则流而下。子孙贤，子以及子，孙以及孙。子孙弗肖，倾覆立见。可畏已！近日师道不立，为子孙计者，孰知尊师重傅之道？甚之生子不复延师，盍思为人父母，将以田宅金钱遗子之为爱其子乎？抑以德义遗子为爱其子乎？司马温公(1)谓积阴德于冥冥之中，然何若求贤师教之于昭昭之际乎？古称民生于三，事之如一。世人但知不可生而无父，岂知尤不可生而无师乎？

有子不教，不独在己薄其后嗣(2)，兼使他人之女，配非其人，终身受苦。有女失教，不特自贻他日之忧，亦使他人之子，娶非其偶，累及家门。

明·张履祥《训子语》

【注释】

(1) 司马温公：司马光（1019—1086年），字君实，北宋大臣，史学家，陕州夏县（今属山西）涑水乡人。主持编纂《资治通鉴》。死后被追封为温国公。(2) 后嗣：指子孙。

【译文】

古代有交换儿子来互相教育，后代有背着书箱去拜师，目的无不是为了教育他们的儿子。国君尤其看重为儿子选择老师这件事，因为这是国家的根本利益所在；国君以下至公卿大夫，以至士人和黎民百姓，无论是显赫大户还是无名小户，无论是贫困之家还是富裕之家，但为了自家的根本利益，去延师求教的做法是一样的！子弟即使有很美好的禀性，但不接受教育，他怎么能够有所成就？即使禀性极为愚钝，但做父母的哪能不尽到自己的教育责任？禀性中等的人，得到教育就成为上等人，失去教育就成为下等人。子孙贤明，儿子就会影响到他的儿子，孙子就会影响到他的孙子。子孙倘若不肖，家庭的衰败就马上会表现出来。多么可怕！近世以来，师道没有树立，为了子孙考虑，谁知道尊敬老师、推崇师傅的道理？甚至有些人生了儿子，却不延请老师来教育，这些人怎么不想想，作为人之父母，是把田园房宅、金银财宝留给儿子是爱儿子呢？还是以道德义理留给儿子是爱儿子呢？司马光认为，与其积阴德在不可知的来世之中，还不如请贤德的老师在明明白白的阳世之间教育儿子。古代称人民生长于三种人之间，但是对任何一种人的侍奉是一样的。世人仅仅只知道不可生下来就没有父亲，难道不知道尤其不能生下来就没有老师吗？

有了儿子不去教育他，这不仅仅是对不起后代，也兼使别人的女儿，嫁了不像样的丈夫，终身受苦累。有了女儿不去教育她，不仅给自己日后留下忧患，也使别人的儿子，娶到不像样的媳妇，牵累到自己的家门。

有容乃大 忍者成功

《书》曰："必有容，德乃大，必有忍，乃有济[1]。"君子立心[2]，未有不成于容忍而败于不容忍也。容则能恕人，忍则能耐事。一毫之咈[3]，即勃然而怒；一事之违，即愤然而发，是无涵养[4]之力，薄福之人也。是故大丈夫当容人而不可为人容，当制欲而不可为欲制。观娄师德，丙吉[5]之为人，则气自平而理自明矣。昔人云"忍所不能忍，容所不能容，惟识量过人者能之。"若颜子[6]犯而不较，乃其量大。闻人毁己即瞬然而怒，其小也固矣。

明·汪天锡《官箴集要·卷之上·正心篇》

【注释】

(1) 济：成功。(2) 心：思想、感情、意念的通称。(3) 咈（fú）：乖戾、违逆。(4) 涵养：涵蓄存养其心性，犹言修养。(5) 娄师德：字宗仁。唐朝进士。曾任同凤阁鸾台平章事，掌管朝政。后多次主持屯田积谷事宜。丙吉：字少卿。西汉大臣，封博阳侯，任丞相。(6) 颜子：颜渊，名田，字子渊。春秋末鲁国人，孔子学生。后世尊为"复圣"。

【译文】

《尚书》说："必须具备宽容，德行才能深厚；必须能够忍耐，事情才能成功。"君子树立志向，没有不因为能够宽容和忍耐而成功的，也没有不因为不能够宽容和忍耐而失败的。宽容就能宽恕别人，忍耐就能够经得起事情。一丝一毫的违逆就勃然大怒；一点小事不顺心就愤然发作，这是没有修养、福分少的人。所以，大丈夫应当宽容别人而不是被别人所宽容，应当控制欲望而不可被欲望所控制。察看娄师德、丙吉的为人，那么气自然平，理自然明了。从前有人说过："忍耐所不能忍耐的，宽容所不能宽容的，只有见识和度量超过别人的人才能够这样。"像颜回那样被别人触犯也不计较，才是度量大。听到别人诽谤自己就立刻佛然大怒，他的度量很小就是固有的了。

不学无术之大体

朱子(1)曰："人在官固当理会官事，然做得好官须是讲学，立大本(2)则有源流。若只要人道是好官人，今日做得一件，明日又做得一件，却穷了。"

吕氏本中(3)曰："事有当死不死，其诟(4)有甚于死者，后亦未必免死；当去不去，其祸有甚于去者，后亦未必得安。世人至此多惑乱(5)失当，皆不知义命轻重之等也。此理非平居熟(6)讲，临事必不能自立，不可不预思。古之委质(7)事人者，其父兄日夜先以此教之矣。中材以下，岂一朝一夕所能至哉！教之有素，其心安焉，所谓有所养(8)也。"

齐东张氏曰："士当求进于己而不可求进于人。所谓求进于己者，道术学业之精是已；所谓求进于人者，富贵利达之荣是已。"

又曰："吏人以法律为师也，魏相所以望隆(9)当世者，汉家典故无不悉也。凡学仕者，经史之余，若国朝以来典章文物，亦须备考详观，一旦入官，庶(10)不为俗吏所迁也。"

河东薛氏曰："为政须通经有学术，不学无术，虽有小能，不达大体(11)。"

明·杨昱《牧鉴·学问一》

【注释】

(1) 朱子：朱熹（1130—1200 年），字元晦，号晦庵。宋朝著名的哲学家、教育家。历任泉州、同安主簿、知南康军、漳州、秘阁修撰等职。(2) 大本：根本。(3) 吕氏本中：吕本中（1084—1145 年），初名大中，字居仁，因其先为东莱人，学者称为东莱先生。宋朝人，著有《官箴》。(4) 诟：耻辱。(5) 惑乱：迷惑、蛊惑。(6) 平居：犹言平时，平素。熟：程度深。(7) 委质：质，通"贽"，亦作"挚"。古代臣下向君主献礼，表示献身。(8) 养：陶冶、修养。(9) 望：人所景仰的，有名的。隆：尊崇。(10) 庶：表示希望发生或出现某事，但愿。(11) 大体：重要的义理，有关大局的道理。

【译文】

朱熹说："人在官位固然应当处理公事，然而要做个好官必须注重学习，这样做人的根本才会有源流。如果只图让别人说是个好官，今天做一件事，明天又做一件事，自己的才能就会穷尽。"

吕本中说："遇事应该去死却没有去死，受到的耻辱有超过死亡的，后来也免不了去死；应该离去却没有离去，遭到的祸害有超过离去的，后来也未必得到安宁。世上的人到这种地步常常迷乱而失去常态，都是因为他们不知道节操与性命之间的轻重关系。这个道理如果不是平时反复讲解，遇到事情时肯定不能自立，不能不预先考虑到。古代想要做官从政的人，其父亲兄长首先日日夜夜地用这个道理来教他。如果是资质中等以下的人，怎么能在遇到事情时一朝一夕就能领悟呢？平时经常教育他，使他的心境安宁，这就是所说的有所陶冶修养。"

齐东张氏说："读书人应该自己要求上进，而不能让他人来要求自己上进。所谓自己要求上进，就是道德学问要精深；所谓让他人来要求自己上进，就是富贵利禄的荣耀。"

又说："官吏应该学好法律，魏相之所以能够在当时享有很高的声誉，就是因为他对汉代的典章制度十分熟悉。凡是学习准备做官的人，在学好经书历史之余，如国朝以来的典章制度，也需要全面考证仔细研习，一旦做了官，但愿不为庸俗官吏而改变自己的初衷。"

河东薛文清说："做官需要精通经书有学问，如果不学无术，虽然具有小才能，也不会通晓有关大局的道理。"

乐于听取别人意见

夫人之有才，或与吾等，而有所长则有所短矣。且人之有才，而或出吾下，见吾之长，则自有长焉而疑其短矣。夫言之得，计之善，固有其理显著，人各与知，而才智有余者，或顾不察者矣。且有才不逮，智不若，偶然一得而允合于善者矣。抑有谋之协，虑之深，而辞不足以达意者矣。尤有彼亦一善，此亦一善，在我者挥斥而见长，在彼者迟回而见绌者矣。然而君子所乐闻者，非必待贤智多闻之能为我师者也；正此才智出己之下，而专思一理、顺人情而得事之中者也。彼且闻我之恢恢[(1)]有余，献其所长，而恐摘以所短，则悃愊[(2)]自好之士，不欲受迂阔浅鄙之讥，以资我之笑玩，而抑虑我之搜幽摘微[(3)]，以穷己于所未逮，则夙夜之怀忠，必不能胜当前之恧缩[(4)]。我即受之，而彼犹焰焉恐其不当。此教人使谏之难，君子之所虑，而隐恶扬善、乐取于人之所以圣兴。

清·王夫之《读通鉴论》卷一二

【注释】

(1) 恢恢：宽广的样子，气度宽宏。(2) 悃愊（kǔn bì）：至诚。(3) 搜幽摘微：搜求隐私，指摘细微。(4) 恧（nǜ）缩：惭愧退缩。

【译文】

别人的才能，或者与我相等，而各有所长则又各有所短。况且别人的才能，或者有出自我下，显露出我的长处，即使自己有长处则反而会怀疑不足了。大凡言论之得，计谋之善，固然有其显著的理由，但人各有所知，而才智有余的人，有的顾不上察看这些理由了。何况自己也有才力不及之处，智慧不如人，别人偶然有一得就正好合乎善者了。抑或有好的谋略，深刻的考虑，又认为他们的言辞不足以达意的。尤其是在彼有一善，此也有一善的时候，在我则以奔放而见长，在别人则以迟缓而见不足了。然而君子有所乐闻者，不必非要等待贤智多闻的能人为自己的老师；正因为有这些才智不如自己的人，他们专门思考一件事理、顺从人情而切中事理。他们听说我宽广有余，想贡献其所长，而又恐怕指责其所短，则以至诚自好的士人，不想受到这迂阔浅鄙的讥讽，以给我笑话愚弄他们的话题，而他们如果顾虑我的吹毛求疵，而尽力去弥补自己的不足，则他们平常所怀的忠义，一定不能战胜当前的惭愧退缩。即便我能够接受，而他们还是心中不安而害怕有所不当。这是教人听从别人意见的难处，君子能够考虑这些，而能够隐恶扬善地喜欢听取别人的意见，圣王之道就可以兴盛发达了。

不耻下问是求知根本

问，次于学者也；问之道，尤重于学也。三代[1]以下，于学也博，于问也寡；三代以上，于学也略，于问也详；故称舜之大知[2]，好问其至矣。虽然，学者，自为学也；问待人，而途有二：有自问者，有问人者。自问者，恐其心之所信，非其身之所宜；身之所行，非其心之所得；处事外者，公理之衡也，不问而不我告，问而犹恐其不我告焉，孜孜以求之，舜之所以为大知也，圣之津梁也。问人者，舍其是非而求人是非，舍天下之好恶，而求一人之好恶，察焉而愈昏，详焉而愈诐[3]，君子之喜怒有偏者矣，小人之爱憎，未有不私者也，急于求短以疑其长，乱国黯主猜忌之臣所以惑焉而自夺其鉴也，愚者之狂药也。

清·王夫之《读通鉴论》卷一四

【注释】

(1) 三代：指夏、商、周三个朝代。(2) 大知：无所不知的大圣人。(3) 诐（bì必）：偏颇、邪僻。

【译文】

问，是次于学的；问的方法，尤其重于学。三代以下，博于学而寡于问；三代以上，略于学而详于问；所以，称虞舜为大圣人，是因为他特别好问。然而，学者，可以自为学；而问却要依靠别人，其途径有两条：有自问的，有问人的。自问的，恐怕自己心中所信服的，不是自身所适宜的；自身的行为，不是自身所要得到的；处身于事外的，是公理的衡量者，不问就不会告诉我，问还怕不告诉我呢，有孜孜不倦地求问，所以虞舜能成为大圣人，问是圣人所以为圣的渡口桥梁。问人的，舍去自己的是非而寻求他人的是非，舍去天下人的好恶而追求一人的好恶，虽然明察了而愈加昏昧，虽然周详了而愈加偏颇；君子的喜怒有偏失了，小人的喜爱与憎恨，没有不偏私的；急于求人短处以怀疑人之长处，这是乱国黯主猜忌之臣所以容易迷惑而自夺其明鉴的地方，也是治疗愚者的猛药。

虚心是成功之道

惟虚则公，公则直；惟明则诚，诚则动；能自受谏者，所以虚其心而广其明也，谏者之能此者鲜矣。事上接下，其理一也。君不受谏，则令焉而臣民不从；臣不受谏，则言焉而天子不信。位不可恃，气不可任，辩不可倚，理不可挟，平情好善、坦衷逊志者，早有以动人主之敬爱，而消僚友之疾忌，圣而周公[(1)]，忠而孔明[(2)]，用此道也。婞直予智[(3)]，持一理以当宁争得失，自非舜、禹以刍荛[(4)]之道待之，其不以启朋党而坏国是也，难矣哉！

清·王夫之《读通鉴论》卷二〇

【注释】

(1) 周公：即姬旦。西周初年的政治家，在古代被视为圣人。(2) 孔明：即诸葛亮，三国蜀汉政治家，因鞠躬尽瘁，死而后已地辅佐后主，在古代被视为忠臣的代表。(3) 婞直予智：倔犟而自夸聪明的人。(4) 刍荛：割草打柴的人，引申为草野之人。

【译文】

只有虚心才能公正，公正才能正直；只有明白事理才能开诚布公，开诚布公才能有所改变；能够自觉接受意见，所以才能虚心而思想豁朗，被提意见的人很少能够这样啊。处理上下级关系，其道理是一样的。君主不接受谏言，则君主的命令就不能让臣下听从；臣下不接受意见，则臣下的言论就不能让天子信服。地位不可依恃，义气不可妄为，辩解不可偏倚，道理不可挟持，性情宁静、从善如流、开诚布公、谦虚好学的人，早已经有感动人主敬爱的东西，而消除同僚朋友的嫉恨妒忌，像周公这样的圣人、孔明这样的忠臣都是凭借这样的做法。倔犟而自夸聪明的人，持有一条得当的理由而宁可去争论得失，自然就不是舜、禹那样平等对待草野之人的方法，那样就不仅会结成朋党而且会毁坏国家的大政方针，能够虚心很难啊！

窥月　望月　玩月

少年读书，如隙中窥月；中年读书，如庭中望月；老年读书，如台上玩月。皆以阅历之浅深，为所得之浅深耳。

黄交三曰："真能知读书痛痒[1]者也。"

张竹波曰："吾叔此论，直置身广寒宫[2]里，下视大千世界，皆清光似水矣。"

毕右万曰："吾以为学道，亦有浅深之别。"

清·张潮《幽梦影》

【注释】

（1）痛：彻底地、尽情地。痛痒：紧要的事。（2）广寒宫：指月亮。

【译文】

少年时期读书，就如同从缝隙之中窥看月亮；中年时期读书，就如同在庭院之中仰天望月亮；老年时期读书，就如同站在高台上观赏月亮。一切以人生经历、体验过的事情深浅，来领悟从读书中得到的知识的深浅。

黄交三说："这的确是深知读书真谛的话。"

张竹波说："我叔叔的这番议论，就好像让人站在月亮上俯视人间，一片清光如水。"

毕右万说："我认为学道也和读书一样，有深浅的不同。"

骄傲有害学问

傲者，人之恒疾；岂惟众人，圣贤亦惧不免。是故禹之戒舜曰：“无若丹朱傲[(1)]！”舜之为圣，尽善矣[(2)]；禹之为圣，无间矣[(3)]。以无间之圣人，进言于尽善之圣人，岂好直言之名而为是必不然之防哉？盖必有所深见焉。众人之傲，在可见之貌；圣贤之傲，在不见之微。意念之间，自足而见其足，过人而见其过人，是即傲矣。足而不以为不足，过人而不以为不及人，是即傲矣。是故仲尼答鄙夫之问，而自以为空空无知[(4)]；不为酒困[(5)]，尤庸人之善事，而自以为能。其心如是，是以受摄广大，造极无上，而与天地准[(6)]也。仲尼且然，何况吾属！

清·唐甄《潜书·虚受》

【注释】

(1) 无若丹朱傲：《尚书·皋陶谟》：“禹曰：无若丹朱傲。”禹劝诫舜不要像尧的儿子丹朱那样傲慢。(2) 尽善矣：《论悟·八佾》：“子谓韶尽美矣，又尽善也。”韶是舜乐，孔子称舜尽善尽美。 (3) 无间矣：语见《论语·泰伯》，孔子称禹无懈可击。(4) 空空无知：语见《论语·子罕》，孔子不认为自己有知，因为鄙夫问他，他自己感到空空无物。(5) 不为酒困：语见《论语·子罕》：“出则事公卿，入则事父兄，丧事不敢勉，不为酒困，何有于我哉?”(6) 天地准：以天地合德为准则。

【译文】

傲慢，是人们经常犯的通病；岂止是众人，就是圣贤也害怕不免。因此，禹劝诫舜说：“不要像尧的儿子丹朱那样傲慢！”舜为圣人，可以说是尽善尽美了；禹为圣人，可以说是无懈可击了。以无懈可击的圣人，进言于尽善尽美的圣人，岂是因为喜欢直言之名而提出对那种实际上不可能犯的错误的劝诫呢？其中必有深层的见解啊。众人的傲慢，是在可见的面容上；圣贤的傲慢，在于看不见的微妙中。在意念之间，自足而能表现其足，过人而能表现其过人，这就是傲慢了。足而不以为不足，过人而不以为不及人，那也就是傲慢了。因此孔子在回答鄙夫的提问时，而以为自己空空无所知；饮酒过多而不为酒所困，好像是庸人的善事，而自以为能。圣人的心是这样，所以才能摄取广大，造极于至高无上，而与天地合德为准则。孔夫子尚且如此，何况是我们这些人呢！

学问贵在能屈己下人

学问之道，贵能下人；能下人，孰不乐告之以善！池沼下，故一隅之水归之；江汉下，故一方之水归之；海下，故天下之水归之。自始学以至成圣，皆不外此。昔者郭善甫[1]与其徒良善自楚之越，学于阳明子[2]，途中争论不已，以其所争质之阳明子。阳明子不答所争，而指所饘[3]，语之曰："盂下，乃能盛饘；几下，乃能载盂；楼下，乃能载几；地下，乃能载楼。惟下乃大。"此为至善之言也！

清·唐甄《潜书·虚受》

【注释】

(1) 郭善甫：名庆，湖北黄冈人，学于王守仁门下，时年已过五十。(2) 阳明子：即王守仁（1472—1528 年），字伯安，浙江余姚人。明代思想家、教育家。尝筑室故乡阳明洞中读书，世称阳明先生。子，古代男子美称。(3) 饘（zhān 粘）：稠粥。

【译文】

学问的博通，贵在能虚己下人；能虚己下人，谁不把高兴告诉你作为善事呢！湖泊沼泽低下，因此一隅之水归之；江汉河床低下，因此一方之水归之；大海低下，所以天下之水归之。自开始学习以至成为圣人，都不外于此。以前郭善甫和他的徒弟良善从湖北来到浙江，向阳明子求教，途中争论不休，以他们所争观点求证于阳明子。阳明子不回答他们的所争论的是非，而是指着自己吃的稠粥，对他们说："粥碗在下，才能盛粥；几案在下，才能承载粥碗；楼房在下，才能承载几案；大地在下，才能承载楼房。只有下才是最大。"这可以说是至善之言了！

学必由博而致约

训曰：圣贤之书所载皆天地古今万事万物之理，能因书以知理，则理有实用。由一理之征，可以包六合[(1)]之大；由一日之近，可以尽千古之远。世之读书者生乎百世之后，而欲知百世之前；处乎一室之间，而欲悉天下之理，非书曷以致之！书之在天下，五经[(2)]而下，若传若史，诸子百家，上而天，下而地，中而人与物，固无一事之不俱，亦无一理之不该。学者诚即事而求之，则可以通三才，而兼备乎万事万物之理矣。虽然，书不贵多而贵精，学必由博而致约[(3)]，果能精而约之，以贯其多与博，合其大而极于无余，会其全而备于有用。圣贤之道岂外是哉？

清·康熙《庭训格言》

【注释】

（1）六合：指上下和东西南北四方，泛指天下或宇宙。（2）五经：儒家的主要著作，指《易经》《尚书》《诗经》《礼记》《春秋》。（3）博：广泛、广博。约：简明、简要。

【译文】

皇帝训曰：圣贤的书所记载的都是天地之间、古往今来万事万物的大道理。能够凭借着圣贤的书了解道理，那么这些道理就会有用处。从一个道理的征象推演，就可以窥测天地四方的广大；用当下一天的征象，就可以完全了解千万年以前发生的事情。世间的读书人生在百代之后，想要知道百代之前的历史；居住在一间房子之中，想要洞悉了解天下的道理，不靠书本，怎么能够做到呢？天下的书籍，《五经》之下，如解释经书的著作，如史书，以及诸子百家，上达至天，下达至地，中间的人与事物，没有一种事不涵括在里面，没有一个道理不包含在其中。读书人如果诚意就某件事而求之于书本，那么就可以通晓天、地、人三个方面，并且能够兼备万事万物的道理。虽然如此，但是书籍不贵在多而贵在精，学习也一定要由广博再达到简约，假若能真正做到精进而简约，用来融贯于多与博之中，那么就能够综合其大而达到穷尽无遗，汇合其全而以备有所运用。圣贤的道理岂不就是这些吗？

明理 做好人

余五十二岁始得一子，岂有不爱之理！然爱之必以其道，虽嬉戏顽耍，务令忠厚悱恻[(1)]，毋为刻急也[(2)]。……我不在家，儿子便是你管束。要须长[(3)]其忠厚之情，驱其残忍之性，不得以为犹子而姑纵惜也[(4)]。家人[(5)]儿女，总是天地间一般人，当一般爱惜，不可使吾儿凌虐他。凡鱼飧果饼[(6)]，宜均分散给，大家欢嬉跳跃。若吾儿坐食好物，令家人子远立而望，不得一沾唇齿，其父母见怜之，无可如何，呼之使去，岂非割心剐肉乎！夫读书中举、中进士、作官，此是小事，第一要明理，作个好人。可将此书读与郭嫂、饶嫂听，使二妇人知爱子之道在此不在彼也。

清·郑燮《郑板桥集》

【注释】

（1）悱恻：本指内心忧痛，这里指富有同情心。（2）毋：不要。刻急：刻薄、急躁。（3）长：助长，增长。（4）犹子：侄子。姑：暂且。纵惜：纵容、爱惜。（5）家人：这里指仆人。（6）鱼飧果饼：指零食。飧（sūn 孙）：晚餐，引申为熟食。

【译文】

我五十二岁才得一个儿子，哪有不爱他的道理！但是爱子必须有个原则，虽然是玩乐，也一定要使他忠厚富于同情心，不要刻薄急躁。……我不在家里，儿子就由你管束，要帮助他增长忠厚之情，去除残忍之性，不能因为他是你的侄子就一味姑息纵容。仆人的子女，也是天地间的人，要平等地对待他们，不能让我的儿子欺侮虐待他们。凡吃零食，都应平均分配，让大家高兴。假若我儿坐吃好东西，让仆人的儿子远远站在一边看着，不能尝一下味道，他的父母看到这种情景就会感到可怜，无可奈何地把他叫走，这难道不使人痛心吗？读书考中举人、进士、做官，这是小事，最头等的是要明白事理，做个好人。可把这封信念给你的郭嫂、饶嫂听，使她们懂得爱护孩子的原则在于这些方面而不在于别的。

人生顺境总凭旗脚转

人生顺逆之境，亦难言之。譬如行舟遇逆风，则舍橹上纤，迟迟我行[1]。或长江大河，不能施纤者，惟有守风默坐而已。见顺风船过去，则妒之慕之。未几风转[2]，则张帆箭行，逍遥乎中流，呼啸于篷底，而人亦有妒我羡我者。余曾有诗云："顺逆总凭旗脚转，人生须早得风云。"然既遇顺风，张帆不可太满，满则易于覆舟。一旦白流滔天，号救不应，斯时也，虽欲羡逆风之船而不可得矣。

清·钱泳《履园丛话》卷七

【注释】

(1) 迟迟：舒缓，从容不迫的样子。(2) 未几：不久。

【译文】

人生的顺境和逆境，是很难说清楚的。比方说行船时遇到了逆风，就放下橹而用纤绳，慢慢地向前行。有时在长江大河之中，不能使用纤绳时，只有静静地坐着，等待风向的转变。看见旁边顺风的船过去，就会嫉妒、羡慕它。不一会儿，风向转了，就张开船帆，像箭一样前行，在水流的中央自由自在，听着扯紧的船篷呼啸而行的声音，那么别人也会嫉妒、羡慕我。我曾经在一首诗中说："顺逆总凭旗脚转，人生须早得风云。"然而遇到顺风后，帆也不可张得太满，扯满了帆就容易翻船。一旦风大时，波浪滔天，呼救时叫天不应，叫地不灵，到那时即使想羡慕逆风的船都不能够了。

养儿如同养树

尔之天分甚高，胸襟颇广，而于儿女一事，不免沾滞之象。吾观乡里贫家儿女，愈看得贱，愈易长大；富户儿女，愈看得娇，愈难成器。尔夫妇视儿女过于娇贵。柳子厚《郭橐驼传》所谓："旦视而暮抚，爪肤而摇本者，爱之而反以害之。"彼谓养树通于养民，吾谓养树通于养儿，尔与家妇宜深晓此意。《庄子》每说委心任远听其自然之道，令人读之首肯，思之发聩。东坡有目疾不肯医治，引《庄子》曰："闻在宥[1]天下，不闻治天下也。"吾家自尔母以下皆好吃药，尔宜深明此理，而渐渐劝谏止之。

清·曾国藩《曾国藩家书·谕纪泽》

【注释】

(1) 宥：宽恕、原谅。

【译文】

你的天资很高，胸怀也豁达，但在对于子女方面，却不免牵挂、惦念过多。我观察乡里中贫苦人家的子女，越是看得贱，越容易长大；富裕人家的子女，父母把他们越是看得娇贵，他们越是难以成才。你们夫妻总是把子女看得过于娇贵。唐朝柳宗元在《郭橐驼传》中说："早上起来欣赏，晚上用手抚摸，抓伤它的皮肤而动摇它的根本，说是爱它其实反而是害了它。"他认为种树和教养老百姓的道理相通，我认为种树和养儿育女的道理也相通，你与你妻子应当好好理解这里面的含义。《庄子》一书中经常提到：听凭本心的自然发展。令人听起来是非常赞赏的，也是发人深省的。宋代苏东坡有眼病，他不肯去就医医治，并引用了《庄子》一句话，说："听说治理天下在于宽容，没听说靠用什么技巧就能够把天下治理好的。"我们一家从你母亲以下都迷信吃药治病，你应当明白《庄子》所说的这些道理，慢慢劝阻他们不要一味吃药才对。

去嫉妒心　去名利心

余生平略涉先儒之书，见圣贤教人修身，千言万语，而要以不忮不求[1]为重。忮者，嫉贤害能，妒功争宠，所谓“怠者不能修，忌者畏人修”之类也。求者，贪利贪名，怀土怀惠，所谓“未得患得，既得患失”之类也。忮不常见，每发露于名业相侔，势位相埒[2]之人；求不常见，每发露于货财相接、仕进相妨之际。将欲造福，先去忮心，所谓人能充无欲害人之心，而仁不可胜用也。将欲立品，先去求心，所谓人能充无穿窬[3]之心而义不可胜用也。忮不去，满腔皆是荆棘；求不去，满腔日即卑污。余于此二者常加克治，恨尚未能扫除净尽。尔等欲心地干净，宜于此二者痛下工夫，并愿子孙世世戒之。

清·曾国藩《曾国藩家书·谕纪泽、纪鸿》

【注释】

(1) 忮（zhì至）：害，嫉妒，刚愎自用。求：要求、需求。(2) 埒：制陶器的模型，喻相近。(3) 窬：洞、窟窿。

【译文】

我（曾国藩）一生粗略读了一些先儒的著作，发现圣贤教导人修身养德，说一千道一万，都以不忮不求为重。忮，就是嫉贤妒能，妒忌别人立功，想尽办法博得上司的欢心，即所谓“懒惰的人不能修身养德，心胸狭窄的人害怕别人修身养德”之类。求，就是贪图名利，计较蝇头小利，即所谓“没有得到时担心得不到，得到后又担心失去”之类。嫉妒平时表现不出来，往往在名声、成就、权力、地位相当的人中间表现出来；贪图名利平时也表现不出来，往往在钱财、仕途方面出现利益冲突时才表现出来。想要求得一生之福，首先要去掉嫉妒心，即所谓人要是没有害人之心，他就拥有了使不完的仁。想要创造完美的人格，首先要去掉名利心，即所谓人要是没有钻营窃盗的心思，他就拥有了使不完的义。嫉妒心不去，满脑子都是荆棘；名利心不去，满脑子都是日趋卑污。我对这两点经常注意克制，可惜未能将其涤除干净。你们要想心地干净，就应在这两个方面上痛下工夫，希望子子孙孙都以此为警戒。

人而无恒 一无所成

来书谓意趣不在此，则兴会索然。此却大不可。凡人作一事，便须全副精神注此一事，首尾不懈。不可见异思迁，做这样想那样，坐这山望那山。人而无恒[1]，终身一无所成。我生平坐[2]犯无恒的弊病，实在受害不小。当翰林时，应留心诗学，则好涉猎它书，以纷其志；读性理书时，则杂以诗文各集，以歧其趋。在六部时，又不甚实力讲求公事。在外带兵，又不能竭力专治军事，或读书写字乱其志意。坐是垂老而百无一成。即水军一事，亦掘井九仞而不及泉，弟当以为鉴戒。现在带勇，即埋头尽力以求带勇之法，早夜孳孳[3]，日所想，夜所梦，舍带勇以外则一概不管。不可又想读书，又想中举，又想作州县，纷纷扰扰，千头万绪，将来又蹈我覆辙，百无一成，悔之晚矣。

……身体虽弱，却不宜过于爱惜，精神愈用则愈出，阳气愈提则愈盛。每日作事愈多，则夜间临睡愈快活。若存一爱惜精神的意思，将前将却，奄奄[4]无气，决难成事。

清·曾国藩《曾国藩家书·致沅弟》

【注释】

(1) 恒：固定的、永久的。此指恒心。(2) 坐：因为。(3) 孳孳：努力不懈的样子。(4) 奄奄：气息微弱的样子。

【译文】

来信说意趣不在此处，提不起精神来。这一点却很不应该。大凡人做一件事，就必须全神贯注在这件事上，从开始到终了，不要懈怠。不能见异思迁，做着这件事又想着那件事，在这山望着那山高。人如果没有恒心，那么终生就一事无成。我生平就是由于犯了没有恒心的毛病，所以吃了不少苦头。当翰林时，本应留心诗学，但却又喜欢涉猎其他书籍，以致分散了精神。读性理书时，却又间杂读了各种诗文集子，学习的方向也就出现岔路了。在六部任职时，又没有竭尽全力去办好公事。在外带兵，又不能竭尽全力去治理军事，又因读书写字而迷乱心志。因而到现在虽然年老却百事无一成就。就拿编练水军一事，就像挖井九仞之深未发现泉水而罢休了，你应该把我作为鉴戒。现在你带兵，就要埋头尽力去追求带好兵的方法，早晚孜孜不倦，白天想着带兵的事，夜晚梦见带兵的事，除了带兵的事以外，一概不管。不可一边带兵，又想读书，又想中举，又想做地方官，纷纷扰扰，千头万绪，将来又重蹈我的覆辙，百无一成，那时后悔就来不及了。

你身体虽然很弱，但也不应当过于爱惜，精神越用越充沛，阳气越提越旺盛。每天做事情越多，那么夜里临要睡觉时心情就越愉快。如果一心想着爱惜精神、身体，做事不能首施两端，半死不活，那么绝对难以成就大事。

在勤奋中精熟

读书做人，先要立志。想古来圣贤豪杰是我这般年纪时，是何气象？是何学问？是何才干？我现在哪一件可以比他？想父母命我读书，延师训课，是何志愿？是何意思？我哪一件可以对父母？看同时一辈人，父母常背后夸赞者，是何好样？斥詈[(1)]者，是何坏样？好样要学，坏样断不可学。心中要想个明白，立定主意，念念要学好，事事要学好，自己坏样一概猛省猛改，断不许少有回护，不可因循苟且。志患不立，尤患不坚。偶然听一段好话，听一件好事，亦知歆[(2)]动美慕，当时亦说我要与他一样。不过几日几时，此念就不知如何销歇去了。此是尔志不坚，还由不能立志之故。如果一心向上，有何事业不能做成？陶桓公[(3)]有云：“大禹惜寸阴，吾辈当惜分阴。”古人用心之勤如此。韩文公[(4)]云：“业精于勤而荒于嬉。”凡事皆然，不仅读书，而读书更要勤苦。

清·左宗棠《左宗棠全集·家书》

【注释】

(1) 詈：骂，责备。(2) 歆：欣喜。(3) 陶桓公：指陶侃（259—334年），东晋庐江浔阳（今江西九江）人，字士行（或作士衡）。(4) 韩文公：韩愈（768—824年）卒谥文，世称韩文公，唐文学家、哲学家，字退之。力反骈偶文风，提倡散体，与柳宗元同为古文运动的倡导者，被列为唐宋八大家之首。

【译文】

读书做人，先要立下志向。想一想自古以来的圣贤豪杰在我这个年纪时，是什么样子？有什么学问？有什么才干？我现在哪一件可以与他相比？想一想父母叫我读书，请老师为我讲课，抱着什么样的希望？有什么意义？我哪一件可以对得起父母？看看与我同辈的人，父母经常背后夸赞的人，是什么好样子？训斥责备的人，是什么坏样子？好样的要学习，坏样的万万不能学习。心中要想明白，拿定主意，一心一意要学好，每件事情都要学好，自己的缺点一概全都彻底改掉，断不可稍有护短的心理，不能沿袭旧习，得过且过。可怕的是没有立下志向，尤其怕的是立志不坚。偶然听一句好话，听到一件好事，也知道高兴羡慕，当时也说过我要像他一样的话。但没过多长时间，这个念头就不知跑到什么地方去了。这是你的志向不坚定，还因为不能立志的缘故。如果一心向上，有什么事业不能成就？陶桓公有句话说“大禹珍惜每一寸光阴，我们这些人应该珍惜每一分光阴。”古人用功是如此勤奋。韩文公说过：“事业在勤奋中精熟，而在嬉戏中荒疏。”所有的事情都是这样，不只是读书，而且读书更需要辛勤下苦工夫。

从公务中学习

阳明子讲学，有一属官自言心切于学，只是簿书讼狱繁难，不得为学。阳明先生曰：“我何尝教尔离了簿书讼狱，悬空去学？尔有官司之事，便从官司上去学，才是真格物[(1)]。如问一词讼，不可因其应对无状，起个怒心；不可因他言语圆转，生个喜心；不可恶其无嘱托，加意治之；不可因其有请求，屈意从之；不可因事务繁冗，随意苟且[(2)]断之；不可因旁人僭[(3)]毁之言，竟不知审察，便随人意思处之。这些弊病，须细审察克治，这便是格物致知[(4)]。簿书讼狱之间，无非实学，若离了事物，物学却是落空。”

清·乌尔通阿《居官日省录》

【注释】

(1) 格物：推究事务的道理。(2) 苟且：敷衍了事。(3) 僭：通“谮”。指说坏话诬陷别人。(4) 格物致知：穷究事务的原理法则而总结为理性知识。

【译文】

王阳明先生讲学的时候，有一名官吏自称内心渴望做学问，只是官府文书诉讼案件烦琐难解，不能够学习。王阳明先生说：“我何曾让你离开了官府的文书诉讼案件，没有着落地悬空去学习呢？你遇到打官司的事，就从官司中去学习，才能真正推究事务的道理。例如审理一件诉讼案，不能因为他答对无理无据，便激起怒心；不能因为他言辞圆滑婉转，遂产生喜心；不能由于没有其他人的嘱托就厌恶，因而加意惩治；不能因为他有所托请求助，就屈从让步；不能由于公务繁冗，就随意不负责任地敷衍了断；不能因为旁人诬陷诋毁，竟不知审核明察，就据旁人的意愿处理了事。这些弊病，必须仔细审察克服整治，这便是从推究事务的原理法则中学到真正的知识。官府的文书诉讼案件之间，无处不有真实的学问，若离开了具体事物，实学就是落空的。”

第三篇　用才之道

导　语

有效使用人才，不仅能使人才自身价值得到体现，而且人才在寻求自身价值实现的同时还会不断创造出新的价值，从而推动经济发展和社会进步。穿越悠久的历史长河，几千年来无数先哲总结了很多用才之道，概括地讲有德才兼备，以德为先；人尽其才，用其所专；量才任用，能职匹配，具体地说：

一是德才兼备，以德为先。古人对“德”的推崇超越其他任何的才能，“仁、义、礼、智、信”、“忠、勇、孝、悌、贤”，古人认为人才首先必须具备这些德行。司马光对二者的关系总结为：“才者，德之资也；德者，才之帅也。”可见，“古之用人，德行为首，才能次之”。墨子选人的标准是“以德就列”，“举公义”。宋人沈既济认为，选拔录用官员要考察其“德、才、劳”，其中德不仅是第一位的，也是最重要的。时至今日，我们还在不断倡导“德”的重要性，“德、能、勤、绩、廉”是考核公务员的五项内容，其中德为先。德才兼备，以德为先是对人才的基本要求，也是检验人才的一块试金石。

二是人尽其才，用其所专。合理使用人才，使人才处在适合的职位和岗位上，才能充分发挥其价值。“尺之木必有节目，寸之玉必有瑕璃”，如果“必欲一身而兼众人之事，虽大圣大贤，有所不能”。晏子认为，对待人才，应“任人之长，不强其短，任人之工，不强其拙”。吕不韦认为，“人固难全，权而用其长者”。《诗》曰：“济济多士，文王以宁。”因此，公孙龙“不逆有伎能之士”，孟尝君座下常有鸡鸣狗盗之辈，而这些人在适当的时机总是能够发挥出特长，完成别人所不能完成的任务。我们对于用才的态度也应如此，弃短取长，而不要求全责备。

三是量才任用，能职匹配。《吕氏春秋》中说：“任力者故劳，任人者故逸。”合理使用人才，使能才匹配，就可以事半而功倍。司马光认为，应“量材而授官”。刘安认为：“有大略者不可责以捷巧；有小智者不可任以大功”。左宗棠认为：“非令其优劣得所，不能尽人之用。”因此，只有如金庸斋说过的，做到“量材器用”，“然后贤者得竭其心而施其才”，终使“俾官无弃人，斯政无废事”。

古人用才观点，今天依然很有价值。当今社会，市场发挥着配置人才的基础性作用，人才可以自由流动，如果不能将合适的人才放置合适的岗位上，人才就会“用脚来投票”，另谋高就。因此学习古人，在用人时充分考虑并实现人岗匹配，这对于留住人才、发挥人才的价值有重要作用。

舜命百官各司其职

“咨，十有二牧[1]！”曰：“食哉惟时！柔远能迩，惇德允元[2]，而难任人[3]，蛮夷率服。”舜曰：“咨，四岳！有能奋庸熙[4]帝之载，使宅百揆亮采，惠畴[5]？”佥曰：“伯禹作司空。”帝曰：“俞，咨！禹，汝平水土，惟时懋[6]哉！”禹拜稽首，让稷、契暨皋陶。帝曰：“俞，汝往哉！”帝曰：“弃，黎民阻[7]饥，汝后[8]稷，播时[9]百穀。”帝曰：“契，百姓不亲，五品[10]不逊。汝作司徒，敬敷[11]五教，在宽。”帝曰：“皋陶，蛮夷猾[12]夏，寇贼[13]奸宄，汝作士，五刑有服，五服三就[14]。五流有宅，五宅三居。惟明克允！”帝曰：“畴若[15]予工？”佥曰：“垂哉！”帝曰：“俞，咨！垂，汝共工。”垂拜稽首，让于殳斨暨伯与。帝曰：“俞，往哉！汝谐。”帝曰：“畴若予上下草木鸟兽？”佥曰：“益哉！”帝曰：“俞，咨！益，汝作朕[16]虞。”益拜稽首，让于朱虎、熊罴。帝曰：“俞，往哉！汝谐。”帝曰：“咨！四岳，有能典朕三礼？”佥曰：“伯夷！”帝曰：“俞，咨！伯，汝作秩宗。夙夜惟寅，直哉惟清。”伯拜稽首，让于夔、龙。帝曰：“俞，往，钦哉！”帝曰：“夔，命汝典乐，教胄子[17]，直而温，宽而栗，刚而无虐，简而无傲。诗言志，歌永言，声依永，律和声。八音克谐，无相夺伦，神人以和。”夔曰：“於！予击石拊石，百兽率舞。”帝曰：“龙，朕堲谗说殄[18]行，震惊朕师。命汝作纳言，夙夜出纳朕命，惟允。”帝曰：“咨！汝二十有二人，钦哉！惟时亮天功。”三载考绩，三考，黜陟幽明，庶绩咸熙，分北三苗。

先秦·《尚书·舜典》

【注释】

(1) 牧：州的行政长官。(2) 元：善。(3) 难：拒绝。任人：即佞人，奸邪之人。(4) 庸：努力。熙：发扬。(5) 畴：谁。(6) 时：通“是”。懋：劝勉。(7) 阻：困厄。(8) 后：本义是名词“君”，这里用做动词，主掌、主管。(9) 时：通“莳”，播种、耕种。（10）五品：此指君臣、父子、夫妇、长幼、朋友。（11）敷：布施、施行。（12）猾：打扰、侵扰。（13）寇：抢劫、打劫。贼：杀人。（14）就：处所。（15）若：擅长、长于。（16）朕：代词，此处指舜自称，朕作君主自称始自秦始皇。（17）胄子：未成年的人。（18）堲：憎恨、厌恶。殄：贪婪。

【译文】

"啊，十二州的行政长官！"舜说："生产粮食，不能违背农时！安抚远方的百姓，才能使身边的百姓顺服，德行敦厚取信于民才能至臻至善，拒绝奸邪之人，这样，边远的外族都会来臣服。"舜又说："啊，四方诸侯的首领，有谁能够努力发扬光大先帝的事业，身居百揆之首辅佑政事呢？"大家都说："禹可以做司空。"舜说："好啊！禹，你曾经治水有功，现在你要时刻勤勉啊！"禹跪拜磕头，要将此职让稷、契和皋陶。舜帝说："好吧，你还是去担任吧！"舜帝说："弃，现在百姓忍饥挨饿，你去主管农业，教人们播种各种谷物吧！"舜帝说："契，百姓之间不亲近，君臣等父母兄弟子女之间不和睦。你担任司徒吧，小心地实施五常教化，要注意宽厚啊。"帝说："皋陶，外族侵扰我中原领土，抢劫杀人，外患内乱。你担任狱官之长，五刑各有其使用的方法，并分别在野外、市、朝三处执行。五种流放各有处所，分别流放到三个不同的地方。要千万注意明察案情，处理公允！"舜帝又说："谁擅长担任掌管百工之官呢？"大家都说："垂啊！"舜说："好吧，垂，你担任掌管百工之官吧！"垂跪拜叩头，让位给殳斨和伯与。舜帝说："好吧！还是你来担任吧！你们一同去吧。"舜帝又曰："谁能替我掌管山川草木鸟兽呢？"大家异口同声说："益啊！"舜帝说："好吧，益，你担任我的虞官。"益跪拜叩头而去，让位给朱虎、熊罴两人。舜帝说："好吧，你同他们一起去担任这项工作吧。"舜帝又问："啊，四方诸侯的首领，有谁能替我主持祭祀天神、地祇、人鬼的三礼呢？"大家都说："伯夷行！"舜帝说："好吧，伯夷，你担任掌握祭祀的官职吧，不论早晚都要恭敬祭祀鬼神，且要正直、清白。"伯夷跪拜叩头而去，让位给夔和龙。舜帝说："好啦，你去吧，要谨慎办事。"舜帝说："夔，任命你主管音乐，教育年轻的人，使他们正直而温和，宽宏大量且谨慎小心，刚毅但不粗暴，简约但不傲慢。诗是用来表达思想感情的，歌是唱出来表达思想感情的语言，五音是依据歌唱的方式与内容定出来的，六律是用来配合五声的。八类乐器能够互相调和，而不相互失去它们的次序，那么神和人就会和谐相处了。”夔说：“啊！我敲击着石磬，就能使百兽依着音乐舞蹈起来。”舜帝又说：“龙，我厌恶那种诋毁的言论和贪婪的行为，他们使我们的普通民众震惊，命令你做纳言的官职，不论早晚，传达我的命令，必须要真实。”舜帝最后说：“啊，你们二十二人，要谨慎小心啊！要记住你们是替天行道。”三年考核一下官吏的政绩，考核三次，罢免昏庸之官，提升贤明之人，只有这样，众多的工作才能都兴盛起来，同时，又分别对三苗予以流放。

不避前嫌敢用人

桓公自莒反于齐[1]，使鲍叔为宰[2]。鲍叔辞曰："臣，君之庸臣也。君加惠于臣，使不冻馁[3]，则是君之赐也。若必治国家，则非臣之所能也。若必治国家者则其管夷吾乎[4]。臣之所不若管夷吾者五：宽惠柔民，弗若也；治国不失其柄[5]，弗若也；忠信可结于百姓，弗若也；制礼义可法于四方，弗若也；执枹鼓立于军门[6]，使百姓皆加勇焉，弗若也。"桓公曰："夫管夷吾射寡人中钩[7]，是以滨于死[8]。"鲍叔对曰："夫为其君勤也。君若宥而反之[9]，夫犹是也。"桓公曰："若何?"鲍叔对曰："请诸鲁。"桓公曰："施伯[10]，鲁君之谋臣也[11]，夫知吾将用之，必不予我矣。若之何?"鲍叔对曰："使人请诸鲁，曰：'寡君有不令之臣在君之国[12]，欲以戮之于群臣，故请之。'则予我矣。"桓公使请诸鲁，如鲍叔之言。

先秦·《国语·齐语》

【注释】

(1) 桓公：齐桓公（公元前685—前643年在位），春秋五霸之一。莒：国名，反：通"返"。(2) 鲍叔：指鲍叔牙。春秋时齐国人，齐桓公时大夫。(3) 馁：饥饿。(4) 管夷吾：管仲，春秋时著名政治家，辅佐齐桓公，使齐称霸。(5) 柄：根本。(6) 枹：鼓槌。(7) 中钩：射中带钩。(8) 滨：通"濒"，接近，迫近。(9) 宥：宽赦。(10) 施伯：鲁国大夫。(11) 鲁君：鲁庄公。(12) 不令：违背君命。

【译文】

齐桓公从莒国返回齐国，任命鲍叔牙为国相。鲍叔牙辞谢说："我是你的一个平庸的臣子。你照顾我，使我不挨冻受饿，就已经是恩赐了。如果要治理国家的话，那就不是我所擅长的。若论治国之才，大概只有管仲了。我有五个方面不如管仲：以宽厚慈惠来安抚民众，我不及他；治理国家不忘根本，我不及他；为人忠实诚信，能得到百姓的信任，我不及他；制定的礼仪足以使天下效法，我不及他；立在军门之前击鼓指挥，使百姓加倍勇猛，我不及他。”齐桓公说：“管仲曾用箭射中了我的带钩，因此使我险些丧命。”鲍叔牙解释说：“那是为他的主子出力啊。你若赦免他，让他回来，他也会那样为你出力的。”桓公问：“怎样使他回来呢?”鲍叔牙说：“得向鲁国提出请求。”桓公说：“施伯是鲁君的谋臣，若知道我将起用管仲，一定不会放还给我的，那可怎么办?”鲍叔牙回答说：“派人去向鲁国要求说：‘我们国君有个不遵守命令的臣子在贵国，想在群臣面前处死他，所以请交还给我国。’这样鲁国就会把他放还我国了。”齐桓公派遣使者向鲁国去请求，结果正如鲍叔牙所预料的那样。

蔽贤者受罚

正月之朝，五属大夫复事。桓公择其寡功者而谪[1]之，曰："制地、分民如一，何故独寡功？教不善则政不治，一再则宥[2]，三则不赦。"桓公又亲问焉，曰："于子之属，有居处为义好学、慈孝于父母，聪慧质仁、发闻于乡里者，有则以告。有而不以告，谓之蔽明，其罪五。"有司已于事而竣。桓公又问焉，曰："于子之属，有拳勇股肱[3]之力，秀出于众者，有则以告。有而不以告，谓之蔽贤，其罪五。"有司已于事而竣。桓公又问焉，曰："于子之属，有不慈孝于父母、不长悌于乡里、骄躁淫暴、不用上令者，有则以告。有而不以告，谓之下比，其罪五。"有司已于事而竣。五属大夫于是退而修属，属退而修县，县退而修乡，乡退而修卒，卒退而修邑，邑退而修家。是故匹夫有善，可得而举也；匹夫有不善，可得而诛也。政既成矣，以守则固，以征则强。

先秦·《国语·齐语》

【注释】

(1) 桓公：指齐桓公（公元前 685—前 643 年在位），名小白。用管仲改革，成为春秋时第一个霸主。谪：谴责、贬伐。(2) 宥：宽大处理。(3) 股肱：股，大腿。肱，大臂，由肘到肩的部分。股肱常用来比喻辅政的大臣。

【译文】

在正月里的朝会上，五属大夫向齐桓公禀报政事处理的情况。齐桓公对他们中间政绩不显著的加以斥责，并说："划定的土地，分封的百姓都是一样的，为什么只有你的政绩少，如果教导无方，那么政事就处理不好。一次两次还可以宽大处理，三次都这样就不能赦免罪责了。"齐桓公又亲自问他们说："在你们的属民中，是否有平时为人正派、勤奋好学、孝顺父母、聪明而性格敦厚，在乡邻中很有名望的人，有这样的人一定要禀报。如果不禀报，那是埋没通晓礼义人才，是要受到五刑责罚的。"主管官吏必须办完推荐人才的事才能卸任。齐桓公又问他们说："在你们的管辖的范围内，是否有勇武强壮，可以委以重任的特别出众的人才，如果有一定要禀报，如果不禀报，那就是埋没贤能的人才，同样要受到五刑惩罚。”主管官吏必须办完推荐人才的事才能卸任。齐桓公又问他们说：“在你们的管辖的范围内，是否有不孝顺父母、不尊重父老乡亲、骄横狂躁、滥用暴力、不遵守朝廷制度法令的人，如果有这样的人一定要禀报，有坏人不禀报，这叫私下里相勾结，是要受到五刑责罚的。”主管官吏必须办完举报坏人的事才能卸任。五属大夫应认真治理属，属大夫应认真治理县，县官应认真治理乡，乡官应认真治理卒，卒应认真治理邑，邑的官员要认真治理自己所属的三十家。所以，普通老百姓如有才德，可以得到举荐；有过错，可以及时得到惩罚。国家治理得好，用来防守就固若金汤，用来征伐则攻无不克。

祁奚举贤不避亲

祁奚辞于军尉，公问焉，曰："孰可?"对曰："臣之子午可。人有言曰：'择臣莫若君，择子莫若父。'午之少也，婉以从令，游有乡，处有所，好学而不戏。其壮也，强志而用命(1)，守业而不淫。其冠也，和安而好敬，柔惠小物，而镇定大事，有质直而无流心，非义不变，非止不举。若临大事，其可以贤于臣也。臣请荐所能择，而君比义焉(2)。"公使祁午为军尉，殁平公，军无秕政(3)。

先秦·《国语·晋语七》

【注释】

(1) 用命：用父命。(2) 义：通"宜"，适合。(3) 秕政：政事败坏。秕，中空的谷子。

【译文】

祁奚请求辞去军尉之职，晋悼公问他："谁可以接替你?"祁奚回答说："我的儿子祁午可以。人们说：'选择臣子莫如君主，选择儿子莫如父母。'祁午小时候，婉顺听话，外出游玩事先告诉父母去向，有事逗留告知场所，喜欢学习，不虚度光阴。长大后，博闻强记，遵从父母的命令，能够坚守学业而不胡乱作为。二十岁举行冠礼之后，为人和气安详，恭敬有礼，对小事情表现出仁爱的态度，面临大事镇静不慌，性格质朴耿直而不放纵自己，不符合礼义的事不做，没有长上的命令不擅自行动。如果叫他处理国家大事，可以比我做得更好。请允许臣推荐自己的儿子，由君王决定是否妥当。"于是悼公便委任祁午为军尉。一直到晋平公死，军队中没有出现过错误的政令。

人职相匹 事得其人

客见赵王曰："臣闻王之使人买马也，有之乎?"王曰："有之。"客曰："为何至今不遣?"王曰："未得相马之工也。"对曰："王何不遣建信君乎?"王曰："建信君有国事，又不知相马。"曰："王何不遣纪姬乎?"王曰："纪姬妇人也，不知相马。"对曰："买马而善，何补于国?"王曰："无补乎国。"曰："买马而恶，何危于国?"王曰："无危于国。"对曰："然则买马善而若恶，皆无危补于国，然而王之买马也必将待工。今治天下，举错非也，国家为虚戾(1)，而社稷不血食，然而王不待工而与建信君，何也?"赵王未之应也。

先秦·《战国策·赵策四》

【注释】

(1) 戾：罪，罪过。

【译文】

一位说客拜见赵王说："我听说您将派人去买马，有这回事吗?"赵王说："有。"客人问："为什么现在还不派人去买呢?"赵王说："还没有选定能相马的人。"客人说："您为什么不派建信君去呢?"赵王说："建信君要处理国事，况且他又不是相马的行家。"客人说："您为什么不派纪姬去呢?"赵王说："纪姬是个妇道人家，不懂得相马。"客人说："买回良马，对国家有什么好处呢?"赵王说："对国家没有什么好处。"客人又问："买到劣马，对国家有什么害处呢?"赵玉说："对国家没有什么害处。"客人说："既然买回良马与劣马，对国家都没有什么利害，可您买马还必须选定会相马的行家?如今若治理天下的措施出了问题，国家便会成为废墟，社稷就会毁于一旦，可大王却不把治理天下的重任交给行家，却给了建信君，这是为什么呢?"赵王沉默了一会儿，没有回答。

齐王一日得七贤

淳于髡[1]一日而见七人于宣王。王曰："子来，寡人闻之，千里而一士，是比肩而立；百世而一圣，若随踵而至也。今子一朝而见七士，则士不亦众乎?"淳于髡曰："不然。夫鸟同翼者而聚居，兽同足者而俱行。今求柴葫、桔梗于沮泽[2]，则累世不得一焉。及之睪黍、梁父[3]之阴，则郄[4]车而载耳。夫物各有畴，今髡贤者之畴也。王求士于髡，譬若挹[5]水于河，而取火于燧[6]也。髡将复见之，岂特七士也。"

先秦·《战国策·齐策三》

【注释】

(1) 淳于髡：齐国学者，以博学著称，也以讽谏著称。(2) 沮泽：水草所聚之处。(3) 睪：通"皋"。睪黍、梁父皆是山名，睪黍，地未详，梁父在今山东泰安与新泰之间。(4) 郄：通"隙"，裂也。(5) 挹：舀，把液体盛出来。(6) 燧：环状的铜取火器。

【译文】

淳于髡一天之内向齐宣王引荐七个人。齐宣王说："您过来，我听说千里之内有一位贤士，这贤士就是并肩而立了；百代之中如果出一个圣人，那就像接踵而至了。如今您一个早晨就引荐七位贤士，那贤士不也太多了吗?"淳于髡说："不对。翅膀相同的鸟类一起聚居，足爪相同的兽类一起行走。如今若是到低湿的地方去采集柴胡、桔梗，那世世代代采下去也不能得到一两，到睪黍山、梁父山的北坡去采集，那就可以敞开车装载。世上万物各有其类，如今我淳于髡是贤士一类的人。君王向我寻求贤士，就犹如到黄河里去取水，在燧中取火呀。我将要再向君王引荐贤士，哪里只是七个人。"

用其长 不用其短

孟尝君有舍人而弗悦，欲逐之。鲁仲连谓孟尝君曰：“猿猴错木据水，则不若鱼鳖；历险乘危，则骐骥不如狐狸。曹沫奋三尺之剑，一军不能当；使曹沫释其三尺之剑而操铫[(1)]耨[(2)]，与农夫居垄亩之中，则不若农夫。故物舍其所长，之其所短，尧亦有所不及矣。今使人而不能，则谓之不肖；教人而不能，则谓之拙。拙则罢之，不肖则弃之，使人有弃逐，不相与处，而来害相报者，岂非世之立教首也哉！”孟尝君曰：“善。”乃弗逐。

先秦·《战国策·齐策三》

【注释】

(1) 铫（yáo）：古代一种大锄。(2) 耨（nòu）：古代锄草的农具。

【译文】

孟尝君不喜欢他的一个门客，想要驱逐他。鲁仲连对孟尝君说：“猿猴离开树木到了水中，就不如鱼鳖；经历危险之地，攀登陡峭之处，千里马不如狐狸；曹沫奋力挥起三尺宝剑，全军不能抵挡；假如让曹沫放下他的三尺宝剑而拿起锄头，跟农夫一样在田间耕作，他就不如农夫。因此，器物舍弃它的长处，使用它的短处，就连唐尧这样的圣贤也有做不到的。现在您让人做他不能做的，一旦做不到，就说他不好；教人做他做不了的，一旦做不好，就说他笨拙。被您称为笨拙的，就不用他，被您称为不好的，就抛弃他。您所使用的人，有的被抛弃，有的被驱逐，别人就会轻视他们，不愿与他们相处，这些人以后就会有害于您，这难道不是世上应该首先记取的教训吗？”孟尝君说：“讲得好。”于是便没有驱逐那位门客。

孔子论荐贤

仲弓[1]为季氏宰，问政。子曰："先有司，赦小过，举贤才。"曰："焉知贤才而举之？"曰："举尔所知。尔所不知，人其舍诸？"

先秦·《论语·子路》

【注释】

(1) 仲弓：鲁国人，冉氏，名雍。

【译文】

仲弓做季氏的总管，请教孔子处理政事的学问。孔子说："给手下各部门管事的人带头，对他们的小过错不加追究，选拔有德行的人才。"仲弓说："怎样可以识别有德之才而加以选拔任用他们呢？"孔子说："提拔你知道的人才，那些你所不知道的，别人难道会把他们埋没吗？"

用人宜取长舍短

“用贫与富，何如而可?”曰：“甚富不可使，甚贫不知耻。水平而不流，无源则遬竭(1)；云平而雨不甚，无委云(2)，雨则遬已；政平而无威则不行，爱而无亲则流。亲左有用，无用、则辟之。若相为，有兆怨。上短下长，无度而用，则危本。”

不称而祀禅，欺祖；犯诅渝盟(3)，伤言。敬祖祢，尊始也。齐约之信，论行也。尊天地之理，所以论威也。薄德，人群之腐壤也。必因威形而论于人，此政行也。

先秦·《管子·侈靡》

【注释】

(1) 遬：同“速”。(2) 委：积，聚积。(3) 诅：盟誓。渝：改变。

【译文】

“任用穷人和富人，该如何做才好?”答道：“太富之人不可使唤；太穷之人不知廉耻。水均平就流不动，无源头就很快会枯竭；云稀薄就没有大雨，没有稠重的云，雨很快就会停止；政治太平和就没有威严，法令就不能贯彻执行，只是博爱而不区别亲疏，则流于泛滥。亲近有用的佐从，若无用则避开他们。假如互相欺骗，就会使百姓产生怨恨。欣赏人才的短，而对其长处弃而不用，这种不讲求原则的用人方法，会危及国家的根本。”

祭司不称其职而主持祭礼，这是欺骗祖先；背弃盟约，就是失信。敬奉祖先是尊崇人的根本，信守盟约是注重德行。尊奉天地尊卑之理，是要明示威严。薄德寡信，是人类的败行。一定要用强有力的刑罚晓谕人们，如此才能政令通达。

人要推己及人

治之本二：一曰人，二曰事。人欲必用，事欲必工。人有逆顺，事有称量。人心逆则人不用，事失称量则事不工。事不工则伤，人不用则怨。故曰："取人以己，成事以质。"

成事以质者，用称量也；取人以己者，度恕而行也。度恕者[(1)]，度之于己也，己之所不安，勿施于人。故曰："审用财，慎施报，察称量。故用财不可以啬，用力不可以苦。用财啬则费，用力苦则劳矣。"

先秦·《管子·版法解》

【注释】

(1) 恕：以自己的心推想别人的心。

【译文】

治理国家有两个根本：一个是人，一个是事。治人就一定要设法使其效力，治事就一定要求其完善。人可逆可顺，事有分寸度量。人心悖逆就不肯效力，事情失去分寸度量就不见成效。事情不完善就有损伤，人得不到任用就有怨气。所以说："治人，要用推己及人的恕道，办好事情就要依据事物的自然规律。"

依据事情的自然规律，就是按照它的分寸度量行动；治人要推己及人，即是依恕道行事。依恕道行事，就是以己体人，自己所不乐意的东西，不要施及他人。所以说："合理使用钱财，谨慎施舍报酬，明察分寸度量。因此财用不可吝啬，役使民力不可太劳苦。用财吝啬反而浪费，耗力太苦则使民生劳困。"

任官而课其功

明主之择贤人也，言勇者试之以军，言智者试之以官。试于军而有功者则举之，试于官而事治者则用之。故以战功之事定勇怯，以官职之治定愚智，故勇怯愚智之见也，如白黑之分。乱主则不然，听言而不试，故妄言者得用[(1)]；任人而不官[(2)]，故不肖者不困。故明主以法案其言而求其实[(3)]，以官任其身而课其功，专任法不自举焉。故《明法》曰：先王之治国也，使法择人，不自举也。

先秦·《管子·明法解》

【注释】

(1) 妄言：乱说吹牛。(2)“任人而不官”句：王念孙云：“‘不官’当依《治要》作‘不课’，任人而不课其功，则贤否无由而见，故不肖者不困也。”(3) 案：考察。

【译文】

圣明的君主选拔贤良的人才，对号称勇猛的人让他到军队中去考验，对号称具备才智的人给他委以官职来考察。在军队中考验后立有战功的就提拔他，委以官职考察后政事得到治理的就任用他。所以用战功来裁定这人是勇猛还是怯懦，用政绩来确定这人是愚蠢还是聪明，那么勇怯愚智的表现，就像白与黑一样分明了。昏庸的君主却不是这样，只听言论而不用实践检验，所以说大话的人就得到了提拔；任用人却不加以考核，所以不肖之徒不能受到追究。因此圣明的君主用法度审查人的言语而验证实际效果，对人委以官职而考核他的能力，只凭借法度来选拔人才而不凭一己之私念。所以《明法》篇中说：先王治理国家，使用法度选择人才，不凭私念举荐用人。

国有三不祥

景公出猎。上山见虎，下泽见蛇。归，召晏子而问之曰："今日寡人出猎，上山则见虎，下泽则见蛇，殆所谓不祥也。"晏子对曰："国有三不祥，是不与焉。夫有贤而不知，一不祥。知而不用，二不祥。用而不任，三不祥也。所谓不祥，乃若此者。今上山见虎，虎之室也；下泽见蛇，蛇之穴也。如虎之室，如蛇之穴[1]，而见之，曷谓不祥也[2]？"

先秦·《晏子春秋·内篇谏下》

【注释】

(1) 如：往，到……去。(2) 曷：何，怎么。

【译文】

齐景公狩猎，上山时遇见老虎，下泽时又碰到蟒蛇，景公以为这是不祥之兆。回来之后，景公便召见晏子问他说："今天，我外出打猎，上山就见到老虎，下泽又见到蟒蛇，大概是不吉祥吧？"晏子回答说："国家有三种不吉祥，但您今天遇见的事都与它没有关系。国家有德才兼备的人，但君王不知道，这是第一种不祥；知道本国有德才兼备的人，却不予启用，这是第二种不祥；启用了德才兼备的人，却不给予相应职务，这是第三种不祥。对国家来说，真正不吉祥的事情莫过于这三种情况。至于您今天上山见到老虎，山上本是老虎的窝；下泽碰到蟒蛇，草泽本是蟒蛇出没之地。您到虎窝蛇穴去，自然会见到虎、蛇，这是很正常的，怎么能说是不吉祥的事情呢？"

任人之长 不强其短

景公问晏子曰："古之莅国治民者，其任人何如？"晏子对曰："地不同生[1]，而任之以一种，责其俱生不可得；人不同能，而任之以一事，不可责遍成。责焉无已，智慧有不能给；求焉无厌，天地有不能赡也。故明王之任人，谄谀不迩[2]乎左右，阿党不治乎本朝。任人之长，不强其短；任人之工，不强其拙。此任人之大略也。"

先秦·《晏子春秋·内篇问上》

【注释】

(1) 生：通"性"。(2) 迩：近。

【译文】

齐景公问晏子说："古代君临天下统治百姓的人，他们是怎样任用人才的?"晏子回答说："土壤的特性不同，人要选择一种最合适的植物来种植，如果要求一种土壤什么都能生长是不可能的；人的才能也是不尽相同的，应当让人专司一事，不能要求他无所不能。如果要求没有休止，再聪明的人也有不能达到的；如果贪得无止境，天地也有不能满足的。因此贤明的君主任用人才，不使谄谀之徒接近自己的左右，不让奸佞朋党掌握朝廷的大权。用人的优点，不强求他的短处；用人所擅长的，不强求其所不擅长的。这就是任用人才的要略。"

求贤如同雕璞玉

孟子见齐宣王曰："为巨室，则必使工师[1]求大木，工师得大木，则王喜，以为能胜其任。匠人斫[2]而小之，则王怒，以为不胜其任矣。夫人幼而学之，长而欲行之，王曰：'姑舍女所学而从我，则何如？'今有璞玉[3]于此，虽万镒[4]，必使玉人雕琢之。至于治国家，则曰：'姑舍女所学而从我'，则何以异于教玉人雕琢玉哉？"

先秦·《孟子·梁惠王下》

【注释】

(1) 工师：主管各种工匠的官。(2) 斫：砍削。(3) 璞玉：含有玉的石头，未经雕琢的玉。(4) 镒：古代的重量单位，一镒为二十两。

【译文】

孟子拜见齐宣王说："兴建一所大房屋，必须让工师去寻找大木料，工师得到大木料，君王就会高兴，认为它能够胜任。木匠把木料砍削使之变小，君王就会生气，认为它不称职。人从幼年开始学习技能，长大后就要去实践它。君王却对他说：'姑且舍弃你所学的东西，听从我的命令，这怎么样啊？'现在这里有一块未曾雕琢过的玉石，虽然它的价值高达万镒，也必须让玉匠来雕琢它。说到治理国家，君王却说：'姑且舍弃你所学的东西，听从我的命令！'那么跟强迫工匠按君王的命令去雕琢玉石又有什么区别呢？"

贤人并非全才

君子之所谓贤者，非能遍能人所能之谓也；君子之所谓知者，非能遍知人之所知之谓也；君子之所谓辩者，非能遍辩人之所辩之谓也；君子之所谓察者，非能遍察人之所察之谓也：有所止矣。相高下，视墝[1]肥，序五种，君子不如农人；通财货，相美恶，辨贵贱，君子不如贾人；设规矩，陈绳墨，便备用，君子不如工人。

先秦·《荀子·儒效》

【注释】

(1) 墝（qiāo 敲）：古同“硗”，土壤坚硬不肥沃。

【译文】

君子所说的贤人，并不是能做所有能人所做的事情的意思；君子所说的智者，并不是能知道所有智人所知道的事情的意思；君子所说的辨者，并不是能具备所有辨人所辨别的事情的意思；君子所说的明察，并不是能明察所有明察之人所明察的事情的意思；人的才能是有一定限度的。察看地势的高下，观看土地的肥瘠，播种五谷，君子不如农夫；流通货物，审察货品的好坏，辨别贵贱，君子不如商人；设置规矩、用绳墨量曲直，以备使用，君子不如工匠之人。

选贤任能应有道

衡听、显幽、重明、退奸、进良之术：朋党比周之誉[1]，君子不听；残贼加累之谮[2]，君子不用；隐忌雍蔽之人，君子不近；货财禽犊之请[3]，君子不许。凡流言、流说、流事、流谋、流誉、流愬[4]，不官而衡至者，君子慎之。闻听而明誉之，定其当而当，然后士其刑赏而还与之，如是则奸言、奸说、奸事、奸谋、奸誉、奸愬莫之试也，忠言、忠说、忠事、忠谋、忠誉、忠愬莫不明通，方起以尚尽矣。夫是之谓衡听、显幽、重明、退奸、进良之术。

先秦·《荀子·致士》

【注释】

（1）誉：在这里指相互吹捧。（2）谮：诬陷别人的话语。（3）请：请托，指贿赂。（4）流：无根据。愬：同“诉”，告诉、诉说。

【译文】

广泛地听取各方意见，把被埋没的人才挖掘出来，表彰贤明的人，罢除奸邪的人和选拔贤良的人的办法是：结党营私之徒的相互吹捧，君主不应听信；残害别人强加罪名的诬陷之辞，君主不可采纳；嫉妒阻塞贤能的人，君主不能亲近；用财物贿赂的请托，君主不能答允。凡是没有根据的言辞、没有根据的话语、没有根据的事情、没有根据的计谋、没有缘由的赞许、没有根据的申辩，不经公开正当的途径而从歪门邪道来的，君主都要谨慎地对待，听到之后加以明确地分辨，确定是否真实，然后给予赏罚，而且要立即给予赏罚。这样，奸邪的言辞、奸邪的话语、奸邪的事情、奸邪的计谋、奸邪的赞许、奸邪的申辩，没有再敢来试探的了。只有这样才能使忠诚的言辞、忠诚的话语、忠诚的事情、忠诚的谋略、忠诚的赞许、忠诚的诉说，没有不畅通无阻的，并且能够向上达到极致。这就是常说的广泛地听取各方面的意见，挖掘人才，表彰贤明的人，罢除奸邪的人，选用贤良的人的方法。

治国之臣各有职责

治国之臣，效功于国以履位，见[1]能于官以受职，尽力于权衡[2]以任事。人臣皆宜其能，胜其官，轻其任，而莫怀余力于心，莫负兼官之责于君。故内无伏怨之乱，外无马服之患[3]。明君使事不相干，故莫讼；使士不兼官，故技长；使人不同功，故莫争。争讼止，技长立，则强弱不觳[4]力，冰炭不合形[5]，天下莫得相伤，治之至也。

先秦·《韩非子·用人》

【注释】

(1) 见：同“现”。(2) 权衡：秤。这里喻指法度。(3) 马服：赵国名将赵奢的封号为马服君，马服在这里指赵奢的儿子赵括。马服之患：公元前260年，赵王中了秦国的离间计，使赵括代廉颇为赵国的大将。赵括临战只据兵书，不知变通，在长平之战中遭秦将白起围歼，全军覆没。(4) 觳：通“角”。(5) 形：通“型”。

【译文】

政治修明的国家的臣子，是因为给国家立功才履行职位的，为给朝廷展现才能才接受官职，尽力依据法度来办理政事。这样，做臣子的人，他们的官职与才能相当，就能胜任官职，就能轻松地完成任务，他们的心中就不会保留遗力，也不会对君主不负责任。所以国家内部就不会有隐伏的怨患祸乱，外面也不会有全军覆没的灾难。聪明的君主使用大臣时（职能）不互相关涉，所以就没有人争讼；使用士人时不让他们兼职，所以士人就各有自己的专长；使用臣下时不让他们做同一件事，所以就没有人争功。争讼没有了，专长确立了，则强弱之间就不会相斗，正如冰块和炭火不能盛在同一个容器里一样，这样天下就没有人互相伤害了，国家的治理也就达到了至高的境界。

逾越职守甚于寒冷

昔者韩昭侯[1]醉而寝，典冠者[2]见君主寒也，故加衣于君之上，觉寝而说[3]，问左右曰："谁加衣者?"左右对曰："典冠。"君因兼罪典衣[4]与典冠。其罪典衣，以为失其事；其罪典冠，以为越其职也。非不恶寒也，以为侵官之害甚于寒。故明主之畜臣，臣不得越官而有功，不得陈言而不当。

先秦·《韩非子·二柄》

【注释】

(1) 韩昭侯：战国时期韩国君主。(2) 典冠者：掌握君主帽子的近侍官。(3) 觉寝：寝寤而觉。说：通"悦"，高兴。(4) 典衣：掌管君主衣服的近侍官。

【译文】

从前韩昭侯酒醉后睡着了，典冠看见君主很冷的样子，就给君主加盖了一件衣服。韩昭侯睡醒后感到很高兴，问身旁的侍从说："是谁给我加盖了衣服?"身边的侍从说："是典冠。"韩昭侯因此同时处罚了典冠和典衣。他处罚典衣，是因为典衣失职；他处罚典冠，是因为典冠超越职守。不是不怕寒冷，是因为逾越职守的危害甚于寒冷。所以明君畜养臣下，要使臣下不得逾越职守去立功，不得陈述不在自己职分内的意见。

用人明法而不疑

人主之过，在已任臣矣，又必反与其所不任者备之。此其说必与其所任者为仇，而主反制于其所不任者。今所与备人者，且曩[1]之所备也。人主不能明法而以制大臣之威，无道[2]得小人之信矣。人主释法而以臣备臣，则相爱者比周而相誉，相憎者朋党而相非。

先秦·《韩非子·南面》

【注释】

(1) 曩：从前、过去的。(2) 道：由。

【译文】

君主的过错，在于已经任用了臣子，又一定要和没被任用的人一起去防备他。这样，没被任用的人的意见必定和已被任用的人的意见相反，而君主反受制于没有被他任用的人。现在和君主一起防备别人的人，正是君主从前所要防备的人。君主不能昭明法令，且以法令来控制大臣的权威，就无从得到普通百姓的信任了。君主放弃法治而用臣子去防备臣子，关系密切的大臣就加紧勾结，互相吹捧；彼此有仇恨的大臣就各结私党，互相诽谤。

任人不可无术

人君之所任，非辩智[1]则修洁[2]也。任人者，使有势也。智士者未必信也，为多其智，因惑其信也。以智士之计，处乘势之资[3]而为其私急[4]，则君必欺焉。为智者之不可信也，故任修士者，使断事也。修士者未必智，为洁其身，因惑其智。以愚人之所惛[5]，处治事之官而为其所然，则事必乱矣。故无术以用人，任智则君欺，任修则君事乱，此无术之患也。

先秦·《韩非子·八说》

【注释】

（1）辩智：聪明智慧的人。（2）修洁：品德高洁的人。（3）资：条件，凭借。（4）私急：指个人的急事。（5）惛：糊涂。

【译文】

君主任用的人，如果不是聪明智慧，就是品德高洁。任用人，就会使他拥有权势。聪明的人未必可靠，由于他们的智慧太多，所以人们就错误地认为他们诚实可靠。如果聪明的人依靠他们的智谋，加上凭借权势这一条件，来谋取个人的利益，那么君主就必定会被欺骗。因为聪明的人不可靠，所以就任用有道德修养的人，让他们处理政事。而有道德的人又未必聪明，只是因为他们品德高洁，因而错误地认为他们有智慧。这种人以愚人的糊涂，处在治理政事的官位上，自以为是地受其影响，这样政事就必然混乱了。所以，用人如果没有一定的方法，用聪明的人君主就会被欺骗，用有道德的人国家大事就会混乱，这就是用人无方的祸患。

圣人治吏不治民

摇木者一一摄其叶，则劳而不遍。左右拊其本[1]，而叶遍摇矣。临渊而摇木，鸟惊而高，鱼恐而下。善张网者，引其纲。若一一摄万目而后得，则是劳而难。引其纲，而鱼已囊矣。故吏者，民之“本”、“纲”者也，故圣人治吏不治民。

先秦·《韩非子·外储说右下》

【注释】

(1) 拊（fǔ）：击打。

【译文】

想摇动树木的人，如果一片叶子一片叶子地去摇，那么，即使弄得筋疲力尽也不可能全部摇遍。而如果从左右两侧拍打它的树干，那么一树的叶子全都摇动了。如果在河水边上摇树，鸟儿会惊吓得高飞，鱼儿会惊恐地沉入水底。善于撒网的人，总是拉网的总绳。如果一个一个地拉网眼，想把网张开，那么再费力也是难以办到的。只要拉网的总绳，鱼网就能一下子撒开，那么鱼儿就已经在网中了。因此官吏就是百姓的“本”和“纲”，贤明智慧的君主只治理官吏，而不亲自去治理百姓。

重用智术能法之士

智术之士，必远见而明察，不明察不能烛私[1]；能法之士，必强毅而劲直，不劲直不能矫奸。人臣循令而从事，案法而治官，非谓重人也。重人也者，无令而擅为，亏法以利私，耗国以便家，力能得其君，此所为重人也。智术之士明察，听用，且烛重人之阴情[2]；能法之士劲直，听用，且矫重人之奸行。故智术能法之士用，则贵重之臣必在绳之外矣。是智法之士与当途之人，不可两存之仇也。

先秦·《韩非子·孤愤》

【注释】

(1) 烛：洞悉。(2) 阴情：私事、隐情。

【译文】

智术之士，必定能远见而且明察，不能明察就不能洞察偏私；能法之士，一定能刚强坚定而且刚正不阿，不刚正不阿就不能矫正奸邪行为。臣子依据法令办事，按照法律治理官吏，这不叫权臣。什么样的才是权臣呢？君主没下命令就擅自行动，破坏法律谋取私利，耗费国财便利自家，尽力讨得君主的喜欢，这才是所谓的权臣。智术之士明察，如果君主听从、采纳他的意见，就能洞悉权臣的私情；能法之士刚正不阿，如果君主听从、采纳他的意见，就能矫正权臣的奸诈行为。因此，智术之士和能法之士能被重用的话，那些权臣必然要受到法律制裁了。这就是智术之士和能法之士与执政的权贵势不两立的原因。

君臣同欲而异使

人主者，天下一力以共戴之，故安；众同心以共立之，故尊。人臣守所长，尽所能，故忠。以尊主御忠臣，则长乐生而功名成。名实相持而成，形影相应而立，故臣主同欲而异使。人主之患在莫之应，故曰："一手独拍，虽疾无声。"人臣之忧在不得一，故曰："右手画圆，左手画方，不能两成。"故曰：至治之国，君若桴(1)，臣若鼓，技若车，事若马。故人有余力易于应，而技有余巧便于事。

先秦·《韩非子·功名》

【注释】

(1) 桴（fú）：击鼓的槌。

【译文】

做君主的，天下合力拥戴他，他的地位就稳定；百姓齐心推举尊崇他，他的地位就尊贵。臣子发挥自己的长处，尽到自己的能力，便是忠诚地侍奉君主。尊贵的君主驾驭忠心的臣子，国家长期安乐的局面就会出现，国家的功业就会建立。正如名称和实体相互依赖而成立，形体和影子相互对应而出现一样，臣子和君主治理国家的目标是一致的，而各自所做的事情是不同的。君主的祸患在于召唤没有人响应，所以说："一只手独拍，即使迅猛但发不出响声。"臣子的忧虑在于不能专于一职，所以说："右手画圆的，左手画方的，二者不能同时画成功。"因此，治理得最好的国家应该是这样：君主好比鼓槌，臣子好比鼓，技能好比车子，事情好比马。人有了多余的力量，就容易响应君主的召唤；有了高超的技巧，就容易办成事情。

任力不如任人

今有良医于此，治十人而起九人，所以求之万也。故贤者之致功名也，必乎良医，而君人[(1)]者不知疾求，岂不过哉？今夫塞[(2)]者，勇力、时日、卜筮、祷祠无事焉，善者必胜。立功名亦然，要在得贤。魏文侯师卜子夏，友田子方，礼段干木，国治身逸。天下之贤主，岂必苦形愁虑哉？执其要而已矣。雪霜雨露时[(3)]，则万物育矣，人民修[(4)]矣，疾病妖厉[(5)]去矣。故曰尧之容若委衣裘[(6)]，以言少事也。

宓子贱治单父[(7)]，弹鸣琴，身不下堂，而单父治。巫马期[(8)]以星出，以星入[(9)]，日夜不居，以身亲之，而单父亦治。巫马期问其故于宓子，宓子曰："我之谓任人，子之谓任力。任力者故劳，任人者故逸。"宓子则君子矣。逸四肢，全耳目，平心气，而百官以治，义矣，任其数而已矣。巫马期则不然，弊生[(10)]事精，劳手足，烦教诏，虽治犹未至也。

秦·吕不韦《吕氏春秋·开春论·察贤》

【注释】

（1）君人：为人之君，即国君。（2）塞：古代的一种棋戏，也用以赌博。（3）时：及时。（4）修：好。（5）厉：灾祸。（6）委衣裘：衣袋下垂着。委，垂。（7）单父：春秋时鲁国地名。（8）巫马期：也作"巫马旗"，字子期。（9）星入：星星升起来才归来。（10）生：同"性"，天性。

【译文】

如今在这里有一个好医生，给十个人治病治好了九个，所以求他治病的人就会很多。所以，贤能的人为君主建立功名，就好比好医生能给人治好病一样，可是做君主的人不知道奋力寻找这样的贤人，难道不是过错吗？如今玩投骰子的人，勇气、力量、时机、占卜、祷告对于他们来说都是没有用的，技艺高的就一定能获胜。建立功名也是这样，关键在于得到贤人。魏文侯以卜子夏为师，与田子方交朋友，对段干木以礼相待，就使国家太平，自身安逸。天下贤明的君主，难道一定得劳身费心吗？抓住关键的东西就行了。霜雪雨露应时而来，万物就会生长了，人民就会安乐了，疾病和妖孽就会远离人们。所以，人们说到尧的仪容，说他的衣服宽大下垂，以此说明他很少有政务啊！

宓子贱治理单父这个地方，弹弹琴，不用亲自下堂处理政务就把单父治理得很好。巫马期在星星没有落下就出去，在星星升起时才归来，日夜不得休息，亲自处理政务，单父也治理得很好。巫马期问宓子贱这是什么缘故。宓子贱说："我的做法叫做使用人才，您的做法叫做使用力气。使用力气的人所以劳苦，使用人才的人所以安逸。"宓子贱是品行高尚的君子。使四肢安逸，使耳目保全，使心气平和，而百官治理得好，人民的行为合乎道义，这就是使用正确的方法罢了。巫马期则不是这样，损害天性，耗费精力，使手足劳苦，使教令烦琐，即使治理了，也没有达到最好的程度。

人固难全　权而用其长

宁戚欲干齐桓公(1)，穷困无以自进，于是为商旅将任车以至齐(2)，暮宿于郭门之外(3)。桓公郊迎客，夜开门，辟任车(4)，爝火甚盛(5)，从者甚众。宁戚饭牛居车下(6)，望桓公而悲，击牛角疾歌。桓公闻之，抚其仆之手曰："异哉！之歌者非常人也。"命后车载之(7)。桓公反，至，从者以请。桓公赐之衣冠，将见之。宁戚见，说桓公以治境内。明日复见，说桓公以为天下。桓公大说，将任之。群臣争之曰(8)："客，卫人也。卫之去齐不远，君不若使人问之，而固贤者也，用之未晚也。"桓公曰："不然。问之，患其有小恶，以人之小恶，亡人之大美，此人主之所以失天下之士也已。"凡听必有以矣。今听而不复问，合其所以也。且人固难全，权而用其长者。当举也，桓公得之矣。

秦·吕不韦《吕氏春秋·离俗览·举难》

【注释】

(1) 干：谋求官职。(2) 任车：装载货物的车子。(3) 郭：外城。(4) 辟：通"避"。躲避。(5) 爝火：小火把。(6) 饭牛：喂牛。(7) 后车：副车，侍从之车。(8) 争：劝谏。

【译文】

宁戚想向齐桓公谋求官职，但处境穷困，没有办法使自己得到举荐，于是就替商人赶着装载货物的车来到齐国，晚上露宿在城门外。桓公到郊外迎接客人，夜里打开了城门，让路上的货车避开。当时火把很明亮，跟随的人很多。宁戚在车下喂牛，他看到桓公，感到很悲伤，就拍击着牛角大声唱起歌来。桓公听到歌声后，抚摸着自己的车夫的手说："真奇怪！那个唱歌的不是个平常人。"就命令副车载着他。桓公回城后，到了朝廷里，跟随的人员请示桓公如何安置宁戚。桓公赐给他衣服帽子，准备接见他。宁戚进见齐桓公，用如何治理国家的话劝说桓公。第二天又进见齐桓公，用如何治理天下的话劝说桓公。桓公很高兴，准备任用他。群臣劝谏他说：

"这位客人是卫国人。卫国离齐国不远，您不如派人去询问一下。如果确实是贤德之人，再任用他也不晚。"桓公说："不能这样。去询问他的情况，是担心他有小毛病。因为一个人的小毛病而丢掉他的大优点，这是君主之所以失去天下贤士的原因。"凡是听取别人的主张一定有某个取舍的根据。现在听从了他的主张而不再去追究他的为人如何，是因为他的主张合乎自己的标准。况且人本来就难以十全十美，衡量以后用其所长，这就是得当的举荐啊。桓公算是掌握住这个原则了。

责人以人　自责以义

以全举人固难，物之情也。人伤尧以不慈之名，舜以卑父之号，禹以贪位之意，汤、武以放弑之谋，五伯以侵夺之事。由此观之，物岂可全哉？故君子责人则以人[1]，自责则以义。责人以人则易足，易足则得人；自责以义则难为非，难为非则行饰。故任天地而有馀。不肖者则不然。责人则以义，自责则以人。责人以义则难瞻[2]，难瞻则失亲；自责以人则易为，易为则行苟。故天下之大而不容也，身取危，国取亡焉。此桀、纣、幽、厉之行也。尺之木必有节目[3]，寸之玉必有瑕瓋[4]。先王知物之不可全也，故择务而贵取一也。

秦·吕不韦《吕氏春秋·离俗览·举难》

【注释】

(1) 以人：用一般人的标准。(2) 难瞻：难以满足要求。(3) 节目：树木枝干交接处为节，纹理不顺的部分为目。(4) 瑕瓋：玉上的小斑点。瑕与瓋是同义词，都指玉上的斑点。

【译文】

用十全十美的标准选拔人本来就很难，这是事物的常情。人们指责尧不慈爱儿子，指责舜不孝顺父亲，指责禹贪图帝位，指责商汤与周武王放逐、杀害君主，指责春秋五霸侵掠别国。以此来看哪有十全十美的人呢？所以君子要求别人就用一般人的标准，要求自己就用义的标准。要求别人用一般人的标准就容易满足，容易满足就得到人心；按照义的标准要求自己就很难做错事，难以做错事，行为就会严正；所以他们担任天地之间的重任也是游刃有余的。不贤德的人就不是这样，他们用义的标准要求别人，用一般人的标准要求自己。用义的标准要求别人就难以满足，难以满足就会连亲近的人也失去；用一般人的标准来要求自己就容易做到，容易做到行为就苟且。所以即使天下如此之大也不能容身，自身招致危险，国家招致灭亡啊，这是夏桀、商纣、周幽王和周厉王的所作所为。一尺长的树木必有节疤，一寸直径的玉石必有瑕疵。先王知道没有十全十美的事，所以对事物的选取只看重其长处。

得士之道在尊士

有道之士固骄人主，人主之不肖者亦骄有道之士，日以相骄，奚时相得？若儒、墨之议与齐、荆之服矣。贤主则不然，士虽骄之，而己愈礼之，士安得不归之？士所归，天下从之，帝。帝也者，天下之适也；王也者，天下之往也。得道之人，贵为天子而不骄倨，富有天下而不骋夸，卑为布衣而不瘁摄[1]，贫无衣食而不忧慑，狠乎其诚自有也，觉乎其不疑有以也，桀[2]乎其必不渝移也，循乎其与阴阳化也，匆匆乎其心之坚固也，空空乎其不为巧故也，迷乎其志气之远也，昏乎其深而不测也，确乎其节之不庳也，就就乎其不肯自是，鹄乎其羞用智虑也，假乎其轻俗诽誉也，以天为法，以德为行，以道为宗，与物变化而无所终穷，精充天地而不竭，神覆宇宙而无望，莫知其始，莫知其终，莫知其门，莫知其端，莫知其源，其大无外，其小无内，此之谓至贵。士有若此者，五帝弗得而友，三王弗得而师，去其帝王之色，则近可得之矣。

秦·吕不韦《吕氏春秋·慎大览·下贤》

【注释】

(1) 瘁摄（cuì shè 翠设）：失意屈辱，忧伤屈服貌。(2) 桀：古同“杰”，杰出的人。

【译文】

有道之士固然傲视君主，不贤明的君主也傲视有道之士，他们天天相互傲视，什么时候才能相投呢？这就如同儒家与墨家的主张议论和齐楚的服饰一样相去甚远。

贤明的君主就不是这样，士虽然傲视自己，而自己却越发对他们以礼相待，这样，有识之士怎么能不归附自己呢？士人归附了，天下人自然会跟随士人们一起归附，这样，君主就可称帝了。所谓帝王，就是天下人都来归附；所谓王侯，就是天下人都去投奔。得道的人，高贵为天子也不会骄傲高倨；富足到拥有天下也不会放纵自夸，卑下到当平民百姓也不会感到失意忧闷；贫穷到没吃没穿也不会忧虑恐惧。他们非常诚恳，实在是掌握了大道。他们大彻大悟，遇事不疑，必有依据；他们特立独行，坚守信念，绝不会改变；他们顺应天道，随着阴阳一起变化；他们明察事理，心志坚固；他们质朴忠厚而不巧诈；他们志向高远，他们思想深邃，不可测定；他们节操高尚而不卑下；他们做事严谨，不肯自以为是；他们光明磊落，耻于运用权谋；他们胸怀坦荡，看轻世俗的诽谤赞誉。他们以天道为效法的对象，以德行做行为的准绳，以道德做根本，随万物一起变化而无终止。他们的精神充盈于天地间不会衰竭，布满宇宙而没有穷尽。他们所具有的“道”，没有人知道它何时开始，没有人知道它何时终结，没人知道其路径，没人知道其发端，没有人知道它的本源在哪里。它大得无边无际，它小得微乎其微，这就是所说的最珍贵的了。像这样的士人，五帝都不能得到他做朋友，三王也不能得到他做老师，除去帝王的骄态，就近于可以得到他们了。

正名审分　治之辔也

凡为善难，任善易。奚以知之？人与骥俱走，则人不胜骥矣；居于车上而任骥，则骥不胜人矣。人主好治人官之事，则是与骥俱走也，必多所不及矣。夫人主亦有居车，无去车，则众善皆尽力竭能矣，谄谀诐贼巧佞之人无所窜其奸矣[1]，坚穷廉直忠敦之士毕竟劝骋骛矣。人主之车，所以乘物也。察乘物之理，则四极可有。不知乘物而自怙恃，夺其智能，多其教诏，而好自以；若此则百官恫扰，少长相越，万邪并起，权威分移，不可以卒，不可以教，此亡国之风也。

王良之所以使马者，约审之以控其辔，而四马莫敢不尽力。有道之主，其所以使群臣者亦有辔。其辔何如？正名审分，是治之辔已。故按其实而审其名，以求其情；听其言而察其类，无使放悖。夫名多不当其实、而事多不当其用者，故人主不可以不审名分也。不审名分，是恶壅而愈塞也。壅塞之任，不在臣下，在于人主。尧、舜之臣不独义，汤、禹之臣不独忠，得其数也；桀，纣之臣不独鄙，幽、厉之臣不独辟，失其理也。

秦·吕不韦《吕氏春秋·审分览·审分》

【注释】

(1) 诐（bì）：邪僻，巧言谄媚。

【译文】

大凡直接做一件善事困难，借助其他力量为善容易。怎么知道这点呢？人和快马同跑，人比不过快马；坐在车上驾驭快马，快马比不上人。人君喜欢治理他人职分之事，这好比是和快马赛跑，一定赶不上快马。人君也有自己的职分，如果坚守自己的职分，那么众多善良的人就会竭尽其能力，谄谀奸佞之人就无处施展其奸邪了，忠诚廉洁坚强之士就都竞相鼓励奔走效劳。人君的车子是用来载物的，明白这个道理，那么天下就可以拥有。人君不明白载物的道理，而是依靠夸耀其智能，喜欢代替百官进行教育训导且好亲力亲为。如果这样，则百官担心干扰，上下越职，种种奸邪之事就会产生，君主的权威就要转移，种种邪恶没有止境，百姓不能得到教化，这是亡国之风啊。

王良凭什么驾驭马，察其形貌脾气然后控制辔绳，四匹马不敢不尽力的。有道的君主，凭什么驾驭群臣呢，也有辔，是怎样的辔呢？正名审分，是治理的辔。因此，人君按照实际情况来审定臣下的名分，以求实情，听他的言语来观察他属于哪一类，不使其放纵悖逆。因为臣子拥有的名号（指爵位）很多与其德才不相符，很多工作也不一定有什么实际价值，所以人主不可以不审定名分（指禄权）。不审定名分，那么邪恶就会积聚堵塞。邪恶淤积积聚责任不在于臣下，而在于人主。尧舜禹汤的大臣都忠诚信义，是因为管理得法；桀纣幽厉的臣下都邪恶鄙陋，是因为控制不当所致。

观其所举　可知治乱

英俊豪杰，各以小大之才处其位，得其宜。由本流末，以重制轻，上唱而民和，上动而下随，四海之内，一心同归，背贪鄙而向义理。其于化民也，若风之摇草木，无之而不靡。今使愚教智，使不肖临贤，虽严刑罚，民弗从也。小不能制大，弱不能使强也。故圣主者举贤以立功，不肖主举其所与同。文王举太公望、召公奭(1)而王，桓公任管仲、隰朋而霸。此举贤以立功也。夫差用太宰嚭(2)而灭，秦任赵高、李斯而亡，此举所与同。故观其所举，而治乱可见也；察其党与，而贤不肖可论也。

西汉·刘安《淮南子·泰族训》

【注释】

(1) 奭：shì。(2) 嚭：pǐ。

【译文】

英俊豪杰，根据才能大小各处其位，并得到相应的待遇和权力。由本源到末枝以重大制约轻小，国君一有倡导，万民即随之应和，国君一有行动，百姓就会追随，四海之内，万众一心，摒弃贪婪和卑下，共同向往道义和真理。这样对教化百姓就好像是风吹动草木，没有不应从的。现在如果让愚蠢的人去教育聪明的人，让品德低劣的人管理品德高尚的人，即使刑罚严酷，百姓也不会听从。小人不能制约君子，弱者不能对强者发号施令。所以，圣明的君王总是起用优秀的人才来建功立业；昏庸无能的君王总是重用与自己臭味相投的人。文王起用姜子牙、召公奭结果称王于天下；齐桓公任用管仲、隰朋，结果称霸于诸侯。这些都是任用人才建功立业的例证。吴王夫差重用太宰嚭而丧国；秦王信任赵高、李斯而灭亡。这些都是重用与自己臭味相投者的例证。因此，只要看君王重用的是些什么人，就可以知道国家的治乱；考察君王所结交的是些什么人，就可以断定其品德优劣了。

大材大用　小材小用

是故贤主之用人也，犹巧工之制木也，大者以为舟航柱梁，小者以为楫楔，修者以为櫩[1]榱[2]，短者以为朱儒枅[3]栌。无小大修短，各得其所宜；规矩方圆，各有所施。天下之物，莫凶于鸡毒，然而良医橐[4]而藏之，有所用也。是故林莽之材，犹无可弃者，而况人乎！今夫朝廷之所不举，乡曲之所不誉，非其人不肖也，其所以官之者非其职也。鹿之上山，獐不能跂也，及其下，牧竖能追之，才有所修短也。是故有大略者不可责以捷巧；有小智者不可任以大功。人有其才，物有其形，有任一而大重，或任百而尚轻。是故审毫厘之计者，必遗天下之大数；不失小物之选者，惑于大数之举。譬犹狸之不可使搏牛，虎之不可使搏鼠也。今人之才，或欲平九州，并方外，存危国，继绝世，志在直道正邪，决烦理挐[5]，而乃责之以闺阁之礼，奥窔[6]之间。或佞巧小具，谄进愉说，随乡曲之俗，卑下众人之耳目，而乃任之以天下之权，治乱之机。是犹以斧劗[7]毛、以刀抵木也，皆失其宜矣。

西汉·刘安《淮南子·主术训》

【注释】

(1) 櫩（yán 炎）：同“檐”，屋檐。(2) 榱（cuī 催）：椽子。(3) 枅：劈柴。(4) 橐（tuó 驮）：口袋。(5) 挐（rú 如）：纷乱。(6) 窔（yào 药）：喻深奥的境界。(7) 劗（zuān 钻）：同“剪”。

【译文】

因此，贤明的君主使用人才，就好像能工巧匠选用木料的道理一样。大木料制造舟船、房屋的柱梁；小木料做船桨，做接榫固定的小木橛；长木料做房屋的椽；短木料做房屋柱上的横木。无论小大长短的木料，各有所用；经过加工，都可做成有用的东西。天下万物，甚至最毒的鸡头，可是医生都把它藏起来，作为治病的药物。因此山野中的东西尚无可弃之物，何况万物之灵的人呢！

如今朝廷不举用人才，乡村里不赞扬人才，不是他们自己没出息，应该是没有根据他们的特长，任命其适当的官职。鹿往山上跑，獐追不上，但往山下跑，放牛的孩子都追得上，是因为才能各有长短。所以有雄才大略的人，不可让他们做机巧的事；只有小聪明的人，不能委以重任。

每个人有他自己特定的才能，每件东西有它自己特定的形状。有的人让他做一件小事，都觉得重；有的人让他做百件事，还觉得轻。所以，凡是斤斤计较的人，必会忘掉天下大事；对小事也非常在意的人，对伟大举措定会大惑不解。就像不能让狸猫与牛搏斗，不能让老虎去捕鼠一样。

如今的人才中，有平定九州、开拓疆土、解救危亡之国，中兴将灭的朝廷，志向在匡正国风、排除奸佞、决断处理繁杂政务的优秀人才，但却要让他单处家庭琐事之中。而那些只有小本事善于机巧逢迎的人，或者用谄言讨好上司，同流合污，低三下四哗众取宠反倒掌握了管理国家的大权，由他们在关键时去治理国家。这就好比用斧头剪羊毛、用小刀去砍伐树木一样，都是未能量材使用啊！

伊尹论择官标准

汤问伊尹曰："三公、九卿、大夫、列士，其相去何如?"伊尹对曰："三公者，知通于大道[1]，应变而不穷，辨于万物之情，通于天道者也。其言足以调阴阳，正四时，节风雨。如是者，举以为三公。故三公之事，常在于道也。九卿者，不失四时，通沟渠，修堤防，树五谷，通于地理者也。能通不能通，能利不能利，如此者，举以为九卿。故九卿之事，常在于德也。大夫者，出入与民同众，取去与民同利，通于人事，行犹举绳[2]，不伤于言，言足法于世，不害于身，通于关梁[3]，实于府库。如是者，举以为大夫。故大夫之事，常在于仁也。列士者，知义而不失其心，事功而不独专其赏，忠政强谏，而无有奸诈，去私立公，而言有法度。如是者，举以为列士。故列士之事，常在于义也。故道德仁义定，而天下正。凡此四者，明王臣而不臣。"汤曰："何谓臣而不臣?"伊尹对曰："君之所不名臣者四：诸父臣而不名，诸兄臣而不名，先王之臣臣而不名，盛德之士臣而不名，是谓大顺也[4]。"

西汉·刘向《说苑·臣术》

【注释】

(1) 知：同"智"。(2) 举绳：弹墨线，比喻作准绳。(3) 关梁：关门与桥梁，指水陆要会之处。(4) 大顺：天下太平。《礼记·礼运》中也有相关表述。

【译文】

商汤问伊尹："三公、九卿、大夫、列士这些职位有什么区别?"伊尹回答："做三公的人，他的智慧应该通晓客观规律，能应付种种变化而不陷入困境，对万事万物的真情实况能够分辨，通晓上天的旨意。他的言论可以调理阴阳，顺应四季，调节风雨。像这样的人，可以推举他做三公。所以三公的职事，每每在于运用客观规律。所谓九卿，就是不错过春夏秋冬四时，能疏通沟渠、修筑堤防、种植五谷，是通晓地理的人。他能疏通别人所不能疏通的，能获取别人所不能获得的利益。像这样的人，可以推举他做九卿。因此，九卿的职事，每每在于谋利造福德惠天下。做大夫的人，行与民众保持一致，取舍符合民众的利益，通晓人情世故，他的举止如同木匠弹墨线一样端正守则，不轻易发表意见，在言辞方面完全可以为世人所效法，绝不会对自身有害，他能疏通关节，充实国家府库。像这样的人，可以推举他做大夫。所以大夫的职事，每每在于仁爱。做列士的人，应懂得道义而不放弃自己的志向，干事业有成就却不独自享受赏赐，忠贞正直敢于极谏而不怀奸诈之心，杜绝私欲，扶持公室，一言一语都符合礼仪法则。像这样的人，可推举他为列士。因此，列士的职事，每每在于行事符合道义。如此道、德、仁、义四者得到确定，天下就走上正道了。大凡这四种人，圣明的君主以他们为臣，却不称他们为臣。”商汤问：“什么叫做以他们为臣却不称他们为臣呢?”伊尹回答：“君王不称为臣子的人有四种：属父辈而做臣子的不称为臣，众兄长而做臣子的不称为臣，做过先王大臣的臣子不称为臣，有高尚道德的臣子不称为臣。只有这样，才会天下太平。”

不可以儒生任文吏之事

牛刀可以割鸡，鸡刀难以屠牛。刺绣之师，能缝帷裳[1]；纳缕[2]之工，不能织锦。儒生能为文吏之事[3]，文吏不能立儒生之学。文吏之能，诚劣不及；儒生之不习，实优而不为。禹决江河[4]，不秉镬锸[5]；周公筑雒[6]，不把筑杖[7]。夫笔墨簿书，镬锸筑杖之类也，而欲合志大道者躬亲为之，是使将军战而大匠斫也。

东汉·王充《论衡·程材》

【注释】

(1) 帷裳：古代朝祭的服装，用整幅布制成，不加裁剪。(2) 纳缕：粗缝，补缀。(3) 文吏：文法吏，即精通法律的官吏。(4) 禹决江河：夏禹治水，疏通江流河道。(5) 秉：执，持。镬（jué 决）锸：锄和锹。(6) 周公筑雒：周公姬旦修建雒邑。雒邑，也称洛邑，故址在今河南洛阳。(7) 筑杖：筑墙工具。

【译文】

屠牛刀可以宰鸡，宰鸡刀难以屠牛。刺绣的技师，能够缝制朝祭服饰；缝缝补补的工人，织不出锦绣彩缎。儒生能够做刀笔小吏的工作，刀笔小吏则不能建立儒生的学说。刀笔小吏的能力的确低劣，比不上儒生；儒生不学习文法吏的工作，实在是因为才能优异而不肯去干。夏禹治水疏通江流河道，不亲自拿着锄、锹掘土；周公修筑洛邑，不亲自使用筑墙器械。文法吏所使用的笔墨簿籍等，也就是相当于锄、锹和筑墙工具之类用具，想要立志于实行大道的人亲自去做具体工作，就好比使将军冲锋陷阵，使手艺高超的木匠去砍木头。

士贵其用 不必求备

夫士者贵其用也，不必求备。故四友虽美[(1)]，能不相兼；三仁齐致，事不一节[(2)]。高祖佐命，出自亡秦[(3)]；光武得士，亦资暴莽[(4)]。况太平之时，而云无士乎！……夫物固有以贱理贵，以丑化好者矣。智者弃短取长，以致其功。今使贡士必核以实[(5)]，其有小疵，勿强衣饰[(6)]，出处默语[(7)]，各因其方，则萧、曹、周、韩之伦[(8)]，何足不致，吴、邓、梁、窦之属[(9)]，企踵可待。

东汉·王符《实贡篇》

【注释】

(1) 四友：指孔子的四个弟子颜回、子贡、子张、子路。(2) 三仁：三位仁人。指微子、箕子、比干。事不一节：微子见殷纣王昏乱残暴而离去，箕子佯狂为奴，比干劝谏纣王而被杀。节，指气节，节操。(3) “高祖佐命”句：意谓辅佐汉高祖建立基业的大臣，来自被灭亡的秦代。(4) “光武得士”句：光武，指东汉光武帝刘秀。暴莽，指王莽，他篡夺了汉朝的皇位，所以称王莽为暴莽。意思是说刘秀凭借了王莽时代的人才。(5) 贡士：指由郡国选举而推荐给朝廷的人才。(6) 衣饰：经过装饰掩盖缺点。(7) 出处默语：进退沉默与言语。(8) 萧、曹、周、韩之伦：萧何、曹参、周勃、韩信等人，都是汉高祖的佐命之臣。(9) 吴、邓、梁、窦之属：吴汉、邓禹、梁统、窦融等人，都是从刘秀恢复汉室的功臣。

【译文】

对于士来说，应该以如何使用为重，不必求全责备。所以，孔子的四友虽然才德美善，但他们才能不兼有；殷纣王同时有三仁，但他们所表现的节操不一样。辅佐汉高祖建立基业的大臣来自被灭亡的秦朝，汉光武帝也从王莽暴政时代得到人才。何况太平的时代，怎么能说没有士呢！……天下之事本来就有以地位低下的人治理地位高贵的人的先例，有将丑恶转化为美好的。聪明的人舍其短处，取其长处，从而成就功效。现在要用各郡国选举贡献给朝廷的人才一定考核实际才能，如果有小的毛病，不要勉强他伪装掩盖，行为举止各依其实际状态，那么萧何、曹参、周勃、韩信之类人物，怎么能够招致不到，吴汉、邓禹、梁统、窦融一流的人物，踮起脚跟的工夫就可以等到了。

任贤有十难

惟恤[1]十难以任贤能：一曰不知，二曰不进，三曰不任，四曰不终[2]，五曰以小怨弃大德，六曰以小过黜大功，七曰以小失掩大美，八曰以奸讦[3]伤忠正，九曰以邪说乱正度，十曰以谗嫉废贤能，是谓十难。十难不除，则贤臣不用，用臣不贤，则国非其国也。

东汉·荀悦《申鉴·政体》

【注释】

(1) 恤：担忧的意思。(2) 不终：不能信任使用到底。(3) 奸讦：恶意攻击的意思。讦，攻击或揭发他人。

【译文】

在任用贤能方面有十个难点：一是不知贤，二是知而不能引进贤能，三是引进而不能任用贤能，四是对贤能任用而不能信任使用到底，五是因为小的怨恨而丢弃大贤，六是因为小的过失而罢黜大功之臣，七是因为小的缺点而遮蔽了大长处，八是以恶意攻击伤害忠良正直之臣，九是以歪理邪说搅乱正确的法度，十是因为谗言嫉妒而废掉贤能之才，这就叫做十难。十难不能清除，则贤臣不得任用。任用的大臣不贤明，国家就不成为国家了。

才能既殊 任政亦异

夫能出于材，材不同量；材能既殊，任政亦异。是故：自任之能，清节之材也。故在朝也，则冢宰之任；为国，则矫直之政[(1)]。立法之能，治家之材也[(2)]。故在朝也，则司寇之任，为国则公正之政。计策之能，术家之材也。故在朝也，则三孤之任[(3)]，为国则变化之政。人事之能，智意之材也。故在朝也，则冢宰之佐，为国则谐合之政。行事之能，谴让之材也。故在朝也，则司寇之佐[(4)]，为国则督责之政。权奇之能，伎俩之材也。故在朝也，则司空之任[(5)]，为国则艺事之政。司察之能，臧否之材也。故在朝也，则师氏之佐，为国则刻削之政。威猛之能，豪杰之材也。故在朝也，则将帅之任，为国则严厉之政。

三国·魏·刘邵《人物志·材能》

【注释】

(1) 矫直：使曲者为直。(2) 治家：疑为法家。(3) 三孤：周代官名。指少师、少傅、少保。(4) 司寇：周代负责司法工作的官员，为九卿之一。(5) 司空：周代官名，掌管建筑工程。

【译文】

人的能力，出于人的素质，而人的素质是不相同的；既然人的素质能力各不相同，其所能胜任的政事也就不一样了。所以，有自我控制能力又洁身自好，就属清节之才，在朝做官，那就可以担任宰相，治国必然推行正确的政治方针。有创立法制的能力，有治家之才，因此，在朝做官，那就可以做司寇，治理国家必然推行公正的政治方针；有出谋划策的能力，就是谋略家之才，因此，在朝做宫，就可以担任三孤的官职，治理国家必然推行灵活机变的应对策略；有调和人情事理的能力，就是智意之才，因此，在朝做官，就可以做宰相的助手，治国必然推行和谐的政治方针；有躬行做事的能力，就是派遣督促之才，因此，在朝做宫，就可以做司寇的助手，治理国家必然推行督责的政治方针；有权变奇谲非常的能力，就属有技巧手段之才，因此，在朝做官，就可做司空，治理国家必然推行崇尚技艺的政治方针；有监督的能力，就属臧否之才，因此，在朝做官，就可以做师氏的助手，治理国家必定会推行严明法纪的政治方针；有威武勇猛的能力，就属豪杰之才，因此，在朝做官，那就是做将帅的人才，治理国家必然推行严厉的政治方针。

荐贤者自身要贤

贤者，圣人所与共治天下者也。故先王以举贤为急；举贤之本，莫大正身而一其听。身不正，听不一，则贤者不至；虽至不为之用矣。古之明君，简天下之良材，举天下之贤人，岂家至而户阅之乎？开至公之路，秉至平之心，执大象而致之，亦云诚而已矣。夫任诚，天地可感，而况于人乎？傅说，岩下之筑夫也，高宗引而相之；吕尚，屠钓之贱老也，文武尊而宗之。陈平，项氏之亡臣也，高祖以为腹心。四君不以小疵忘大德，三臣不以疏贱而自疑；其建帝王之业，不亦宜乎？文王内举周公旦，而天下不以为私其子；外举太公望，天下称其公。周公诛弟而典刑立，桓公任雠[1]而齐国治。苟其无私，他人之与骨肉，其与诛赏，岂二法哉？惟至公然后可以举贤也。夏禹有言：知人则哲，惟帝其难之。

晋·傅玄《傅子·举贤篇》

【注释】

(1) 雠：通“仇”。

【译文】

德才兼备的贤人，是圣明君主与之共同治理国家的人。所以，先王把推举有德有才的贤士作为国家的迫切要务；推举有才能的贤士的关键，没有比自己言行端正和诚心诚意地接受意见更为重要的了。若自身的行为不端正，听不进不同意见，那么有才的贤士就不会到来。即使到来了，也不能正确地被任用。古代圣明的君主，选择天下的优秀人才，推举天下有贤德的士人，难道是亲自到家中挨家挨户地去寻找他们吗？开启最公正的选人途径，秉持最公正的观念，实行最优厚的待遇给他们，也可以说是诚心诚意罢了。只要给以诚挚的信任，连天地都可以感化，更何况是人呢？

傅说，原本是一个在傅岩从事版筑的苦役，被商王武丁任用为大臣治理国政。姜子牙，原本是一个从事屠宰、在河边钓鱼的卑贱老者，被周文王、周武王推崇为太师。陈平，原本是项羽手下的逃亡之人，后被汉高祖刘邦用为心腹重臣。以上这四位国君没有因为傅说、姜子牙、陈平曾有过缺点或不足而忘掉他们的好品质。这三位臣子也没有因为自己才疏学浅、地位卑微而自惭形秽。他们建立帝王之业，不是吗？

周文王对内在子弟之中选拔周公旦（辅佐成王治理国家），天下人不认为他偏爱自己的儿子；在同族之外选拔姜子牙，天下人都称赞他公道。周公旦诛杀自己同胞兄弟而刑典树立了权威，齐桓公任用曾是自己仇人的管仲而使齐国得到治理。如果不徇私情，那么对他人或亲生骨肉谁该诛杀或是该奖赏，怎么能用两种法律呢？只有做到公正无私，然后才可以推举贤才。夏禹曾经说过："知人善任可称为圣哲，作为帝王能知人善任很难呀！"

曹操能唯才是举

自古受命[(1)]及中兴之君，曷尝[(2)]不得贤人君子与之共治天下者乎！及其得贤也，曾不出闾巷[(3)]，岂幸相遇哉？上之人[(4)]不求之耳。今天下尚未定，此特求贤之急时也。“孟公绰为赵、魏老[(5)]则优，不可以为滕、薛大夫[(6)]”。若必廉士而后可用，则齐桓[(7)]其何以霸世！今天下得无有被褐怀玉而钓于渭滨[(8)]者乎？又得无盗嫂受金而未遇无知[(9)]者乎？二三子其佐我明扬仄陋[(10)]，唯才是举，吾得而用之。

晋·陈寿《三国志·魏志·武帝纪》

【注释】

(1) 受命：指开国。(2) 曷尝：哪有。曷，何。(3) 闾巷：里弄。古代二十五家为一“里”，里门叫做“闾”。(4) 上之人：在上的人，指当政者。(5) 孟公绰：鲁国大夫，属于孟孙氏贵族家庭。赵、魏：指晋国的赵氏和魏氏两家，均为贵族。老：家老，指家臣头头。(6) 滕、薛：是春秋时的两个小国。这句话的意思是，适合做大国贵族家臣头目的，不一定就适合做小国的大夫。因为二者对才能的要求不同。(7) 齐桓：即齐桓公，为春秋五霸之首。这句话是暗指齐桓公所重用的管仲，辅助齐桓公成就了霸业，但管仲却不是廉士。(8) 得无：难道没有。钓于渭滨：相传姜尚（姜子牙）在陕西渭水边钓鱼，周文王去求访他，让他做了国师，周国便强盛起来，最终消灭了商朝。(9) 盗嫂：私通嫂子。受金：接受贿赂。无知：指魏无知。《史记·陈杞相世家》载：魏无知把陈平推荐给刘邦，有人告发陈平“盗嫂受金”之事，魏无知反驳说：“那是一个人的品行，我推荐的是人才。当今楚汉相争，最需要的是人才，盗嫂受金算得了什么。”刘邦听信其言，重用陈平。(10) 二三子：指左右僚属。可解释为“你们”。明扬：发现并推荐。仄陋：卑贱。指地位贫贱而有才能的人。

【译文】

自古以来开国和中兴的君主，哪有不是得到有才能的人和他共同治理国家的呢？当他们得到人才的时候，往往不出里巷，这难道是偶尔侥幸碰到的吗？不！只是执政的人没有去认真访求罢了！当今天下还未平定，这是访求人才最迫切的时刻。“孟公绰做赵、魏两家的家臣才力有余，却不能胜任像滕、薛那样小国的大夫。”如果一定要所谓廉士方可使用，那么齐桓公怎能称霸当世！现在天下难道没有身穿粗衣而怀揣真才干像姜子牙那样在渭水边钓鱼的人吗？又难道没有像陈平那样蒙受“盗嫂受金”污名还未遇到魏无知的人吗？你们要帮助我发现那些地位低下而被埋没的人才，只要有才能就推荐出来，让我们能够任用他们。

人有所短 唯才是举

昔伊挚[1]、傅说出于贱人，管仲，桓公贼也，皆用之以兴。萧何、曹参，县吏也，韩信、陈平负污辱之名，有见笑之耻，卒能成就王业，声著千载。吴起贪将，杀妻自信，散金求官，母死不归，然在魏，秦人不敢东向，在楚，则三晋不敢南谋。今天下得无有至德之人放在民间，及果勇不顾，临敌力战；若文俗之吏，高才异质，或堪为将守；负污辱之名，见笑之行，或不仁不孝，而有治国用兵之术；其各举所知，勿有所遗。

晋·陈寿《三国志·魏书·武帝纪》裴松之注

【注释】

(1) 挚（zhì）：伊挚，商初大臣，又称伊尹，尹为官名。

【译文】

从前伊尹、傅说出身贫贱，管仲是齐桓公的仇人，但都受到重用而给国家带来了兴旺发达的局面。萧何、曹参原是县里的小吏，韩信、陈平背着不光彩的名声，做过让人耻笑的事情，但他们最终都是有助于成就帝王大业的人，从而名传千载。吴起是位贪婪的将军，不惜杀掉妻子以换取鲁国国君的信任，又曾散尽家产谋求官位，母亲死了也不回去奔丧，但他在魏国为将时，秦国就不敢东侵，在楚国为将时，韩、赵、魏三国就不敢向南侵犯楚国。现在天下难道就没有富于才干的人流落在民间？凡是果敢勇武，能够奋不顾身与敌死战的人；即使像刀笔小吏，但其才干和素质都超过一般人，甚至可以胜任将军、郡守的人；乃至背着不光彩的名声，做过让人讥笑的事情，或者不仁不孝，但有治国用兵才干的人，你们都要把自己所知道的这类人推荐上来，不得有所遗漏。

人各有长短　要用其所长

士君子处世，贵能有益于物耳[1]，不徒高谈虚论，左琴右书，以费人君禄位也。国之用材，大较不过六事：一则朝廷之臣，取其鉴达治体，经纶博雅；二则文史之臣，取其著述宪章，不忘前古；三则军旅之臣，取其断决有谋，强干习事；四则藩屏之臣[2]，取其明练风俗，清白爱民；五则使命之臣，取其识变从宜，不辱君命；六则兴造之臣，取其程功节费[3]，开略有术，此则皆勤学守行者所能辨也。人性有长短，岂责具美于六涂哉[4]？但当皆晓指趣[5]，能守一职，便无愧耳。

北齐·颜之推《颜氏家训·涉务》

【注释】

(1) 物：此处指人。(2) 藩屏：本指屏障，此处借指地方上的长官。(3) 程：衡量，估量。(4) 涂：通“途”。(5) 指：通“旨”。

【译文】

贤人君子为人处世，贵在能够有益于他人和社会，而不只是高谈阔论，左手抚琴、右手持书，以浪费君主所给的爵位和俸禄。国家选拔人才，大体上不过以下六个方面：一是选拔朝廷的官吏，选取通晓治国之本，满腹经纶且儒雅的人才；二是选拔负责文书记事之宫，选用擅长撰写典章制度，不忘历史的人才；三是选拔军旅的官吏，选用果敢有谋，精明能干，熟悉军事的人才；四是选拔地方行政长官，选用熟悉社会风俗，廉洁爱民的人才；五是选拔出使之官，选用那些随机应变，不辜负君主使命的人才；六是选拔负责建筑的官吏，选用那些设计估量准确，节俭经费，有智谋技艺的人才，选择这六种人都须是勤奋苦学，有操守德行的人才能识别做到的。人各有所长和所短，岂能够要求每一个人都同时具备这六种才能？不过应当都知道自己的使命趣向，能恪守一职，也就问心无愧了。

量才任官

夫设官分职，所以阐化宣风。故明主之任人，如巧匠之制木，直者以为辕，曲者以为轮，长者以为栋梁，短者以为栱角。无曲直长短，各有所施。明主之任人，亦由是也。智者取其谋，愚者取其力，勇者取其威，怯者取其慎，无智愚勇怯，兼而用之。故良匠无弃材，明主无弃士，不以一恶忘其善，勿以小瑕掩其功，割政分机，尽其所有。然则函牛[1]之鼎，不可处以烹鸡；捕鼠之狸，不可使以搏[2]兽。一钧之器，不能容以江汉之流；百石之车，不可满以斗筲之粟。何则？大非小之量，轻非重之宜，今人智有短长，能有巨细，或蕴百而尚少，或统一而为多。有轻才者不可委以重任；有小力者不可赖以成职。委任责成，不劳而化，此设官之当也。

唐·李世民《帝范·审官》

【注释】

（1）函牛：谓能容纳一头牛。（2）搏：捕捉。

【译文】

设官命职，就是为了宣扬教化，倡导仁风。所以明智的君王任命官职，好比巧匠选择木料，直的可用做车辕，弯的可用做轮子，长的做栋梁，短的做椽子，无论曲直长短，只要选择合适都各有其用。聪明君王任用人才的道理，完全和巧匠选择木料的道理相同。聪明智慧之人用他的谋略，愚笨之人借用他的力气，勇敢之人利用他的威武，胆小之人采用他的谨慎，无论智愚勇怯，各取所长，各有所用。所以好的木匠能做到物尽其用，不扔掉一点材料；明主能做到人尽其才，没有一个是没有用的士人。不可因人的一件过错，而忘掉他所做的好处；也不可因某人偶然有过小过失，而掩盖他的功劳。设立不同的部门，安排具有不同特长的官员，充分地发挥出他们的才能来。

能容下一头牛的大鼎，不能用于烹鸡；捕捉小鼠的狸猫，不能用它去捕捉大野兽。小的容器，容不下江汉之水；装载百石的大车，数量极少的谷糠无法使它满载。什么原因呢？这就说明应分清大小轻重，随其器物而用，不能勉强。人也如此。人的智慧有高低，能力有大小，有的人胸中装着百事还觉得少，有的人只装着一件事还嫌多。才智浅的人不能委以重任，能力低的人不能依靠他们处理大事。君王在使用人才时，如果委官任职适得其所，不用劳动就能取得良好的效果。这就是设官授职适得其所。

何代无贤　但患不知

贞观二年，上谓右仆射封德彝[1]曰："致安之本，惟在得人。比来命卿举贤，未尝有所推荐。天下事重，卿宜分朕忧劳，卿既不言，朕将安寄？"对曰："臣愚岂敢不尽情，但今所见未有奇才异能。"上曰："前代明王，使人如器，不借才于异代，皆以士于当时。岂得待梦傅说，逢吕尚，然后为政乎？且何代无贤，但患遗而不知耳！"德彝惭赧[2]而退。

唐·吴兢《贞观政要·论择官》

【注释】

(1) 封德彝：名伦，渤海郡人。最初在隋朝任内史舍人，被重臣杨素所器重，常跟他议论天下事。唐太宗（629—649年在位）时官至尚书右仆射。(2) 惭赧：羞愧脸红。

【译文】

贞观二年（628年），唐太宗对右仆射封德彝说："国家达到安定团结的根本，只在于得到人才。近来让你举荐贤才，你却没有举荐一个人。治理天下事情繁多，你应该替我分担忧虑和劳苦，而你却没有这样做，让我去托付给谁呢？"封德彝回答说："我虽愚笨，但怎敢不尽心去做呢，只是没有发现有特殊才能的人。"唐太宗说："前代圣明的君王使用人才就像使用器物一样，用其所长，不向别的朝代借用人才，而用才于当代。难道非要等到如汤商梦见傅说，周文王遇到姜子牙那样的人才，然后再治理国家吗？况且哪个朝代没有贤能之人，只怕的是我们遗漏了人才却还不知道罢了。"封德彝羞愧地退下了。

比较长短　皆适其才

夫大木为杗(1)，细木为桷(2)。欂栌(3)侏儒，椳闑扂(4)楔，各得其宜。施以成室者，匠氏之工也。玉札丹砂，赤箭青芝，牛溲(5)马勃，败鼓之皮，俱收并蓄，待用无遗者，医师之良也。登明选公，杂进巧拙，纡(6)馀(7)为妍，卓荦为杰。较短量长，惟器是适者，宰相之方也。

唐·韩愈《韩昌黎集·进学解》

【注释】

(1) 杗（máng 忙）：房屋的大梁。(2) 桷（jué 决）：方形的椽子。(3) 欂栌（bólú 博炉）：柱顶上承托栋梁的方木。(4) 椳闑扂：椳（wēi 威），门臼，承托门转轴的臼状物；闑（niè），门橛，古代竖在大门中央的短木；扂（diàn 店），门闩。(5) 溲（sōu）：大小便，特指小便。(6) 纡（yū）：弯曲、绕弯。(7) 馀（yú）：通“余”。

【译文】

大木做屋梁，小木做椽子。枓栱、门臼、门中短木、门闩、门边短木，每一种木材都得到合理的使用。各用其长，用它们来建成房屋，这是木匠的技巧。地榆、朱砂、天麻、龙芝、车前草、马勃、破旧鼓皮，兼收并蓄，备齐待用而没有遗弃的，这是医师的高明技术。选拔人才，明断公允，选用各种人才，应以稳重委婉的为好，选超群出众者为英杰。比较长短优劣，都能根据他们的才能加以任用，这是宰相的治国之术。

取舍无择亲疏

古之所谓公无私者，其取舍进退无择于亲疏远迩，惟其宜可焉。其下之视上也，亦惟视其举黜之当否，不以亲疏远迩疑乎其上之人。故上之人行志择谊[1]，坦乎其无忧于下也[2]；下之人克己慎行，确乎其无惑于上也。是故为君不劳，而为臣甚易：见一善焉，可得详而举也[3]；见一不善焉，可得明而去也。

唐·韩愈《韩昌黎全集》卷十九《送齐皞下第序》

【注释】

(1) 谊：通“义”。合理而应当做的。(2) 坦乎：开朗，无隐瞒。(3) 详：审慎。

【译文】

古人所说的公正无私的人，他们对人的选取、舍弃、任用和黜退，不区别亲近或疏远，只是看其是否合适。这样，在下位的人看待上位的人，也只是看他选拔与贬斥人是否恰当，不以亲近或疏远怀疑在上位的人。所以在上位的人实行他的意志，选择所应当做的，心地坦然不需要顾虑在下位的人的看法；在下位的人克制自己的私欲，谨慎自己的言行，真心实意不需要疑惑在上位的人如何看自己。因此，当君主的不劳累，为臣的也很容易：发现一位好的人才，可以审慎地了解之后举荐任用；发现一人品行才能不好，可以申明之后贬退。

得贤之由　由乎审礼

致理之先，先于行道；行道之本，本于得贤；得贤之由，由乎审礼。若礼之厚薄定于此，则贤之优劣应于彼。故黜位而朝[(1)]，西面而事[(2)]，则师之才至矣。先之以身，下之以色，则友之才至矣。展皮幣之礼[(3)]，尽揖让之仪，则大臣之才至矣。南面而坐，使者先焉，则左右之才至矣[(4)]。凭几据杖[(5)]，以令召焉，则厮役之才至矣。是以得师者帝，得友者王，得大臣者霸，得左右者弱，得斯役者乱。然则求师而得友，求友而得臣者，有矣；未有求臣而得友，求友而得师者也。是故图帝而成王，图王而成霸者，有矣；未有图霸而成王，图王而成帝者也。夫以夷吾之贤，为不可召之臣，桓公所以霸齐也[(6)]；孔明之才，为非屈致之士[(7)]，刘氏所以图蜀也。夫欲霸一国、图一方，犹审其礼，行其道焉。况开帝王之业，垂无疆之休，苟无尊贤之风，师友之佐，则安能弘其理，恢其化乎？国家有天下二百年，政无不施，德无不备，惟尊贤之礼，未与三代同风，陛下诚能行之，则尽美尽善之事毕矣！

唐·白居易《白居易集·策林二·尊贤》

【注释】

(1) 黜位而朝：离开座位来拜见。(2) 西面而事：面朝西来事奉。西面，面向西。古代以西为尊。(3) 皮幣：皮币。毛皮和布帛，古代作为贵重的贡品和礼物。(4) 左右：在旁伺候的人，近侍。(5) 凭几据杖：倚着几靠着拐杖。指端起架子来。(6) “夷吾之贤”三句：夷吾，即管仲之名。齐公子小白与公子纠争位，管仲保护公子纠，曾射中小白带钩。公子纠死，小白立为齐桓公，知管仲贤，不仅释放管仲，而且亲迎于郊。结果管仲辅佐桓公成为霸主。(7) 非屈致之士：《三国志·诸葛亮传》载，徐庶向刘备推荐诸葛亮，刘备说：“君与俱来。”庶曰：“此人可就见，不可屈致也。将军宜枉驾顾之。”于是刘备三往乃见。

【译文】

达到太平安定的先决条件，是首先实践道德；实践道德的本源，在于获得贤能的人才；获得贤能人才的由来，在于详细考虑礼遇贤才的礼节。

礼节的厚薄程度定得什么样，相应所获得的贤才优劣就是什么样。所以离开座位来拜见，面向西来事奉，那么可做师傅的人才就到了。亲自走向前面，和颜悦色地接待，那么可做朋友的人才就到了。展示毛皮和布帛等礼品，尽到宾主相见的礼节，那么堪任大臣的人才就到了。面南而坐，先由使唤的人引导，那么当身边侍从的人才到了。倚着几案靠着拐杖，端起架子用命令来召唤，那么来到的只是供使唤跟随的人。因此获得师傅的能成就帝业，获得朋友的能成就王业，获得大臣的能成就霸业，获得近侍的衰弱，获得供使唤的人混乱。然而，求取师傅却获得朋友，求取朋友却获得大臣的情况是有的；求取大臣却获得朋友，求取朋友却获得师傅的情况是没有过的。因此图谋帝业而成就王业，图谋王业而成就霸业的情况是有的；图谋霸业而成就王业，图谋王业而成就帝业的情况是没有过的。以管仲的贤良，是不能够一召就到的大臣，齐桓公由此成就了霸业；诸葛亮的才能，是不能够委屈招致的人才，刘备由此图取到西蜀。想要在一国之内图谋霸业，图谋取得一方土地，更要详细考虑礼贤之礼，实践求贤之道，何况开创帝王的基业，使无限美好的江山流传下去，如果没有尊敬贤才的风尚，获得为师为友的人才作为辅佐，那么怎能够弘扬他的治国之道，发扬他的教化呢？大唐帝国拥有天下二百年来，政策没有不实施的，恩德没有不完备的，只有尊敬礼遇贤才的风气，还赶不上夏商周三代，如果陛下确实能够尊贤重士，那么真是尽善尽美到底了！

辨才而仕　各得其位

夫官既备而事未举，才既用而政未成者，由官与才不相得也。且官有大小繁简之殊，才有短长能否之异，称其任，则政立；枉[1]其能，则事乖[2]。故先王立庶官而后求人，使乎各司其局也。辨众才而后入仕，使乎各尽其能也。如此，则官虽省，才虽半，可得而理矣。若以短任长，以大授小；委其不可而望其可，强其不能而责其能。如此，则官虽能，才虽倍，无益于理矣。

唐·白居易《白居易集·策林二·审官》

【注释】

(1) 枉：屈就，用于别人，含敬意。(2) 乖：不顺、不和谐。

【译文】

各种官职任免完备，可是事情没有做成，各种人才被任用，可是国家大事并没有处理好，这是官职的设立和人才的任用没有相互匹配的缘故。

官职有大有小，工作有繁有简，人才也有才大、才疏能力有无之分，如果称其职，那么就会成功，如果不称其职，政事就失败。因此先王设立百官而后拔人才，使他们各司其职；辨别众人的才能而后让他们做官，使人人尽其所能。这样一来，官位虽少了，人也减了，但事情却处理得井井有条。

如果让一个人去做他力所不及的事情，或是小材大用；希望一个人去完成他不能办成的事情，强求那些没有能力的人去做出其能力以外的事情，这样一来，官职虽然完备，人才虽然多了几倍，却无济于事。

李勣有知人之荐

武德初[1]，李勣衍黎阳仓[2]，就食者数十万人。魏征、高季辅、杜正伦、郭孝恪皆客游其所，一见于众人之中，既加礼敬。平武牢获郑州长史戴胄[3]，释放推荐之，当时以为有知人之鉴。又贞观元年，勣主并州都督，时侍中张文瓘为参军事。勣尝叹曰："张稚珪后来管、萧[4]，吾不如也。"待以殊礼。时有二寮[5]，亦被礼接。勣将入朝，一人赠以佩刀，一人赠以玉带，文瓘独无所及。因送行二十里，勣曰："谚云：'千里相送，归于一别'。稚珪何行之远也，可以还矣。"文瓘曰："均承尊奖。彼皆受赐而返，鄙独见遗，以此于悒[6]。勣曰："吾子无苦。老夫有说。某迟疑少决，故赠之以刀，戒令果断也。某达而不拘，故赠以带，戒令检约也。吾子宏才特达，无施不可，焉用赠焉?"因极推引。后文瓘果累迁至侍中。

北宋·李昉《太平广记》卷一六九

【注释】

(1) 武德：唐高祖年号（618—626年）。(2) 李勣：唐初大将，本姓徐，名世昌，字懋功，曹州离狐人。初参加翟让起义，后降唐，赐姓李。(3) 平武：县名，在四川北部，涪江上游，邻接甘肃省，晋朝时改名为平武县。(4) 管、萧：指春秋时齐国的管仲与西汉时的萧何。(5) 寮：通"僚"。(6) 于悒：通"郁悒"，忧愁、苦闷的意思。

【译文】

唐高祖武德初年，李勣攻取黎阳粮仓，前来就食的有几十万人。魏征、高季辅、杜正伦、郭孝恪等都来此观看，李勣在众人之中发现他们，对他们礼敬有加。在平武县牢中发现了郑州长史戴胄，李勣立即将他释放并向朝廷举荐他，这一件事被时人议论为有知人之明。贞观元年（627年），李勣为并州都督，当时侍中张文瓘任参军事。李勣曾赞叹说："张稚珪（张文瓘的字）以后可与管仲、萧何比，我比不上他。"并用特殊的礼节对待他。当时李勣身边有两位僚属，也受到他的礼遇。李勣准备入朝，对这两位僚属，一人赠了把佩刀，另一人赠了条玉带，而唯独对张文瓘什么都没有送。张文瓘为李勣送行二十余里，李勣说："古人谚云：'千里相送，终归一别。'稚珪你为何送我这么远呢？现在你可以回去了。"张文瓘说："他们都受到你的赏赐后才回去，唯独把我忘记了，因此心中非常苦闷。"李勣说："先生您不要烦恼。我这是有原因的。他们二人，一人办事迟疑不果断，所以赠给他一把刀，戒令他行事果敢。另一人办事没有约束，所以赠给他一条束带，以戒令他检束自己的行为。先生您有雄才大略，做什么事都行，哪里需要我赠物以戒令呢！"因此极力推荐他。后来张文瓘经多次升迁官至侍中。

进贤不以次

天下不患[1]乏人，患在不用。用人之道，不必分文武之异、限高卑之差，在其人如何耳。若得不次进用，则必有成效。荀子曰："大贤不待次而举，大恶不待次而诛。"谓进贤退不肖，岂须岁月哉！

北宋·包拯《包拯集·天章阁对策》

【注释】

(1) 患：忧虑。

【译文】

天下不担心缺乏人才，只担心不用人才。用人之道，不必区分文、武，限制等级高下，而应该注重其人德才的如何。如果能够不依等级次第进用人才，则必然会有成效。荀子说："特别贤能的人，举用不必按照等次排序；罪恶昭彰的人，诛罚不必依次。"这就是说，进用贤能的人、退黜不才之辈，何必要等到一定的时候呢！

才德辨识与轻重

夫才与德异，而世俗莫之能辨，通谓之贤，此其所以失人也。夫聪察强毅之谓才，正直中和之谓德。才者，德之资也；德者，才之帅也。……才德全尽谓之“圣人”，才德兼亡谓之“愚人”；德胜才谓之“君子”，才胜德谓之“小人”。凡取人之术，苟不得圣人、君子而与之，与其得小人，不若得愚人。何则？君子挟才以为善，小人挟才以为恶。挟才以为善者，善无不至矣；挟才以为恶者，恶亦无不至矣。愚者虽欲为不善，智不能周，力不能胜，譬如乳狗搏人，人得而制之。小人智足以遂其奸，勇足以决其暴，是虎而翼者也，其为害岂不多哉！夫德者人之所严，而才者人之所爱；爱者易近，严者易疏，是以察者多蔽[(1)]于才而遗于德。自古昔以来，国之乱臣，家之败子，才有余而德不足，以至于颠覆者多矣！……故为国为家者苟能审于才德之分而知所先后，又何失人之足患哉！

北宋·司马光《资治通鉴》卷一

【注释】

(1) 蔽：欺骗、蒙蔽。

【译文】

才与德本不是一回事，但世俗往往不能加以区分，通称之为贤，这就是在用人上导致失误的原因。一个人天资聪敏，善于分析，果敢刚毅，这便是有才；一个人为人正直，恪守儒家中庸之道，这便是有德。才是辅助德的，德是统率才的。……才和德皆优的人叫做“圣人”，才和德皆无的人叫做“愚人”，德高才弱的人叫做“君子”，有才无德的人叫做“小人”。

选拔人才的方法，如果找不到圣人和君子，与其任用小人，还不如任用愚人。这是为什么呢？因为君子凭借才能做好事，小人凭借才能做坏事。凭借才能做好事，一切好事都能做到；凭借才能做坏事，也能把一切坏事做绝。愚人即使想做坏事，但智慧达不到，力不从心，犹如吃奶的狗要咬人，人可以将其制服。而小人的智力却足以使他顺利地实现邪恶的目的，其勇气足以使他作出实施暴力的决定，这好比为虎添翼，难道为害还不严重吗?

有德者使人敬畏，而有才者招人喜爱，招人喜爱者容易令人亲近，敬畏者容易令人疏远，所以考察人才时往往被一个人的才能蒙蔽而忽略了他的品德。古往今来，国家的乱臣贼子，家庭中的不肖子孙，多是才有余而德不足，才导致了家破国亡！……所以治国理家的人，如能区分才和德这两个不同的概念，而且能够摆正先后轻重的次序，又何必担心失去人才呢!

刘邦用人所长

周勃[1]、灌婴等言于汉王曰[2]："陈平虽美如冠玉[3]，其中未必有也。臣闻平居家时盗其嫂；事魏不容，亡归楚；不中，又亡归汉。今日大王尊官之，令护军。臣闻平受诸将金，金多者得善处，金少者得恶处。平，反覆乱臣也，愿王察之！"汉王疑之，召让魏无知。无知曰："臣所言者能也，陛下所问者行也。今有尾生、孝己之行，而无益胜负之数，陛下何暇用之乎！楚、汉相距，臣进奇谋之士，顾其计诚足以利国家不耳。盗嫂、受金，又何足疑乎！"汉王召让平曰："先生事魏不中，事楚而去，今又从吾游，信者固多心乎！"平曰："臣事魏王，魏王不能用臣说，故去；事项王，项王不能信人，其所任爱，非诸项，即妻之昆弟，虽有奇士不能用。闻汉王能用人，故归大王。臣裸身来，不受金无以为资。诚臣计画有可采乎（者），愿大王用之；使无可用者，金具在，请封输官，得其骸骨。"汉王乃谢，厚赐，拜为护军中尉，尽护诸将。诸将乃不敢复言。

北宋·司马光《资治通鉴》卷九

【注释】

(1) 周勃（？—前169年）：西汉初沛县（今属江苏）人。少时织薄曲（蚕具）为生。秦末从刘邦起义，以功名为将军，封绛侯。汉初又从刘邦平定韩王信、陈豨和卢绾的叛乱。惠帝时，任太尉；文帝时，又为丞相。(2) 灌婴（？—前176年）：西汉初睢阳（今河南商丘南）人。初以贩缯帛为业。秦末农民战争中归依刘邦，从入汉中。楚汉战争时，率骑兵转战各地。刘邦称帝，任车骑将军，封颖阴侯。后与陈平、周勃共同平定吕氏的叛乱。迎立文帝，任太尉，后为丞相。(3) 陈平（？—前178年）：西汉初阳武（今河南原阳东南）人。陈胜起义，他投魏王咎，为太仆。后从项羽入关，任都尉。旋归刘邦，任护军中尉。汉朝建立，封曲逆侯。惠帝、吕后时任右丞相，文帝时任左丞相。

【译文】

周勃、灌婴等人对汉王刘邦说："陈平虽然外表俊美，好像装饰帽子的美玉，但腹中未必有真才实学。我听说陈平在家乡时曾和他的嫂子私通；为魏王做事时，因魏王容不下他，于是离开魏王投奔楚国；在楚国未被重用，才来投汉。今日大王如此器重他，授以高官，命他来当护军。我们听说陈平收受将领们送的金钱，送钱多的人就能得到较多的好处，送钱少的人就会遭到不公正的待遇。看来陈平是个反复无常的乱臣，希望大王明察!”于是，汉王对陈平心生疑忌，马上将陈平的引荐人魏无知召来问话。魏无知说：“我所说的是陈平的才能，陛下现在责问的是陈平的品行。现在如果有人即使具备尾生、孝己那样讲信义、懂孝顺的品行，但缺乏对决定胜负命运有所补益的卓越才能，陛下哪里有闲暇对他们加以任用呢！如今楚汉相争，我向大王推荐深怀奇谋的人才，考虑的只是他的计谋是不是确实有利于国家罢了，至于说他私通嫂子、收受贿赂，这难道也值得怀疑吗!”汉王立即将陈平再次召来责问道：“你侍奉魏王得不到重用，又去侍奉楚王，而旋即又离去，如今又跑到我的门下与我共事，守信义的人原来都像你这样三心二意吗?”陈平说：“我为魏王办事，魏王不能采纳我的计策，所以我才离去，为项羽所用。项羽对所使用的人才不信任，尽用他所宠爱的人，不是用本家，就是其妻的兄弟，即便是有身怀奇谋的人，他也弃而不用。我听说汉王您知人善任，因此才来归附于您。我两手空空而来，不收受金钱就无法维持日常开销。如果我的计策的确有值得大王采纳的地方，大王即可采用它；假如我的计策毫无价值，无法采纳，那么我收受的金钱全在这里，就请让我将其封存好送到官府中，并准许我辞去官职。”汉王于是向陈平道歉，并给陈平以重赏，任命他为护军中尉，负责监督全军所有的将领。诸将便再也不敢乱说了。

识人用人是取胜之根本

帝置酒雒阳南宫。上曰："彻侯诸将毋敢隐朕，皆言其情。吾所以有天下者何？项氏之所以失天下者何？"高起、王陵[1]对曰：陛下使人攻城略地，因以与之，与天下同利；项羽不然，有功者害之，贤者疑之，此其所以失天下也。"上曰："公知其一，未知其二。夫运筹帷幄之中，决胜千里之外，吾不如子房；镇国家，抚百姓，给饷馈，不绝粮道，吾不如萧何；连百万之众，战必胜，攻必取，吾不如韩信。三者皆人杰，吾能用之，此吾所以取天下者也。项羽有一范增[2]而不能用，此所以为我禽也。"群臣说服。

北宋·司马光《资治通鉴》卷一一

【注释】

(1) 王陵（？—前181年）：西汉初沛县（今属江苏）人。秦末农民战争中，聚众数千人据南阳（今河南南阳），后归刘邦，转战各地。汉朝建立，封安国侯，任右丞相。因反对吕后封诸吕为王，罢相，改任太傅，病死。(2) 范增（公元前277—前204年）：秦末居鄛（今安徽桐城南）人。秦末农民战争中，劝项梁立楚王族后裔为楚怀王。秦军围巨鹿，楚怀王派宋义、项羽等救赵，以他为末将。后属项羽，为其主要谋士，封历阳侯，尊为亚父。他屡劝项羽杀刘邦，项羽不听。后项羽中刘邦反间计，削其权力，他忿而离去，途中病死。

【译文】

汉高祖刘邦在洛阳南宫举行盛大宴会，说道："各位列侯、诸位将军，千万不要对朕隐瞒，都来讲讲这个道理：朕所以能拥有天下的原因是什么？项羽之所以失掉江山的理由又是什么呀？"高起、王陵答道："陛下命人攻城掠地，攻取了城邑、土地就分封给有功之臣，与大家同享利益；项羽则不是这样，残害功臣，猜疑贤人，这就是他失去天下的原因。"高祖说："你们只知其一，不知其二。要说运筹帷幄之中，决胜千里之外，我不如张良；镇守国家，安抚百姓，供给粮饷，确保粮道畅通，我不如萧何；统领百万大军，战必胜，攻必取，我不如韩信。这三位都是人中豪杰，我能够任用他们，这才是我取得胜利的根源。项羽有一个谋士范增，但他却弃而不用，这就是项羽之所以被朕擒获打败的原因了。”群臣对刘邦的见解心悦诚服。

养士以求贤才

夫不素养士而欲求贤，譬[1]犹不琢玉而求文采也。故养士之大者，莫大虖[2]太学；太学者，贤士之所关也，教化之本原也。今以一郡、一国之众对，亡应书者，是王道往往而绝也。臣愿陛下兴太学，置明师，以养天下之士，数考问以尽其材，则英俊宜可得矣。今之郡守、县令，民之师帅，所使承流而宣化也；故师帅不贤，则主德不宣，恩泽不流。今吏既亡教训于下，或不承用王上之法，暴虐百姓，与奸为市，贫穷孤弱，冤苦失职，甚不称陛下之意；是以阴阳错缪，氛气充塞，群生寡遂，黎民未济，皆长吏不明使至于此也！

夫长吏多出于郎中、中郎、吏二千石子弟，选郎吏又以富訾[3]，未必贤也。且古所谓功者，以任官称职为差，非谓积日累久也；故小材虽累日，不离于小官，贤材虽未久，不害为辅佐，是以有司竭力尽知，务治其业而以赴功。今则不然，累日以取贵，积久以致官，是以廉耻贸乱，贤不肖浑殽[4]，未得其真。臣愚以为使诸列侯、郡守、二千石各择其吏民之贤者，岁贡各二人以给宿卫，且以观大臣之能；所贡贤者有赏，所贡不肖者有罚。夫如是，诸吏二千石皆尽心于求贤，天下之士可得而官使也。遍得天下之贤人，则三王之盛易为，而尧、舜之名可及也。毋以日月为功，实试贤能为上，量材而授官，录德而定位，则廉耻殊路，贤不肖异处矣！

北宋·司马光《资治通鉴》卷一七

【注释】

(1) 譬（pì）：譬如。(2) 虖（hū）：同“乎”。介词。(3) 訾（zǐ）：钱财。(4) 浑殽（xiáo）：同“混淆”。

【译文】

平常不招徕和尊重士人，而想求得贤能之臣，就好像不雕琢玉石而想得到花纹美丽的玉器一样。所以，招徕和尊重士人的方法，莫过于兴建太学；太学，是贤士的来源，是推行教化的根本。现在，让一郡、一国的所有民众都来回答，而没有一个符合诏书要求的人才，这说明上古圣王之道常常灭绝了。臣希望陛下兴建太学，设置学识渊博的老师，用来培养天下的士人，经常考试以便学生能全面表现自己的才能，就可以得到出类拔萃的人杰了。现在的郡守和县令，是百姓的表率，其职责就在于上承仁德而向下传播教化；所以，如果这些表率人物无德无才，就会使君主仁德不能传播，恩泽不能流布。现在的官吏都不能教化民众，有的还不遵守朝廷的法度，残酷地虐待百姓，与坏人勾结，贪求财利，百姓贫困孤弱，冤屈痛苦，无法维持生计，很不符合陛下的意愿，所以阴阳错谬，民怨沸腾，百姓很难拥护，大众不能休养生息，都是官吏不贤明导致的这个结果！

官吏大部分出自郎中，中郎、二千石官员的子弟，选任郎官又以家庭富有资财为条件，所选的人未必是贤能的人。而且，古代所说的“功”，是按照任官政绩的好坏来区分大小，并不是指任职的累积时间；所以，本事小的人，即使是任职时间很长，也仍做小官，贤能的栋梁之才，即使是任职时间很短，也不妨做辅政大臣，所以，主管官吏的部门都尽心竭力了解，要求做好本职工作而考核功业。现在就不是这样了，累积时日就可以猎取富贵，任期长久就可以升官晋职，因此，廉洁与耻辱相互转化，贤能和不肖混淆，不能判明真伪。我认为应让列侯、郡守、两千石官秩的官员，各自从所管理的官吏、百姓中选择贤能的人，每年向朝廷选送二人，到宫中服务，而且可以用这种方法来观察大臣的才能高低；选送的人有贤德，就给以赏赐，选送的人不好，就给以惩罚。像这样，所有两千石官员都会全力以赴地寻求贤人，天下的人杰都可以被任命官员而为皇上效力了。把天下的贤人都吸收到朝廷中来，那么，三代圣王的功业不难于造就，而且尧舜的美名也可以企及。不要用任职时间长短计算功劳，而以实际考察出来的贤能为上，根据每人才能大小授以不同的官职，核查品行的高低而确定不同的地位，就会使廉洁和耻辱、贤与不肖区别得很清楚了！

特殊人才可授大任

上以名臣文武欲尽，乃下诏曰："盖有非常之功，必待非常之人。故马或奔踶而致千里[1]，士或有负俗之累而立功名。夫泛驾之马，跅弛之士[2]，亦在御之而已。其令州郡察吏民有茂才、异等可为将相及使绝国者。"

北宋·司马光《资治通鉴》卷二一

【注释】

(1) 踶：踢；踏。(2) 跅：放荡。

【译文】

汉武帝因为朝中有名的文武大臣快要没有了，因此颁布诏书："凡是有非常的功业，必须等待非常的人去完成。所以有的马虽然狂暴不驯，却能一口气奔驰千里；有的士人虽然被世俗所不容，却能建功立业。无论是普通驾车之马，还是狂放不羁之士，都只在驾驭而已。命令各州郡官长考察本地官吏和平民百姓中，是否有才能优秀或不同凡俗，能够胜任将相之职，或出使遥远国家的人，向朝廷推荐。"

任贤使能　何有新旧

魏光禄大夫咸阳文公高允，历事五帝，出入三省，五十馀年，未尝有谴[1]；冯太后及魏主甚重之，常命中黄门苏兴寿扶侍。允仁恕简静，虽处贵重，情同寒素；执书吟览，昼夜不去手，诲人以善，恂恂不倦；笃亲念故[2]，无所遗弃。显祖平青、徐，悉徙其望族于代，其人多允之婚媾，流离饥寒；允倾家赈施，咸得其所，又随其才行，荐之于朝。议者多以初附间之，允曰："任贤使能，何有新旧！必若有用，岂可以此抑之！"允体素无疾，至是微有不适，犹起居如常，数日而卒，年九十八。

北宋·司马光《资治通鉴》卷一三六

【注释】

(1) 谴：责备。(2) 笃：忠诚、厚道，引申为深、甚。

【译文】

北魏光禄大夫、咸阳文公高允，一生侍奉过五位皇帝，在尚书省、中书省、秘书省三省中担任过重要职位，五十多年，从未受到过责备。冯太后和孝文帝都非常看重他，经常命令黄门苏兴服侍他。高允仁义宽厚，简朴恬静，虽然处在极其尊贵重要的位置上，但是，他的行为举止却跟普通士人一样。他拿起书来不停地吟咏浏览，无论是白天还是夜里总是书不离手。他教诲别人向善学好，诚恳耐心地引导，从不感到厌倦。他顾念亲人、故旧，从不忘记、抛弃他们。当献文帝拓跋弘夺取刘宋青州、徐州时，把当地望族全都迁到了代郡，他们中有很多人都是高允的姻亲，流离失所、饥寒交迫地来到这里，高允拿出全部家产赈济，使他们得到安置。接着，高允又在他们当中根据才能品行的不同，把一些人推荐给朝廷。当时朝中许多人都因他们刚刚归附而不加信任。高允说："任用贤才，使用能人，为什么要分他是新归附的还是早就归附的呢？如果他们肯定有用，怎么可以用这种理由去压制他们！"高允身体一向无病，到这年，稍感不适，但他的起居仍如平日一样。几天之后去世，享年九十八岁。

劳于求贤　逸于任使

见上勤于听受，百僚奏请，多有烦碎，上疏谏曰：“臣闻上古圣帝，莫过唐、虞，不为丛脞[1]，是谓钦明。舜任五臣，尧咨四岳，垂拱无为，天下以治。所谓劳于求贤，逸于任使。比见陛下留心治道，无惮疲劳，亦由群臣惧罪，不能自决，取判天旨，闻奏过多。乃至营造细小之事，出给轻微之物，一日之内，酬答百司。至乃日旰忘食，夜分未寝，动以文簿，忧劳圣躬。伏愿察臣至言，少减烦务。若经国大事，非臣下裁断者，伏愿详决。自余细务，责成所司；则圣体尽无疆之寿，臣下蒙覆育之赐。”上览而嘉之，因曰：“柳彧直士[2]，国之宝也。”

宋·司马光《资治通鉴》卷一七五

【注释】

(1) 脞（cuò 错）：小，琐细。丛脞，细碎，烦琐。(2) 彧：yù。

【译文】

隋文帝开皇（公元 581—604 年）年间，治书侍御史柳彧见文帝勤于听政理事，百官奏请非常琐碎，于是上书规谏说：“我听说古代圣明的帝王，没有比得上唐尧、虞舜的。唐尧、虞舜从不过问细小的事务，因此被称为圣明的君主。虞舜委任禹、稷、契、皋陶、伯益五位大臣处理政务，唐尧经常向四方诸侯咨询治国的方针政策。这两位君主都垂衣拱手，无为而天下大治。这种做法就是人们所讲的劳于求贤，逸于任使。近来见陛下留心治国安邦之道，不辞劳苦，勤于听政理事；也是因为百官害怕有过失获罪，遇事不敢做主，事无大小都奏请皇帝决定批阅的奏章过多。这样一来，就连工程建设方面的细小事务，发放少量财物等，都要奏请陛下批准。陛下在一日之内须批复百官各方面的奏请，以致废寝忘食，夜以继日地为批复公文奏章而操心劳累。请求陛下体察我的肺腑之言，稍微减少一些琐碎事务。如果是有关治国安邦的重大政务，大臣们不能处理，可请求陛下详察决断。其余琐碎的具体事务，则责成有关的职能部门自行处理。如此，陛下圣体安逸，享无疆之寿，百官尽职尽责，报答陛下培育之恩。”隋文帝看了他的奏疏后称赞说：“柳彧这样的忠直之士，的确是国家的宝贵财富。”

司马光论用人之道

臣光曰：臣闻用人者，无亲疏、新故之殊，唯贤、不肖之为察。其人未必贤也，以亲故而取之，固非公也；苟贤矣，以亲故而舍之，亦非公也。夫天下之贤，固非一人所能尽也，若必待素识熟其才行而用之，所遗亦多矣。古之为相者则不然，举之以众，取之以公。众曰贤矣，己虽不知其详，姑用之，待其无功，然后退之，有功则进之；所举得其人则赏之，非其人则罚之。进退赏罚，皆众人所共然也，己不置毫发之私于其间。苟推是心以行之，又何遗贤旷官(1)之足病哉！

北宋·司马光《资治通鉴》卷二二五

【注释】

(1) 旷官：空居官位，指不称职。

【译文】

司马光说：我听说任用人才，没有亲近疏远、新识故交的区别，只需考察是贤能还是不贤能。一个人不一定贤能，却因为是亲人、故交而任用了，这本来就是不公正的；如果具有贤能，因为是亲人或故交而不加以任用，这同样也不公正。天下有贤德之人，不是一人所能尽数推荐的，如果一定要等到从不相识到熟知其才干和品行后才予以任用，那么遗漏的人才就太多了。从前做宰相的人就不这样做，他们让众人推荐贤才，公正地加以任用。众人都说某人有才能，自己虽然知道得并不详尽，也暂时予以任用，等到他并不能建功，然后再将他辞退；建功了，就提升他。对推荐了贤才的人要给予奖赏；对于推荐了庸才的人，要给予处罚。升迁、辞退、奖赏、处罚，都是众人认为公允正确的，自己在这中间并没有掺杂丝毫私心。如果真正将这种公正之心推广施行，又怎么会出现遗漏贤能的人和用人不当的弊病呢！

选才要注意德才和功绩

协律郎沈既济上选举议[1]，以为："选用之法，三科而已[2]：曰德也，才也，劳也。今选曹皆不及焉；考校之法[3]，皆在书判、簿历、言词、俯仰而已[4]。夫安行徐言[5]，非德也；丽藻芳翰[6]，非才也；累资积考[7]，非劳也。执此以求天下之士，固未尽矣。今人未土著[8]，不可本于乡闾[9]；鉴不独明，不可专于吏部。臣谨详酌古今，谓五品以上及群司长官，宜令宰臣进叙，吏部、兵部得参议焉。其六品以下或僚佐之属[10]，许州、府辟用，其牧守、将帅或选用非公，则吏部、兵部得察而举之，罪其私冒。不慎举者，小加谴黜[11]，大正刑典[12]。责成授任，谁敢不勉！夫如是，则贤者不奖而自进，不肖者不抑而自退，众才咸得而官无不治矣。"

北宋·司马光《资治通鉴》卷二三六

【注释】

（1）协律郎：汉武帝时设协律都尉，晋代改称协律校尉，后魏改称协律郎。（2）科：方面。（3）考校：考核、检验。（4）书判、簿历、言词、俯仰：书判指书法优雅，文词华美，文理通畅；簿历指历年积累的成绩和资本；言词指语言表达和辩论能力；俯仰指当面观察其体貌是否丰伟，言辞是否恰当。（5）安行徐言：行为稳重，说话缓慢。（6）丽藻芳翰：辞藻优美，文笔秀丽。（7）累资积考：积累的资历与成绩。（8）土著：在地方的簿籍上登记。（9）乡闾：乡间邻里。（10）僚佐：幕僚或辅佐之类的人。（11）谴黜：谴谪罢免。（12）正刑典：依法用刑。

【译文】

协律郎沈既济在向唐肃宗上奏选任官员的奏折中认为："选拔录用官员的办法，主要由三个基本要素组成：这就是德行、才干、劳绩。如今选官任职却完全不按照这些去做。现在选拔考察官员的办法，都是按照书法文理、资历档案、能说会道和应对周旋等方面。办事稳妥、讲话和缓，这并不就是德行；写字行文，华词丽句，这并不就是才干；资格很老，考绩不少，这并不就是劳绩。用这些作标准招揽天下的有才之士，肯定会有贤达被遗漏。现在的官员大多数是异地做官，所以不可能采取从乡间一级级举荐的模式。鉴别事务由一个部门说了算，就很难做到公正全面，所以审查官吏不能仅仅依靠一个吏部。我详细地考证过古今选拔考核官员的制度，认为五品以上以及朝廷中各部门的长官，应当让宰相一级的官员提出人选和推荐理由，吏部和兵部应该参与审查把关并提出意见。六品以下的官员和幕僚佐吏等人员，允许州、府自行任用。如果牧守、将帅在选拔中有徇私舞弊的现象，吏部和兵部就应该揭发检举他们，对他们的舞弊行为治罪。举荐和使用人才不负责任，而没有造成严重后果的，予以公开斥责或贬官降职；造成严重后果的，要追究举荐官员的法律责任。大家都按一定规矩让朝廷各级官员为国荐贤，并且赏罚分明，举荐的官吏们谁还敢不勤勉为国出力呢！各级官府都能够做到这些，德才兼备的人不用重重的奖励就能前往；没有才干靠歪门邪道得势的人，不用刻意去抑制就会消失。天下的贤德之人都为国家所用了，朝廷的吏治也就自然廉明了。”

用贤不专　不如不用

用贤不能专，与不用同也。明主为之，不然；审求天下之大贤而亟用之、专用之，举社稷百姓而委属之，虽有至亲不能夺也，虽有至贵不敢争也，虽有诲巧不能间也，确然若胶漆之相合，视其际而不可得见也(1)。然后贤者得竭其心而施其才，不忧怨贩之口，不惧猜嫌之迹。

北宋·司马光《温国文正司马公文集》卷七一

【注释】

(1) 际：分界，指交界之处。

【译文】

任用贤能而不能专一，与不用一样。圣明的君主就不是这样做，而是精心选择天下贤能之士而迅速任用、才职相匹，加以倚重，把关乎国家、百姓的大事都交给他们去办。即使是君主最亲近的亲属也不能侵夺贤臣的职权，即使是地位最高贵的人也不能与贤臣相争，即使是搬弄是非的小人也不能离间君主对贤臣的信任，君臣关系如胶漆黏合般牢固，想要从中找到缝隙是不可能的。这样，贤者才能尽心竭力施展才华，而不必担忧诲言的伤害，不必担忧引起猜忌嫌疑的事情。

精察　审用　则人才出

人之有材能者，其形何以异于人哉？惟其遇事而事治，画策而利害得，治国而国安利，此其所以异于人者也。上之人苟不能精察之、审用之，则虽抱皋、夔、稷、契[1]之智，且不能自异于众，况其下者乎？……古之人君，知其如此，故不以天下为无材，尽其道以求而试[2]之。试之之道，在当其所能而已。……铢[3]量其能而审处之，使大者、小者、长者、短者、强者、弱者无不适其任者焉。其如是则士之愚蒙鄙陋者，皆能奋其所知以效小事，况其贤能智力卓荦[4]者乎！呜呼！后之在位者，盖未尝求其说而试之以实也，而坐曰"天下果无材"，亦未之思而已矣。……噫！今天下盖尝患无材可用者。……今亦患上之不求之、不用之耳。天下之广、人物之众，而曰"果无材"者，吾不信也。

北宋·王安石《王文公文集·材论》

【注释】

(1) 皋：即皋陶，相传为舜的司法官。夔（kuí 葵）：相传为尧舜的乐官。稷：即后稷，相传为尧舜的农官，周族始祖。契（xiè 屑）：相传为舜的司徒，掌教化。以上四人均以精明强干、忠于职守著称，被后世誉为辅佐大臣的楷模。(2) 试：此处指考验。(3) 铢（zhū 朱）：仔细衡量。(4) 卓荦（luò 落）：特别、突出。

【译文】

有才能的人，从外表来看，与一般人没有什么区别，只是他们遇到事情时能够处理得当，出谋划策时能够切中要害，治理国家而国家安定祥和，这就是他们异于常人之处。所以，居于上位者如果不能精心观察、审慎使用他们，这些人即使怀有皋、夔、稷、契的才智，也不能自然地区别于众人，何况不如他们的人呢！……古代的君王懂得这种情况，所以不认为天下没有人才，而用尽各种方式去搜求、考验人才。考验的方法，在于用其所能。……仔细衡量其才能而审慎地予以委任，使大者、小者、长者、短者、强者、弱者各适其任。这样，即使士人中愚昧鄙陋者，也能发愤贡献他们所有知识，在小事上效力，何况贤能智慧突出的人呢！可惜啊！后世在位的人，未曾探求其主张而以实际情况加以检验，反而却坐叹“天下果然没有人才”，这不过是没有认真考虑罢了。……唉！如今天下确曾顾虑无才可用。……当今也应该顾虑上面不求人才、不用人才。天下如此之广阔，人物如此之众多，而说“确实没有人才”，我不相信。

用人忌三蔽

天下之患，不患材之不众，患上之人不欲其众；不患士之不欲为，患上之人不使其为也。夫材之用，国之栋梁也，得之则安以荣，失之则亡以辱。然上之人不欲其众、不使其为者，何也？是有三蔽焉。其尤蔽者，以为吾之位可以去辱绝危，终身无天下之患；材之得失无补于治乱之数，故偃然[1]肆吾之志，而卒入于败乱危辱，此一蔽也。又或以谓吾之爵禄富贵足以诱天下之士，荣辱忧戚在我，吾可以坐骄天下之士，将无不趋我者，则亦卒入于败乱危辱而已，此亦一蔽也。又或不求所以养育取用之道，而諰諰然以为天下实无材，则亦卒入于败乱危辱而已，此亦一蔽也。此三蔽者，其为患则同；然而用心非不善而犹可以论其失者，独以天下为无材者耳，盖其心非不欲用天下之材，特未知其故也。

北宋·王安石《王文公文集·卷三二·材论》

【注释】

(1) 偃（yǎn 演）然：安然傲慢的样子。

【译文】

天下最可担心的事，不在于人才不多，而在于居处高位的人不愿意人才众多；不在于士人不愿有所作为，而在于居处高位的人不让他们有所作为。人才得到使用，就是国家的栋梁。得到人才，则国家安定且繁荣；失去人才，则国家灭亡且受辱。然而，居处高位的人不愿意人才众多，不使其有所作为，这究竟是什么原因呢？是因为有“三蔽”。之所以能成为蔽障，是由于居处高位者认为自己的地位可免去屈辱，杜绝危难，终身不会有失去天下的忧患；认为人才的得失对国家安危存亡无补，因而傲慢安然，任意妄为，而终至于败乱危辱，这是第一蔽。有的居处高位者则认为自己掌握的爵禄富贵足以吸引招募天下士人，其荣辱忧戚都在自己的控制之中；所以我可以傲视天下士人，而他们仍将趋附于我，这样亦终至于败乱危辱罢了，这又是一蔽。又有的居处高位者不探求养育、取用士人的方法，而惶惑不安，认为天下确实没有人才，也终至于败乱危辱，这也是一蔽。这三蔽所造成的祸患是相同的。然而用心善良，还可以论其过失的，只是第三种以为天下没有人才的，这些人内心并不是不想使用天下之才，只是不明白其中的道理罢了。

量才而任　考绩而黜陟[1]

所谓任之之道者，何也？人之才德，高下厚薄不同，其所任，有宜有不宜。先王知其如此，故知农者以为后稷，知工者以为共工。其德厚而才高者以为之长，德薄而才下者以为之佐属。又以久于其职，则上狃习而知其事，下服驯而安其教；贤者则其功可以至于成，不肖者则其罪可以至其著；故久其任而待之以考绩之法。夫如此，故智能才力之士，则得尽其智以赴功，不患其事之不终，其功之不就也。偷惰苟且之人，虽欲取容于一时，而顾僇[2]辱在其后，安敢不勉乎？若夫无能之人，固知辞避而去矣。居职任事之日久，不胜任之罪，不可以幸而免故也，彼且不敢冒而知辞避矣，尚何有比周、谗谄、争进之人乎？取之既已详，使之既已当，处之既已久，至其任之也又专焉，而不一一以法束缚之，而使之得行其意，尧、舜之所以理百官而熙众工者，以此而已。《书》曰："三载考绩，三考，黜陟幽明。"此之谓也。然尧、舜之时，其所黜者则闻之矣，盖四凶是也；其所陟者，则皋陶、稷、契，皆终自一官而不徙。盖其所谓陟者，特加之爵命、禄赐而已耳。此任之之道也。

北宋·王安石《王文公文集·上仁宗皇帝言事书》

【注释】

(1) 陟（zhì志）：晋升、进用。(2) 僇（lù路）：侮辱。

【译文】

使用人才的原则是什么呢？人的才能、品德，有高低厚薄之别，他们的任职，有的适合，有的不适合。以前的君王知道这个道理，所以让懂农业的做管农业的官，让懂工业的做管百工之官。让道德高尚、才华出众的人做统领官，让德薄才低的人做他们的属员。另外，久任其职利于熟悉业务，下属服从领导；有才能的人能够成就一番功业，无才少德之人的劣迹、罪行也可暴露无遗。所以官员久任其职，通过考绩评定其优劣。

这样一来，智高才大的人便可以施展才华，大显身手，做出一番事业来，不必忧虑做事没结果，功不成名不就；而做事不认真，对工作掉以轻心的人，虽然能得到一时的苟且，但想到以后必有被罢职的耻辱，又怎能不去奋发工作呢？那些能力实在低下的人，也一定会有自知之明而辞却职位。因为久任其职做不出成绩，惩罚是无法幸免的，他们尚且不敢冒承担辞却职位的风险，还怎么会有结党营私、诽谤他人、献媚讨好、伸手要俸禄之人呢？

选拔使用人才，审察细致了，使用得当了，并且使其任职长久、任职专一，而且不必用规章、法令去约束他们，而是让他们在工作中充分发挥自己的主动性。唐尧虞舜之所以管理百官使众工兴盛，就是这样做的。《尚书·尧典》上说："三年考核一次政绩，经过三次考核，就要罢免一批不称职的，提拔一批优秀的人才。"说的就是这个道理。然而唐尧虞舜时，他们所罢免的，是四个凶恶的人。提拔起来的是皋陶、后稷、契这样的人，他们都是一辈子只做一种官而不调任。所说的提拔，也就是增加官爵和俸禄罢了。这就是使用人才的原则。

必使人才历经艰难

自古用人，必须历试。虽有卓异之器，必有已成之功，一则使其更变而知难，事不轻作；一则待其功高而望重，人自无辞。昔先主以黄忠为后将军，而诸葛亮忧其不可，以为忠之名望，素非关、张之伦，若班爵遽同[(1)]，则必不悦，其后关羽果以为言。以黄忠豪勇之姿，以先主君臣之契，尚复虑此，况其他乎？世常谓汉文不用贾生[(2)]，以为深恨。臣尝推究其旨[(3)]，窃谓不然。贾生固天下之奇才，所言亦一时之良策，然请为属国欲以系单于[(4)]，则是处士之大言[(5)]，少年之锐气。昔高祖以三十万众，困于平城[(6)]，当时将相群臣，岂无贾生之比？三表五饵[(7)]，人知其疏，而欲以困中行说[(8)]，尤不可信矣。兵，凶器也，而易言之，正如赵括之轻秦[(9)]、李信之易楚[(10)]。若文帝亟用其说，则天下殆将不安。使贾生尝历艰难，亦必自悔其说，施之晚岁[(11)]，其术必精，不幸丧亡，非意所及。不然，文帝岂弃材之主，绛、灌岂蔽贤之士[(12)]？

北宋·苏轼《苏轼文集·上神宗皇帝书》

【注释】

(1) 班爵遽同：序列爵位骤然相同。刘备为汉中王，以关羽为前将军，张飞为右将军，马超为左将军，黄忠为后将军。(2) 汉文不用贾生：汉文，指汉文帝。贾生，指贾谊。贾谊二十一岁时，文帝召为博士，一年中超迁至中大夫，初拟任公卿，后出为长沙王太傅。(3) 旨：意旨，意义。(4)“请为属国欲以系单于”句：秦汉之际，匈奴统治了大漠南北广大地区，汉初不断南下攻扰。贾谊上疏说，匈奴之众，不过汉一大县，“陛下何不试以臣为属国之官以主匈奴，行臣之计，请必系单于之颈而制其命”。属国：附属国。汉于边郡皆置属国，设都尉掌管属国事务。系，拴缚，拘囚。单于：汉时匈奴称其君长为单于。(5) 处士：未仕或不仕的士人。(6)“昔高祖”句：汉高祖六年，韩王信降匈奴，次年汉高祖刘邦亲自率兵三十万人追击韩王信，信联合匈奴攻汉，刘邦追至平城中计，被匈奴兵围困七日。(7) 三表五饵：贾谊所拟制伏匈奴的手段，即三项法则五种诱饵。详《汉书·贾谊传》赞注及贾谊《新书·匈奴》。(8)“而欲以困中行说”句：在贾谊的上疏中，除表示必系单于之颈，还声言“伏中行说而笞其背”。中行说：复姓中行，名说，宦者，文帝使其送宗人女妻匈奴，他不肯行，强使之，因此降匈奴。(9)“赵括之轻秦”句：赵括，战国时赵将，空谈其父所传兵法，代廉颇为将，被秦将白起包围，突围不成，被射死，赵军四十万都被俘坑死。(10) 李信之易楚：典出《史记·白起王翦列传》。(11) 施（yì易）：延续。(12) 绛灌：绛，指周勃。周勃从刘邦起义，以军功封绛侯，文帝时任右丞相。灌，指灌婴。灌婴与陈平、周勃共同平定吕氏的叛乱，迎立文帝，任太尉，不久为丞相。

【译文】

自古以来任用官吏，必须经过考验。即使有卓越的才能，也必须有已经成就的功绩，这一方面是要让他经受变故而知道艰难，以便做事不轻举妄动；另一方面就是等到他功高望重了以后，别人自然没有说辞。从前蜀汉先主刘备把黄忠封为后将军，而诸葛亮就担心这样做不行，认为黄忠的名望，一向是不能与关羽、张飞伦比的，如果序列爵位骤然相同，那么他们必然不高兴，之后关羽果然有不满意的言语。以黄忠的豪迈勇武，以先主君臣之间的意气相投，尚且考虑这样的问题，何况其他的人呢？人们常常议论汉文帝不重用贾谊，以此为深深的遗憾。我曾经推究这个问题原因，我私下认为这种看法不对。贾谊的确是天下的奇才，他所发表的意见也是一时的良策，但是他请求去任属国都尉，并自称能用计策控制住匈奴单于从而制伏他，那是未入仕的人在说大话，是年轻人的锐气。过去汉高祖刘邦以三十万之众的兵力，被匈奴围困在平城，当时的将相以及众多的臣僚，难道没有比得上贾谊的人吗？贾谊拟定用以制伏匈奴的三项法则五种诱饵，其中的疏漏人人看得出来，至于说还要去鞭笞投降匈奴的中行说，更是不可相信了。战争是凶险的事物，却轻易地说来道去，正像战国时代赵括的轻视秦国、李信的轻视楚国一样。如果汉文帝急着采用了贾谊的意见，那么天下恐怕是不安定了。假使贾谊曾经经历过艰难，也一定自己后悔他的说法，到他的晚年，他的策略必定精湛，不幸他过早地死了，是意想不到的。汉文帝岂是抛弃人才的君主，周勃和灌婴又怎么能是埋没人才的人呢？

君不疑其臣 功成而无后患

夫有人而不用与用而不行其言，行其言而不尽其心，其失一也。古之兴王一人而已。汤以伊尹，武王以太公，皆捐[(1)]天下以与之。而后伊、吕得捐其一身以经营天下。君不疑其臣，功成而无后患，是以知无不言，言无不行。其所欲用，虽其亲爱可也；其所欲诛，虽其仇隙可也。使其心无所顾忌，故能尽其能才而责其成功。

北宋·苏轼《苏轼文集·策略·三》

【注释】

(1) 捐：弃，放。

【译文】

对一个有才干的人不加以任用，任用了又不采纳其主张，或者是虽采纳其主张，但又不让其尽心尽责地去干，失误是相同的。古代能够辅佐君王大业的人，只要一个就够了：商汤王任用伊尹，周武王拜姜太公为师，都是放手把整个天下交给他们去治理。而此后伊尹、吕尚能用毕生精力经营天下。君王只有信任而不怀疑大臣，大臣们功成名就而无后顾之忧，所以才能把心里想要说的都说出来，而且说出来就能付诸实践。只有这样，大臣们想要任用谁就可任用谁，虽是亲朋好友也无所顾虑；要想除掉谁就可以除掉谁，虽然是仇人也不必忌讳。总之，只有使大臣们心里没有什么顾虑和忌惮，他们才能贡献出所有的聪明才智，并且要求他们促使事业获得成功。

用人取气节 略细故

范文正公用人[1]，多取气节，阔略细故[2]，如孙威敏、滕达道之徒，皆深所厚者。为帅府辟置[3]，多谪籍未牵叙人[4]。或以问公，公曰："人之有才能无瑕颣[5]者，自应用于宰相；惟实有可用，不幸陷于过失者，不因事起之，则遂为废人矣。"世咸多公此意[6]。凡军伍以杂犯降黜者[7]，例皆改刺龙骑指挥。故时当权者，每惮公废法建请，难于尽从，因戏之为"龙骑指挥使"云。

北宋·叶梦得《石林燕语》卷十

【注释】

（1）范文正公：即范仲淹（989—1052年），北宋政治家、文学家，字希文，苏州吴县（今属江苏）人，进士出身，少时贫困力学，出仕后有敢言之名。（2）阔略细故：疏略无关重要的小事情。（3）辟置：征召、置办。（4）谪籍：属于被流放的人。牵叙：牵连叙用。（5）颣（lèi）：瑕疵、缺点。（6）多：称赞。（7）杂犯：宋刑法中的一项罪名。

【译文】

范仲淹用人，大多看中的是节气与节操，而疏略无关紧要的事情，像孙威敏、滕达道这类的人，都深受他的厚爱。他为帅府征召的人才，有许多是被流放而不被朝廷起用的人。有人因此问他，范仲淹说："人有才能却没有缺点的，当然应被任命为宰相；但是确实有些人有可用之才，却不幸犯了错误，如果不因事起用他们，那么这些人就会成为废人。"当时人都称赞他的这种做法。凡是军队中以杂犯被降职的人，往往被分配到龙骑指挥属下。所以当时朝廷当权的，常常害怕范仲淹提出这种不遵从法律的建议请求，难于完全听从他的意见，因此开玩笑地称他为"龙骑指挥使"。

毁才易 树才难

臣闻人有常言，皆曰今天下乏才。天下真乏才耶？才者天之生也，古多才，而今乏才，则是天之厚于古而薄于今耶？稽[1]非后稷，而无岁无粟；地非渭川，而无地无竹，天之生物，今犹古也，而独不生才耶？臣尝闻之，天下之才其生在天，其成不在天。天生之，君成之，亦君坏之。才生于天，而坏于君，而曰天下乏才也，可乎哉！

盖天下之才，莫难于成，而莫易于坏。士之幼而壮，壮而老，父兄之所训诲，君师之所长育，不知其几何日；博之古今以入其智，试之世务以出其能，不知其几何事；或昔之过，而今补之以功；或彼之短，而此济之以长，尝险易而涉风霜，不知其几何变。阅日之久也，更事之多也，应变之熟也，而其才犹有不成者矣。幸而成才，则上之人当如何而爱惜之。故曰才莫难于成。人之至情，自非前无千载之眩，后无万人之怵，独立自信如比干、如伯夷，谁不违于祸以向于福者。天下之人如是而不成才矣，日夜莹之，犹恐昏之，日夜策之，犹恐息之。而上之人乃不使之免于祸，则是才者，国之获、身之贼也，其谁不解体。故曰才莫易于坏。

惟善用才者，不惟能成天下之才，亦能转坏以为成。而不善用才者，不惟不能邀其成，而亦不能扶其坏。今日坏其一，明日坏其二，天下之才销委腐败，而缓急乃无一人为之用。无一人为之用，其果无才耶？使善用者起而承之，濯磨翦拂之，则故者新，懦者奋，而散者聚，天下之大功不终朝而可成。后世见汉高祖、唐太宗收揽天下英雄，而尽得其用，以为后世无复有此之人物。不知汉之所用，即秦之所弃；唐之所得，即隋之所遗。何前之无，而后之有耶？盖坏其成，与成其坏，惟上之人何如尔。

南宋·杨万里《诚斋集卷八七》

【注释】

(1) 穑（sè 色）：穑民，农民。

【译文】

我常听说，如今天下很缺乏人才。天下果真缺乏人才吗？人才是上天所赐的，如果说，古代人才多，当今人才少，难道是上天厚古而薄今吗？如今的农民并不是后稷，但却年年收获粮食；土地并不都是渭川那样的好地，但没有地方不生长竹子，天生万物，今天和古时都一样，难道如今上天却单单不赐予人才吗？我曾经听说天下人才生于天而其成长却不在于天。上天赐予人才，君王既能成就人才，也能毁掉人才。如果是才生于天，而毁于君，反而说天下缺乏人才，这讲得通吗？

天下的人才，成长起来很难，而毁掉却很容易。读书人从幼年到壮年，从壮年到老年，父母、兄长谆谆教诲，老师长期教育，不知要经过多少日日夜夜；博览古今群书，增长自己的才智，用人情世故锻炼自己的能力，不知要经历多少次事情；有时过去犯的过错今天以功来补救；或其他处的缺点在此处以优点来弥补，就这样体验着险易，经历着风霜，不知道要经历多少次变故。即使阅历深，经事多，应变娴熟，仍然有不成才的。因而对幸运的成才者他的主管者应该如何珍惜和爱护呢。可见，成才之不易啊。人们不可能不借鉴古代人，而担心后人评点独立自信像比干和伯夷，谁不愿意避祸而求福呢！天下的像这样难以成才，日夜学习，惟恐荒废学习，不断督促自己，惟恐懈怠。可是管理者仍不能使他们免除灾祸，那么作为人才，国家的福，自身的灾害怎能不灰心丧气呢？所以说毁掉人才太容易了。

只有善于用人的人，不仅能造就人才，也能把被毁掉的人才培养成有用之才。可是不善于用人的人，不仅不能帮助人才成长且不能纠正人才缺点，今天毁一个，明天毁两个，如此下去天下人才不就会毁掉了吗？到了急需用人的时候便找不到一个。找不到一个才可用，难道是真的没有人才吗？让善于用人的人去做管理人才工作，经过磨砺、培养，就会使旧者换新，振奋怯懦的人，积聚分散隐居的人才，这样，兴国强民的大业将会告成。后世人看见汉高祖刘邦、唐太宗李世民收揽了天下英雄贤才，人人各尽其才，认为后世再也不会有如此众多的人才了。然而他们并不知道，刘邦所用的人才正是秦朝所遗弃的；李世民所得到的人才，也正是隋朝所遗留埋没的。为什么人才在前代没有而在后代却脱颖而出呢？原因就在于君王是想成就人才，还是想毁弃人才了！

不可以一节之不善而弃士

人才之在天下，不可以一节之不善而见弃之也。以一节不善而弃天下之才，则世无全人矣。孔子不以管仲之非礼而废其仁[1]，孟子不以柳下惠之不恭而贬其和[2]。自非尧舜，安能每事尽善，有始有卒？其惟圣人乎？苟非下愚不可移之资，则其所为必有是非当否。不以不善掩其善，此圣人取舍之政，以为法于后世，人主翕受敷施[3]，当何法哉？于人之罪无所忘[4]，天下所以叛楚；一闻人过，终身不忘，管仲知鲍叔不可以为相[5]。《周书》曰："记人之功，忘人之过，宜为君者也。"[6]盖昔者尝窃叹唐八司马[7]，皆天下雄豪伟特之才。如刘禹锡、柳宗元，其所以蕴藏，盖百分未试其一，故其陵厉轩轩之气，虽幽深憔瘁之中，犹自见于文章议论，而不没其精华果锐，盘屈而抵折[8]。不得已而暴露于荒州僻郡之间，盖亦有大过人者。而程异晚年复进[9]，则唐之财用，遂以沛然。此岂可以一节之不善而遂终弃之耶？

尝读《洪范》之书，以为皇极之道，广大而不狭，宽厚而不苛。而尧、舜、禹、汤、文、武，所以用天下之术，颇可以推见于此。何者？有猷者[10]，有谋略者也；有为者，有胆力者也；有守者，有志节者也。此不可以不念也。故曰"有猷、有为、有守，汝则念之。"虽然有谋略者或至于诈而不能正，有胆力者或至于纵而不知法，有志节者或至于执而不知权，盖非天下之中道矣；然而苟未丽于恶者[11]，亦不可不爱也。故曰："不协于极，不罹于咎，皇则受之[12]。"嗟夫！皇极之道，非圣人孰能行。昔者太祖皇帝，以大度致天下之士，知赵普之贪、曹翰之横，而包含覆盖，未尝见于辞色。故赵普、曹翰俱自以为名臣。自雍熙、端拱以后，用法愈详，责人愈密。盖其弊至今有二：一曰记其旧恶而不开其自新，二曰录其暂失而不责其后效。

南宋·陈傅良《永嘉先生八面锋》卷十二

【注释】

(1) 孔子不以管仲之非礼而废其仁：《论语·宪问》："子路曰：'桓公杀公子纠，召忽死之，管仲不死，曰未仁乎？'子曰：'桓公九合诸侯，不以兵车，管仲之力也。如其仁，如其仁。'"(2) 孟子不以柳下惠之不恭而贬其和：《孟子·公孔丑上》："孟子曰：'伯夷隘，柳下惠不恭。隘与不恭，君子不由也。'"不恭，简慢，是说柳下惠对当权者有时不够尊敬。但孟子仍然认为他是一位贤者，是"圣人百世之师也"。柳下惠，即展禽。春秋时鲁国大夫。姓展，名获，字禽。食邑在柳下，谥惠，故称柳下惠。(3) 翕受：合受，吸收。敷施：布施。(4)"于人之罪无所忘"二句：指楚灵王即位后，以讨有罪为名，对诸侯国诛伐无度。周景王十六年（前 529 年），楚伐徐，灵王率师驻扎在乾溪（今安徽亳县东南），国人发动政变，杀死太子。这时有人建议他向诸侯求救，他说："皆叛矣！"见《左传·昭公十三年》《史记·楚世家》。(5)"一闻人过"三句：管仲病危时，问齐桓公将任命谁为相，齐桓公说："鲍叔牙可乎？"管仲回答说："不可！夷吾（管仲名）善鲍叔牙。鲍叔牙之为人也，清洁廉直，视不己若者，不比于人。一闻人之过，终身不忘。"见《吕氏春秋·贵公》。(6)《周书》：《尚书》的组成部分。相传是记载周代史事之书。"记人之功"三句：查《尚书·周书》中无此三句，不知何本。(7) 唐八司马：唐顺宗即位，擢任王叔文、王伾等，实行改革。失败后，参与其事的柳宗元、刘禹锡等八人皆被贬到地方任州司马，时称"八司马"。(8) 果锐：果断敏锐。盘屈：曲折回绕。抵折：抵触折节，即与现实相违和屈于下人。(9) 程异：京兆长安（今陕西西安）人，字师举。明经及第，任监察御史。《旧唐书》称其"精于吏职，剖判无滞"。因参加王叔文集团，贬郴州司马。后复官，累官至工部侍郎同中书门下平章事。(10) 猷：谋。(11) 丽：通"罹"，遭遇，落人。(12) 不协于极：不符合最高准则。不罹于咎：没有堕落到犯罪的地步。罹，与"离"同，遭受的意思。咎，罪。受：容纳，此处意谓宽容。

【译文】

对于人才，不能因为其有某一方面的缺陷就弃而不用。假使因为某一方面的缺陷便抛弃天下的人才，天下就没有完人了。孔子没有因为管仲违背礼义而否定他的仁德，孟子没有因为柳下惠的不恭顺而贬低他的适中。本不是尧舜，怎么能每事都做好？尽善尽美、有始有终的，大概只有尧、舜那样的圣人吧？如果不是天生愚蠢至极而又不能改变的禀赋，他的行为就必然有的对，有的不对；有的适当，有的不适当。不能用人的缺点掩盖人的优点，这是圣人取人所长、舍人所短的做法，已被后世所取法。国君就应当把它接受过来，施行下去，还取法什么呢？对于别人的过错什么都不忘，天下因此背叛了楚国；一听到别人的过失，便终生不忘，管仲由此知道鲍叔不可以做宰相。《周书》说："记住别人的功劳，忘却别人的过错，这样的人适合当国君。"从前我曾私下感叹唐代的八司马，他们都是天下卓异出众的豪杰之士。如刘禹锡、柳宗元，他们满腹经纶，大概连百分之一也没用上，所以那种咄咄逼人的高扬之气，即使是在幽僻困顿之中，还能通过文章表现出来，而不隐没其光彩照人及果决英锐，不得已处荒远偏僻的州郡，也有远远超出常人的地方。而那位程异，晚年又得到了重用，唐朝的财富，因此丰盛。这难道能因为某一方面的缺点，便最终抛弃他们吗？

我曾读《尚书·洪范》，认为帝王统治天下的最高准则，应当是胸怀广大而不狭小，气度宽厚而不苛刻。唐尧、虞舜、夏禹、商汤、周文王、周武王用来统治天下的策略，完全可以从此推想出来。为什么呢？文中说的"有猷者"，就是指有谋略的人；"有为者"，就是指有胆量的人；"有守者"，就是指有志向和节操的人。对这一点不能不牢牢记住。所以才说："有猷、有为、有守，你们就应记住。"即使有谋略的人有时使诈而不能恪守正义，有胆量和勇力的人有时放纵而不知法度，有志向和节操的人有时固执而不知变通，不符合天下的中正之道；但是，如果没有堕落成坏人，也不能嫌弃他们。所以说："虽然他们的行为有时不符合最高原则，但只要还没有达到犯罪的程度，君主就应当宽容他们。"唉！这一统治天下的最高准则，不是圣人谁能施行呢？从前太祖皇帝，以宏大的气度招致天下的士人。他知道赵普贪财、曹翰专横，却能容忍，没有在言辞和神态上表露出对他们不信任。所以赵普和曹翰都认为自己是名臣。自从太宗雍熙、端拱以后，制度规范越来越详细，对人的要求越来越严密。它的弊病至今可概括为两点：一是只记住了他人以往的罪恶，却不给他们改过自新的机会；二是只记住了他人一时的过失，却不要求他们日后取得成效。

谨防沽名钓誉

尧舜之逊，逊也；子哙[1]之逊，亦逊也。夷齐之廉，廉也；仲子之廉，亦廉也。汤武之仁义，仁义也；而徐偃王、宋襄公之仁义，亦仁义也。然尧舜之逊、夷齐之廉、汤武之仁义，当时行之则见其利，后世行之则大其美。至于子哙之逊、仲子之廉、偃王、宋襄之仁义，当时无所利，后世亦无所美。世固岂以成败论人物耶？是不然。尧舜汤武之君，夷齐之臣，其心纯于为道，子哙、仲子、偃王、襄公之徒，其心纯于为名。为道则率性而安行，至诚而不息。为名则非出于其性，非本于其诚，勉强矫激，苟可以得名而已。是其行事虽同，其用心则异矣。故夫君子之论人，要当观其心术，不当即其行事。王衍之不言利，与孟轲同；桑弘羊之言利，与刘晏同。弘羊之均输，即太公九府之遗意。

南宋·陈傅良《永嘉先生八面锋》卷八

【注释】

(1) 子哙："燕王哙"，名姬哙，公元前320—前312年在位。

【译文】

尧帝、舜帝的让位，是让位；燕王哙的让位，也是让位。伯夷、叔齐的廉洁，是廉洁；仲由的廉洁，也是廉洁。商汤、周武王的仁义，是仁义；而徐偃王、宋襄公的仁义，也是仁义。然而尧帝、舜帝的让位，伯夷、叔齐的廉洁，商汤、周武王的仁义，在当时实行就见到了好处，后代实行就备受称赞。至于燕王哙的让位、仲由的廉洁、徐偃王和宋襄公的仁义，在当时实行就没有见到什么好处，后代实行也得不到称赞。难道世人是以人的成功和失败的标准来评论人物吗？当然不是。尧帝、舜帝、商汤、周武王这样的君主，伯夷、叔齐这样的臣子，他们是一心一意地为了推行道义，而燕王哙、仲由、徐偃王、宋襄公这类的人，他们是一心一意地为了沽名钓誉。为了推行道义，人们就会依照自己的本性而心安理得地去做，他们对待事业永远真诚、永不停息。而为了沽名钓誉，人们就不会依照自己的本性去做，对待事业也不是虔诚的，而是勉强掩饰自己的真情，只要获得好名声罢了。这是因为他们所从事的事业虽然相同，然而他们的动机不同。因此君子评价一个人，总是要观察他的思想动机，不应该根据他的行为。王衍不谈利，与孟子相同；桑弘羊谈利，与刘晏相同；桑弘羊的均输法，即是太公姜尚制定的九府圜法。

选拔人才要有制度

引绳以正直，欲去绳者，必其不直也。持鉴以照妍丑[1]，欲弃鉴者，必其不妍也。设法以举贤俊，欲废法者，必其不贤也。何者？直与绳合，则亦不知有绳；妍与鉴合，必不知有鉴；才与法合，则亦不知有法。愈密矣，则使愈见其宽；愈难矣，则使愈见其易。今世贤良之选，欲试以奇篇奥帙[2]，而议者每惧贤良之沮格[3]。进士之举，欲试以经术词章，而议者每病进士之难兼。吏部之铨量，欲试以身、言、书、判[4]，而议者每虑选举之苛碎。此愚所未喻也。鲁之儒者举国[5]，哀公下令，而儒服者一人。窃意其下令之初，鲁国皆惧，而一人之真儒，固自若也。齐之吹竽三百人，齐君好别吹之，而南郭遁去。窃意其别吹之初，南郭自惧，而其余之能吹者，固自若也。

南宋·陈傅良《永嘉先生八面锋》卷八

【注释】

(1) 鉴：镜子。妍：美。 (2) 帙：书涵。这里代指典籍。 (3) 沮格：阻止。(4) 身、言、书、判：唐代选拔人才的四个方面。身指体貌丰伟，言指言辞辩正，书指楷法遒美，判指文理兼长。(5)“鲁之儒者举国”三句：见《庄子·田子方》。其大意是：庄子去见鲁哀公，哀公说：“鲁国多儒士，很少有学先生道术。”庄子说：“鲁国的儒士很少。”哀公说：“今鲁国都穿儒者的服装，怎么说少呢?”庄子说：“君子有这样道术的，未必穿这种服装；穿这种服装的，未必懂得这种道术。您既不以为然，为什么不在国中发布号令说：不懂得这种道术而穿这种服装的，要处死罪。于是哀公下令。到了第五天，鲁国只有一个男子穿着儒服站在朝门。喻：知晓、明白。举：全。

【译文】

拉墨线是为了判定物体是否平直，想去掉墨线的人，一定是物体不平直。拿镜子是为了照容貌是美还是丑，想去掉镜子的人，一定是他的容貌不美。订立选拔人才的制度，是为了推举优秀人才，想要废弃选拔人才的制度，一定是他的德才平庸无奇。这是什么原因呢？物体的平直与墨线相合，就不觉得有墨线的存在；人的美貌与镜子相合，一定不觉得有镜子的存在；才能与选拔人才的制度相合，就不觉得有选拔人才的制度存在。法制越严密，就会使人越加看到优秀人才的前途是宽广的；选拔人才的过程越艰难，就会使人越加看到优秀人才的重用是比较容易的。当今社会，优秀人才的选拔，朝廷想用深奥的典章来测试，而朝中议事者往往担心堵塞贤良。朝廷想用经术词章选拔进士，而议事者往往担心进士难以兼备。吏部想用身言书判铨选考量官吏，而议事者往往忧虑选拔人才的程序苛刻烦琐。这是我不能理解的。鲁国的儒士遍及全国，鲁哀公下令，不懂道术却穿儒者服装的人，要处以死罪，而鲁国穿儒者服装的只有一人。我猜想鲁哀公开始发布命令时，鲁国的儒士几乎都害怕，而只有一人是真正的儒士，当然是镇定自若了。齐宣王时，吹竽手有三百人，齐滑王喜欢一个一个地吹，而南郭先生逃跑了。我认为齐滑王让吹笙手单独吹的时候，南郭先生内心恐惧，而其余能吹笙的人，当然是镇定自若了。

知贤而任之不疑

天子之职，莫重择相；宰相之职，莫重用贤。然则何以知其贤，询人则知之，察其行则知之，观其所举则知之。夫为室而不众工之资，梓人虽巧[1]，室不能成矣；为国家而不众贤之集，相臣虽才，国不治矣。彼为相者，诚能开诚布公，廓焉无我[2]，己有不能，举能者而用之，己有不知，举知者而用之，己有不敢言，举敢言者而用之，如是则彼之所能，皆我有矣。必欲一身而兼众人之事，虽大圣大贤，有所不能。夫粹白之狐[3]，举世所无有也。然而有粹白之裘者[4]，善取于众而已矣。况大臣初不责乎事无不知，第公正其心，无所娼疾[5]，则智者效谋，勇者效力。呫呫以为才[6]，捷捷以为辩[7]，自炫自伐[8]，则贤者必不乐为之用。大抵人君自伐，则臣职有所不行；相臣自伐，则百执事之职有所不行。为人上者，操约以驭繁，居静以制动，以无心而应天下心，则所令者从，所庸者劝[9]。苟知其贤而任之，既任而疑之，而务胜之，顾与不知不用，自任其才也奚异？若然则体统失，而谄佞之小人至矣。与小人处，则天下之事，不论可知。吁！

元·张养浩《庙堂忠告·用贤第二》

【注释】

（1）梓人：古代制造器具的木工。（2）廓：空阔、广阔。（3）粹：纯一、不杂。（4）裘：指成套的衣服。（5）娼：嫉妒。疾：通“嫉”，妒忌。（6）呫呫（chè）：喋喋不休的样子。（7）捷捷：巧辩的样子。（8）伐：自夸。（9）庸：通“佣”，雇佣。

【译文】

天子的职责，没有比选择宰相更重要的了；宰相的职责，没有比选用贤才更重要的了。那么，怎么知道他有道德有才能呢？向人们询问就知道了，考察他的行为就知道了，观察他提倡什么就知道了。要造房子却不依靠众多的工人帮助，建筑师虽然灵巧，房子也盖不成；治理国家而不聚集众多的贤才，宰相即使很有才能，国家也没法治理得好。那些做宰相的，果真能够开诚布公，襟怀坦荡无私，自己有做不到的，举荐能做的人任用他们，自己有不知道的，举荐知道的人任用他们，自己有不敢说的，举荐敢说的人任用他们，这么做，他们的才能就都成为我所有的了。一定要一身而兼任众人的事情，即使是大圣大贤，也有做不到的。纯粹白色的狐狸，世上没有，但是却有纯粹白色的皮衣，只是善于从众多狐狸的皮毛中选取而已。何况对于大臣来说本来就不以事事皆知为贵，只要心地公平正直，没有什么嫉妒的，那么，聪明的人就会贡献智谋，强壮的人就会贡献力量。嘀嘀咕咕以为有才能，巧言以为善辩，还自吹自擂，那么贤能的人就一定不乐于替他出力。皇帝大都爱自我炫耀，那么臣下就会有不尽自己的职责的；宰相爱自我炫耀，则众多管事的官员就会有不尽自己的职责的。地位居于别人之上的人，掌握简约的原则来驾驭纷繁的事务，处于静止来控制变动，以无私之心来自然应付天下之心，那么所下的命令就得到服从，所用的人就得到勉励。假如知道他贤能而任用他，既任用了又怀疑他，并一定要超过他，这同不知道不任用，而只任用自己的才能有什么不同呢？如果这样，就失去了规矩，而拍马逢迎的小人就乘虚而入了。同小人相处，那么天下的事情，不用说也可想而知了啊！

用贤不可示私恩

昉素与卢多逊善[1]，待之不疑，多逊屡谮昉于上，或以告昉，不之信。及入相，太宗言及多逊事，昉颇为解释。帝曰："多逊居常毁卿一钱不直。"昉始信之。上由此益重昉。昉居中书日，有求进用者，虽知其材可取，必正色拒绝之，已而擢用；或不足用，必和颜温语待之。子弟问其故，曰："用贤，人主之事；若受其请，是市私恩也，故峻绝之，使恩归于上。若不用者，既失所望，又无善辞，取怨之道也。"

元·脱脱等《宋史·李昉传》

【注释】

(1) 李昉（924—996年）：北宋大臣。字明远，深州饶阳（今属河北省）人。宋太宗时两次居宰相职位，监修国史并编纂《大平御览》等书，太宗称他为"善人君子"。卢多逊：北宋怀州河内（今河南沁阳）人，后周进士出身，入宋以后受到重用，但好中伤他人，尤其是中伤开国功臣赵普，引起太宗不满，后以交通诸王罪被杀。

【译文】

李昉平常与卢多逊关系亲密，对他从不怀疑，而卢多逊多次在皇帝面前诋毁李昉，有人以此事告诉李昉，李昉不相信。等到李昉入为宰相，太宗说到卢多逊的事，李昉还颇为卢多逊解释。太宗说："卢多逊平常诋毁你一钱不值。"李昉才相信。太宗因为此事更为器重李昉。李昉位居中书宰相时，有求他提拔的，他虽然知道其才力可取，必定正颜厉色加以拒绝，不久便加以升迁使用；有的才力不足以用，必定和颜温语进行安慰。李昉的子弟问这是什么缘故，李昉说："使用贤材，是君主的事，我如果受他们的请托，是卖私人恩情，因此坚决拒绝，使恩情归于君主。对于不被用者，他们既然失去希望，又没有好言安慰，这是取怨之道啊。"

德行为首才次之

古之用人，德行为首，才能次之。虞朝载采，亦有九德[1]，周家宾兴，考其德行，於才不屑也。两汉以来，刺史、守相[2]，得以专辟召之权；魏晋而后，九品中正[3]，得以司人物之柄。皆考之以里闬之毁誉，而试之以曹掾之职业，然后俾之入备王官，以阶清显。盖其为法，虽有愧於古人德行之举，而犹可以得才能之士也。

元·马端临《文献通考·自序》

【注释】

(1)“虞朝”两句：是说知人虽难，然而也有德行可以验证。(2)刺史：汉武帝置刺史，命他们巡行全国，审察各地治理情况，以此作为任免官吏的凭据，同时断治冤狱。(3)九品中正：魏文帝时立九品官人之法，州郡县都置大小中正。

【译文】

古代任用官吏，总是把德行作为首要的标准，而才能次之。虞舜的时候选拔人才就要依据九个方面的德行。周朝的时候考察官员也都注重德行方面，对于他们的才能并不重视。两汉以来，刺史、太守这样的地方官，往往得以掌握察举征辟的权力；魏晋以后，九品中正又得以把握品评人物的权柄。他们都需要考察乡里父老们的评价，然后再以曹掾这样的官职来考验他们，最后才让他们备选王官，以便升到清显的高位上去。他们的做法，虽然与古人唯德是举的做法相比已经相差很远，但仍然可以得到有才能的人才。

用资格而不纯用资格

人固不可以不任，而法亦不可以不定，守一定之法而任通变之人，使其因资历之所宜，随才器之所能而量加任使[1]。非不用资格，亦不纯用资格。不用资格，所以待非常之人，任重要之职，厘繁剧之务[2]；用资格，所以待才器之小者，任资历之浅者，厘职务之冗杂者。……非有大功德，大才能，及国家有非常之变，决不拔卒为将，徒步而至卿相[3]。

明·丘浚《大学衍义补》卷十《正百官·公铨选之法》

【注释】

(1) 才器：才气。(2) 厘：治理。(3) 徒步：步行。古时平民出行无车，所以也用"徒步"为平民的代称。徒步而至卿相，典出《汉书·公孙弘传》：公孙弘"起徒步，数年至宰相，封侯。"

【译文】

人才不可以不任用，而任用人才也要制定一定的法规，执行一定的法规同时又善于任用通变的人，让他依据资历、才干等因素酌情委任。不是不论资格，也不完全论资格。不论资格任用，是用来对待非同一般的有特殊才能的人，担任重要的职务，治理繁剧的事务；论资格任用，是用来对待才气小的，任职资历浅的人，办理冗杂琐碎具体事情的人。……除非是有特大的功绩，特高的品德，特殊的才能，以及国家遇有非常的变故，一定不要过于破格用人，一下子就拔卒为将，从平民一下子升为卿相。

任贤不徇情

程元凤在政府[1]，一契交子求贰令[2]，元凤不许。乃以先世为言。元凤曰："先公畴昔相荐者[3]，以元凤粗知恬退故也[4]。今子所求躐次[5]，岂先大夫意哉？矧以国家官爵报私恩[6]，某所不敢。"有尝遭元凤论列者[7]，其后更荐拔之，每曰："前日之弹劾，成其才也；今日之擢用，尽其才也。"

人但知擢用所以尽才，不知弹劾亦所以成才，抑扬进退间，真有无限苦心妙用。非真为国家爱爵禄、惜人才者，未易深谈也。

明·潘游龙《康济谱》卷二三

【注释】

(1) 程元凤：字深甫、申甫，南宋徽州（今安徽歙县）人。历任监察御史、崇政殿说书、枢密院事、右丞相、枢密使。政府：在唐宋两代，称宰相处理政务之所为政府。(2) 契交：交好；交往密切；交往密切的人。(3) 畴昔：往日；从前。(4) 恬退：淡于名利，安于退让。(5) 躐次：一作"躐等"。不按次序；逾越等级。(6) 矧：况且；何况。(7) 论列：言官（谏官）上书检举弹劾。

【译文】

程元凤担任丞相时，一位好朋友的儿子请求担任县丞的官职，程元凤不同意。那人就提起父亲与他的交情。程元凤说："你父亲从前推荐我，是因为我还算知道淡泊名利，安于退让。现在你的要求超越次序了，如果你父亲还在世的话，这会是他愿意看到的吗？何况是拿国家的官爵来报答私恩，这是我不敢做的。"有个曾经受到程元凤弹劾的人，后来程元凤又推荐提拔了他。程元凤多次说起："从前弹劾他，是为了成就他的才能；现在擢用他，是为了发挥他的才能。"

人们只知道擢用的用意在于充分发挥人的才能，却不知弹劾的用意，也在于成就人的才能，抑扬进退之间，真有无限的苦心妙用。不是真能为国家爱惜爵禄、人才的，不容易和他深入谈论这个问题。

为地择人　量材授任

为地择人，量材授任，宜闽则闽，宜晋则晋，久任此，超迁此[(1)]，即终其身一方可也。长政事者司治，长文学者司教，久任此，超迁此，即终其身一事可也。象贤之家，虽倚嗣其官可也。岂独三载考、九载陟之为久，而自外任擢京卿之为超哉？

明·潘游龙《康济谱》卷一

【注释】

(1) 超迁：越级升迁。

【译文】

根据地方选择合适的人才，酌量才能，收录任用，合适到闽地就派到闽地，合适到晋地就派到晋地，在某地长久任职，在某地越级升迁，即使在一方土地终身为官也可以嘛。擅长治事的人掌管治政，擅长学问的人掌管教化，在这一职责上长久任职，在这一职位上越级升迁，即使在这一职位上终身为官也可以嘛。能效法先人贤德的人家，即使让他们继承官职也可以。难道三年考绩、九年升迁是时间太久，而从外官提升为京官就是越级升迁吗？

善用人者皆可用

事有知其当变，而不得不因者，善救之而已矣。人有知其当退，而不得不用者，善驭之而已矣。善用人底[1]，是个人都用得；不善用人底，是个人都用不得。

君子有君子之长，小人有小人之长。用君子易，用小人难。惟圣人能用小人。用君子在当其才，用小人在制其毒。

明·吕坤《呻吟语》

【注释】

(1) 底：通“的”。

【译文】

知道事情应该改变，却不得不维持原样，善于补救它才行。知道这个人应当撤换，却不得不留用他，善于驾驭他才行。善于用人的，什么人都用得；不善于用人的，什么人都用不得。

君子有君子的长处，小人有小人的长处。用君子容易，用小人困难。只有圣人才能用小人。用君子在于发挥他的才能，用小人在于制止他的危害。

宽于取才　严于用才

古之取士也宽，其用士也严；今之取士也严，其用士也宽。古者乡举里选，士之有贤能者，不患于不知。降而唐宋，其为科目不一，士不得与于此，尚可转而从事于彼，是其取之之宽也。《王制》论秀士，升之司徒曰选士；司徒论选士之秀者，升之学曰俊士；大乐正论造士之秀者，升之司马曰进士，司马论进士之贤者，以告于王而定其论。论定然后官之，任官然后爵之，位定然后禄之。一人之身，未入仕之先凡经四转，已入仕之后凡经三转，总七转，始与之以禄。唐之士，及第者未便解褐[1]，入仕吏部，又复试之。韩退之三试于吏部无成[2]，则十年犹布衣也。宋虽登第入仕，然亦止是簿尉令录[3]，榜首才得丞判[4]，是其用之严也。宽于取则无枉才，严于用则少幸进。今也不然。其所以程士者，止有科举之一途，虽使古豪杰之士若屈原、司马迁、相如、董仲舒、杨雄之徒，舍是亦无由而进取之，不谓严乎哉！一日苟得，上之列于侍从[5]，下亦置之郡县[6]。即其黜落而为乡贡者，终身不复取解，授之以官，用之又何其宽也！严于取，则豪杰之老死丘壑者多矣；宽于用，此在位者多不得其人也。

清·黄宗羲《明夷待访录·取士下》

【注释】

(1) 解褐：脱去平民服装而换上官服，即做官之意。(2) 韩退之：即韩愈，唐代著名文学家。(3) 簿尉令录：杂官名，即县主簿、县尉、令史、录事等。(4) 丞判：佐贰官名，即县丞、州判等。(5) 侍从：能在君主左右备顾问的官员。(6) 郡县：即府县。明代进士出身外任一般都为知县，从翰林院外任则一般为知府，都是正官。

【译文】

古代取士很宽，但用士很严；现在（明代）取士很严，但用士很宽。古代由乡里选举，士人中有贤能的，不担忧于人不能知。唐宋以后，选举的科目很多，士人不能从科举这方面进身，还可以转向其他途径，这是录取的宽松。《礼记·王制》在谈到选拔人才时说："秀士送到司徒那里为选士；司徒考核选士之中优秀的，送到国家最高学府那里为俊士；主管教育的大乐正考核造士之中优秀的，送到司马那里为进士；司马考核进士之中贤能的，上报给君王来选定他们可以做什么官职。确定以后才任命，任命以后授予爵位，爵位确定以后给予俸禄。这样，一个人在没有入仕前要经过四次考核，已经入仕以后还要经过三次考核，总共七次考核，才开始给予俸禄。唐代的士人，及第以后不是马上就为官，先到吏部为实习官吏，吏部另有考试。大名人韩退之就三次没有通过吏部的考试，结果十年还是平民。宋代虽然登第就可以入仕，然而却不过是簿尉令录等杂官，名居榜首才能够得到丞判等佐贰官，这是使用的严格。宽于录取则没有屈枉之才，严于使用则少有侥幸之徒晋升。现在（明代）就不是这样了。其所以能考核士人的，只有科举这一条途径，这样即便是古代豪杰之士如屈原、司马迁、司马相如、董仲舒、扬雄等辈，舍去科举也没有途径来进取，能不认为是严格吗！士人一旦苟且得到科举，高的可以列于君主的侍从官？低的也可以安排为府县正官。即便是没有考中而为举人，终身也不用考核，便可以授官，使用又是何等的宽松啊！严于录取，则豪杰就会有许多老死在山林了；宽于使用，这样在位者就会有许多是不得其人了。

礼贤下士　人才自来

尊贤之朝，虽有佞人，化为直臣；虽有奸人，化为良臣。何贤才之不尽，何治道之不闻！是故殿陛九仞[1]，非尊也；四泽来朝，非荣也。海唯能下，故川泽之水归之；人君唯能下，故天下之善归之。是乃所以为尊也。

清·唐甄《潜书·抑尊》

【注释】

(1) 仞：古代长度单位。

【译文】

君主如果尊重德才兼备的贤士，那么即使有奸佞的小人，也会被感化为刚直不阿的臣子；即使有奸恶狡猾的人，也会被感化为忧国忧民的良臣。这样一来，还有什么样的贤才得不到任用，还有什么样的治国良策听不到呢？所以殿阁耸天，并不显君王的尊贵；四方来朝，也并不表明君王的荣耀。大海宽广无边，能处下位，因此山川河流湖泊沼泽的水都一起东流入海；君王能虚怀若谷，屈己待士，因此天下的贤士都归附他。这才是君王能高居尊位的原因啊。

贤者亦有其短长

古之大臣，于政事无所不达，于社稷之长计无所不周，而独于知人或有所不及，此亦贤者之常也。放齐荐胤子[(1)]，佥荐鲧[(2)]；唐虞之臣且有不知人若是者，况其下乎！帝之试鲧者，当时洪水方急，未知有禹，惟鲧才有可用，姑且使之，非信佥之举鲧为知人也。人各有其类，才各有所长。惟贤者乃能进贤，得贤者为进贤之人，使各举所知，所以引其类也。惟知贤者乃能用贤，得知贤者为用贤之人，使择决众之所举，所以用其长也。具斯二者，用贤之道无遗矣。岂惟臣有其类也，君亦有类焉；岂惟臣各有长也，君亦必善用其长焉。惟贤君，然后能用贤臣；惟君能知人，然后能用知人之臣。

清·唐甄《潜书·主进》

【注释】

(1) 放齐荐胤子：放齐，尧的臣子。胤，后嗣。典出《尚书·尧典》："帝曰：'畴，咨，若时登庸?'放齐曰：'胤子朱，启明。'帝曰：'吁！嚚讼，可乎?'"意思是"尧说：'唉！谁能顺应四时的变化取得功绩呢?'放齐说：'你的儿子丹朱，聪明能干，可以让他担任这项职务。'尧说：'唉！像他那样愚蠢而不守忠信的人，可以担任这种职务吗?'。"(2) 佥荐鲧：佥，众人。典出《尚书·尧典》："帝曰：'咨！四岳，汤汤洪水方割，荡荡怀山襄陵，浩浩滔天，下民其咨，有能俾乂?'佥曰：'吁！鲧哉。'"意思是"尧说：'唉！四方诸侯之长啊！奔腾的洪水普遍为害，它包围了大山，冲上了山冈，简直要遮蔽天空。臣民都愁苦叹息，有谁能治理这洪水呢?'大家都说：'哦，还是让鲧担负这项责任吧！'"

【译文】

古代的大臣，对于政事没有不通达啊！对于国家的长远之计没有不周知的，而唯独对于知人可能有所不了解的地方，这也是贤者经常难免的事。尧的臣子放齐推荐尧的儿子丹朱，众位臣子推荐大禹的父亲鲧；唐虞时期的臣子尚且是那样的不知人，何况是后世呢！帝尧试用鲧，因为当时洪水正在为害，不知道有大禹，只有鲧的才能可以使用，就暂时使用，不是听信众人推举鲧就认为他们知人。人各有其类，才各有所长。只有贤者才能引进贤者，得到贤者以他们为引进贤者的人，使他们各自推举所知，所以引进同样的贤人。只有知贤者才能用贤者，得到知贤者以他们为用贤的人，使他们挑选大家所推举的人，所以使用其长。具备了引进和使用，用贤之道就无遗漏了。岂止是臣下有其类呀，君主也有类啊；岂止是臣各有所长呀，君主也一定善用其长啊。只有有了贤君，然后才能使用贤臣；只有君主能知人，然后才能使用知人的臣。

用人公正无私

（王）翱在铨部[1]，谢绝请谒，公余恒宿直庐，非岁时朔望谒先祠[2]，未尝归私第。每引选，或值召对，侍郎代选。归虽暮，必至署阅所选，惟恐有不当也。论荐不使人知，曰：“吏部岂快恩怨地耶。”自奉俭素。景帝知其贫，为治第盐山[3]。孙以荫入太学，不使应举，曰：“勿妨寒士路。”婿贾杰官近畿，翱夫人数迎女，杰恚曰：“若翁典铨，移我官京师，反手尔。何往来不惮烦也！”夫人闻之，乘间请翱。翱怒，推案，击夫人伤面。杰卒不得调。

清·张廷玉等《明史·王翱传》

【注释】

（1）王翱：字九皋，河北盐山人，永乐十三年（1415 年）贡士，后改庶吉士。宣德元年（1426 年）升为御史，景泰四年（1454 年）至成化三年（1467 年），长期为吏部尚书，主管选用官员，正直刚毅，为时论所推许。（2）朔望：初一和十五，是明代官府法定的休息日。（3）盐山：县名，在今河北沧州市东南。

【译文】

王翱在吏部，谢绝各种请谒，公余时经常在部里值班住宿，不是年节假日祭祀先祖等法定休假，未尝回自己家中。每当部里荐举选人，或者正值皇帝召对，由侍郎代理选事。王翱回来虽然已经很晚，必定还到官署检阅侍郎所选事件，唯恐有不妥当之处。议论推荐不使人知晓，王翱说：“吏部岂是宣泄恩怨的地方呀。”王翱自身节俭朴素。景帝知道王翱家贫，特为他在祖籍盐山县建筑住宅。孙子以官荫进入太学，王翱不让他去应举，说：“不要妨碍寒士进取的路。”女婿贾杰在近畿地区为官，王翱夫人多次迎女回门，贾杰生气地说：“你父亲主管人事，把我调到京师为官易如反掌，为什么这样往来而不嫌其烦呢？”王翱的夫人听说，就乘机向王翱说情。王翱大怒，推倒几案，弄伤了夫人的脸面。贾杰最终还是没有调到京师。

不拘一格选拔人才

苏东坡知徐州[1]，上言：汉法，郡县秀民，推择为吏，孝行察廉，以次迁补，或至二千石，入为公卿。古者不专以文词取人，故得士为多。黄霸起于卒史，薛宣奋于书佐，朱邑选于啬夫，邴吉出于狱吏，其余名臣循吏由此而进者不可胜数[2]。唐自中叶以后，方镇皆选列校以掌牙兵[3]。当是时，四方豪杰不能以科举自达者，皆争为之，往往积功以取旄钺[4]。虽老奸巨盗，或出其中。而名卿贤将如高仙芝、封常清、李光弼、来瑱、李抱玉、段秀实之流，所得亦已多矣。

清·陈宏谋《在官法戒录》卷一

【注释】

(1) 苏东坡：即苏轼（1037—1101 年），北宋文学家，书画家。字子瞻，号东坡。(2) 循吏：奉职守法的官吏。(3) 方镇：指镇守一方的军事区域和军事长官。(4) 旄钺：古代镇守一方军政长官的象征。

【译文】

苏东坡任徐州时上言说：汉代的制度，将郡县中才能出众的人推举选拔为官吏，考察他们的行为好坏，廉洁与否，然后按顺序升迁补职，有的人甚至当上了二千石品级的官员，入朝成为公卿。古代不专门根据诗文辞章选拔人才，所以得到有才能的人就多。黄霸从卒吏被起用，薛宣奋起于书佐，朱邑以啬夫被选拔，邴吉出身于狱吏，其他的名臣循吏，通过这些途径晋升的，不可胜数。唐中叶以后，镇守一方的军事长官选拔列校掌管亲兵。当时，四方杰出人士，不能通过科举得志的，都争着当方镇的列校，往往累积功劳成为统帅。虽然十分狡诈的大盗，或许也会从中出现，但是名将贤卿，像高仙芝、封常清、李光弼、来瑱、李抱玉、段秀实之类的人才，得到的也很多啊。

任职要专

夫皋、夔、稷、契，毕大圣人之材，而终身一官，自恐不足；后之人才不如古，而教之使之又非其道，疲精神耗日力于无用之学。进身之始，言不由衷，及其既进也，使一旦尽弃其所为，而骤责以兵刑、钱谷，又杂而投之一人之身。之人也，少壮之心力，早耗于禄利之筌蹏(1)，其任也，余力及之而已，浮沉取容，求循资而已。

清·龚自珍《龚自珍全集·对策》

【注释】

(1) 筌蹏（quán 全 tí 提）：也作“筌蹄”。筌是捕鱼的竹器，“蹄”是捕兔的工具。“筌蹄”比喻手段。这里指科举考试的八股文。

【译文】

皋陶、夔、稷、契都是大圣人，但他们终身担任一种官职，还怕自己不能胜任；后世的人才不如古代，培养、使用他们又不得其法，他们把精力和时间都浪费在了无用之学上。所以，在参加科举考试时往往言不由衷，做官之后，又让他们立即放弃平日所学，一下子担负起军事、司法、财政、农林等事务，甚至把许多事务集中一人之身。而这个人，少壮时的精力早已消耗在谋求官职的八股无用之学上了；做了官，剩下的那一点余力只能勉强应付，浮沉官场，讨好上司，以求按资排辈地晋升了。

十步之内必有芳草

非知人不能善其任；非善任不能详之知人；非开诚心布公道，不能尽人之心；非奖其长护其短，不能尽人之力；非用人之朝气，不能尽人之才；非令其优劣得所，不能尽人之用。阁下亦于是讲求之而已。十室之邑必有忠信，十步之内必有芳草，今一概吐弃之[(1)]，恐徒劳而无益耳。

清·左宗棠《左文襄公全集·书牍·与胡润之》

【注释】

（1）吐弃：唾弃。

【译文】

不了解人就不能做到善于用人，不能善于用人就不能称为详尽地了解人。对人不能开诚布公，就不能尽得人心；用人不扬长避短，就不能使人尽其力；用人不能使其奋发有为昂扬向上，就不能使人尽其才。如果不使人的长处和短处各得其所，就不能使其最大限度地发挥作用。阁下也应该在这方面多加注意才好。只有十户人家的小邑也会有忠信之士；短短十步之内也会有芳草。如今不加选择一概摒弃，恐怕是徒劳无益的。

量材器用 斯政无废

国家政治，在乎得人，自大吏以至于一命，皆有其责，而一身之分量等级，庶事之兴废优劣[1]，胥视乎此。惟政有缓急难易，人有刚柔短长，用当其可，虽中人亦可有为，即小人每能济事。用违其才[2]，虽能员难以自效，即贤员或至误公。惟当量材器用，俾官无弃人，斯政无废事矣。且制置之安危由势，付授之济否由材。势如器焉，惟在所置，置之险地则覆，置之夷地则平，材如负焉，惟在所授。授逾其力则踣[3]，授当其力则行。故负重者不可以微劣，胜器大者不可以轻易处。有巨力而加重负犹恐蹶跌之不虞[4]，择安地而置大器尚虑倾覆之难备，安有委非所任、置非所安而望其不颠不危？固亦难矣。

清·金庸斋《居官必览·赋税》

【注释】

(1) 庶事：众多事务，各种政事。(2) 违：背离、违背。(3) 踣：跌倒。(4) 虞：预料、猜测。

【译文】

国家政事的治理，在于得到人才，从高级到低微的官吏，都各有自己的责任，而自身的分量等级，各种政事的兴废优劣，全都以是否得到人才。政事有缓急难易程度之分，人也有刚柔短长之分，人才使用得当，即使是中等水平的人才也能有所作为，就是小人物也能办成事情。用人一旦背离了他的才能，纵然是能干的官员，也难以全部发挥自己的力量，即使是有才能的好官，有时也会耽误公务。只有量才使用，在官员的任用上没有闲废的人，这样政事就没有被弃之不办的了。况且政权设置的安危是由情势决定的，嘱托授予的人能否成功是由他的才能决定的。情势就像一个器具，仅仅由它所置的地方而决定，放置在危险的地方就会被倾覆，放置在平地就会平稳，人才的使用就如负重一样，仅仅是由所授给他的事情的分量而定，赋予的事情超过了他的能力所及就会跌倒，赋予的事情正好适合他的才能就会办成功。所以肩负重任的官员不应该是才能低劣的人，能盛大东西的器具也不可以随便轻易处置。有巨大的能力，但过多地加重他的负担，也恐怕会有意想不到的跌倒。选择平稳的地方处置大器尚且要考虑到难以防备的倾覆，哪里能赋予不能胜任、置于不安的地方而又希望他能不被倾覆没有危险呢？根本上就是很难的事情。

为官用人之策略

用人不易，诚实者或才具平庸，机警者或器识偏狭，簿书俗吏不晓先王之典章，章句腐儒不谙律令之旨要(1)。刀笔之吏赴于几案之下(2)，长于官曹之间，因无温裕文雅以自润，故多察刻。竹帛之儒起于讲堂之上，游于乡校之中，因无严猛断割以自裁，故多迂缓。至于知人尤难，若据舆论以定贤不肖(3)，往往致有错误，凡众之所好者，非明体达用之全才，即是同流合污之乡愿(4)。夫全才之人以诚敬、忠爱居心，以清慎、勤和处事，气识宏深，德能广大。至于乡愿之行则不然，巧于迎合，工于窥探，托小廉曲谨之名，为欺世诳人之事，此所以为德之贼也。凡众人所恶者，或糊涂荒谬、乖僻拘滞，或残忍苛诈、任性妄为，甚或假耿直之名，为欺上陵下之事，其心但知有己不知有人，此又为吏之蠹也(5)。又有一等奸巧之徒，上司有所委托，稍涉繁难，则称非分内应办之事，逡巡退缩(6)，怀诈诡避，以沽不阿之名，此又不能为人用者也。更有一等好事之徒，不安本分，为所欲为，窥意怂恿，百计投合，一入彀中，便逞私智，此又不可用者也。为上司者，惟当随时审察，因事体验，衡情以应之，酌理以处之，庶无大谬矣。

清·金庸斋《居官必览·刑狱》

【注释】

(1) 不谙：不热悉。(2) 刀笔之吏：旧时把在竹简上的错字用刀刮去称为刀笔。由此把有关公文案卷的事情称为刀笔。这里指执掌文案的官吏。(3) 不肖：品行不好。(4) 乡愿：一般指外貌忠诚谨慎，实际上欺世盗名的人。(5) 蠹：蠹虫。这里指危害官吏队伍的坏人。(6) 逡巡：有所顾虑而徘徊或不敢前进。这里指有意逃脱。

【译文】

人才的任用是很不容易的事情，诚实的人有的可能才智平庸，机智的人有的可能才能见识偏激、狭隘，只懂官文书的俗吏又不懂得先王的典章制度，只会写文章断句子的酸气秀才不明白律令的根本要领。执掌文案的官吏忙于处理一般公文事务，擅长在上下级之间应付，因此不会用平和宽厚温文尔雅的气质修饰自己，所以他们对人对事苛察刻薄。只会读书的儒士起身于讲堂之上，交游在乡校之中，因为没有严猛裁决的事让他们去裁决，所以他们处事多迂腐缓慢。至于知人就更难，如果根据舆论判定他是贤才还是品行不好，往往会导致错误，凡众人所喜欢的人，不是明白事理通达好用的全才，就是貌似勤谨敦厚实则是同流合污的伪善者。那些全才的人是把诚实、敬重、忠于、仁爱放在心中，以清廉、谨慎、勤勉、和气的态度去处理事情，气识宏深，德能广大。至于伪善者的行为则不是这样，他们善于迎合上面，精于窥探上面的喜好，借小廉谨慎的名声，做欺世诳人的事情，这些就是被认为败坏道德的奸贼。凡是众人所厌恶的人，有的是糊涂荒谬、乖僻拘泥呆板的人，有的是残忍苛诈、任性胡作非为，甚至于有的人假借耿直的名声，做对上欺骗对下以势压人的事情。他们心中只知有自己不知有别人，所以这些又被称做官吏中的蠹虫。又有一种奸巧之徒，上司有所委托，事情稍微有点繁杂困难，就说这不是自己分内应办的事情，退避畏缩，心怀欺诈，寻找借口而躲避，还猎获到不阿谀逢迎的美名，这又是些不能被任用的人。更有一种好事之徒，不守本分，为所欲为，窥察上司心意而怂恿，百般投合，一入他们的圈套，便施展他们狡诈的心机，这又是些不能被任用的人。作为上司，只有随时明审细察，根据事情的常态去应付，斟酌事理来处置，这样就不会出大错误了。

第四篇　识才之术

导 语

鉴才识才是用才的基础。制定科学的标准，对人才进行必要的鉴别，是发现人才、区分人才、评价人才的重要手段。古人关于人才识别的思想很深邃、内容很丰富，很多观点值得我们借鉴和学习。

一是，重视人才的界定。什么是人才？这个问题很难给出一个简单的答案，中国古代有很多贤能之士对人才进行了描述。如，姜太公有“八征识人才”之说，“一曰问之以言，以观其辞。二曰穷之以辞，以观其变。三曰与之间谍，以观其诚。四曰明白显问，以观其德。五曰使之以财，以观其廉。六曰试之以色，以观其贞。七曰告之以难，以观其勇。八曰醉之以酒，以观其态。八征皆备，则贤不肖别矣”。三国刘邵提出了“观人八法”，也就是“观其夺救，以明间杂”“观其感变，以审常度”“观其志质，以知其名”“观其所由，以辨依似”“观其爱敬，以知通塞”“观其情机，以辨恕惑”“观其所短，知其所长”“观其聪明，以知所达”。明末周嘉谟也提出了“六事定官评”观点。这些观点都是对人才界定的高度概括，有些观点时至今日依然很有价值，对我们识别人才大有裨益。

二是，重视从实践中发现人才。如何从人群中发现人才，这是个难题，也是古人关注的问题。古人认为，“夫士外貌不与中情相应者十五”，足见人才鉴别工作有很大的难度。如何鉴别人才，古人强调注重实践、多方观察。晏子认为鉴别人才应“通则视其所举，穷则视其所不为，富则视其所不取”，通过观察人在通达、穷困潦倒和富贵时候的表现，可以看出他的为人。韩非子认为，实践对于鉴别人才作用很大，“观容服，听辞方，仲尼不能以必士；试之官职，课其功伐，则庸人不疑于愚智。”

三是，重视人才评价考核。中国古代对人才的考核很重视，认为“善驭众者以赏罚于先”，对人才进行考核的目的是为了黜恶陟善、升迁任职，“不分流品，观其材能勋绩，等而上之”。古人对人才考核的经验有四：首先，明确考核的对象，必须“考其人而不计其功”，“合其志功而观焉”，且“听其言而观其行”。其次，考核的内容涉及德、能、绩、廉等方面。管仲认为，统治者考核下属应“一曰德不当其位，二曰功不当其禄，三曰能不当其官”。再次，人才考核应摒除个人偏见，“使法择人，不自举也；使法量功，不自度也”。应当兼听明察，“称誉多而小大皆言善者，非贤也；善人称之，恶人毁之，毁誉者半，乃可有贤”。最后，应当倾听百姓的意见。“民者，吏之程也，察吏于民，然后随之”。

古人关于人才考核的思想值得我们学习和借鉴，这将有利于完善各类人才的考核制度，做到及时发现人才，正确使用人才，充分发挥人才的作用。

唯善 故能举其类

祁奚请老，晋侯问嗣焉。称解狐，其雠也[1]，将立之而卒。又问焉，对曰："午也可。"于是羊舌职死矣，晋侯曰："孰可以代之?"对曰："赤也可。"于是使祁午为中军尉，羊舌赤佐之。君子谓：祁奚于是能举善矣。称其雠，不为谄。立其子，不为比。举其偏，不为党。《尚书》曰："无偏无党，王道荡荡。"其祁奚之谓矣！解狐得举，祁午得位，伯华得官，建一官而三物成，能举善也夫！唯善，故能举其类。

先秦·《左传·襄公三年》

【注释】

(1) 雠（chóu）：同"仇"。

【译文】

晋国的中军尉祁奚年老请求退休。国君悼公便向祁奚征询接替中军尉职位的人选。祁奚推举解狐，他是祁奚的仇人。晋侯正要立解狐为中军尉时，他却死了。晋侯又问祁奚谁可接任中军尉。祁奚回答道："祁午可以胜任。"而祁午是祁奚的儿子。正在这时候中军尉佐羊舌职死了。晋侯问道："谁可以接替羊舌职的职位?"祁奚答："羊舌赤可以胜任。"而羊舌赤是羊舌职的儿子。于是，派遣祁午做中军尉，羊舌赤为副职辅佐中军尉。

君子认为祁奚在这种情况下能够推贤荐能。推荐他的仇人，不是谄媚，推立他的儿子，不是偏爱；推举他的副手的儿子，不是结党。《尚书·洪范》篇说："不偏私不结党，君王之道弘扬。"说的便是祁奚这样的人啊。解狐得到推举，祁午得到官位，羊舌赤得到官职，立一个官位而成就了三件事，这可以说是能举荐贤能的人了。只有贤者，才能够推举跟自己类似的人。

千里马不能用来拉盐车

汗明见春申君[1]，候问三月，而后得见。谈卒，春申君大说之。汗明欲复谈，春申君曰：“仆已知先生，先生大息矣。”汗明憱焉曰[2]：“明愿有问君而恐固。不审君之圣，孰与尧也？”春申君曰：“先生过矣，臣何足以当尧？”汗明曰：“然则君料臣孰与舜？”春申君曰：“先生即舜也。”汗明曰：“不然，臣请为君终言之。君之贤实不如尧，臣之能不及舜。夫以贤舜事圣尧，三年而后乃相知也。今君一时而知臣，是君圣于尧而臣贤于舜也。”春申君曰：“善。”召门吏为汗先生著客籍，五日一见。

汗明曰：“君亦闻骥乎[3]？夫骥之齿至矣，服盐车而上太行。蹄申膝折，尾湛胕溃[4]，漉汁洒地[5]，白汗交流，中阪迁延[6]，负辕不能上。伯乐遭之，下车攀而哭之，解纻衣以幂之[7]。骥于是俛而喷，仰而鸣，声达于天，若出金石声者，何也？彼见伯乐之知己也。今仆之不肖，阨于州部堀穴穷巷[8]，沉洿鄙俗之日久矣[9]，君独无意湔拔仆也[10]，使得为君高鸣屈于梁乎[11]？”

先秦·《战国策·楚策四》

【注释】

(1) 春申君：名黄歇，楚国贵族，战国四公子之一。(2) 憱：局促不安的样子。(3) 骥：骏马，千里马。(4) 尾湛胕溃：尾巴被汗浸透，体肤被汗浸透。湛，浸湿；胕，通“肤”。(5) 漉汁：淌下来的马口沫。(6) 阪：山坡。(7) 纻衣：麻布衣。幂：覆盖。(8) 阨：困。堀：同“窟”。(9) 沉洿：沉没污染。洿：同“污”。(10) 湔：洗涤。拔：除去。(11) 屈：委屈。梁：山梁。

【译文】

汗明拜见楚相春申君，等候了三个月，才见了面。双方谈完，春申君很高兴。汗明想再继续谈，春申君说：“我已经了解先生了，先生请休息吧。”汗明很感不安地说：“我想问问您，但又怕自己固执不通。您和尧比，不知谁更圣明一些？”春申君说：“先生错了，我怎么配与尧比呢？”汗明说："您看我和舜比，怎么样？"春申君说："先生就是舜啊！"汗明说："不对，请让我把话说完。您的圣明实在不如尧，我的贤能也不如舜。以贤能的舜去侍奉圣明的尧，经过三年才彼此了解。现在您一下子就了解我了，这说明您比尧还圣明，而我比舜还贤能。"春申君说："您说得好。"于是，请门吏把汗先生的名字登记在宾客簿上，每隔五天春申君就接见他一次。

汗明对春申君说："您听说过千里马？千里马成年了，驾着盐车上太行山，后蹄伸得很直，前膝弯得很曲，尾巴夹在两股之间，气喘吁吁，嘴角流沫，浑身流汗，车到半坡前，无论怎么用劲也不能前进一步。这时正好遇到伯乐，他赶快下车，抚着马背，为它难过得流了眼泪，他解下麻衣，给千里马罩上。这时千里马向前低下头，喷着气，抬起头，大叫一声，声音直冲云霄，好像金石发出的声音，这是为什么？因为千里马知道伯乐很赏识它。现在，我没有出息，困厄在底层，处在穷乡僻壤，地位低下，长期如此，您难道就不想推荐我，让我能够借您的助力，施展我的抱负，崭露头角，使您的名声像余音绕梁一般吗？"

去妒嫉　举贤才

苏子谓楚王曰："仁人之于民也，爱之以心，事[1]之以善言；孝子之于亲也，爱之以心，事之以财；忠臣之于君也，必进贤人以辅之。今王之大臣父兄，好伤贤以为资，厚赋敛诸百姓，使王见疾于民，非忠臣也；大臣播王之过于百姓，多赂诸侯以王之地，是故退王之所爱，亦非忠臣也；是以国危。臣愿无[2]听群臣之相恶也。慎大臣父兄，用民之所善，节身之嗜欲，以与百姓。人臣莫难于无妒而进贤。为主死易，垂沙之事，死者以千数。为主辱易，自令尹[3]以下，事王者以千数。至于无妒而进贤，未见一人也。故明主之察其臣也，必知其无妒而进贤也；贤之事其主也，亦必无妒而进贤。夫进贤之难者，贤者用，且使己废；贵，且使己贱，故人难之。"

先秦·《战国策·楚策》

【注释】

(1) 事：侍奉；供奉。 (2) 无：通"毋"，表示劝阻或禁止，可译为"不要"、"别"。(3) 令尹：官名。春秋时楚国设置，为最高官职，掌军政大权。战国时楚国执掌军政大权的长官，相当于丞相。

【译文】

战国时期苏秦曾对楚王说："仁德的人对待民众的态度是用心爱护他们、用善言开导他们；孝子对待父母的态度是用心敬爱他们、用财物供养他们；忠臣对待君主的态度则是推荐贤能的人来辅佐他。现在，您的父兄、大臣，喜欢伤害贤能的人来抬高自己，喜欢疯狂搜刮百姓，结果引起民众对大王您的痛恨，这不是忠臣所为啊！大臣在百姓中散布大王您的过错，用您的土地来贿赂诸侯，从而把您喜爱的排斥掉，这也不是忠臣的所为啊！这样，国家就很危险。我希望大王不要听信群臣互相攻击的话，慎用大臣父兄，用民众所拥戴喜欢的人，节制自身的嗜欲，以给予百姓更多的恩惠。做臣子的，没有比没有妒忌而向君主推荐贤才更难的了。为君主而死容易做到，在垂沙所之难中，为君主牺牲的人数以千计。为君主受辱容易，从令尹往下，侍奉君主的人数以千计。至于不妒嫉而举荐、引进贤才的大臣，却未见有一人。所以圣明的君主考察他的臣下，必须了解他们是否能做到不妒忌而举荐贤才。贤臣侍奉君主，也必须做到不妒忌而举荐贤才。举荐贤才之所以难，是因为贤才一旦被君主重用，则有可能取代自己；贤才的地位显贵了，则自己的地位相对降低，因此人们很难做到不妒忌而举荐贤才。”

听其言　观其行

宰予昼寝[1]。子曰："朽木不可雕也，粪土之墙不可圬也[2]。于予与[3]何诛?"子曰："始吾于人也，听其言而信其行；今吾于人也，听其言而观其行。于予与改是。"

先秦·《论语·公冶长》

【注释】

(1) 宰予：孔子的弟子。(2) 圬（wū）：粉刷。(3) 与：助词，无义。

【译文】

宰予白天睡觉。孔子见到了，十分生气，说："朽木不可雕琢，粪土做墙不可粉刷。对于宰予这样的人，我还能责备什么呢?"后来孔子又以这件事告诫弟子说："最初，我还相信别人怎么说就会怎么做。但从宰予事件后，我改变了态度，我现在听到别人说，还得看他的实际行动。"

合其志功而观

鲁君谓墨子[1]曰："我有二子，一人者好学，一人者好分人财，孰以为太子而可?"子墨子曰："未可知也。或所为赏与为是也。钓者之恭，非为鱼赐也；饵鼠以虫，非爱之也。吾愿主君之合其志功而观焉。"

先秦·《墨子·鲁问》

【注释】

(1) 墨子：名翟，战国时期著名的思想家、教育家、军事家，墨家学派的创始人。有《墨子》一书传世。

【译文】

鲁国国君问墨子："我有两个儿子，一个爱好学习，一个喜欢将财物分给他人，您看我立哪一个做太子好呢?"墨子说："光从这一点看是不能知道的。您的两个儿子也许是为着赏赐和名誉而这样做的。好比钓鱼人躬着身子，并不是对鱼表示恭敬；用虫子作为捕鼠的诱饵，并不是喜爱老鼠。我希望您把他们的动机和效果结合起来进行考察。"

四种人不宜轻易授予官职

君之所慎者四：一曰大德不至仁，不可以授国柄[1]；二曰见贤不能让，不可与尊位；三曰罚避亲贵，不可使主兵[2]；四曰不好本事，不务地利，而轻赋敛不可与都邑。此四务者，安危之本也。

先秦·《管子·立政》

【注释】

(1) 国柄：国家大权。(2) 主兵：掌握兵权；统率部队。

【译文】

做君王的有四件事情要慎重对待：一是品德达不到至仁的，不能授予他管理国家的要职；二是见到比自己贤能的人不能主动让位的，不能赐予他尊贵的官爵职位；三是不敢对亲人、权贵施以刑罚的，不能让他统领军队；四是不喜欢农业，不借助地利获取，却轻视赋税的，不能让他担任都邑的行政长官。这四件事情，是关乎国家安危的根本大计啊！

弃贤而国变

管仲有病。桓公往问之曰：“仲父之病，病矣！若不可讳，而不起此病也，仲父亦将何以诏寡人？”管仲对曰：“微君之命臣也，故臣且谒之。虽然，君犹不能行也。”公曰：“仲父命寡人东，寡人东；令寡人西，寡人西。仲父之命于寡人，寡人敢不从乎？”管仲摄衣冠起。对曰：“臣愿君之远易牙、竖刁、堂巫、公子开方。易牙以调和事公。公曰惟烝婴儿之未尝，于是烝其首子而献之公(1)。人情非不爱其子也，于子之不爱，将何有于公？公喜宫而妒，竖刁自刑而为公治内。人情非不爱其身也，于身之不爱，将何有于公？公子开方事公十五年，不归视其亲，齐、卫之间不容数日之行。臣闻之，务为不久，盖虚不长。其生不长者，其死必不终。”桓公曰：“善。”管仲死，已葬，公憎四子，废之官。逐堂巫，而苛病起。逐易牙而味不至，逐竖刁而宫中乱，逐公子开方而朝不治。桓公曰：“嗟！圣人亦有悖乎？”乃复四子者。处期年，四子作难，围公一室不得出。公曰：“嗟，兹乎！圣人之言长乎哉！”乃援素巾蔑以裹首而绝。死十一日虫出于户，乃知桓公之死也。

先秦·《管子·小称》

【注释】

(1) 烝（zhēng 争）：同“蒸”，热气上升。

【译文】

管仲有病，齐桓公去探病时说：“仲父的病很重，如若一病不起的话，仲父有什么遗言教我呢？”管仲回答说：“您即使不来问我，我也有话要对您讲，不过，怕您做不到罢了。”桓公说：“仲父要我往东就往东，要我往西就往西。仲父对我说的话我怎么敢不听？”管仲整整衣冠站起来说：“我希望您把易牙、竖刁、堂巫、公子开方辞退掉。易牙以烹调伺候您，您说，唯有蒸婴儿的味道没有尝过，于是易牙蒸了他的大儿子献给您。从人情来说，没有不爱自己儿女的，他对自己的儿女都不爱，能爱您吗？您喜爱女色而妒忌，竖刁自宫来为您管理宫女们。从人情来说，没有不爱自己身体的，连自己的身体都不爱，会怎么对待您呢？公子开方伺候您十五年，都没有回家探望过亲人，齐国和他的亲人居住的卫国不过只有几天的路程。我听说，刻意做出来的事不久，虚假的忠诚不会长。生时做不能长久的事，死一定不会有好的结局。”桓公说：“您说得对。”管仲死后，埋葬不久，桓公憎恶这四个人，罢去他们的官职。赶走堂巫，而疾病开始发作；驱逐易牙，而饮食无味；遣走竖刁而宫中混乱；撵出公子开方而朝政混乱。桓公感叹道：“唉呀！圣人的话也有不对的时候呀？”于是恢复这四个人的职务。仅仅过了一年，这四个人同时谋乱，将桓公困在一间屋子不许出入。桓公说：“唉，果然如此呀！圣人的话有远见呀！”于是自杀身亡，他死后十一天，蛆虫从门里爬到门外，人们才知道桓公去世的消息。

无以毁誉非议定其身

公曰："请问求贤？"对曰："观之以其游，说之以其行。君无以靡曼[1]辩辞定其行，无以毁誉非议定其身，如此，则不为[2]行以扬声，不掩欲以荣[3]君。故通则视其所举，穷则视其所不为，富则视其所不取。夫上士，难进而易退也；其次，易进易退也；其下，易进难退也。以此数物者取人，其可乎！"

先秦·《晏子春秋·内篇问上》

【注释】

(1) 靡曼：华丽。(2) 为：通"伪"。(3) 荣：通"营"，惑乱。或以为"荣"当做"荧"，荧，眩惑。

【译文】

齐景公说："请问如何求贤？"晏子回答说："根据他所结交的人进行观察，根据他的行为作出判断。国君不要根据该人的花言巧语来判定其品行，不要根据别人的毁誉来判定其为人，这样，士人就不会用虚伪的言行来窃取名誉，不会掩饰私欲来迷惑君主。所以，当一个人仕途顺利时要看他用的是什么人，当他失意时要看他不做哪些事情，当他富贵时要看他不获取哪些东西。第一流的士人，慎于做官而急流勇退；次一等的士人，急于做官也敢于弃官；末流的士人，急于做官而决不肯放弃官职。用这样几条标准来判断，大概就可以了吧！"

"八征"识人才

武王问太公曰:"王者举兵,简练[1]英雄,知士之高下,为之奈何?"太公曰:"夫士外貌不与中情相应者十五:有贤而不肖者[2],有温良而为盗者,有貌恭敬而心慢者,有外廉谨而内无至诚者,有精精而无情者,有湛湛而无诚者,有好谋而无决者,有如果敢而不能者,有悾悾而不信者[3],有恍恍惚惚而反忠实者,有诡激而有功效者,有外勇而内怯者,有肃肃而反易人者,有嗃嗃而反静悫者[4],有势虚形劣而外出无所不至、无所不遂者。天下所贱,圣人所贵。凡人莫知,非有大明,不见其际。此士之外貌不与中情相应者也。"武王曰:"何以知之?"太公曰:"知之有八征:一曰问之以言,以观其辞。二曰穷之以辞,以观其变。三曰与之间谍,以观其诚。四曰明白显问,以观其德。五曰使之以财,以观其廉。六曰试之以色,以观其贞。七曰告之以难,以观其勇。八曰醉之以酒,以观其态。八征皆备,则贤不肖别矣。"

先秦·《六韬·龙韬·选将》

【注释】

(1) 简练:挑选训练。(2) 不肖:品行不好。(3) 悾悾:诚恳的样子。(4) 嗃嗃:严酷的样子。

【译文】

周武王问姜太公:"国君用兵打仗时想要选拔英勇的将帅,真正了解文武将士的高下,该怎么办呢?"姜太公说:"士人的外貌和他们的内心表里不相符的几乎占一半:有的有能力而实际上却品行不好,有的外表温顺善良骨子里却是个为非作歹的盗贼,有的对人貌似恭谨谦让而内心却傲慢无礼,有的外表廉洁谨慎而内心并不诚实可信,有的看似精诚单纯但实际上却虚伪无情,有的看似清白开朗其实无诚信可言,有的喜欢谈论计谋其实并无决断,有的好像果敢其实能力极差,有的看似十分诚实其实尽是虚假,有的犹犹豫豫态度不明反而忠实可靠,有的看似诡诈偏激干起事来却很有成效，有的外表勇敢内心怯懦，有的外表严肃不苟却容易与人融洽共事，有的看似声色严酷其实内心沉静忠厚，有的外表看似无才笨拙而办事时无不周全、无不达到目的。有时，天下人所轻视的却是圣人所重视的。平凡的人很难判断出谁贵谁贱，没有超人的眼光，很难知道他的实际内情。这就是所说的士人的外貌表现和内心实质不尽相符的情况。”武王说：“既然如此，怎样去了解呢?”姜太公说：“了解一个人可从八个方面去验证：第一，向他提问要他发表言论，借以观察他的思维能力和语言表达能力；第二，提出使他窘困难以解答的话题，观察他的应变能力；第三，让人进行密访暗察，看他在背地里是否诚信；第四，在大庭广众之下向他咨询，考察他是否有谦虚的品德；第五，让他管理钱财之事，考察他是否廉洁；第六，用美女去试探他，考察他的操守是否坚贞；第七，把危难的事告诉他，考察他的勇敢果决；第八，观察他喝醉酒之后的言行，看他是否失态。以上八个方面全都验证了，那么贤德的人与不贤德的人也就可以辨别清楚了。”

重品质　轻外表

秦穆公谓伯乐曰："子之年长矣，子姓有可使求马者乎?"伯乐对曰："良马可形容筋骨相也；天下之马者，若灭若没，若亡若失。若此者绝尘弭辙。臣之子皆下才也，可告以良马，不可告以天下之马也。臣有所与共担纆薪菜者，有九方皋，此其于马非臣之下也。请见之。"

穆公见之，使行求马。三月而反报曰："已得之矣，在沙丘(1)。"穆公曰："何马也?"对曰："牝而黄(2)。"使人往取之，牡而骊。穆公不说(3)，召伯乐而谓之曰："败矣，子所使求马者！色物牝牡尚弗能知，又何马之能知也?"伯乐喟然太息曰："一至于此乎！是乃其所以千万臣而无数者也。若皋之所观，天机也：得其精而忘其粗，在其内而忘其外，见其所见，不见其所不见，视其所视，而遗其所不视。若皋之相马者，乃有贵乎马者也。"马至，果天下之马也。

先秦·《列子·说符》

【注释】

(1) 沙丘：地名。今河北广宗县西北大平台。相传殷纣曾于此筑台，畜养禽兽。秦始皇东巡时病逝于此。(2) 牝：雌性。(3) 说：通"悦"。

【译文】

秦穆公对伯乐说："您的年岁高了！您的子孙中有可以派去寻求天下好马的人吗?"伯乐答道："一般的好马可通过形体状貌辨识，天下特别的好马（即千里马），若有若无，若隐若现（形容千里马的体态特征，恍惚迷离，很不容易识别）。像这样的马绝于尘土消失蹄印（形容千里马跑得非常快，奔跑时不会扬起尘土，也不会留下足迹）。我的儿子们都是才能一般的人，能够教会他们识别一般的好马，无法教他们识别天下突出的千里马。我有一个曾在一起扛过东西打过柴草的朋友，名叫九方皋，这个人对于马的识别本领不在我之下，请使其谒见。"

穆公召见了他，派他外出找马，三个月后返回报告说："已经得到它了，在沙丘（地名）。"穆公问："什么马?"答道："是一匹黄色母马。"派人前去取得它，却是一匹黑色公马。穆公不高兴，召唤伯乐对他说："糟糕，你所派遣的找马人！毛色雌雄尚且不能知道，又能知道什么马?"伯乐长长地叹息道："竟然到了这种地步吗？这就是九方皋相马的本事所以比我强千万倍还不止的地方啊！像九方皋所观察的是天地间的奥妙：得到了它的精髓，而放弃了它的粗略，省察其内部而忘却其表象，看见了他所应当看见的地方，而没有看见他不必看见的地方，考察了他所应当考察的地方，抛弃了他所不必考察的地方。像九方皋这种善于识别千里马的人，实在有比千里马更可宝贵的地方啊！"马到达，果然是天下特别的好马啊。

国君进贤　不可不慎

孟子见齐宣王，曰："所谓故国者，非谓有乔木之谓也，有世臣之谓也。王无亲臣矣，昔者所进，今日不知其亡也。"

王曰："吾何以识其不才而舍之?"

曰："国君进贤，如不得已，将使卑逾尊，疏逾戚[1]，可不慎与？左右皆曰贤，未可也；诸大夫皆曰贤，未可也；国人皆曰贤，然后察之；见贤焉，然后用之。左右皆曰不可，勿听；诸大夫皆曰不可，勿听；国人皆曰不可，然后察之；见不可焉，然后去之。左右皆曰可杀，勿听；诸大夫皆曰可杀，勿听；国人皆曰可杀，然后察之，见可杀焉，然后杀之。故曰，国人杀之也。如此，然后可以为民父母。"

先秦·《孟子·梁惠王下》

【注释】

(1) 戚：亲属、亲近的人。

【译文】

孟子拜见齐宣王，说："所谓的故国，不是说国中有高大的乔木，而是指有累世的功臣。大王您已经没有亲近贤臣了，过去提拔的人如今已经不知去向了。"

齐宣王问："我怎样才能识别出不贤之人而不去任用他呢?"

孟子说："国君选用臣子，如果非这样做不可，将会使卑贱的人位居尊贵的人之上，使疏远的人位居亲近的人之上，怎么可以不慎重对待呢？身边的亲信说某人贤能不行；大夫们都说他贤能也不行；待全国的人都说他贤能，然后再去考察他；证实他确实贤能之后再任用他。身边的亲信说某人不行，不必听信；大夫们都说他不行，也不必听信；全国的人都说他不行，然后考察他；证实他的确不行然后才罢免他。身边的亲信都说某人该杀，不用理睬；大夫们都说他该杀，也不用理睬；全国的人都说他该杀，然后去考察他；证明他确实该杀，然后才处决他。所以说这是全国人给他判死刑。做到这样，才能称得上是为民父母。"

察人的九种方法

孔子曰："凡人心险如山川，难于知天。天犹有春秋冬夏旦暮之期，人者厚貌深情。故有貌愿而益[(1)]，有长若不肖，有顺怀而达[(2)]，有坚而缦[(3)]，有缓而釬[(4)]。故其就义若渴者，其去义若热。故君子远使之而观其忠，近使之而观其敬，烦使之而观其能，卒然问焉而观其知，急与之期而观其信，委之以财而观其仁，告之以危而观其节，醉之以酒而观其则，杂之以处而观其色。九征至，不肖人得矣。"

先秦·《庄子·列御寇》

【注释】

(1) 貌愿而益：愿，谨厚。益：通"溢"，骄溢。(2) 顺怀而达：怀，通"环"，圆。达：伸、直。(3) 缦：通"慢"。(4) 釬：通"悍"，急。

【译文】

孔子说："人心比山川还要险恶，比知天还要困难。天还有春夏秋冬早晚等固定时期，人却是容貌淳厚，内心深藏。有人外貌淳厚而行为骄傲自满，有人貌似长者而其实不贤，有人外表圆顺而内心却刚直，有人看似坚实而内心怠慢，有人看似舒缓而内心急躁。因此，一个人追求义理时急如饥渴，抛弃义理时也急如避热。所以，考察君子，叫他到远处工作来观察他的忠诚，让他在身边工作来观察他的敬慎，交给他繁难的事情来观察他的才能，向他突然提出问题来观察他的机智，规定他急促的期限来观察他的信用，将钱财委托给他来观察他的廉洁，告诉他危险的事情来观察他的节操，让他醉酒来观察他的仪态，使他杂居于男女中来观察他的好色与否。九种征验都做到了，不贤的人就可以看得出来了。"

切忌以貌取人

故相形不如论心，论心不如择术。形不胜心，心不胜术。术正而心顺之，则形相虽恶而心术善，无害为君子也；形相虽善而心术恶，无害为小人也。君子之谓吉，小人之谓凶。故长短、小大、善恶形相，非吉凶也。古之人无有也，学者不道也。

盖帝尧长，帝舜短；文王长，周公短；仲尼长，子弓短。昔者，卫灵公有臣曰公孙吕，身长七尺，面长三尺，焉广三寸，鼻、目、耳具，而名动天下。楚之孙叔敖，期思之鄙人也，突秃长左，轩较之下，而以楚霸。叶公子高，微小短瘠，行若将不胜其衣然。白公之乱也，令尹子西、司马子期皆死焉。叶公子高入据楚，诛白公，定楚国，如反手尔，仁义功名著于后世。故士不揣长，不揳大，不权轻重，亦将志乎尔。长短、大小、美恶形相，岂论也哉？

且徐偃王之状，目可瞻焉；仲尼之状，面如蒙倛[(1)]；周公之状，身如断菑[(2)]；皋陶之状，色如削瓜；闳夭之状，面无见肤；傅说之状，身如植鳍；伊尹之状，面无须麋。禹跳，汤偏，尧、舜参牟子。从者将论志意，比类文学邪？直将差长短，辨美恶，而相欺傲邪？

古者，桀、纣长巨姣美，天下之杰也；筋力越劲，百人之敌也。然而身死国亡，为天下大僇，后世言恶，则必稽焉。是非容貌之患也，闻见之不众，论议之卑尔！

先秦·《荀子·非相》

【注释】

(1) 倛（qī）：古代术士驱鬼时所戴的形状可怕的面具，亦称“倛头”。(2) 菑（zì）：枯死而未倒的树。

【译文】

所以看人的相貌不如分析人的思想，分析人的思想又不如观察其行为。

相貌不如思想重要，思想不如行为重要。一个人如果行为好，而思想又与之相适应，即使长相和容貌丑陋，仍不失为君子；长相和容貌虽然美好，但思想和行为都不好，仍然是小人。君子可以说是吉，小人则可说是凶。所以身材高矮、大小和容貌美丑，都不是吉凶的标志。古人没有干过这种事，有学识的人也不谈论这个。

据说尧的身材高，舜的身材矮；文王身材高，周公身材矮；孔子身材高，学生仲弓身材矮。从前卫灵公有个名叫公孙吕的臣子，身高七尺，脸长三尺，额宽三寸，鼻、眼、耳俱全，容貌虽怪却名扬天下。楚国的孙叔敖是期思这个地方的粗陋人，头顶秃得无一根毛发，左手长右手短，站在车上还没有横木高，但任楚相却使楚国称霸于诸侯。楚国的叶公子高，身材又矮又瘦，走起路来似乎连自己的衣服都撑不起来。然而当白公胜发动叛乱的时候，令尹子西、司马子期皆死于叛军之手，危急时刻叶公子高率军平乱、诛杀白公胜、安定了楚国政权，这一切都易如反掌，他的仁义和功绩流传后世。所以，对士人不应测量其身材高矮、大小和轻重，而是看其志向，高矮、大小和容貌美丑，怎能作为评论人的依据呢?

还有周代徐国的君主徐偃王，双眼能看到自己前额；孔子的脸上好像戴着驱邪的鬼面具；周公旦的身体看上去像一段枯树干；皋陶的脸色难看得像削了皮的瓜；文王的臣子闳夭满脸都是胡子见不着皮肤；商王武丁的宰相傅说的身体如同鱼立起了脊翅；伊尹的脸上不长一根胡须和眉毛。禹是个走路一跳一跳的瘸子；汤半身偏瘫；尧、舜眼睛有三个瞳仁。信奉相面术的人，对这些古代圣贤是评论他们的意志、学问，还是根据身材高矮、容貌美丑继续自欺欺人地对他们加以傲视呢?

古时的夏桀、商纣，都是身材高大、容貌端正，是天下出色的美男子，而且体魄健壮，力敌百人。然而其结局却是身死国亡，为天下所不齿，后世一提起坏人，常以他们为例。这并不是容貌不好招来的祸患，而是他们孤陋寡闻，识见低下所致。

使法择人　使法量功

明主使法择人，不自举也；使法量功，不自度也。能者不可弊[1]，败者不可饰，誉者不能进，非[2]者弗能退，则君臣之间明辩[3]而易治，故主仇[4]法则可也。

先秦·《韩非子·有度》

【注释】

（1）弊：通“蔽”。（2）非：通“诽”，诽谤之意。（3）辩：通“辨”，辨别之意。（4）仇：用。

【译文】

英明的君主以法择人，不凭自己的好恶选拔；用法来衡量功劳的大小，而不凭自己的主观猜测。有才能的人不会被埋没，无能之辈没有办法掩饰，被大家吹捧的人不会被晋升，遭到诽谤的人不会被免职，那么，君主就能明辨臣子的功罪是非，国家就容易治理，所以君主用法作为准则就可以了。

有功受重禄 有能处大官

明主者，推功而爵禄[1]，称能而官事[2]，所举者必有贤，所用者必有能，贤能之士进，则私门之请止矣。夫有功者受重禄，有能者处大官，则私剑之士安得无离于私勇而疾距敌，游宦之士焉得无挠于私门而务于清洁矣[3]？此所以聚贤能之士，而散私门之属也。今近习者不必智，人主之于人也或有所知而听之，入因与近习论其言，听近习而不计其智，是与愚论智也。其当途者不必贤，人主之于人或有所贤而礼之，入因与当途者论其行，听其言而不用贤，是与不肖论贤也。故智者决策于愚人，贤士程行于不肖，则贤智之士奚时得用？而人主之明塞矣。昔关龙逄说桀而伤其四肢[4]，王子比干谏纣而剖其心[5]，子胥忠直夫差而诛于属镂[6]。此三子者，为人臣非不忠，而说非不当也。然不免予死亡之患者，主不察贤智之言，而蔽于愚不肖之患也。今人主非肯用法术之士，听愚不肖之臣，则贤智之士孰敢当三子之危而进其智能者乎？此世之所以乱也。

先秦·《韩非子·人主》

【注释】

(1) 推：根据。(2) 称：衡量。(3) 挠：离开。(4) 关龙逄：夏桀臣，桀为酒池，关龙逢谏，立而不去朝，桀囚而杀之。(5) 王子比干：《史记·殷本纪》，比干强谏纣，纣怒曰：“吾闻圣人心有七窍。”剖比干观其心。比干是纣王的叔父，商王义丁的儿子，所以常称为：“王子比干”。(6) 子胥：即伍子胥，名员，字子胥，春秋时龙大夫伍奢次子。楚平王七年伍奢被杀，他出逃，经历宋、郑等国入吴，后为吴大夫，帮助吴王阖闾攻破楚国，以功封于申，故又称申胥，吴王夫差时，他曾劝吴王拒绝越国求和。公元前184年，夫差伐齐，他又以越为心腹之患，劝勿攻齐。夫差怒，赐剑（剑名属镂）逼他自杀。

【译文】

英明的君主根据功劳来授予官爵俸禄，衡量才能来授予职位政事，被提拔的人一定要有很好的德才，被任用的人一定要有很强的能力。有德才兼备的人得到任用，那么私下的托请就被制止了。有功劳的人得到高薪厚禄，有能力的人身居高位要职，那么为权贵之家行刺的侠客又怎能不抛弃私斗之勇而奋力抗击敌人呢？靠游说去谋取官职的人又怎能不离开权贵之门而致力于廉洁奉公呢？这便是聚集贤能之士而驱散豪门之徒的方法了。现在，君主身边的亲信不一定聪明，而君主在人们中间有时发现了自己认为是有智慧的人而听取了他们的意见，但回来之后却又同亲信评论他们的意见，听从亲信的话而不再考虑那些聪明人的意见，这便是和愚蠢的人来评论聪明人了；当权的人不一定贤能，而君主在人们中间有时发现了自己认为是贤能的人而礼遇敬重他们，回来后却又和当权的人评论他们的德行，听从当权者的话而不再任用那些贤能的人，这便是和没有德才的人来评论有德才的人了。所以有智慧的人要由愚蠢的人来裁决自己的计谋，有德行的人要由无德行之人来评定自己的德行，那么有德操有智慧的人什么时候才能得到任用呢？而君主的明智也就被堵塞了。从前关龙逄因劝说夏桀而被伤害了自己的肢体，比干因劝说商纣而被剖开了心脏，伍子胥对夫差忠诚正直却死于属镂宝剑。这三个人，做臣子并非不忠，言论并非不当。却不能避免死亡的灾难，这是君主不能明察贤能聪明的人的言论而被愚蠢无能的臣子所蒙蔽而造成的祸患啊。如今君主不肯任用法术之士，而听从愚蠢无德的臣子，那么贤能聪明的法术之士有哪个敢冒关龙逄、比干、伍子胥那样的危险来进献自己的智慧和才能呢？这就是社会混乱的原因所在。

以刑名收臣 以度量准下

使人又非所佚[1]也。人主虽使人，必以度量[2]准之，以刑名[3]参之。以事遇于法则行，不遇于法则止。功当其言则赏，不当则诛。以刑名收臣，以度量准下，此不可释[4]也，君人者焉佚哉？

先秦·《韩非子·难二》

【注释】

(1) 佚：同“逸”。(2) 度量：计量长度和容积的标准，这里指法度。(3) 名：名实，指言论和事功。(4) 释：放弃。收：录用。

【译文】

使用人才也不是等闲的事。君主使用人才，一定要用法度来衡量他们，要参考言论和事功是否一致来检验他们。办事情如果适合法度就行得通，不适合法度就会终止。事功与他的言论相符合就奖赏，不相符合就惩罚。要用名实来选用大臣，用法度来衡量下属，这是不可丢掉的，做君主的怎么能安逸呢？

考核功绩是检验人才的最好方法

夫视锻锡而察青黄，区冶[1]不能以必剑；水击鹄雁，陆断驹马，则臧获[2]不疑钝利。发齿吻而相形容，伯乐不能以必马；授车就驾，而观其末涂，则臧获不疑驽良。观容服，听辞言，仲尼不能以必士；试之官职，课其功伐，则庸人不疑于愚智。故明主之吏，宰相必起于州郡，猛将必发于卒伍。夫有功者必赏，则爵禄厚而愈劝；迁官袭级，则官职大而愈治。夫爵禄大而官职治，王之道也。

先秦·《韩非子·显学》

【注释】

(1) 区冶：即区冶子。春秋时善于铸剑的人。(2) 臧获：古代对奴婢的贱称。

【译文】

只观察金属冶炼时的火候和颜色，即使是像区冶子这样的铸利剑的名匠，也不能断定它能不能成为锋利的宝剑；如果用铸成的剑在水中可以刺死天鹅、大雁，大陆上可斩断驹马，那么无知的奴婢也会毫不迟疑地说出锋钝和锋利。只看马的牙齿、唇口和外貌，即使是善于相马的伯乐也不能断定是不是千里马；如果用这匹马去驾辕拉车，观察其到达终点时的状况，那么无知的奴婢也会毫不迟疑地说出是驽马还是好马。

对于一个人，只观察他的容貌和服饰，只听滔滔言辞，即使是孔子也不能断定他是不是有才有德的人；只有让他担任某一官职，考核其功绩，则寻常之人也会迅速地判断出这个人是聪明还是愚笨。所以英明君主任命官吏，宰相一定要从州郡地方官中选拔，猛将则从行伍士兵中寻找。对有功者必赏，爵位提高、俸禄加厚，他就会更加勤勉；升了官晋了级，官职越大政绩就越显著。用高官厚禄促使官员尽职尽责，是帝王成就大业统一天下的方法。

治世待贤士

天下虽有有道之士，国犹少。千里而有一士，比肩也；累世而有一圣人，继踵也。士与圣人之所自来，若此其难也，而治必待之，治奚由至？虽幸而有，未必知也，不知则与无贤同。此治世之所以短，而乱世之所以长也。故王者不四，霸者不六，亡国相望，囚主相及。得士则无此之患。此周之所封四百余，服国八百余，今无存者矣，虽存皆尝亡矣。贤主知其若此也，故日慎一日，以终其世。譬之若登山，登山者，处已高矣，左右视，尚巍巍焉山在其上。贤者之所与处，有似于此。身已贤矣，行已高矣，左右视，尚尽贤于己。故周公旦曰："不如吾者，吾不与处，累我者也；与我齐者，吾不与处，无益我者也。"惟贤者必与贤于己者处。贤者之可得与处也，礼之也。主贤世治，则贤者在上；主不肖世乱，则贤者在下。今周室既灭，天下既废，乱莫大于无天子，无天子则强者胜弱，众者暴寡，以兵相刬(1)，不得休息，而佞进，今之世当之矣。故欲求有道之士，则于江河之上，山谷之中，僻远幽闲之所，若此则幸于得之矣。太公钓于滋泉，遭纣之世也，故文王得之。文王千乘也，纣天子也，天子失之，而千乘得之，知之与不知也。诸众齐民，不待知而使，不待礼而令；若夫有道之士，必礼必知，然后其智能可尽也。

秦·吕不韦《吕氏春秋·先识览》

【注释】

(1) 刬（chǎn）：铲除、灭除。

【译文】

天下虽然有有道之士，但国家还是很少的。如果方圆千里之内有一个士，那么可算是肩挨上肩了；如果几代出一个圣人，那么也算脚碰着脚了。士人和圣人的出现，是如此的困难，可是国家的安定却一定得靠他们，那么国家安定的局面怎么能到来呢？即使幸而有贤士，也未必被人知晓，有贤士而不被人知晓，那就如同没有贤士一样。这就是安定的社会之所以很短，而混乱的社会之所以很长的原因啊。所以自古以来成就王业的人不过出现四位，称霸诸侯的人不过出现六位，而被灭亡的国家却一个接着一个，被囚禁的君主却一个挨着一个。得到贤士就没有这样的祸患了。这就是为什么周朝所封的四百多个诸侯、归服的八百多个国家如今没有再存在的了，即使有存在的，也都曾经灭亡过。

贤明的君主知道这个道理，所以一天比一天谨慎，以保自己终身平安。这就好比登山，登山的人，登到的地方已经很高了，左右一看，还有巍峨的山在上边。贤士所处世的情况，与这种情况相似，自己已经很贤明了，品行已经很高尚了，左右一看，还尽是超过自己的人。所以周公旦说："不如我的人，我不与他在一起，这是牵累我的人；与我一样的人，我不与他在一起，这是对我没有益处的人。"只有贤士一定与超过自己的人在一起。贤士之所以能够相处一起的原因，那就是以礼对待他们。君主贤明，社会安定，贤士就在上位；君主不肖，社会混乱，贤士就在下位，而奸佞小人却受到提拔重用。现在周王室已经灭亡，天下已经四分五裂，社会混乱没有比无天子更严重的了，没有天子，强大的就胜过弱小的，人多势众的就欺负力单势孤的，军队互相残杀，无法休养生息而使奸佞之人得以进，如今的社会正是这样。所以要想访求有道之士，就应到江海之滨、山谷之中、僻远幽静之处去访求，这样或许有幸得到他们。太公望在滋泉边钓鱼，正赶上商纣王当政的时代，所以周文王得到了他。文王只是拥有千辆兵车的诸侯，商纣王却是天子，可是天子失去了太公，而诸侯却得到了太公，这是因为文王了解太公，而商纣王不了解太公啊。那些平民百姓，不用等了解他们就役使他们，不用等礼遇他们就对他们下命令。至于有道之士，一定要礼遇他们，一定要了解他们，然后才能让他们把智慧和才能全部奉献出来。

“八观六验” “六戚四隐”

凡论人，通则观其所礼，贵则观其所进，富则观其所养，听则观其所行，止则观其所好，习则观其所言，穷则观其所不受，贱则观其所不为；喜之以验其守，乐之以验其僻[(1)]，怒之以验其节，惧之以验其特[(2)]，哀之以验其人，苦之以验其志。八观六验，此贤王之所以论人也。论人者，又必以六戚四隐[(3)]。何谓六戚？父母、兄弟、妻子。何谓四隐？交友、故旧、邑里、门郭[(4)]。内则用六戚四隐，外则用八观六验。人之情[(5)]伪贪鄙美恶，无所失矣，譬如若逃雨汙，[(6)]无之而非是。此先圣王之所以知人也。

秦·吕不韦《吕氏春秋·论人》

【注释】

（1）僻：邪僻。（2）特：疑当做“持”，持守。（3）隐：依靠、凭借。（4）邑里：邻里。门郭：“郭”当做“郎”门郎，门郎指左右近侍。（5）情：诚。（6）汙：通“濡”，沾湿。

【译文】

但凡要考察一个人，当他仕途顺利时就要看他所尊敬的是什么人；当他显贵时要看他所举荐的是什么人；当他富有时就要看他所养的是什么人；听了他的言论就要看他是怎么去做；当他空闲时就要看他的爱好是什么；当和他熟悉了之后就要看他的言语是否端正；当他失意时就要看他是否有所不受；当他贫贱时就要看他是否有所不为。使他欢喜以考验他是否不失常态；使他快乐以考验他是否能够放纵；使他发怒以考验他是否能够自我约束；使他恐惧以考验他是否能够自持；使他悲哀以考验他是否能够自制；使他困苦以考验他是否不变其志。八观六验，这就是贤主用来考察人的手段。除此以外，考察一个人还必须观察他的六戚四隐。什么叫做六戚？就是指他的父、母、兄、弟、妻、子。什么叫做四隐？就是指他的朋友、故旧、邻里和身边左右之人。内则观察他的六戚四隐，外则用八观六验的方法进行考察。人的真伪、贪吝、善恶就没有看不清的了。打个比方，就如同在大雨中奔逃，浑身上下没有一处不被淋湿的。这就是圣王识别人的方法。

选贤要广泛甄选

故良马非独骐骥[1]，利剑非惟干将[2]，美女非独西施[3]，忠臣非独吕望[4]。今有马而无王良之御[5]，有剑而无砥砺之功，有女而无芳泽之饰[6]，有士而不遭文王，道术蓄积而不舒，美玉韫匵而深藏[7]。故怀道者须世，抱朴者待工，道为智者设，马为御者良，贤为圣者用，辩为智者通，书为晓者传，事为见者明。故制事者因其则，服药者因其良。书不必起仲尼之门[8]，药不必出扁鹊之方[9]，合之者善，可以为法，因世而权行。

西汉·陆贾《新语·术事》

【注释】

(1) 骐骥：骏马、好马。(2) 干将：据《吴越春秋》，干将为著名冶匠，与妻莫邪为吴王阖闾铸剑，剑名干将、莫邪，后泛指宝剑。(3) 西施：春秋时越国的美女，由越王勾践献于吴王夫差。传说吴亡后，与范蠡携入五湖。(4) 吕望：据《史记·齐大公世家》，吕望本姓姜氏，祖上有功绩，封于吕。后西伯周文王立为师，为著名的贤能之臣，号之曰太公望。即民间传说的姜子牙，姜太公。(5) 王良：春秋时的善御者。(6) 泽：指古代妇女润发用的香油。(7) 匵：指木匣子、匣子。(8) 仲尼：即孔子。(9) 扁鹊：古代良医，名秦越人。

【译文】

良马并不是只有骐骥，利剑并不是只有干将，美女并非只是西施，忠臣并非只是姜子牙。现在是有马而没有像王良那样的优秀御者，有剑而没有打磨修锻之功的人，有女人而不会漂亮地打扮，有人才而没有遇到周文王，治理天下的道术积蓄起来而没有施展，美玉放入木匣而深藏起来。所以怀有治国才能的人等待时机，抱有玉石的人等待工匠，大道为智者而设，马因为御者而成为良马，贤才为圣者所用，思辨为智者所通，书籍为通晓的人流传，事理为有见识者而明了。所以制订事务的制度要根据规则，服药要依据药的性能。书籍不一定出自孔子之门，药不一定出自扁鹊的药方，只要符合事理就好，可以定为法规，根据世事的实际而灵活实行。

士有不同　各尽其能

故忠诸侯者，无以易敬士也；忠君子者，无以易爱民也。诸侯不得士，则不能兴矣；故君子不得民，则不能称矣。故士能言道而弗能行者谓之器，能行道而弗能言者谓之用，能言而能行之者谓之实。故君子讯[1]其器，任其用，乘[2]其实，而治安兴矣。

西汉·贾谊《新书·大政下》

【注释】

(1) 讯：询问、请教。(2) 乘（chéng 诚）：凭恃；依仗。

【译文】

贤明的诸侯，以尊重有知识的人才为上；贤明的君子以爱护百姓为上。诸侯得不到有识的士人，国家就不能兴旺；君子得不到百姓爱戴，就不能被人称颂。因此，能论说治国之道，而不能亲自去实行的士人，叫做器皿之士；能实行但不能论说治国之道的士人，叫做运用之士；能论说治国之道，而且能够躬身实践的士人，叫做充实之士。所以，君子应发挥和利用各种类型的有识之士的长处，咨询器皿之士，任用运用之士，依仗充实之士，这样国家才能达到大治而且兴旺发达。

官吏分六等

王者官人有六等：一曰师，二曰友，三曰大臣，四曰左右，五曰侍御，六曰厮役。知足以为源泉，行足以为表仪；问焉则应，求焉则得；入人之家足以重人之家，入人之国足以重人之国者，谓之师。知足以为砻砺[1]，行足以为辅助，仁足以访议；明于进贤，敢于退不肖，内相匡正，外相扬美者，谓之友。知足以谋国事，行足以为民率，仁足以合上下之欢；国有法则退而守之，君有难则进而死之；职之所守，君不得以阿私托者，大臣也。修身正行不怍于乡曲，道语谈说不怍于朝廷；智能不困于事业，服一介之使，能合两君之欢；执戟居前能举君之失过，不难以死持之者，左右也。不贪于财，不淫于色，事君不敢有二心，居君旁不敢泄君之谋；君有失过，虽不能正谏以其死持之，憔悴有忧色，不劝听从者，侍御也。柔色伛偻，唯谀之行，唯言之听，以睚眦之闲事君者，厮役也。故与师为国者帝，与友为国者王，与大臣为国者伯，与左右为国者强。与侍御为国者若存若亡，与厮役为国者亡可立待也。

西汉·贾谊《新书·官人》

【注释】

(1) 砻（lóng 龙）砺：磨炼。

【译文】

国君以官职任人可以分为六等。一等叫做老师，二等叫做朋友，三等叫做大臣，四等叫近臣，五等叫做侍从，六等叫做厮役。智慧丰富得像源源不断的泉水，行为端正足以为人师表，对别人提出的问题能够立即答复，对别人交办的事情能迅速解决；如果来到某一家庭，能够使这一家庭受人敬重，来到某一国家，能够使这个国家更加强盛，这样的人叫做老师。智慧多得足以相互切磋砥砺，行为足以辅佐国家，有仁爱之心能够相互商量议论；能够识别推荐贤士，敢于黜退不肖之人；对内能矫正君主的过失，对外能宣扬君主的美德，这样的人就叫做朋友。智慧丰富得足以谋划国家的大事，行为端正足以做百姓的表率，仁爱之心足以使君臣上下关系融洽；国家所有的规章、法则都能严格遵守，君国有难则挺身而出不惜牺牲自己的生命；坚守自己的职责，即使对君主也不徇私情，这样的人就叫做大臣。加强自己的品德修养，自己的行为端正无愧于乡里，分析问题、谋划国事无愧于朝廷；智谋和能力足以胜任自己担当的事业，出任使者，能使两国的国君愉悦开心；担任君主身旁的侍卫能指出君主的过错，并且不因杀身之祸而不坚持，这样的人就叫做近臣。不贪财，不好色，一心一意侍奉君主，在君主身边生活而不敢泄露国家的机密；君主有了错误和过失，即使不能不畏杀身之祸坚持直言劝谏，但却忧愁憔悴，对君主的错误主张不劝勉执行者去执行，这就叫做侍从。和颜悦色，卑躬屈膝，只选取讨好君主的事去做，君主的话哪怕说错了也听，一味看君主的脸色行事，这就叫做厮役。所以，凡是同老师一起治国的，就能够成就帝王之业；同朋友一起治国的，能够称王于天下；同大臣一起治国的，能够称霸于诸侯；同近臣一起治国的，能够使国家强大；同侍从一起治国的，那么国家局势就会摇摆不定；同厮役一起治理国家的，那亡国之祸就近在眼前了。

王者察吏于民

故夫民者虽愚也，明上选吏焉，必使民与焉。故士民誉之，则明上察之，见归而举之。故士民苦之，则明上察之，见非而去之。故王者取吏不妄，必使民唱，然后和之。故夫民者，吏之程[1]也，察吏于民，然后随之。

西汉·贾谊《新书·大政下》

【注释】

(1) 程：衡量、考核。

【译文】

民众虽然愚鲁，贤明的君主在选用官吏上也一定要让民众参与。所以民众赞誉某人，贤明的君主就要对该人加以考察，如果发现确实是个众望所归的贤人就予以起用。所以民众所憎恶的人，贤明的君主就要对该人加以考察，如果发现他确实是个奸恶之人，就要削夺他的官职。因此，君王不能任意起用官吏，一定要先倾听民众的愿望，然后尊重民众的意愿加以任用。所以说，民众的意愿，是衡量官吏优劣的依据，要到民众中去考察官吏，然后再以此作取舍。

毛遂自荐　脱颖而出

秦之围邯郸，赵使平原君求救，合从于楚[1]，约与食客门下有勇力文武具备者二十人偕。平原君曰："使文能取胜，则善矣。文不能取胜，则歃血于华屋之下[2]，必得定从而还。士不外索，取于食客门下足矣。"得十九人，余无可取者，无以满二十人。门下有毛遂者，前，自赞于平原君曰："遂闻君将合从于楚，约与食客门下二十人偕，不外索。今少一人，愿君即以遂备员而行矣。"平原君曰："先生处胜之门下几年于此矣？"毛遂曰："三年于此矣。"平原君曰："夫贤士之处世也，譬若锥之处囊中，其末立见。今先生处胜门下三年于此矣，左右未有所称诵，胜未有所闻，是先生无所有也。先生不能，先生留。"毛遂曰："臣乃今日请处囊中耳。使遂蚤得处囊中[3]，乃脱颖而出，非特其末见而已。"平原君竟与毛遂偕。

西汉·司马迁《史记·平原君列传》

【注释】

(1) 合从：即合纵。战国时六国联合抗秦之策。(2) 歃血：古代会盟时，杀牲，饮血或涂血于口旁，以示诚信。(3) 蚤：通"早"。

【译文】

战国时期，秦国围攻赵国的邯郸，赵王派遣平原君去求援，打算推楚国为盟主，订立合纵盟约联兵抗秦。平原君约定门下食客中有勇有谋文武兼备的二十人一同前去。平原君说："假使能通过客气的谈判取得成功，那就最好了。如果谈判不成功，也要强迫楚王在大庭广众之下把盟约定下来，一定要确定合纵盟约才回国。同去的文武之士不必到外面去寻找，从我的门下食客中挑选就足够了。"选了十九人，剩下的人没有可再挑选的了，没办法凑满二十人。这时门下食客中有个叫毛遂的，走上前来，向平原君自我推荐说："我听说您要到楚国去，让楚国做盟主订立合纵盟约，并且约定与门下食客二十人同去，人员不到外面寻找。现在还少一个人，希望您拿我凑个数一起去吧。”平原君问道：“先生做我的门下食客有几年了?”毛遂回答说：“整整三年了。”平原君说：“有才能的贤士生活在世上，就如同锥子放在口袋里，它的锋尖立即就会显露出来。如今先生在我这里已经三年了，我身边的人对你没有什么称赞和荐举，我也从没听说过你有什么可称颂之处，这说明先生没有什么专长啊。先生不能去，先生留下吧。”毛遂说：“我今天请求将我放到口袋里去。如果把我早放到口袋里，连锥根都露出来，不只是锥锋露出来而已。”平原君终于同意毛遂一同去。

用人并非多多益善

晋平公浮西河，中流而叹曰："嗟乎，安得贤士与共此乐者！"船人固桑进对曰："君言过矣。夫剑产于越，珠产江汉，玉产昆山。此三宝者，皆无足而至。今君苟好士，则贤士至矣。"平公曰："固桑来！吾门下食客三千余人，朝食不足，暮收市租；暮食不足，朝收市租；吾尚可谓不好士乎？"固桑对曰："今夫鸿鹄高飞冲天，然其所恃者六翮(1)耳。夫腹下之毳(2)，背上之毛，增去一把，飞不为高下。不知君之食客，六翮耶，将腹背之毛毳也？"平公默然而不应焉。

西汉·刘向《新序·杂事一》

【注释】

(1) 翮（hé 和）：鸟的翅膀。(2) 毳（cuì 翠）：鸟兽的细毛。

【译文】

晋平公有一次在西河游玩，到了中游，他叹气说："唉，如何才能招来贤能的人与我共同享受这种快乐呢？"船夫固桑来到近前说道："您言过了。宝剑产在南越，明珠产在江汉，美玉产在昆山。这三样珍宝，都无足而至。现在您如果真的喜好贤能之士，那么他们就会到来的。"

平公说："固桑你过来，我的门下有食客三千多人，早晨的食物不足了，晚上就到市场上收税；晚上的食物不足了，早晨就到市场上收税。我这样做，难道说也还是那种不喜好人才的人吗？"固桑回答说："鸿鹄高飞冲天，它所依靠的只是一对翅膀。至于它后背上和肚皮下的毛，即使增加或减少一把，不会影响它飞的高低。我不知道您的那些食客，是相当于鸟的双翅呢，还是相当于它后背上或肚皮下的毛呢？"

听了此言，晋平公沉默而无言以对了。

举贤不用 于事无补

武王问太公曰："举贤而以危亡者，何也？"太公曰："举贤而不用，是有举贤之名，而不得真贤之实也。"武王曰："其失安在？"太公望曰："其失在君好用小善，而已不得真贤也。"武王曰："好用小善者何如？"太公曰："君好听誉而不恶谗也，以非贤为贤，以非善为善，以非忠为忠，以非信为信。其君以誉为功，以毁为罪，有功者不赏，有罪者不罚，多党者进，少党者退；是以群臣比周[1]而蔽贤[2]，百吏群党而多奸，忠臣以诽死于无罪，邪臣以誉赏于无功，其国见于危亡。"武王曰："善。吾今日闻诽誉之情矣。"

西汉·刘向《说苑·君道》

【注释】

(1) 比周：结党营私。(2) 蔽贤：埋没贤能的人。

【译文】

周武王问姜太公说："有些国君任用了贤人而国家却仍遭灭亡，这是为什么呢？"太公回答说："任用了贤人但不让其真正地发挥才干，这是徒有用贤之名，却没有用贤之实。"周武王说："那么这种做法的失误在哪里呢？"太公说："它的失误在于君主喜欢任用有小善行的人，却没有得到真正的贤士。"武王说："喜欢任用有小善行的人又怎么样呢？"太公回答说："那样，君主喜欢恭维而不厌恶谄媚，把不贤当做贤，把不善当做善，把非忠当做忠，把不守信用当做守信用。这样的君主，把阿谀者当做功臣，把诋毁者当做罪人，对真正有功的人不加奖赏，对真正有罪的人不予惩罚，同党多的人得以晋升，同党少的人则被辞退；因此，群臣结党营私而排挤了贤士，诸多的官吏互相勾结，多为奸诈之事，忠义的大臣因为遭受诽谤，无罪而死，邪佞的大臣因善于逢迎，无功而受奖，这样的国家就处于危亡的状态之中了。"

武王说："太好了，我今天真正听到了诽谤与阿谀奉承的实情了。"

千里马需要伯乐

且骥一日行千里者，无所服也，使服任车舆，驽马同。音[(1)]骥曾以引盐车矣，垂头落汗，行不能进，伯乐顾[(2)]之，王良御之，空身轻驰，故有千里之名。今贤儒怀古今之学，负荷礼义之重，内累于胸中之知，外劬[(3)]于礼义之操，不敢妄进苟取，故有稽[(4)]留之难。无伯乐之友，不遭王良之将，安得驰于清明之朝，立千里之迹乎！

东汉·王充《论衡·状留篇》

【注释】

(1) 音：句不可通。根据文意，疑系“昔”字形近而误。(2) 顾：看。这里是发现的意思。(3) 劬（qú 渠）：递修本作“拘”，可从。(4) 稽：停滞。稽留：这里指不能当官或不被提拔。

【译文】

日行千里的骏马，是因为没有重物负荷，假使让它拉着满载重物的车子，便与劣马也没有什么不同了。过去，日行千里的骏马曾拉着重重的盐车，低着头，浑身淌着汗，往前再也走不动了。可是伯乐发现了它，王良驾驭它，空着身子轻轻松松地奔驰，所以才有了千里马之名。现在贤能的读书人，胸怀古今万家的学说，身负礼义的重荷，内心受知识的束缚，行动受礼义操守的约束，不敢越雷池而轻举妄动，所以不易当官或被提拔。读书人如果没有伯乐这样的朋友，不能遇上王良这样的御手，又怎么能在清明的朝廷上施展本领，表现出千里马的样子呢！

称誉者众 未必贤

齐威王以毁封即墨大夫，以誉烹阿大夫。即墨有功而无誉，阿无效而有名也。

子贡问曰："乡人皆好之，何如?"孔子曰："未可也。"

"乡人皆恶之，何如?"曰："未可也。不若乡人之善者好之，其不善言恶之。"

夫如是，称誉多而小大皆言善者，非贤也。善人称之，恶人毁之，毁誉者半，乃可有贤。

以善人所称，恶人所毁，可以知贤乎？夫如是，孔子之言可以知贤，不知誉此人者，贤也？毁此人者，恶也？或时称者恶而毁者善也！人眩惑[1]无别也。

东汉·王充《论衡·定贤篇》

【注释】

(1) 眩惑：迷恋、沉溺。

【译文】

齐国有位即墨大夫，当时被许多人诋毁，齐威王却对他加以封赏；而另一位阿大夫虽广受赞誉，却被齐威王以烹刑处死。这是因为即墨大夫虽未被人赞誉却有功劳，而阿大夫并无实际功劳而徒有美名。

孔子的弟子子贡问孔子道："对于一个人，如果乡里人人都夸他好，是不是就是一个好人?"孔子说，"未必是这样。"

子贡又问："如果乡里人人都憎恶他，是不是就是一个坏人?"孔子说："也未必如此。不如是乡里中好人皆夸好，坏人皆憎恶者，才是好人。"

如果是这样，虽受到许多赞誉，老少都夸好者，并非有才有德。只有好人夸好、坏人诋毁的有毁有誉者，方是有才有德之人。

根据好人夸好、坏人诋毁，就可以断定某人有才有德吗？如果是这样，按孔子的说法就可以识别贤德之人了。但怎么知道夸此人者都是好人，诋毁此人者全是坏人呢？或许夸奖者中有时也会有坏人，诋毁者中有时也有好人哩！人们仍然感到迷惘而难以区别。

劣吏不能拔贤

大器晚成，宝货难售也。不崇一朝[1]，辄成贾者[2]，菜果之物也。是故湍濑之流，沙石转而大石不移，何者？大石重而沙石轻也。沙石转积于大石之上，大石没而不见。贤儒俗吏，并在世俗，有似于此。遇暗长吏，转移俗吏，超在贤儒之上，贤儒处下，受驰走之使；至或岩居穴处，没身不见。咎在长吏不能知贤，而贤者道大力劣，不能拔举之故也。

东汉·王充《论衡·状留篇》

【注释】

(1) 崇：终。(2) 辄：立即、就。

【译文】

珍贵器物的形成总是缓慢，宝贵的货物销售起来比较困难。而瓜果、蔬菜之类的东西，不到一个早晨就能卖完。所以急流来了，沙石被冲得打转，而大石头却纹丝不动，这是什么原因呢？由于大石头重而沙石轻的缘故。沙石辗转堆积在大石头上，大石头倒被埋没而看不见了。贤人才子与庸官劣吏同时生在社会上，就类似这种情况。遇到缺乏鉴别力的长官，会使庸官劣吏的升迁超过贤人才子，而贤人才子处于低下的地位，干些跑腿的差事，甚至被迫隐居山林，终身不能表现才华。因此问题出在上级官员不能识别贤能，而贤者虽品行高尚但力量处劣弱小，不能被推荐和提拔的原因。

怎样识别佞人

问曰："佞与谗者同道乎？有以异乎？"曰："谗与佞，俱小人也，同道异材，俱以嫉妒为性，而施行发动之异。谗以口害人，佞以事危人；谗人以直道不违，佞人依违匿端(1)；谗人无诈虑，佞人有术数。故人君皆能远谗亲仁，莫能知贤别佞。"

难曰："人君皆能远谗亲仁，而莫能知贤别佞，然则佞人意不可知乎？"曰："佞可知，人君不能知。庸庸之君，不能知贤；不能知贤，不能知佞。唯圣贤之人，以九德检其行，以事效考其言。行不合于九德，言不验于事效，人非贤则佞矣。夫知佞以知贤，知贤以知佞；知佞则贤智自觉，知贤则奸佞自得。贤佞异行，考之一验；情心不同，观之一实。"

东汉·王充《论衡·答佞篇》

【注释】

(1) 依违：汉书刘歆传注："依违，言不专决也。"

【译文】

有人问："惯于以花言巧语的佞人与喜欢谄谤害人的谗人属同一路货色吗？他们有没有差别？"回答说："谗人与佞人都是小人，他们属一路货而表现却各异，都具有嫉妒的本性，而施加于人的方式和动机则有所不同。谗人是口出毁谤之词以害人，佞人是以行奉承、恭维之事危害于人，谗人是直言不讳地进行毁谤，佞人是在花言巧语谄媚的背后隐藏着不可告人的动机；谗人害人不加掩饰，佞人擅长要弄权术。所以许多国家君主都能做到疏远谗人而亲近仁德之臣，而不能识别贤臣和佞臣。"

有人提出质疑道："既然许多国家君主都能做到疏远谗臣而亲近仁德之臣，而不能识别贤臣和佞臣，那么佞臣是不可识别的吗？"回答说："佞臣是可以识别的，有些国君却不能识别。昏庸的国君不能识别贤臣；不能识别贤臣也就不能识别佞臣。只有是圣明的君主，用九条道德标准检验他们的行为，以他们的办事效果对照考核其言论。行为不符合九条道德标准，言论与办事效果不一致，就不是贤臣而是佞臣。能识别佞臣就能识别贤臣，能识别贤臣也就能识别佞臣；识别了佞臣就自然发觉了贤臣，识别了贤臣也就自然查出了佞臣。贤臣和佞臣品行各异，而考核的标准却相同；他们的情操和心理各不相同，但都是可以用观察效果的方法来证实。”

赏卑以招贤

是故明君莅众，务下言以昭外，敬纳卑贱以诱贤也。其无拒言，未必言者之尽可用也，乃惧拒无用而让有用也。其无慢贱，未必其人尽贤也，乃惧慢不肖而绝贤望也。是故，圣王表小以厉大[1]，赏卑以招贤，然后良士集于朝，下情达于君也。故上无遗失之策，官无乱法之臣，此君民之所利，而奸佞之所患也。

东汉·王符《潜夫论·明暗》

【注释】

(1) 厉：通“励”，激励。

【译文】

贤明的君主统御万众，致力于采纳下面的意见来洞察朝廷外面的情况，尊敬地位卑贱的人以引进贤能的人才。他们广开言路，并不是说陈情的人所说的话都有用，而是怕拒绝了无用的言论，从而也就堵塞了有用言论的门径。他们不怠慢地位低贱的人，并不是说得到尊重的都是贤能的人才，而是怕怠慢了不肖的人，从而也就让贤能的人才感到绝望。因此，圣贤的君王治国，就要通过嘉许小策以激励大略，通过赏赐卑贱的人以招罗贤能之士，这样才能做到优秀人才聚于朝廷，基层的动向传达到君王。君主就不会出不周全的国策，官员中也没有违法作乱的人，这是全国君民欢欣鼓舞的，也恰恰是那些奸佞小人所害怕的。

知贤之近途　莫急于考功

凡南面之大务，莫急于知贤；知贤之近途，莫急于考功。功诚考，则治乱暴而明；善恶信，则直贤不得见障蔽，而佞巧不得窜其奸矣。

夫剑不试则利钝暗，弓不试则劲挠诬[1]，鹰不试则巧拙惑，马不试则良驽疑。此四者之有相纷也，由不考功故得然也。今群臣之不试也，其祸非直止于诬、暗、疑、惑而已，又必致于怠慢之节焉。

东汉·王符《潜夫论·考绩》

【注释】

(1) 诬：欺骗。

【译文】

作为国家的帝王或君主，治理国家的当务之急是识别贤才；识别贤才最有效的捷径，要数考核。通过认真考核，政绩好坏自然分明；查清了善与恶，正直的贤者不会被埋没，奸佞者的阴谋诡计也不会得逞。

剑不经试用则利、钝不明；弓不经使用则强软难分；老鹰不经过捕猎考验就搞不清它是矫捷还是笨拙；马不经试路，是好马还是驽马始终难判明，以上四种情况混淆不清，都是没有进行考核造成的。现在对在朝群臣如不考核，其祸害不仅是良莠不分、优劣难辨，还一定导致懈怠拖沓不肯尽力的弊病。

将才有九种

夫将材有九。

道之以德，齐[1]之以礼，而知其饥寒，察其劳苦，此之谓仁将。

事无苟免，不为利挠，有死之荣，无生之辱，此之谓义将。

贵而不骄，胜而不恃，贤而能下，刚而能忍，此之谓礼将。

奇变莫测，动应多端，转祸为福，临危制胜，此之谓智将。

进有厚赏，退有严刑，赏不逾时，刑不择贵，此之谓信将。

足轻戎马，气盖千夫，善固疆场，长于剑戟，此之谓步将。

登高履险，驰射如飞，进则先行，退则后殿，此之谓骑将。

气凌三军，志轻强虏，怯于小战，勇于大敌，此之谓猛将。

见贤若渴，从谏如流，宽而能刚，勇而多计，此之谓大将。

三国·蜀·诸葛亮《诸葛亮集·将材》

【注释】

(1) 齐：整治。

【译文】

军队中有将才九种：

用高尚的道德教育士兵，用礼仪管理士兵，知道士兵的饥寒，了解士兵的劳苦，这样的将领，可称得上仁将。

遇事不图眼前而着眼长远，不为利欲而困扰，以献身为荣耀，以苟且偷生为耻辱，这样的将领，可称得上义将。

地位显赫而不专横跋扈，打胜仗而不居功自傲，品德高尚，以礼待下，性格刚强却遇事忍让，这样的将领，可称得上礼将。

战术变化无常，使人捉摸不定，军事行动诡秘多端，能转祸为福化险为夷，出奇制胜。这样的将领，可称得上智将。

奋勇直前浴血杀敌者给予重赏，贪生怕死临阵脱逃者处以严刑，奖赏及时，严刑不分贵贱，这样的将领，可称得上信将。

行动敏捷胜过战马，英雄气概压倒千军，善于固守边境，刀枪剑戟使起来得心应手，这样的将领，可称得上步将。

登越高山穿行险阻，骑马奔驰如飞，冲锋可在前边开路，撤退时在后抵御追兵，这样的将领，可称得上骑将。

气概凌厉，威镇三军，藐视强大的敌人，羞于小的作战，大战临头，无畏勇敢。这样的将领，可称得上猛将。

见到贤士好像干渴的人见到水一样，听取、采纳好的建议，好像流水那样快；性格宽宏而刚毅，有勇有谋，智勇双全，这样的将领，可称得上大将。

怎样考核将才

将之器，其用大小不同。若乃察其奸，伺其祸，为众所服，此十夫之将。夙兴夜寐[1]，言词密察，此百夫之将。直而有虑，勇而能斗，此千夫之将。外貌桓桓，中情烈烈，知人勤劳，悉人饥寒，此万夫之将。进贤进能，日慎一日，诚信宽大，闲于理乱，此十万人之将。仁爱洽于下，信义服邻国，上知天文，中察人事，下识地理，四海之内，视如家室，此天下之将。

三国·蜀·诸葛亮《诸葛亮集·将器》

【注释】

(1) 夙兴夜寐：早起晚睡，形容勤奋。

【译文】

将领的才能和所起的作用，有大小之分。如果能察觉下属的奸诈和可能出现的祸乱，为众人所敬服，这是率领十名士卒的将。每天早起晚睡，能通过谈话察觉属下的思想动态，这是统率百名士卒的将。秉性刚直、深谋远虑、勇敢善战，这是统率千名士卒的猛将。外貌威武，内心感情炽烈，能关心体谅属下的勤劳和饥寒，这是统率万名士卒的将领。善于选拔任用贤能，处事日益谨慎，待人诚恳宽厚，能娴熟地处理纷繁复杂的事务，这是统率十万士的将领。以仁爱之心对待天下之人，以信用和道义使邻国敬服，上知天文，中察人情，下识地理，以四海为家，这是统一天下的将才。

观察人才方法

八观者：一曰观其夺救，以明间杂。二曰观其感变，以审常度。三曰观其志质，以知其名。四曰观其所由，以辨依似。五曰观其爱敬，以知通塞。六曰观其情机，以辨恕惑。七曰观其所短，以知所长。八曰观其聪明，以知所达。

三国·魏·刘邵《人物志·八观》

【注释】

(1) 刘邵（? —242）：三国时文学家，字孔才，邯郸人。所著《人物志》是我国研究人事制度的早期著作。

【译文】

观察人才的八种方法是：一是观察他援救他人的行为，就可明察其品质的情况；二是观察他感触外界变化的反应，就可知道他平时的态度；三是观察他的突出品质，就可知道其确切的声誉；四是观察他所作所为的缘由，就可分辨其接近类似的类型；五是观察他的仁爱恭敬品性，就可了解他与人的情感是融洽还是闭塞；六是观察他的情感变化，就可分辨其贤明与糊涂；七是观察他的缺点，就可知道他的优点；八是观察他聪明的程度，就可知道他将发展为何等人才。

考察在于得实

夫采访之要，不在多少。然征质不明者[1]，信耳而不敢信目。故：人以为是，则心随而明之；人以为非，则意转而化之；虽无所嫌，意若不疑。且人察物，亦自有误，爱憎兼之，其情万原；不畔其本，胡可必信。是故，知人者，以目正耳；不知人者，以耳败目。故州闾之士[2]，皆誉皆毁，未可为正也；交游之人，誉不三周[3]，未必信是也。夫实厚之士，交游之间，必每所在肩称[4]；上等援之，下等推之，苟不能周，必有咎毁[5]。故偏上失下，则其终有毁；偏下失上，则其进不杰。故诚能三周，则为国所利，此正直之交也。故皆合而是，亦有违比[6]；皆合而非，或在其中。若有奇异之材，则非众所见。而耳所听采，以多为信，是缪于察誉者也。

三国·魏·刘邵《人物志·七缪》

【注释】

(1) 征质：外部的征兆和内在的品质。(2) 州闾：古代的行政区划。此指乡里。(3) 三周：指上中下三个方面都很周到。(4) 肩称：可任用的称赞。(5) 咎毁：责怪、诽谤。(6) 违比：邪恶、勾结。

【译文】

考察人才时，不在于考察人数的多少。那些不明白外在表现和内在品质关系的人，往往相信自己耳朵听到的而不敢相信自己眼睛看到的。所以别人说是正确的，自己也随之认为是正确的；别人说是劣的，自己的心意也就转向认为是劣的。虽然没有任何嫌弃，意念中似乎也没有任何怀疑。况且，任何人观察人都有自己的失误，偏爱和憎恶都起作用，这其中的情形是十分复杂的；不通晓识人的根本道理，他的看法怎么可以一定相信呢？所以，善于识别人才的人，往往是用自己眼睛看到的来纠正自己耳朵听到的；不善于识别人才的人，常常用自己的耳朵听到的来败坏自己的眼睛看到的。正是因为如此，对于乡里的突出人物，听到一片赞誉或一片诋毁，不可当做正确；对于善于交际的人，如果赞誉不是上、中、下三方面都一致，那也不一定相信就是了。那些实在厚道的人，在交际中常常得到可任用的称赞。上等的提拔，下等的推举。如果不能对各方面一致和周全，那就必然遭到责怪和诋毁。由于偏重于上等而疏远了下等，其终归要遭诽谤；偏重于下等而疏远了上等，所推举提拔之人不能出众。所以，只有切实做到上中下三方面都周全，才能被国家所任用，这才属于正直的交往。综上可见，众口一致称赞，也有邪恶的勾结；众口一致非难，或许人才就在其中。如果出现奇特的人才，就并非一般人所能发现。然而用耳朵听取的评价，是以多数人的意见为可靠。这就是由察看声誉而出现的差错。

诚心求贤 何愁无贤

夫圣人者不世而出也，贤能之士何世无之。何以知其然？舜兴而五臣显；武王兴而九贤进；齐桓之霸，管仲为之谋。秦孝之强，商君佐之以法。欲王[1]则王佐至，欲霸则霸臣出，欲富国强兵，则富国强兵之人往。求无不得，唱无不和；是以知天下之不乏贤也。顾求与不求耳，何忧天下之无人哉。

晋·傅玄《傅子·举贤篇》

【注释】

(1) 王（wàng 望）：古代指统治者谓以仁义取得天下。

【译文】

道德智能超凡的圣人是难得出现的，但是有德有才的贤人却无论哪朝哪代都是可以寻到的。怎么知道是这样的呢？想当年舜得到禹、稷、契、皋陶、伯益五位贤臣治理天下，部落随之兴起、昌盛；周武王兴旺依靠九位贤人辅佐，周朝随之兴旺、繁荣；齐恒公因为有管仲为他出谋划策，使自己成为春秋时代第一位霸主；战国时期的秦孝公任用商鞅实行变法，才使国弱民穷的秦国走上了富强的道路。

由此可见，想称王而求贤，很快会有辅佐王业的贤士到来；想称霸而招贤，马上会有运筹、策划霸业的贤士出现；想富国强兵而纳贤，立即会有为国富兵强而出谋献计的贤士前来辅助。只要为干一番事业而诚心诚意去寻求贤才，没有得不到贤士的，振臂高呼没有得不到贤人响应的。因此，才知道天下并不缺乏贤才。只在于君主求与不求罢了，而不必担心天下无贤才呀。

国君进贤不可不慎

昔者周有乱臣十人，有妇人焉，九人而已，孔子称："才难，不其然乎！"明贤者难得也。况乱弊之后，百姓凋尽，士之存者盖亦无几。股肱大职[(1)]，及州郡督司，边方重任，虽备其官，亦未得人也。此非选者之不用意，盖才匮使之然耳。况于长吏以下，群职小任，能皆简练备得其人也[(2)]？其计莫如督之以法。不尔而数转易[(3)]，往来不已，送迎之烦[(4)]，不可胜计。转易之间，辄有奸巧，既于其事不省，而为政者亦以其不得久安之故，知惠益不得成于己，而苟且之可免于患，皆将不念尽心于恤民，而梦想于声誉，此非所以为政之本意也。今之所以为黜陟者，近颇以州郡之毁誉，听往来之浮言耳。亦皆得其事实而课其能否也？长吏之所以为佳者，奉法也，忧公也[(5)]，恤民也。此三事者，或州郡有所不便，往来者有所不安[(6)]。而长吏执之不已，于治虽得计，其声誉未为美；屈而从人，于治虽失计，其声誉必集也[(7)]。长吏皆知黜陟之在于此也，亦何能不去本而就末哉？以为长吏皆宜使小久[(8)]，足使自展[(9)]。岁课之能[(10)]，三年总计，乃加黜陟。课之皆当以事，不得依名。事者，皆以户口率其垦田之多少，及盗贼发兴，民之亡叛者，为得负之计[(11)]。如此行之，则无能之吏，脩名无益；有能之人，无名无损[(12)]。法之一行，虽无部司之监，奸誉妄毁，可得而尽。

晋·陈寿《三国志·刘廙传》

【注释】

(1) 股肱大职：指国家宰辅一类的重臣。(2) 简练：选拔、考察。(3) 数转易：指一级考察，评定一级，层层转达考察意见。(4) 送迎之烦：指考察时的上级来去，都要费一番接待工夫。(5) 忧公：忧虑国事。(6) 往来者：指朝廷派来考察的官员。(7) 声誉必集：好名声为那些长官所传达到朝廷上。(8) 小久：指在位任职的时间比较长一点儿。(9) 自展：充分展示自己的能力。(10) 课：按一定的标准考核。(11) 得负之计：政绩增减的依据。(12) 无名无损：即使没有名声也没有损害。

【译文】

从前周朝有十位治国的大臣，其中有一位是妇女，实际上只有九位罢了。孔子说："人才不易得。不是这样吗?"说明贤人是不容易得到的。何况战乱之后，百姓凋零将尽，存留的士人大概也没有多少了。国家的宰辅重臣，以及州郡的督司，边防的重臣，虽然有人在等待充任，也没有合适的人选。这并不是选拔官吏的人不尽心尽力，只是人才缺乏才造成这种情况的。更何况地方官吏以下的群僚小吏们，都能做到经过选拔考察而人人各称其职吗？解决的办法不如以法令来督察。不这样做而要一级级地进行考察、评定，层层转达考察意见，往来不已，考察的上级来去，都要费一番接待工夫，其麻烦之事不可胜计。而且考察转达之间，常常会有奸巧之事发生，既于其事无补，而且当政的官员也知道不能久留在一任之上的原因，知道做出成绩来也记不到自己名下，而得过且过则可以免去忧患，都会不再考虑尽心尽力体恤百姓，而梦想得到好的声誉，这不是为政治国的本意。现在凭借提拔罢免的原因，都是以州郡长官对下属官吏的评价好坏和一些人的舆论，来决定这些官吏的升降。哪里是依照他们办事的实际情况来考核他们的能力大小呢？地方官吏之所以为好官，是由于能够奉公守法，忧虑国事，体恤百姓。而因为认真做到这三点，或许会妨碍了州郡官吏和朝廷派来考察的高官的私利，或对他们接待不周。而被考察的官吏如果继续奉行这三点，在治理上虽然有利于政事，但他的声誉却未必会好；如果放弃这三点而屈从长官，虽然在治理上对政事不利，但他的好名声一定会被那些长官传达到朝廷之上。地方官吏都知道升官、降职就在于此事，怎么能不弃本而逐末呢？我认为地方官吏都应该在位任职的时间比较长一点儿，使他们能充分展示自己的能力。每年考核他们的能力，累计三年的考核结果，再加以降职或升迁。考核他们时都要依照事实政绩，而不能依据名声好坏。所谓事实政绩，都要以民户及其开垦土地的多少，以及盗贼的有无、百姓的逃亡情况，来作为政绩优劣的依据。这样去做，则没有能力的官吏，修饰名声也没有好处；有能力的官吏，即使没有名声也没有损害。这样的法令一经施行，即使没有部司的监督，那些奸巧的赞誉和虚妄的诋毁也都可以消失了。

用人应注意考核

世祖诏[1]：方今选举，贤佞朱紫错用[2]。丞相故事[3]，四科取士：一曰德行高妙，志节清白；二曰学通行修，经中博士；三曰明达法令，足以决疑，能按章覆问，文中御史[4]；四曰刚毅多略，遭事不惑，明足以决，才任三辅令[5]：皆有孝悌廉公之行。自今以后，审四科辟召，及刺史、二千石察茂才尤异孝廉之吏[6]，务尽实核，选择英俊、贤行、廉洁、平端于县邑，务授试以职。有非其人，临计过署[7]，不便习官事，书疏不端正，不如诏书，有司奏罪名，并正举者。

南朝·范晔《后汉书·百官一》引应劭《汉官仪》

【注释】

(1) 世祖：指东汉光武帝刘秀。(2) 佞：佞人，善以巧言献媚的人。朱紫：朱，正色；紫，杂色。二色相近，不易分清，用来比喻以假乱真和人品的高下。(3) 丞相故事：丞相府旧时所管的事。西汉时，汉武帝依照董仲舒的意见，规定用下述四科征召人士，此事归丞相府，现在又采取这项规定，所以称丞相故事。(4) 文中御史：文字符合当御史的条件。御史，在春秋战国时，为诸侯王近职，掌文书及记事。(5) 三辅令：西汉治理京畿地区的三个官职。西汉建都长安，京畿官统称内史，景帝时分置左右内史及都尉，合称三辅。(6) 刺史：州刺史。二千石，指郡守。茂才，即秀才，因避刘秀讳，改称茂才。尤异：优异，突出。(7) 临计过署：经过试充官职，面临考核。计，考核官吏。署，摄行官职，指代理、暂任或试充官职。

【译文】

东汉世祖光武帝下诏说：现今的选拔人才，贤人和佞人真真假假交杂使用。过去武帝立制在丞相府，用四科取士：第一叫品行高尚，志节清白；第二叫学问通达，行为美善，熟悉经书，符合担任博士的条件；第三叫明悉通达法令，足以决断疑案，能够按照法律条文重行讯问，文字符合当御史的条件；第四叫意志坚强，有谋略，遇事能明辨不疑，洞明事理而做出决策，才能可以胜任三辅令。以上四科，都要有孝悌廉洁公正的品行。自今以后，审定四科征召入仕，以及州刺史、郡守察举茂才优异的孝悌清廉的官吏，务必全部实际考核，在县邑之中选择英俊、贤能、廉洁、正派的人士，一定要授予职务并在实际工作中考验。发现有的人不符合条件，经过考核，试充官职，不熟悉行政业务，处理公文不符合规定的，不写入诏书，主管部门要奏其罪名，并且对荐举人治罪。

士必从微而至著

夫良玉未剖，与瓦石相类；名骥未驰，与驽马相杂。以其剖而莹之，驰而试之，玉石驽骥，然后始分。彼贤士之未用也，混于凡品，竟何以异？要任之以事业，责之以成务，方与彼庸流较然不同。昔吕望之屠钓，百里奚之饭牛，宁生之扣角，管夷吾之三败，当此之时，悠悠之徒，岂谓其贤。及升王朝，登霸国，积数十年，功成事立，始视其奇士也。于是后世称之，不容于口。彼瑰伟之材，不世之杰，尚不能以未遇之时，自异于凡品，况降此者哉！若必待太公而后用，是千载无太公；必待夷吾而后任，是百世无夷吾。所以然者，士必从微而至著，功必积小而至大，岂有未任而已成，不用而先达也。若识此理，则贤可求，士可择。得贤而任之，得士而使之，则天下之治，何向而不可成也。

唐·令狐德棻(1)《周书·苏绰传》

【注释】

(1) 棻（fēn 分）：有香味的木头。

【译文】

优质的美玉未从矿石中剥离之前，与瓦石相类似；名马未经奔驰，与驽马混杂难辨。美玉经过剥离琢磨使其莹润，名马经过奔驰比试，是玉是石，是驽马还是名马，才能分辨清晰。有才有德的贤能之士，在没有得到任用之前，也是混杂在平凡的人群之中，那么用什么方法对他们加以识别呢？关键是交给他们一定任务，限期完成，才可看出他们不同于平庸之辈。

吕尚曾当过屠夫、钓夫，百里奚原是养牛的奴隶，宁戚本是敲着牛角唱歌的山野村夫，管仲曾接连三次打了败仗，在那个时候，世上众人怎能说他们是有德有才的贤能之士。及待进入朝廷担任要职，或在称霸的诸侯国中被委以重任，历经数十年，建立了丰功伟业，方看出他们是了不起的人才，于是被后人赞不绝口。

上面这些奇伟的人才，不是任何时代都有的杰出人物，在没有得到重用之前，尚不能有别于平庸的凡人，更何况不如他们的人呢！倘若一定要等待姜太公而后重用，那么等上千年也不会有姜太公出现；如果一定要等待管仲而后任用，那么等上百代也不会有管仲出现。之所以这样，因为人才都是从卑微者中逐步锻造出来，功绩也是由小到大累积而成，岂有未被任命即建功立业，未被任用就前程通达的呢。懂得了这个道理，有德有才的贤能之士就不难找到。找到贤能之士并加以任用，国家的繁荣昌盛，就指日可待了。

士必诚信后求智

昔鲁哀公问于孔子曰："请问取人之道。"孔子对曰："弓调而后求劲焉；马服而后求良焉[1]。士必悫信而后求智焉[2]。若士不悫信而后有智能，譬之豺狼，不可近也。"昔子贡问政。子曰："足食足兵，人信之矣。"子贡曰："必不得已而去[3]，于斯三者何先[4]？"曰："去兵。"子贡曰："必不得已而去，于斯二者何先？"曰："去食。自古皆有死，人无信不立。"

唐·武则天《臣轨》

【注释】

(1) 服：驯服。(2) 悫信：诚信。(3) 去：舍弃。(4) 三者：指"足食、足兵、人信"。

【译文】

从前鲁哀公对孔子说："请您告诉我选取人才的方法。"孔子回答道："弓要先调好之后再挑选强劲有力的，马要先驯服之后再挑选良好的。士人必须先诚实谨慎，然后再挑选他们中有智慧的。假如士人不诚实而有智慧，就像豺狼一样不能接近它。"子贡曾经向孔子请教治理国政问题，孔子说："食物充足，士兵充足，人民诚实。"子贡问："如果迫不得已必须三者中放弃一条，先放弃哪一条呢？"孔子说："放弃士兵。"子贡又问："迫不得已，必须再放弃一条，先放弃哪一条呢？"孔子说："放弃食物。自古以来，人都有一死，但若没有信誉，却无法立身于世。"

君子小人各尚其类

官人惟贤，政所以治也。然君子小人各尚其类。若陛下好贤而不任，任而不能信，信而不能终，终而不赏，虽有贤人，终不肯至，又不肯劝。反是，则天下之贤集矣。议者乃云“贤不可知，人不易识”。臣以为固易知，固易识。夫尚德行者无凶险，务公正者无邪朋，廉者憎贪，信者疾伪，智不为愚者谋，勇不为怯者死，犹鸾隼不接翼(1)，薰莸不共气，其理自然。何者？以德并凶，势不相入；以正攻佞，势不相利；以廉劝贪，势不相售；以信质伪，势不相和。智者尚谋，愚者所不听；勇者徇死，怯者所不从。此趣向之反也。贤人未尝不思效用，顾无其类则难进，是以湮汩(2)于时。诚能信任俊良，知左右有灼然贤行者，赐之尊爵厚禄，使以类相举，则天下之理得矣。

唐·陈子昂《答制事问·重任刑科》

【注释】

(1) 鸾隼不接翼：比喻贤愚善恶不相共处。(2) 湮汩：湮（yān），埋没、湮灭。汩（gǔ），水流的样子。

【译文】

唐代陈子昂曾上书唐睿宗，对如何识别贤德之臣论述自己的见解。指出，任用贤德的官吏，国家就会治理好。君子与小人各有其群体。如果陛下爱贤而不重用，即使重用又不予信任，或者信任却未能有始有终，虽然有始有终却不给奖赏，那么虽有贤者也不会前来效忠，也不会为国家尽心尽力。反之，则天下贤者都会云集而至。有人认为“贤与不贤难以识别，了解人并非易事”。我认为还是容易识别和了解的。品德高尚的人是不会去行道德败坏之事，品行端正的人是不会结交不正派的朋友的，廉洁奉公的人一定会憎恨贪婪的人，诚实守信的人一定会痛恨虚伪狡诈的人，聪明的人是不会去替愚蠢的人出谋划策的，勇敢的人是不会去为怯懦的人冒死的，就像鸾凤不肯与凶恶的隼鸟比翼齐飞，香草与臭草的气味不能相融，这是理所当然的。是什么缘故呢？因为让道德高尚的人与凶险之徒相处，势必格格不入；让正义的人去批评奸佞之人，势必互不相让；让廉洁奉公的人去规劝贪婪的人，势必难以奏效；让诚实守信的人去质问虚伪小人，势必不会和睦。聪明人拿出的好主意，愚蠢者是听不进去的；勇敢者肯为正义献身，怯懦者不会跟从。这是因为两种人志趣相反的缘故。有德有才的贤者何尝不想为国效劳，但见到朝廷没有志同道合的人也就难以入朝为官，随着时间的流逝也就默默无闻了。如果君王确实器重贤德之才，对身边品德高尚的贤能之人，都能封给尊贵的官位，给予优厚的俸禄，让他们举荐同道之人，国家就可以治理得很好了。

千里马常有 伯乐不常有

世有伯乐，然后有千里马。千里马常有，而伯乐不常有。故虽有名马，只辱于奴隶人之手，骈死于槽枥之间(1)，不以千里称也。

马之千里者，一食或尽粟一石，食马者不知其能千里而食也。是马也，虽有千里之能，食不饱，力不足，才美不外见，且欲与常马等不可得，安求其能千里也！

策之不以其道(2)，食之不能尽其材，鸣之而不能通其意，执策而临之曰："天下无马。"呜呼！其真无马邪？其真不知马也！

唐·韩愈《韩昌黎集·杂说·马说》

【注释】

(1) 骈：并列。槽枥：养马之所。(2) 策：古代的一种马鞭子，头上有尖刺。

【译文】

世上有了伯乐，然后才能发现千里马。千里马经常有，可是伯乐却不常见。所以虽然有名马降世，也只能在奴仆厮役手中遭受欺辱，相继死在马厩之中，不能以千里马之实相称！

千里马一顿可能要吃掉一石粟米，养马人不知道它能日行千里而饲养它，像对待普通的马那样来喂养。这匹千里马虽有日行千里的能力，却因吃不饱、力不足，内在优良素质不能表现出来，即使想做到与普通的马一样也不能够，又怎能苛求它能日行千里呢！

驾驭千里马不能用适宜的方法，喂养千里马不能按照食量供给饲料，听其嘶鸣不能理解意思，反而手执马鞭指着马说："天下没有好马！"唉！难道真是没有好马吗？还是真的不认识好马啊！

求才贵广　考课贵精

夫求才贵广，考课贵精[1]。求广在于各举所知，长吏之荐择是也[2]；贵精在于按名责实，宰臣之序进是也。往者则天太后践祚临朝[3]，欲收人心，尤务拔擢，弘委任之意，开汲引之门，进用不疑，求访无倦，非但人得荐士，亦许自举其才。所荐必行，所举辄试，其于选士之道，岂不伤于容易哉！而课责既严，进退皆速，不肖者旋黜，才能者骤升，是以当代谓知人之明，累朝赖多士之用[4]。此乃近于求才贵广，考课贵精之效也。

后晋·刘昫《旧唐书》卷一百三十九《列传第八十九·陆贽传》

【注释】

(1) 考课：考验官吏的成绩。唐制：尚书考功掌内外文武官吏的考课，凡应考之官，具录当年功过行能，本司及本州长官对众宣读，议其优劣，定为九等考第，然后送省。凡考课之法，有四善二十七最，以为黜陟的标准。 (2) 长吏：行政长官。(3)“往者则天太后”句：指公元684—704年武则天统治时期。践祚，皇帝登位。公元609年武则天称神圣皇帝，改唐为周。(4)“累朝”句：指武则天之后的唐中宗、睿宗、玄宗等年代，任用的众多人才，都是靠武则天选拔的。

【译文】

寻求人才务必广泛，考核官吏的政绩重视精确。广泛地寻求在于各举所知，各地方的行政长官就是应当进行荐举选择；重视精确在于循名责实，宰相及大臣的提拔就应这样按顺序进行。过去则天太后当朝处理国政，想要收揽人心，特别致力于选拔人才，以表明自己重视人才的愿望，于是打开引荐的门路，提拔任用不疑，寻访贤才不倦，不但人们能够推举贤士，也允许毛遂自荐。对所有的推荐都必定采纳，对所有的举荐都进行试用，这对于取士之道，无疑是过于轻率了！但是考核已经严格，晋升与罢免也都很快，不贤的人不久就被贬斥，有才能的人迅速就被提升，因此时人称赞武后有知人之明，后世也受赐于她对人才的举拔。这是接近于寻求人才要广泛，考核官吏政绩要精确的道理了。

唐太宗论臣下短长

贞观五年。上谓长孙无忌等曰："朕闻主贤则臣直。人固不自知，公宜论朕得失。"无忌曰："陛下武功文德，跨绝古今，发号施令，事皆利物。臣顺之不暇，实不见陛下有愆失[1]。"上曰："朕欲闻己过，公乃妄相谀悦。今面谈公等得失，以为鉴诫。言之者可以无过，闻之者足以自改。因曰，无忌善于筹算，应对敏速，求之古人，亦当无比。兵机政术，或恐非其所长。高士廉涉猎古今，心术聪悟，临难不改节，为官亦无朋党，所少者骨鲠规谏耳[2]。唐俭言辞俊利，善和解人，酒杯流行，发言启齿。事朕三载，遂无一言论国家得失。杨师道性纯善，自无愆过，而情实怯懦，未甚更事，急缓不可得力。岑文本性道敦厚，文章所长，持论恒据经远，自不负于理。刘洎性最坚贞，言多利益，然其意尚，然诺朋友，能自补阙，亦何以尚焉。马周见事敏速，性甚贞正。至于论量人物，直道而言，朕比任使，多所称意。褚遂良学问稍长，性亦坚正，既写忠诚，甚亲附于朕，譬如飞鸟依人，自加怜爱。"

北宋·李昉《太平广记》卷一六九

【注释】

(1) 愆失：指过失。(2) 骨鲠：指刚正、正直的性格。

【译文】

贞观五年，皇帝对长孙无忌等人说："我听说皇帝英明，大臣才敢于直言。人难以正确评价自己，大家说一说我的优点和缺点。"长孙无忌说："皇帝的战功和以礼乐教化统治国家的政绩，超过古今所有的帝王，发号施令，作出各项决策，都非常正确有效。我忙于执行，没有空闲的时间，实在没有看见皇帝有什么过失。"皇帝说："我想要听自己的过错，你这是随便奉承讨好。今天要当面议论你们大家的优点和缺点，以便今后诫鉴。说的人不论对错都没有关系，听的人应该注意加以改正。"皇帝接着开始评价说，“长孙无忌善于精心谋划，反应迅速，对答如流，就是古人也没有能比得上他的人。但是领兵打仗和治理国家恐怕不是他的长处。高士廉知识丰富，思维敏捷，遇到危难也不改变自己的节操，做官不搞宗派，所缺少的是不敢大胆提出意见。唐俭说话爽快，善解人意，愿意喝酒，敢于讲话，侍奉我三年，却没有一句话是议论国家得失的大事的。杨师道性格淳朴善良，自然没有过错，然而性格实在怯懦，没怎么经过大事，危急关头不能指望他出力起作用。岑文的本性诚朴宽厚，写文章的长处是善于引经据典，道理论述得明白。刘洎的性格最坚贞，说话大多涉及利益关系，但是其意图志趣在注重朋友信义，能自补救缺失，凭什么提倡呢。马周处理事务敏捷，性格很忠诚正直。至于识别评价人物，正直谏说，我只要任用差遣，他大多都合乎我的心意。褚遂良学问稍好一点儿，性格也很坚强正直，已很忠诚，非常亲近依附于我，就像飞鸟靠近人，自然应该爱护。

进忠臣 退佞人之辨

巧言[1]者无犯而易进，直言者有犯而难立。然则直言之士，千古谓之忠；巧言之人，千古谓之佞。……自古帝王与佞臣治天下，天下必乱；与忠臣治天下，天下必安。然则忠臣骨鲠[2]而易疏，佞臣柔顺而易亲。柔顺似忠，多为美言；骨鲠似强，多所直谏。美言者得进，则佞人满朝；直谏者见疏，则忠臣避世。二者进退何以辨之？但日闻美言，则知佞人未去，此国家之可忧也；日闻直谏，则知忠臣左右，此国家之可喜也。

北宋·范仲淹《范文正公集》卷七《奏上时务书》

【注释】

(1) 巧言：(善于讲) 表面好听而实际虚伪的话。(2) 骨鲠：刚劲、正直。

【译文】

巧于言辞的人对上无所冒犯，因而容易晋升；说话正直的人对上有冒犯，以致难以立身。然而，言谈正直的人，千古称为忠臣；巧于辞令的人，千古称为佞人。……自古帝王与佞臣治理天下，天下必定动乱；与忠臣治理天下，天下必然安定。然而，忠臣刚直而容易被疏远，佞臣柔顺而容易被亲近。柔顺看来似乎很忠实，其实只是多说好听的话；刚直看来似乎太倔犟，实际是经常直言进谏。满口恭维的人得以起用，则佞人满朝；直言进谏的人被疏远，则忠臣避而不出。两种人的进退如何辨别呢？只要终日听到赞美的话，就知道佞人未离开左右，这是国家可忧之处；终日听到刚直的诤谏，就知道忠臣在自己的身边，这是国家可喜的事。

取士之际　不可不慎

故治乱之原[1]，在求贤取士得其人而已。《汉书》曰：“帝王之德莫大于知人。”大抵斯人之情，皆希荣进，莫不饰正于外，藏邪于内，邪正所蕴，渊密难辨，而审之必有术焉：以贤知贤，以能知能，知而用之之谓也。且知人与不知人而任之，乃得失所系，而安危从之，宜乎取士之际，不可不慎焉。

北宋·包拯《包孝肃公奏议》卷二《选举·论取士》

【注释】

(1) 原：“源”的本字，根源、根本。

【译文】

国家太平安定与混乱的根源，只在于求贤取士用得其人而已。《汉书》上讲：“帝王的德行，没有比了解人更大的。”一般说人之常情，都是希求荣耀进用，没有不是把外表修饰得端正，把邪恶隐藏到内心的。邪恶与正直所潜藏的，深邃隐秘，难以辨别，因而识别人才一定要有个方法：用贤人来了解贤人，用能人来了解能人，对人了解之后再任用，说的就是这个方法。况且，了解人再任用与不了解人就任用，是关系到成败利害的，而国家的安危也与此相联系。取士之际真是不可不慎重啊。

宁可艰于择人　不可轻任而不信

凡任人之道，要在不疑。宁可艰于择人，不可轻任而不信。若无贤、不肖一例疑之，则人各心阑[1]，谁肯办事？……任以事权，反加沮惑，朝廷之意不可谕也。

北宋·欧阳修《欧阳文忠公集》卷一〇五《论任人之体不可疑札子》

【注释】

(1) 心阑（lán 兰）：心寒，心意散乱。

【译文】

任用人才，关键在于不无端怀疑。宁可选择时多费些工夫，也不可轻易任用后不予信任。如果不论好坏一概怀疑，必将人心散乱，谁肯出力办事？……委之以事权，却又加以阻挠、猜疑，朝廷用人究竟是为了什么，就无法弄明白了。

萧何慧眼识韩信[1]

信数与萧何语，何奇之。汉王至南郑，诸将及士卒皆歌讴思东归，多道亡者。信度何等已数言王，王不我用，即亡去。何闻信亡，不及以闻，自追之。人有言王曰："丞相何亡。"王大怒，如失左右手。居一二日，何来谒王。王且怒且喜，骂何曰："若亡，何也?"何曰："臣不敢亡也，臣追亡者耳。"王曰："若所追者谁?"何曰："韩信也。"王复骂曰："诸将亡者以十数，公无所追；追信，诈也!"何曰："诸将易得耳；至如信者，国士无双。王必欲长王汉中，无所事信；必欲争天下，非信无可与计事者。顾王策安所决耳!"王曰："吾亦欲东耳，安能郁郁久居此乎!"何曰："计必欲东，能用信，信即留；不能用信，终亡耳。"王曰："吾为公以为将。"何曰："虽为将，信不留。"王曰："以为大将。"何曰："幸甚!"于是王欲召信拜之。何曰："王素慢无礼；今拜大将，如呼小儿，此乃信所以去也。王必欲拜之，择良日，斋戒，设坛场，具礼，乃可耳。"王许之。诸将皆喜，人人各自以为得大将。至拜大将，乃韩信也，一军皆惊。

北宋·司马光《资治通鉴》卷九

【注释】

(1) 韩信（？—前196年）：西汉初名将，淮阴（今江苏清江西南）人。初属项羽，继归刘邦，被任为大将。楚汉战争时，刘邦采纳其策，攻占关中。先后被封为齐王、楚王。后有人告他谋反，降为淮阴侯。为吕后所杀。

【译文】

韩信好几次与萧何谈话，萧何感觉他不同于常人。待汉王到达南郑时，众将领和士兵都唱歌思念东归故乡，许多人中途就逃跑了。韩信估计萧何等人已经多次向汉王荐举过他，但汉王没有重用他，便也逃亡而去。萧何听说韩信逃走了，没来得及向汉王报告，就亲自去追赶韩信。有人告诉汉王说："丞相萧何逃跑了。"汉王大发雷霆，仿佛失掉了左右手一般。过了一两天，萧何来拜谒汉王。汉王又怒又喜，骂萧何道："你为什么逃跑呀?"萧何说："我不敢逃跑哇，我是去追赶逃跑的人啊。"汉王说："你追赶的人是谁呀?"萧何道："是韩信。"汉王又骂道："将领们逃跑的已是数以十计，你都不去追找；说追韩信，纯粹是撒谎!"萧何说："那些将领很容易得到；至于像韩信这样的人，却是天下无双的杰出人才啊。大王您如果只想长久地在汉中称王，自然没有用得着韩信的地方；倘若您要争夺天下，除了韩信，就没有可与您图谋大业的人了。只看您做哪种抉择了!"汉王说："我也是想要东进的，怎么能够忧郁沉闷地老待在这里呀!"萧何道："如果您决计向东发展，那么能任用韩信，韩信就会留下来，如若不能任用他，他终究还是要逃跑的。"汉王说："那我就看在你的面子上任他做将军吧。"萧何说："即便是做将军，韩信也不会留下来的。"汉王道："那就任他为大将军吧。"萧何说："太有幸了。"于是汉王就想召见韩信授给他官职。萧何说："大王您向来傲慢无礼，现在要任命大将军了，却如同呼喊小孩儿一样，这便是韩信之所以要离开的原因啊。您如果要授给他官职，就请选择吉日，进行斋戒，设置拜将的坛台和广场，准备举行授职的完备仪式，这才行啊。"汉王应允了萧何的请求。众将领听说要任命大将军都很欢喜，人人各自以为自己会得到大将军的职务。但等到任命大将军时，竟然是韩信，全军都惊讶不已。

选 人 难

贪人廉，淫人洁，佞人直，非终然也，规有济焉尔。王莽拜侯，让印不受，假僭[(1)]皇命，得玺而喜，以廉济贪者也。晋王广求为冢嗣，管弦遏密，尘埃被之，陪扆[(2)]未几，而声色丧邦，以洁济淫者也。郑注[(3)]开陈治道，激昂颜辞，君民翕[(4)]然，倚以致平，卒用奸败，以直济佞者也。于戏！“知人则哲，惟帝其难之”，古今一也。

北宋·王安石《临川先生文集》卷六十九

【注释】

(1) 僭（jiàn 件）：超越本分，古代指地位在下的冒用在上的名义或礼仪、器物。(2) 扆（yǐ 以）：古代一种屏风。(3) 郑注，唐代绛州翼城人。唐文宗时任工部尚书充翰林侍讲学士，提出过很多有益的政见，曾帮助唐文宗削弱宦官权势，结果被杀。王安石把他看做奸臣，是受了一些历史著作的影响，是不公正的。(4) 翕（xī）：翕然，形容一致。

【译文】

贪婪的人往往把自己伪装成清廉恭谨，荒淫的人往往把自己伪装成正人君子，奸邪的人往往把自己伪装成正直坦诚，他们并不一直如此，而是有所企图的时候。王莽当初被封侯时一再推辞，授印谦让不接，然而他却假借圣旨，骗取玉玺当上了皇帝，他就是用清廉恭谨形象掩盖贪婪的典型。隋炀帝杨广为了骗取皇太子的宝座，平时停止一切娱乐活动，把断了弦、蒙上积尘的旧琴放在显眼处，可是他刚坐上皇帝的宝座，就天天沉迷于歌舞美女之中，不理朝政，他就是以正人君子形象掩盖荒淫的典型。唐朝大臣郑注在唐文宗面前慷慨激昂，陈述治国安邦的大计，讲得头头是道，君臣没有不佩服的，结果因奸谋暴露而被杀，他就是用正直坦诚形象掩盖奸邪的典型。

唉！“真能做到了解一个人，那可是最聪明的人了，连尧、舜这样的贤圣都难做到。”从古到今都是一样！

不可以成败论人物

古之论人者，考其人而不计其功。固有其才可以为而不达，不及施与既施而中夺者，何可胜数。而中才常人，乘时以功名显者，世常有之。昔司马子长论李将军为将，其言哀痛反复，深悲其无成，以谓百姓知与不知，皆为流涕。至论霍去病，无他美，独天幸不至困绝。若迁者，可谓不以成败论广也。诸葛孔明偃卧隆中，一见先主，便及天下大计，然终身奔走，仅成鼎足之功，而不能兴先汉之业，其视萧相国之佐高祖，诚有间矣(1)；而陈寿以为管萧之亚匹(2)。若寿者，亦可谓不以成败论孔明也。孟子曰："若夫成功，则天也(3)。夫成败系天，君子之论，岂可以是而定其贤不肖耶？大夏生植(4)，而从棘能有所庇；疾风烈雨，大木百围，偃仆而死；秋水时至，沟畎无一溉之功(5)；而岁旱渊竭，九河不足活鱼鳖(6)。物之系其遭如此，唯人亦然。

南宋·陈傅良《永嘉先生八面锋》卷十一

【注释】

(1) 间：差距、距离。(2) 管萧：管仲和萧何的并称。两人均为历史上的名相。亚匹：同一流人物。(3) "若夫"二句，语出《孟子·梁惠王下》。若夫，至于。(4) 大夏：盛夏。生植：生育繁殖。(5) 沟畎（quǎn）：田间水道。(6) 九河：禹时黄河的九条支流。这里泛指所有的江河。

【译文】

古人在评论人的时候，只考察这个人的德才，而不考核他的功绩。本来他的才能应该有所作为，而没有显达，没有来得及施展才能与那些已经施展了才能而中途被剥夺了机会的人，怎能数得过来？而有些中等才能的普通人，由于抓住了机遇，因而功名显达的，世上是常有的。从前司马迁在评论飞将军李广担任将军时的立身行事时，言辞异常痛切，反复申说，深切地悲悼他功名无成，并说老百姓听到李广死的消息，不论是认识的还是不认识的，都为他流泪。等到评论霍去病的时候，没有其他的赞美之词，只是说他有天公照应，没有遭遇过大危险。像司马迁这样的人，可称得上是不以成败来评论李广。诸葛孔明安卧隆中，一看到先主刘备，便同他讨论夺取天下的战略。然而终身奔走，仅仅取得了三分天下的功绩，而不能复兴汉朝时的伟业，同相国萧何辅佐刘邦相比较，的确有差距；然而陈寿认为诸葛亮是管仲、萧何一类人物。像陈寿，也可说是不以成败评论诸葛亮。孟子说："至于能不能成功，也还得依靠天命。"事业上的成功与失败，是上天决定的，这是圣人的观点。怎可用事业上的成败来判定一个人有没有才德呢？夏季是生长繁殖的季节，丛生的灌木得到了庇护；在疾风暴雨当中，百围的大树会仆倒而死；当秋水到来的时候，田间水道便没有一点灌溉的功效；而大旱之年，深潭都干涸了，江河里都不能养活鱼鳖。万物决定于天，它们的遭遇就是如此，人也是这样。

用人不可以仓猝责成

司马温公曰[(1)]：唐虞之官[(2)]，其居位也久，其受任也专，其立法也宽，其责成也远。故鲧之治水[(3)]，九载，绩用弗成，然后治其罪；禹之治水，九州攸同[(4)]，然后赏其功。非若京房[(5)]、刘邵之法[(6)]，校其盐米之课，责其旦夕之效也。苏文忠公曰："吏之与民，犹工人操器，易器而操之，其始莫不龃龉而不相得[(7)]。是故虽有长材异能之士，朝夕而去，则不如庸人之久且便也。自汉至今，言吏治者，皆推孝文之时，以为任人不可以仓猝而责成效。又其三岁一迁，吏不为长远之计，则其所设施，一切出于苟简。"至哉斯言！夫世之君子，苟有志于天下，而欲为长久之计，则其效不可朝夕见。其始若迂阔，而其终必将有所观。今期月不报政[(8)]，则朝必以为是无能为者，不待其成而去之，甚可惜也。

南宋·陈傅良《永嘉先生八面锋》卷九

【注释】

(1) 司马温公：司马光死后追封为温国公，故称。(2) 唐虞：唐尧与虞舜的并称。(3) 鲧（gǔn）：尧臣。相传为禹之父。建国于崇（今河南嵩县北），史称崇伯。(4) 九州：传说中的我国古代中原行政区划。说法不一。《书·禹贡》作冀、衮、青、徐、扬、荆、豫、梁、雍。后以"九州"泛指天下。攸同：相同、一样。攸，是。(5) 京房：西汉东郡（今河南濮阳）人，字君明。本姓李，推律自定为京氏。(6) 刘邵：三国魏邯郸（今河北邯郸市）人，字孔才。(7) 龃龉（jǔ yǔ）：上下齿不相合。比喻抵触、不合。相得：相配、相称。(8) 期（jī）月：一整月。

【译文】

司马光先生说："尧舜时代的官员，任职的时间长，接受的委任专一，管理他们的法律宽大，要求他们完成任务的期限长。所以鲧治水的时候，用了九年，功业无成，然后才办他的罪；大禹治水，天下的水利工程都完工了，然后才奖赏他的功劳。不像京房、刘邵制定的法律，考核具体细微的工作，要求各个管理者在极短的时间内就取得成效。"苏轼说："官吏和百姓的关系，如同做工的人使用工具一样。使用刚掉换的工具，开始时，莫不感到别扭，不那么得心应手。因此即使有很强才能或有特殊本领的人，在短时间内就离开原来的工作岗位，就不如一个长期在一个工作岗位上的普通人对工作的适应。从汉代到现在，谈论吏治的人，都推崇汉文帝的时代，认为任用人不应该匆忙地要求取得成效。又加上任满三年就调动一次工作，官员们就不会做长远的打算，因而他们的工作部署，就会一概出于草率简略。”这话说得最正确啊！世上那些才德出众的人，如有治理天下的志向，而且想做长远的谋划，他们的成效就不可能在较短的时间内显现出来。开始时，好像不切合实际，但最后一定会有可观的成绩。现在，官员一个月不呈报政绩，朝廷就认为他是一个无有作为的人。不等他取得成效，就将他调离岗位，实在太可惜了。

取德以实行　取才以实效

辨人才最为难，盖事有似是而非者：刚直开朗似刻薄，柔媚罢软似忠厚，廉介有守似偏隘，言讷识明似无能，辨博无实者似有材，迟钝无学者似渊深，攻讦[1]谤讪者似端直，掩恶扬善者似阿比。一一较之，似是而非，似非而是，人才优劣真伪，每混淆莫之能辨也，惟圣人为能心公识明，衡鉴昭设，君子小人之至前，察言考行，视所以，观所由，察所安，不以言举人，不以人废言，取德以实行，取材以实效，详以理，悉以义，虽万态亿状，眩耀[2]莫之或欺，为人之任亦重矣。

元·胡祗《紫山大全集》（卷20）

【注释】

(1) 攻讦（jié）：揭发别人的过失或隐私而加以攻击（多指因个人或派系利害矛盾）。(2) 眩耀：迷惑、迷乱。

【译文】

辨识人才非常困难的，因为有些事情往往似是而非：刚直开朗看上去像刻薄；温顺、懦弱看上去像忠厚；清廉耿直看上去像心胸狭隘；有高明见识的人但拙于言辞看上去像无能；能言善辩但并无真才实学的人，看上去像很有才能；头脑迟钝、不学无术的人看上去像胸有城府；长于攻击、毁谤的人看上去像端庄正直；隐恶扬善的人看上去像结党营私。逐一进行考校，似是而非，似非而是，人才好坏真假，往往混淆不清，难以辨识。只有圣贤之人才能心中公正、明辨是非，衡量鉴别的标准也比较明确。君子或小人来到面前，听其言观其行，看他的所作所为，了解他为达到一定目的所采取的手段与方法，细察他的喜好，不只凭其言谈就加以举荐，也不因其品德欠佳而否定他说对了的话，根据其实际行动评价他的品德，根据其办事实效评价他的才能，详以理，悉以义，事情虽千变万化，令人眼花缭乱，也不会被蒙蔽，辨识人才的任务确实关系重大。

独具慧眼能识人

上谓蒙正曰[(1)]："卿诸子孰可用?"对曰："诸子皆不足用。有侄夷简[(2)]，任颍州推官[(3)]，宰相才也。"夷简由是见知于上。富言者，蒙正客也。一日白曰："儿子十许岁，欲令入书院，事廷评、太祝[(4)]。"蒙正许之。及见，惊曰："此儿他日名位与吾相似，而勋业远过于吾。"令与诸子同学，供给甚厚。言之子，即（富）弼也。[(5)]后弼两入相，亦以司徒致仕。其知人类如此。

元·脱脱等《宋史·卷二六五·吕蒙正传》

【注释】

(1) 吕蒙正（946—1011年）：北宋大臣。字圣功，河南洛阳人，进士出身。宋太宗、真宗时三次任宰相。他以"饵兵省财，古今上策"为名，主张对辽国采取议和政策，为人公正平和，时称贤相。(2) 吕夷简（979—1044年）：北宋大臣。字坦夫，寿州（今安徽寿县）人，进士出身。历任地方官，仁宗朝任宰相十余年。主政时期对辽、夏采取妥协政策，颇遭时论指摘。但为政屈伸自如，仍为时论所推许。(3) 推官：官名。主管勘问刑狱。(4) 廷评：官名，主管司法审判。太祝：官名，主管祭祀祈祷。(5) 富弼（1004—1083年）：北宋大臣。字彦国，河南洛阳人。1043年任宰相，与范仲淹建议整顿朝政而被排挤出外。1055年与文彦博等同为宰相，无所兴革。后因阻挡王安石变法而给以加官退休。

【译文】

宋真宗对吕蒙正说："你的儿子中谁可以选作官员?"吕蒙正回答："儿子都不足任用。有侄儿吕夷简，现任颍州的推官，具有宰相的才能。"吕夷简由此被宋真宗所了解。富言是吕蒙正的一个幕客。有一天，富言向吕蒙正表白说："我儿子十多岁，想让他入书院读书，将来可以当廷评、太祝之类的小官。"吕蒙正准许了。等到见面，吕蒙正吃惊地说："这孩子将来的名位与我相似，而功勋事业要远超过我。"于是让他与自己的儿子一同学习，供给特别丰厚。富言的儿子，即是富弼。后来富弼两次入为宰相，也是以司徒退休。吕蒙正就是这样识别人才的。

忠贤之士有三类

吴王元年十二月癸卯朔，御白虎殿谕群臣曰：自古忠贤之士大体有三：辅国安邦，孜孜图治，从容委曲，劝君为善，君虽不听，言必再三，人君感悟而听用之，则朝廷尊安，庶务咸理。至于进用贤能，使野无遗逸，黜退邪佞，处置当法，而人不敢怨，此上等之贤也。博习古人之方，深知已成大事，其心虽忠，于辅国而胸中无机变之才，是古非今，胶柱鼓瑟，而强人君以难行之事。然观其本情，忠鲠可谓端人[(1)]，屡遭斥辱，其志不怠，此亦忠于为国，乃中等之贤也。又有经史之学虽无不通，然泥于古人之陈迹，不识经济之权衡，胸中浑然不能辨别，每扬言高论，以为进谏，竟不识先后可否之宜，谋事自以为当，而实不切于用。言听则自高，不听则谓君不我用，既无益于国家，徒使人君有拒谏之名。然其心亦无他，不达时达变耳，此下等之贤也。予今论此三者，有识者当自见之。

明·《明实录·太祖实录》卷二六

【注释】

（1）忠鲠：亦作“忠梗”，忠诚耿直。

【译文】

吴王（朱元璋）元年十二月初，朱元璋驾临白虎殿对群臣说：“自古以来，忠心为国的贤士大体可分为三类：第一类人辅佐君主治国安邦，勤勤恳恳地工作，一心一意想把国家治理好，处事从容，又能屈身折节，经常劝君主做好事，即使君主没有听从，也再三劝谏。有朝一日君主有所感悟，听从并采纳劝谏，朝廷就会受人尊敬，国家就会平安，各种政务也都会得到妥善处理。至于选贤用能，则能做到不把贤才埋没于山野，黜退邪恶奸佞，各项处置都符合法制，人无怨言，这样的人是上等的贤士。第二类人广泛学习了古代圣贤的著作和言论，深知古人治国的成功经验，他们对君主虽一片忠心，但辅佐治国缺少随机应变的才能，认为古时一切都好，并据以非难当今的一些做法。他们固执拘泥，不能变通，强要君主实施难以办到的事。但观察他们的本性，忠贞耿直，可说是品格端方之人，虽多次遭到君主斥责而蒙受屈辱，仍矢志不渝，这样的人也是为国尽忠，是中等的贤士。第三类人虽然学通经史，但拘泥于古人陈旧的论述，不懂得经国济事的轻重缓急，心中糊涂不能辨别是非，每每高谈阔论，向君主进谏，却不明白有先后之分和可行与不可行之别，出谋划策往往自以为是，而实际上不切实用。如果采纳了他的建议，就自高自大起来；如不听取他的进言，就埋怨君主对他不重用，这样既无益于国家，又会使君主蒙受拒谏的恶名。然而他的用心还是好的，不过是不通达时势的变化而已。这样的人是下等的贤士。我现在向大家讲述了这三类贤士。有见识者应当明白自己属于哪一类了。”

不被主人之意左右者必君子

洪武三十年丙寅，谕群臣曰："凡人所为不能无过举，但当平其心，则可以知其过矣。其心本公，所为之事为谬，此则识见未致，致有过误。若缘私意而所行有谬戾者，此特故为耳，君子小人之过于此可见。然君子之过虽微必彰，小人之过虽大弗形。盖君子直道而行，固无所回互。小人巧于修饰，固多所隐蔽。人君苟不察其策，则君子小人莫能辨别。"又曰："朕观往昔议论于廷，有忤人主之意者，[1]必君子也。其顺从人主之意者，必小人也。经忤己而怒之，以顺己而悦之，故小人得幸，而君子见斥矣。人主取人，权衡在己，当兼取众论，不可以一时之喜怒为进退也。"

明·《明实录·太祖实录》卷二五四

【注释】

(1) 忤（wǔ 五）：逆，不顺从。

【译文】

洪武三十年，明太祖朱元璋晓谕群臣说："一个人所作所为不可能没有过错，但平下心来细想一下，就能知道错误的性质了。如果出于公心，即使做错了事，也是由于认识不清才造成错误。若出于私心而做错事，这就是故意的，君子与小人过错的区别就在这里。但君子的过错即使很细小，也会彰明显著，而小人的过错即使很大，也不会显现。这是由于君子的行为坦荡，本不会回避遮掩。小人则善于掩饰，所以多所隐瞒。作为一国之君，如不明察秋毫，就不能辨别君子与小人。"太祖又说："朕还看到，以往在朝廷议事时，忤逆君主心意的，往往是君子，而事事顺从君主心意的，却往往是小人。如果君主因忤逆自己心意而恼怒，顺从自己心意而喜悦，小人就会得到宠信，君子就会遭到排斥。君主任用人才，要亲自认真权衡，应当广泛听取意见，不可凭一时喜怒决定提拔重用或黜免。"

进人以言 试人以功

臣按试人之法有二：曰言，曰功而已(1)。所谓言者，《礼记》所谓“或以言扬”是也；所谓功者，《礼记》所谓“或以事举”是也(2)。进人不以言，则无以知其所有之蕴(3)；试人不以功，则无以验其所行之实。苏轼曰：“尧舜以来，进人何尝不以言，试人何尝不以功。”是则以言功为用人之法，其来尚矣。

明·丘濬《大学衍义补》卷十，《正百官·公铨选之法》

【注释】

(1) 功：通“工”，事。(2)《礼记》：指《礼记·文王世子》。(3) 蕴：藏蓄。

【译文】

我考证试人的方法不外乎两方面：一是说话，二是办事。所谓说话，就是《礼记》所说“有的是以擅长言语而录取的”；所谓办事，就是《礼记》所说“有的是以能够做事而任用的”。提拔人才如果不了解他的言语表达，就不能知道他内在蕴藏的才智；试用人如果不通过做事，就没有办法检验他的实际能力。苏轼说：“自从尧舜以来，提拔人何尝不根据说话，试用人何尝不通过做事。”这么说来，以考察其言语和办事作为任用人的方法，是很早就有的了。

人才分三等

守令亲民之官，最为紧要，使天下守令得人，太平即此而生……

才德兼者，上也；有根本而才气微者，次也；有才气而根本微者，又其次；然俱不可弃。以才气胜者，用诸理繁治剧；以根本胜者，用诸敦雅镇浮[1]。若夫钧衡宰制之任[2]，必德才兼备之人，而阙其一者，断不可以为也。

明·高拱《本语》卷五

【注释】

(1) 敦雅：敦厚雅正。(2) 钧衡：比喻国家政务重任。

【译文】

郡守、县令等作为百姓的父母官，职位最为重要，倘若全国的郡守、县令都能用人得当，天下太平就由此产生了。

才德兼备者为上等人才，其次是品德很好但才能稍差者，再其次是有才能但品德欠佳者，但这三种人都不可弃而不用。以才能卓著取胜的人，可任用他处理繁杂事务，解决棘手的难题；以品德好取胜的人，可任用他教诲百姓，宣扬宽厚文雅，克服轻浮。倘若是举足轻重的宰相职务，就必须选拔德才兼备之人，两者缺一的人绝不可任用。

有才还须识时务

陆逊多沉虑，筹无不中[1]。尝谓诸葛恪曰："在吾前者，吾必奉之同升；在吾下者，吾必扶持之。君今气陵其上，意蔑乎下，恐非安德之基也！"恪不听，卒见杀。

嵇康从孙登游三年，问终不答。康将别，曰："先生竟无言耶?"登乃曰："子识火乎？生而有光，而不用其光，果然枉于用光；人生有才，而不用其才，果然枉于用才。故用光在乎得薪，所以保其曜[2]；用才在乎识物，所以全其年。今子才多识寡，难乎免于今之世矣！"康不能用，卒死吕安之难。

明·冯梦龙《智囊·明智部·亿中》

【注释】

(1) 筹：谋划。(2) 曜（yào)：照耀、明亮。

【译文】

陆逊沉静好思，多谋善断，计谋没有不中的。他曾对大将军诸葛恪说："在我之上的人，我一定敬重他，并希望随他高升；在我之下的人，我一定扶持提拔他。可如今您的气势压倒在您之上的人，又蔑视在您之下的人，这恐怕不是修身立德的根本吧！"诸葛恪不听他的良言，依然故我，终于被皇族孙峻所杀。

嵇康曾随隐士孙登学习了三年，向他请教，孙登从不作答。嵇康辞别孙登时问他："先生难道没有些话对我说吗?"孙登这才说："你知道火吧，火本来就有光，如果不利用它的光，就枉费了它；人生来就有才能，如果不被利用，就枉费了他的才能。所以，保存火光在于得到木柴，这样才能保持光明；施展才能全在于识别时世，这样才能享尽他的天年。如今，你才气不凡但识力不够，在当今乱世之中，恐怕难以免予灾祸啊！"嵇康终究没有好好听进孙登的话，最后因吕安事件的牵连，被司马氏杀害。

贫则观其所不取

《记》曰："大臣法，小臣廉，官职相序，君臣相正，国之肥也。"故欲正君而序百官，必自大臣始。然而王阳黄金之论，时人既怪其奢；公孙布被之名，直士复讥其诈。则所以考其生平而定其实行者，惟观之于终，斯得之矣。季文子卒，大夫入敛，公在位。宰庀[1]家器为葬备，无衣帛之妾，无食粟之马，无藏金玉，无重器备，君子是以知季文子之忠于公室也。相三君矣，而无私积，可不谓忠乎？诸葛亮自表后主曰："成都有桑八百株，薄田五十顷，子孙衣食悉仰于家，自有余饶。至于臣在外任，无别调度，随身衣食，悉仰于官，不别治生，以长尺寸。若臣死之日，不使内有余帛，外有赢财，以负陛下。"及卒，如其所言。夫廉不过人臣之一节，而左氏称之为"忠"，孔明以为"无负"者，诚以人臣之欺君误国，必自其贪于货赂也。夫居尊席腴，润屋华身，亦人之常分尔。岂知高后降之弗祥，民人生其怨诅，其究也乃与国而同败邪？诚知夫大臣家事之丰约，关于政化之隆污，则可以审择相之方，而亦得富民之道矣。

杜黄裳，元和之名相，而以富厚蒙讥；卢怀慎，开元之庸臣，而以清贫见奖。是故贫则观其所不取，此卜相之要言。

清·顾炎武《日知录》

【注释】

(1) 庀（pǐ匹）：具备，备办。

【译文】

《礼记》上说："大臣守法，小臣廉洁，百官按职位各尽其责，君臣相互监督匡正，国家就会富强。"所以要想皇帝公正、百官规矩，一定要从大臣做起。然而，汉宣帝时的谏议大夫王阳，喜好奢华的衣服车马，可是他居官清廉，当时人们怀疑他有生出黄金的本领议论其奢侈；汉武帝的丞相公孙弘，盖的是粗糙的布被，其俭朴与丰厚的俸禄不相称，正直之士讥讽他是虚伪。因此，考核大臣生平确定其品德，只有看他死后家财多少，方可得出正确结论。

鲁国大夫季文子死的时候，按大夫礼入殓，鲁襄公亲临祭奠。家臣收集季文子家藏物品随葬，发现他的妻妾没有绸缎制的衣服，马匹只喂粗料，家中没有收藏金银珠宝，没有贵重的用具，所以人们都知道季文子是一心忠于国家。季文子历任鲁国三位国君的相，却没有一点私人积蓄，能说他不忠于国家吗?

诸葛亮曾给蜀后主刘禅上书道："我在成都有桑树八百棵，薄田五十顷，供子孙衣食稍有富余。至于我自己，长年在外任职，从未另谋私产，吃穿全仰公家供给，也没有从事别的生计来增加收入。在我死去之日，家中不使其有多余的财物，外面也无剩余的资财，才不致辜负陛下的愿望。"待诸葛亮去世时，一切果如他在上书中所说。

清廉不过是做大臣应有的节操之一，左丘明把这叫做"忠"，诸葛亮认为这样才不辜负国家，这是因为大臣倘若欺君误国，一定要贪图财物收受贿赂。高官厚禄，饮食丰厚，居室豪华，衣着考究，也是人之常情。哪里会知道这样下去上天要降祸，百姓会咒骂，最终本人连同国家一起败灭?确实应该懂得，大臣日常生活奢侈还是节俭，关系到社会风气好坏和对百姓的教化能否奏效，由此可以了解选任宰相所应遵循的原则，以及富民的方法了。

杜黄裳是唐宪宗元和年间的名相，因生活奢华而蒙受讥讽；卢怀慎是唐玄宗开元年间的庸臣，却因生活清贫而受到赞扬。所以在一个人贫穷的时候，看他是否攫取非分之财，这对选任宰相至关重要。

为教在于导其自适

古人之为教也，非以绳束之也，导其自适而已[1]。又虑无以绳束之也，移其不自适者，使之自适而已。大约本乎缠绵恳笃之意，发为温厚和平之言，令人可法而可戒，欲哭而欲歌，斯其善立教者矣。余尝读诸葛武侯[2]、颜鲁公[3]、邵康节[4]、胡康侯诸公家训[5]，率皆导之自适者也。近读傅氏家训，又以移其不自适而使之自适者也。夫导之自适难，移其不自适而使之自适尤难。导之者，性也；移之者，抑情而复性也。天下虽无不可感之人，而家庭之间，恩常掩义，义失而恩且昵矣，何可为训哉！

清·魏象枢《寒松堂集》卷五《傅氏家训序》

【注释】

(1) 自适：悠然闲适而自得其乐。(2) 诸葛武侯：诸葛亮。刘备称帝，他任丞相，刘禅即位，他被封为武乡侯，领益州牧。(3) 颜鲁公：颜真卿。唐大臣，书法家。官至吏部尚书，太子太傅，封鲁郡公，人称颜鲁公。(4) 邵康节：邵雍。字尧夫，谥康节，北宋哲学家。(5) 胡康侯：胡安国。字康侯，南宋经学家。

【译文】

古时人做教育工作，不是要约束人的行为，而是引导受教育者自己往前走去。又恐怕有的人不能约束自己的行为，就改变他自己的行为习惯，让他们自动往前走罢了。大体本着深情厚谊诚恳笃实的心愿，发出温厚平和的语言，让人可以效法又可以警惕，既受感动又觉快乐，这是那善于做教育工作的了。我曾经读诸葛武侯、颜鲁公、邵康节和胡康侯诸公的家训，大致都是引导子弟自己求发展进步的。近来读《傅氏家训》，又是修正那些不能自动前进的人而让他们悠然自得地前进的。引导人们自己往前走难，要改变人的习性形成自觉的良好的自适行为就更难了。引导的方法，是发挥他们的本性；改变的方法，是抑制情绪而恢复本性。天下虽然没有不能感化的人，但是在家庭之间，恩情经常遮盖住道义，没有了道义，那么恩情就要成为亲昵了，还有什么可以作为教诲的呢！

知人在于知枉直

盖人之难知，不在于贤不肖，而在于枉直。贤之无嫌于不肖，不肖之迥异[1]于贤，亦粲[2]然矣。特有枉者起焉，饰恶为善，矫非为是，于是乎欲与辨之而愈为所惑。今且不问其善恶是非之迹，而一以枉直为之断。其直也，非，可正之以是也，陷于恶，可使向于善也，则举之也。其枉也，则虽若是焉若善焉，而错之必也。如此，而人不相饰以善，不相争于是，不相掩于恶，不相匿于非，而但相戒以枉。枉者直，则善者著其善，不善者服其不善，是者显其是，非者不护其非，于以分别善恶是非而不忒[3]，又何难哉！此所谓知人之方也。

清·王夫之《读四书大全说》卷六《论语》

【注释】

(1) 迥（jiǒng 窘）异：形容差得很远。(2) 粲（càn 灿）：鲜艳。此处指两者区别鲜明。(3) 忒（tè 特）：误差。

【译文】

鉴别人的难处，不在于鉴别贤与不肖，而在于鉴别虚伪诚实。判别贤与不肖没有什么难的，不肖与贤相差得远，两者区别十分鲜明。但是，如果虚伪的风气盛行，就会把恶行装扮成善行，把错误修饰成正确，于是，越想辨别就越被其所迷惑。如今且不问善恶是非的事迹，而是一律判别虚伪还是诚实。那些诚实的，有错误可以改正，有恶习可以劝其向善，这种人还是可以任用的。如果是虚伪的，那么尽管似乎是正确的或似乎是善良的，但肯定仍是错的。像这样，人们能不争相用善行装扮自己，不为了证明自己的正确而争执不下，不争相掩饰自己的恶行，不争相隐藏自己的错误，而是互相告诫不要虚伪。那么，诚实取代了虚伪，有善行的人就会显示出自己的善行，不善的人就会老老实实地承认自己的不善，持有正确意见的人就会表明自己的正确，持有错误意见的人就会不坚持自己的错误。这样来判断善恶是非而不出误差，又有什么困难呢！这就是我所说的识别人的方法。

任贤先识进贤者

且彼进贤之人，其先进也，皆以是物也，岂鸟媒而致凤哉！是故求贤之道，勿问孰为贤，孰为不肖，当先观进贤之人。盖贤不肖各有其类，吾尝见夫鸟矣。彼乌也，集于乔木之上，其群飞而从之者，皆乌也，无异鸟也。又尝见夫鱼矣，彼鲫也，游于浅水之间，其群游而从之者，皆鲫也，无异鱼也。惟人亦然。从伯夷游者必伯夷之所与也。……是故明君察于群臣之中，得其大贤，处以上卿之位，惟其言之是听，而不惑于谗慝[1]之口，则列于朝廷者皆其类矣。列于朝廷者皆其类，则列于邦国之职者亦皆其类。各以类进，则贤才不可胜用矣。

人各有其类，才各有所长。惟贤者乃能进贤，得贤者为进贤之人，使各举所知，所以引其类也。惟知贤者乃能用贤，得知贤者为用贤之人，使择决众之所举，所以用其长也。具斯二者，用贤之道无遗矣。

清·唐甄《潜书·主进》

【注释】

(1) 慝（tè特）：奸邪、邪恶。

【译文】

况且那些举荐贤才的人，他们优先举荐的，都是以自身为标准，来衡量选择被荐人，难道会有小鸟做媒却能招来鸾凤的道理吗？因此，求贤的途径，不要问谁贤谁不贤，应当先观察举贤的人。大约贤与不贤各自按类集结。我曾经观察鸟类，那些黑色的，都聚集在乔木之上，它们成群结队飞时追随它们后面的，都是黑色的，没有别的颜色的鸟。又曾观察过鱼类，那些鲫鱼都在浅水中浮游，它们成群浮游而追随在它们后面的，都是鲫鱼而没有其他种类的鱼。人也是如此。跟伯夷交往的，一定都是伯夷所认可的人。……所以英明的君主考察大臣，从中得到大贤，让他们处在高于群臣的地位，只听他们的言论，而不被谗媚之徒所迷惑，那么满朝官员都将会同他们一样贤达。在朝廷中的人都同大贤一样，那么在邦国之内为官的人也就都同进朝廷中的人一样了。贤才各自依自己的标准来举荐别的贤人，那么贤才也就足够用了。

人各有他们的类属，人才又各有所长。只有贤者才能举荐贤者，得到贤者是进贤的人，使人们各自举荐所了解的，因此都会招来自己同类的人。只有了解贤者的人才能任用贤人，得到了解贤者作为任用贤者的人，让他们选择决定众人推荐上来的人，依据此利用他们的长处。具备了这两者，利用贤人的途径就不会有遗漏了。

唯才是任

神宗末，齐、楚、浙三党为政[1]，黜陟之权，吏部不能主。及嘉谟秉铨[2]，惟才是任。光、熹相继践祚，嘉谟大起废籍[3]，耆硕满朝[4]。向称三党之魁及朋奸乱政者，亦渐自引去，中朝为清。已，极陈吏治敝坏，请责成抚、按、监司。上官注考，率用四六俪语，多失实，嘉谟请以六事定官评：一曰守，二曰才，三曰心，四曰政，五曰年，六曰貌。各注其实，毋饰虚词。帝称善，行之。

清·《明史》卷二四一《周嘉谟传》

【注释】

(1) 三党：指明万历末年士大夫集团以籍贯为基础的同乡关系，以利益为连接的山东、湖北、浙江帮派在朝廷结成的朋党集团，他们依次把持朝政，相互攻击，内讧迭起。(2) 周嘉谟（1545—1629 年）：字明卿，湖北汉川人，隆庆五年（1571 年）进士，万历四十八年（1620 年）为吏部尚书，仅一年半，就被权宦魏忠贤排挤出朝。崇祯元年（1628 年）复起，次年去世。 (3) 废籍：因朋党排挤而被削去官籍的人。(4) 耆硕：年高有德望的大臣。

【译文】

明万历末年，以山东、湖北、浙江籍贯分为三个朋党的官员相继在朝廷为政。官员黜陟的权力，吏部不能主管。等周嘉谟执掌吏部铨选大权后，就唯才是任。光宗、熹宗在一年内相继登基，周嘉谟大力起用被朋党排挤去官的人，一时年高有德的大臣布满朝廷。一向称为三个朋党首领和朋比为奸祸乱朝政者，也渐渐自己引退，中央政府为之一清。不久，周嘉谟极力陈述吏治敝坏，请朝廷责成巡抚、巡按、主制刑罚各个衙门进行改革。以前上官填注下官的考评，都使用四六字句的对偶文辞，多文不副实，周嘉谟请以六事定官员考评：一曰操守，二曰才能，三曰心术，四曰政绩，五曰年功，六曰相貌。要求各在六项内注明其实际情况，不许文饰虚伪辞藻。皇帝称善，按此实行。

以事试才　情见于物

刘公非曰：东西汉之时，贤士长者，未尝不仕郡县也。自曹掾、书史、驭吏、亭长、门干、街卒、游徼、啬夫[1]，尽儒生学士为之。才试于事，情见于物，则贤不肖较然。故遭事不惑，则知其智；犯难不避，则知其节；临财不私，则知其廉；应对不疑，则知其辩。如此，则察举易[2]，而贤公卿大夫自此出矣。

清·陈宏谋《在官法戒录》卷一

【注释】

(1) 曹掾、书史、驭吏、亭长、门干、街卒、游徼、啬夫：都为古代基层官吏。(2) 察举：考察、举荐。

【译文】

刘公非说：两汉的时候，贤士长者，没有不在郡县里做过官的。从曹掾、书史到驭吏、亭长、门卫、街卒、游徼、啬夫，全部是由儒生学士担当。才干通过做事来检测，情理通过事物来反映，那么好与不好就可以比较出来。因此，遇事不困惑，就可以看出一个人有机智；碰到危难不回避，就可以知道一个人有节操；面对财物不据为己有，就可以知道一个人操守廉洁；答复询问时不迟疑，就可以知道一个人有辩才。这样一来，选拔人才就很容易，贤能的公卿大夫，就此而产生了。

通艺明经堪为吏

顾亭林曰：汉武从公孙弘之议[1]，下至郡太守卒史，皆用通一艺以上者。唐高宗总章初，诏诸司令史，考满者，限试一经。昔王粲作《儒吏论》，以为先王博陈其教，辅和民性，使刀笔之吏，皆服雅训[2]；竹帛之儒，亦通文法[3]。故汉文翁为蜀郡守，选郡县小吏开敏有材者张叔等十余人，亲自饬厉，遣诣京师，受业博士。后汉栾巴为桂阳太守，虽干吏卑末，皆课令习读，程试殿最，随能升授。吴顾邵为豫章太守[4]，小吏资质佳者，辄令就学，择其先进，擢置右职。而梁任昉有厉吏人讲学诗[5]。然则昔之为吏者，皆曾执经问业之徒，心术正而名节修，其舞文以害政者寡矣。为吏用通艺明经之人，以其明理而后可以任事，有识而后可以有为也。今之吏胥，未尝非曾读经书之人，乃读书时原为营求科第。徒资口耳[6]，全无心得。一旦弃举业入公门，益视经书为无用。其存心行事，虽显悖经书，亦不顾及。心术如何不坏？顾先生此议，崇重学术，厚望吏胥，两得之矣。

清·陈宏谋《在官法戒录》卷一

【注释】

(1) 公孙弘（公元前200—前121年）：西汉人，字季，建议设五经博士，置子弟员。以熟习文法、吏治，被武帝封为丞相，封平津侯。(2) 雅：合乎规范。(3) 文法：法令。(4) 吴：指三国时期的东吴。(5) 梁：指南北朝时期的北梁。(6) 资：依靠、凭借。

【译文】

顾亭林说：汉武帝按照公孙弘的建议，下至郡太守卒史，都要任用通晓一种以上儒家技艺的人。唐高宗总章初年，下诏命各司的令史，考核到期的，规定要应试一门儒家经典。过去王粲作《儒吏论》，认为先王广泛设置教育，陶冶百姓性情，使刀笔吏都服从正确的教导；读书的文人，也通晓文法。所以西汉文翁做蜀郡太守，选择郡县小吏中聪明有才干的张叔等十几人，亲自告诫勉励，送到京城，跟随博士学习。后汉栾巴为桂阳太守，即使是干练的、地位低下的胥吏，都督促他们学习读书，定期考核排出名次，根据能力提拔。吴国顾邵任豫章太守，小吏中资质比较好的，总是让他们去学习，选择其中优秀的，提升为副职。南朝萧梁任昉鼓励小吏讲求学诗。但是过去当吏的人，都曾经是从师受业学习学问的学生，心术正名节好，玩弄文墨危害政治的人很少。吏之所以任用有才能有学问的人，因为明白事理然后才可以委任其事，有见识然后才可以有所作为。现在的胥吏，不一定不是没有读过四书五经的人，而是读书时原本是为了科举考试。他们学习四书五经仅仅是靠嘴巴耳朵，完全没有用之于心。一旦放下科举，进入公门，便认为经书没有什么用处。他们心中所想和亲身所为，即使明显违背经书的教训，也不管。这样的人心术怎么能不坏？顾先生的这番议论，推崇学术，对胥吏寄予厚望，两者都有。

第五篇　激励保障

导 语

“有功见知，臣下所悦”，人才的行为源于内心的需要和外部的激励。相应的激励，可以创造良好氛围，使人才更加努力工作，争取更大建树。古人认为要做到“劳大者其禄厚，功多者其爵尊，能治众者其官大”。实现“国家以爵禄尊之，以语言使之，精神横出，材气得伸，锐于有为，然后得为我用”的目的。

一是人才激励。人才激励有多种形式，最为常见的就是奖赏和惩罚。古人对奖赏和惩罚十分重视，认为赏罚是区分善恶、选举英才、教化百姓的重要手段。因此，“无德不贵，无能不官，无功不赏，无罪不罚”成为激励的重要原则。古代强调，激励要做到“赏不逾时”、“罚不迁列”，使赏罚有度，使百姓“速得为善之利”、“速睹为不善之害”，使“天下布衣各厉志竭精以赴阙廷”，从而达到人才必能尽其智能，国家也必将得到源源不断的人才的目的。

二是人才保障。保障是人才得以生存延续的基础，对人才要给予其必要的保障，包括衣食住行、精神激励和情感归宿等多种方面。“不素养士而欲求贤，譬犹不琢玉而求文采也”。首先，必须给人才提供最基本的生存保障，才能使人才安定而不流失。其次，要给予人才必要的尊重，古之圣明的君王对人才都非常礼遇，遇有人才登门，必“趋而迎之于门”；为了挽留人才，而“赐之尊爵厚禄”。最后，要对人才充分地信任，“委任而责成功”，不可“用而不任”，更不可“任而不信”“信而复使小人参之”。

赵衰三让荐贤才

文公问元帅于赵衰[(1)]，对曰："郤縠可[(2)]，行年五十矣，守学弥惇。夫先王之法志，德义之府也。夫德义，生民之本也。能惇笃者，不忘百姓也。请使郤縠。"公从之。公使赵衰为卿，辞曰："栾枝贞慎，先轸有谋，胥臣多闻，皆可以为辅佐，臣弗若也。"乃使栾枝将下军，先轸佐之。取五鹿，先轸之谋也。郤縠卒，使先轸代之。胥臣佐下军。公使原季为卿[(3)]，辞曰："夫三德者，偃之出也。以德纪民，其章大矣，不可废也。"使狐偃为卿，辞曰："毛之智，贤于臣，其齿又长。毛也不在位，不敢闻命。"乃使狐毛将上军，狐偃佐之。狐毛卒，使赵衰代之，辞曰："城濮之役[(4)]，先且居之佐军也善[(5)]，军伐有赏，善君有赏，能其官有赏。且居有三赏，不可废也。且臣之伦，箕郑、胥婴、先都在。"乃使先且居将上军。公曰："赵衰三让。其所让，皆社稷之卫也。废让，是废德也。"以赵衰之故，蒐[(6)]于清原，作五军。使赵衰将新上军，箕郑佐之；胥婴将新下军，先都佐之。子犯卒，蒲城伯请佐，公曰："夫赵衰三让不失义。让，推贤也。义，广德也。德广贤至，又何患矣。请令衰也从子。"乃使赵衰佐新上军。

先秦·《国语·晋语四》

【注释】

(1) 赵衰：晋国大夫，后世赵国的始祖。(2) 郤縠：晋国大夫。(3) 原季：指赵衰，赵衰曾为原地的大夫，故有此称。(4) 城濮之役：公元前633年，晋文公为救被楚成王围攻的宋国，发兵伐楚，结果大败楚国，此次战役后，晋国成为中原的霸主。(5) 先且居：上文提到的先轸之子。(6) 蒐：检阅军队。

【译文】

晋文公问赵衰谁可以做元帅，赵衰回答说："郤縠可以。他虽然已经五十多岁了，但仍坚持学习，为的是使自己的修养更加深厚。记述前代贤王言行的经典著作，是道德、义理的宝库。道德和义理，又是教养人民的根本。能够持之以恒学习并崇尚道德义理的人，是不会忘记老百姓的。请您任命郤縠为元帅吧。”晋文公听从了赵衰的话。晋文公让赵衰当正卿，赵衰推辞说：“栾枝忠贞谨慎，先轸足智多谋，胥臣见闻博广，都可以辅佐您，我不如他们。”晋文公于是让栾枝统率下军，先轸给他当副手。攻取五鹿这个地方，就是先轸的计谋。郤縠病死后，晋文公让先轸代替他当了元帅，胥臣接替先轸辅佐栾枝统率下军。晋文公又让赵衰出任正卿，赵衰又推辞说：“您办的几件大事，都是狐偃辅佐您。他辅佐您用德行来治理天下，功劳很大，不可不用他。”于是晋文公提出让狐偃为正卿。狐偃推辞道：“狐毛的智谋比我强，年纪又比我大，狐毛如果不是正卿，我怎敢就任。”于是晋文公命令狐毛统率上军，狐偃做他的副手。狐毛去世后，晋文公又提出让赵衰接任他统领上军，赵衰又推辞说：“在城濮大战中，先且居功劳不小，立功的人应当奖赏，用道义辅助君主取得成效的人应当奖赏，能胜任其职不犯错误的人应当奖赏。先且居从这三方面来说，都应该受到奖赏，您应该重用他才对。况且才能跟我差不多的还有箕郑、胥婴、先都他们呢。”于是，晋文公让先且居统率上军。晋文公说：“赵衰三次举荐。他所举荐的，都是国家的栋梁之才。不重视谦让，便是不重视人品美德。”因为赵衰一再谦让的缘故，晋文公在清原大规模地检阅军队，建立了五个军。为表彰赵衰，晋文公让赵衰担任新增的上军统帅，箕郑做他的副手；胥婴为新下军的统帅，先都做他的副手。子犯死后，蒲成伯先且居请求把自己降为副帅，晋文公说：“赵衰的三次谦让都做得合乎情理，谦让为的是举荐贤才。礼义为的是推广德行。只有德行普遍推广开来，贤才才会到来，国家有这样的贤才还怕什么呢？我想让赵衰辅佐您。”于是任命赵衰为上军副帅。

能者不蔽隐　不能者不当其职

范子[1]因王稽入秦，献书昭王曰："臣闻明主莅正，有功不得不赏，有能者不得不官；劳大者其禄厚，功多者其爵尊，能治众者其官大。故不能者不敢当其职焉，能者亦不得蔽隐。使以臣之言为可，则行而益利其道；若将弗行，则久留臣无为也。语曰：'人主赏所爱，而罚所恶。明主则不然，赏必加于有功，刑必断于有罪。'今臣之胸不足以当椹质[2]，要不足以待斧钺，岂敢以疑事尝试于王乎？虽以臣为贱而轻辱臣，独不重任臣者，后无反复于王前耶？

臣闻周有砥厄，宋有结禄，梁有悬黎，楚有和璞[3]。此四宝者，工之所失也，而为天下名器。然则圣王之所弃者，独不足以厚国家乎？臣闻善厚家者，取之于国；善厚国者，取之于诸侯。天下有明主，则诸侯不得擅厚矣。是何故也？为其凋荣[4]也。良医知病人之死生，圣主明于成败之事，利则行之，害则舍之，疑则少尝之，虽尧、舜、禹、汤复生，弗能改已！语之至者，臣不敢载之于书；其浅者又不足听也。意者，臣愚而不阖于王心耶！抑其言臣者，将贱而不足听耶！非若是也，则臣之志，愿少赐游观之间[5]，望见足下而入之。"

书上，秦王说之，因谢王稽，使人持车召之。

先秦·《战国策·秦策三·范子因王稽入秦》

【注释】

（1）范子：即范睢，魏人，后入秦拜相，主张远交近攻，歼灭敌国主力，封应侯。（2）椹：古代用来做斩首的铁板。质：同"锧"，铁枕。（3）砥厄、结禄、悬黎、和璞：四种美玉名。（4）凋荣：指诸侯国损害天下的繁荣。（5）游观之间：游览的空暇时间。

【译文】

范睢因王稽出使国而被引进到秦国，并上书秦昭王说："臣听说明君主政，有战功的必然得到奖赏，有能力的一定授予官职；功劳大的俸禄多，战功多的爵位高，能治理民众的官位高。所以没有才能的不会让他任职，有能力的不会被埋没。假如大王认为臣说得在理，就请大王依此推行之，臣自信能有益于治道；如果明知其利而不行其道，那臣即使久留于秦也枉然。谚语道：‘一般的君王行功论赏，总以好恶而施。而英明的君主却不是这样，总是赏有功而罚有罪。’现在，我的胸膛挡不住杀人用的垫板，我的腰板抵不住利斧，我怎敢拿毫无把握的计策上献给大王呢？臣虽鄙贱不足以闻，大王又难道会认为举荐臣的人（指王稽）胆敢欺诈大王吗？

臣听说周之砥厄、宋之结禄、魏之悬黎、楚之和璞，都是为璞所遮的美玉，最初玉工都不能辨别，历经波折最终成为天下名器。既然这样，那么圣王所遗弃的人难道就不能使国家富强吗？臣听说善于治家的，在国内招致人才；善于治国的，更到诸侯国中寻觅良臣。正因为天下有明君贤主，各诸侯国才不可能（独占利益了）。究其原因，在于（诸侯要损害天下的繁荣。不能识才，而任人才流动）正如良医能预测生死一样，明主能够洞察事情的成败，有利则实行，有害则舍弃，疑惑不定则尝试而为之，即使是尧、舜、禹、汤等圣主再生也无法改变的通则。（最深切）的言语，臣不敢写在这里；而一些肤浅的话语又不值一说。臣内心惴惴不安，也许是臣的愚昧无知，使言语不符合大王心意！还是由于推荐臣的人出身卑贱，大王认定他们的话不足相信？如果不是这些原因，那么我的意思是，希望大王能稍微腾出一点游览观赏的余暇，我将当面进言。”

这封自荐的奏书献上后，秦王十分高兴，由此向王稽表示了荐举贤才的谢意，再派车马去召请他。

尚贤任事　以劳殿赏　量功分禄

曰："然则众贤之术将奈何哉?"子墨子言曰："譬若欲众其国之善射御之士者，必将富之、贵之、敬之、誉之，然后国之善射御之士，将可得而众也。况又有贤良之士，厚乎德行，辩乎言谈，博乎道术者乎！此固国家之珍而社稷之佐也，亦必且富之、贵之、敬之、誉之，然后国之良士，亦将可得而众也。"……

故古者圣王之为政，列德而尚贤。虽在农与工肆之人，有能则举之。高予之爵，重予之禄，任之以事，断予之令。曰：爵位不高，则民弗敬；蓄禄不厚，则民不信；政令不断，则民不畏。举三者授之贤者，非为贤赐也，欲其事之成。故当是时，以德就列，以官服事，以劳殿赏，量功而分禄。故官无常贵而民无终贱。有能则举之，无能则下之。举公义，辟私怨，此若言之谓也。

先秦·《墨子·尚贤上》

【译文】

有人问："用什么办法才能使贤能之士增多呢?"子墨子说："就如同想使国家善于射箭和驾车的人增多一样，一定要让他们富贵并受到敬重和称颂。这样熟练的射手和驭手，才可能得到并增多。况且对那些有高尚道德、善于辞令、通晓治国方略的贤能之士更应该如此！这些人都是国家的宝贵财富和江山的辅佐之士，只有使他们富贵并受到敬重、美誉，国家的贤能之士才能逐渐增多。"……

所以古代圣王为政，任德尊贤。即使是从事农业、手工业、商业的人，只要有才能就选拔出来。并且一定给予高官厚禄，交给他们工作任务和权力。并说道：因为官位不高，老百姓就不尊敬；俸禄不厚，老百姓就不信任；行使权力不果决，老百姓就不畏惧。把这三样东西交给贤人，并不是为了赏赐贤人，而是希望他们把事情办好。所以这样的环境根据德行任官，按官职授权，按功劳的大小奖赏和分配俸禄。因此，官不可能永远富贵，平民也不可能永远低贱。有才能的就举用，没才能的就降职罢免。出于公心义举，不计个人恩怨，这就是上面所说的意思。

量才而任之

自贵且智者为政乎愚且贱者，则治；自愚且贱者为政乎贵且智者，则乱。是以知尚贤之为政本也。故古者圣王，甚尊尚贤，而任使能。不党父兄，不偏贵富，不嬖[1]颜色。贤者举而上之，富而贵之，以为官长。不肖者抑而废之，贫而贱之，以为徒役。是以民皆劝其赏，畏其罚，相率而为贤者，以贤者众，而不肖者寡，此谓进贤。然后圣人听其言，迹其行，察其所能而慎予官，此谓事能。故可使治国者使治国，可使长官者使长官，可使治邑者使治邑。凡所使治国家、官府、邑里，此皆国之贤者也。

先秦·《墨子·尚贤中》

【注释】

(1) 嬖（bì）：喜爱。

【译文】

由高贵而聪明的人去治理愚蠢而低贱的人，那么，国家便能治理好；由愚蠢而低贱的人去治理高贵而聪明的人，那么，国家就会混乱。因此，崇尚有德有才的贤人是为政的根本。所以古代圣明的君王就非常尊重品德高尚的人，同时任用有才能的人。就是自己的父辈、兄长，德寡才低也不任用，高贵和富有的人有了过失也不偏护，对自己亲爱的人也同样不予偏爱。把那些品德高尚的人提拔起来，赋予他们权力，使他们富有而得到尊重，让他掌管事务。对那些没有德才的人，则要降职或免职，使他们贫穷而下贱，让他们去做奴役。这样一来，百姓就会因为赏赐而劝勉，害怕惩罚，竞相争当贤能之人，因此品德高尚的人就会越来越多，无德之人就会越来越少，这就叫做进贤。

然后君王听其言、观其行，看他有什么特长，谨慎地授予他相应的官职，这就叫做量才授职。所以，根据他的品德与才能够治理国家，就让其去治理国家；可以管理官吏，就让其去管理官吏；能治理一县，就让其去做县令。这样，治国、治官府、治县的官吏，都将是有德有才的贤人。

治国的三个关键

君之所审者三：一曰德不当其位，二曰功不当其禄，三曰能不当其官。此三本者，治乱之原也。故国有德义未明于朝者，则不可加于尊位；功力未见于国者，则不可授以重禄；临事不信于民者，则不可使任大官。故德厚而位卑者谓之过，德薄而位尊者谓之失。宁过于君子，而毋失于小人。过于君子，其为怨浅；失于小人，其为祸深。是故国有德义未明于朝而处尊位者，则良臣不进；有功力未见于国而有重禄者，则劳臣不劝；有临事不信于民而任大官者，则材臣不用。三本者审，则下不敢求。三本者不审，则邪臣上通，而便辟制威[(1)]。如此则明塞于上，而治壅[(2)]于下，正道捐弃，而邪事日长。三本者审，则便辟无威于国，道涂无行禽，疏远无蔽狱，孤寡无隐治。故曰刑省治寡，朝不合众。

先秦·《管子·立政》

【注释】

(1) 便辟：指君主左右受宠幸的小臣。(2) 壅：障蔽、遮盖。

【译文】

君主需要慎重审查的问题有三个：一是臣子的品德与他的地位不相称，二是臣子的功劳与他的俸禄不相称，三是臣子的能力与他的官职不相称。这三个根本问题，是国家治乱的根源。所以，在一个国家里，对于德义未能称著于朝廷的人，不能授予尊高的爵位；功业没有彰显于全国的人，不能给予优厚的俸禄；主持政事不能取信于民的人，不能让他做大官。因此，德行深厚而授爵低微，叫做“有过”；德行浅薄而授爵尊高，叫做“有失”。宁可对君子有过，不可对小人有失。因为对君子有过，造成的怨恨浅；对小人有失，带来的祸乱深远。所以，在一个国家里，如果有德义不称著于朝廷而身居高位的人，贤良的大臣就不能得到任用；有功业没有彰显于全国而身受重禄的人，有功劳的大臣就得不到激励；有主持政事并未取信于民而做了大官的人，有才能的大臣就不会出力。只要把这三个根本问题审查清楚了，臣下就不敢妄求官禄了。如果对这三个根本问题不加审查，奸臣就会与君主接近，君主左右那些受宠的近臣就会专权。这样，在上面，君主的耳目会闭塞；在下面，君主的政令不畅通；正道被抛弃，坏事就一天天多起来。若审查好这三个根本问题，君主左右那些受宠的近臣就不会专权，道路上就看不到在押的犯人，与官方疏远的人们也不会蒙受冤狱之害，孤寡无亲的人们，也没有不白之冤。这就叫做刑罚减少，政务精简，连朝廷都无须召集群臣议事了。

赏罚为君之权柄

古者未有君臣上下之别，未有夫妇妃匹之合，兽处群居，以力相征。于是智者诈愚，强者凌弱，老幼孤独不得其所。故智者假众力以禁强虐，而暴人止。为民兴利除害，正民之德，而民师之。是故道术德行，出于贤人，其从义理兆形于民心，则民反道矣(1)。名物处，韪非分(2)，则赏罚行矣。上下设，民生体，而国都立矣。是故国之所以为国者，民体以为国；君之所以为君者，赏罚以为君。

致赏则匮，致罚则虐。财匮而令虐，所以失其民也。是故明君审居处之教，而民可使居治、战胜、守固者也。夫赏重，则上不给也；罚虐，则下不信也。是故明君饰食饮吊伤之礼，而物属之者也。是故厉之以八政，旌之以衣服，富之以国廪，贵之以王禁，则民亲君可用也。民用，则天下可致也。天下道其道则至，不道其道则不至也。夫水波而上，尽其摇而复下，其势固然者也。故德之以怀也，威之以畏也，则天下归之矣。有道之国，发号出令，而夫妇尽归亲于上矣；布法出宪，而贤人列士尽归功能于上矣。千里之内，束布之罚，一亩之赋，尽可知也。治斧钺者不敢让刑(3)；治轩冕者不敢让赏，隤然若一父之子(4)，若一家之实，义理明也。

先秦·《管子·君臣下》

【注释】

(1) 反：通“返”，归于。(2) 韪（wěi）：是，对。(3) 让：通“攘”，窃取、夺取。(4) 隤（tuí 颓）：倒下、崩溃。

【译文】

远古时代没有君臣上下的差别，没有夫妇婚姻的组合，人们像野兽那样过着群居的生活，凭靠各自的体力相互争胜。于是乎智者欺诈愚者，强者凌辱弱者，老幼孤独的人都受不到保护。为此，有些圣智的人站了出来，凭借大众的力量去惩讨禁止暴虐的人，暴者就被制止了，圣智的人为万民除弊兴利，端正万民的德性，人们爱戴他，尊他为导师。所以道术德性原本是出自圣贤的人，又在万民心目中凝成做人的义理，人们心中有了归宿，循着做法，从而就归于正道了。名与物辨别明晰，是与非分析清楚，就可以依此去施赏行罚了。上下尊卑设置妥当，万民生活有了保障，可构成一个国家的宏大体系，这样，作为国家的枢纽——国都才得以确立起来。所以说国家之所以成为一个国家，是以万民为本体才构成国家；国君之所以成为国君，是因为手握赏罚的大柄才成为国君。

然而，行赏太过会导致国家匮乏，行罚太过会导致暴虐。财货匮乏和法令暴虐，因此会失去民心。所以，贤明的君主还得留心万民生活的教化，万民经过教化，德性淳厚，战时攻无不克，守卫也会牢不可破。重赏过头，上边财富不得供给；重罚过头，下边反而不会心悦诚服。所以贤明的君主还得修整饮宴吊伤的礼仪，让不同的人和事得到他们所应得的礼遇。君主用八种官位勉励人，规定不同格式的服饰以旌表，国家以府库财物使人富裕，朝廷出敕令使人贵荣，人们受到这些奖赏和鼓励，就会亲近君主，为君主效用。万民都能为君主所用，国家就得以治理了。天下以正道取之，便可据有，不以正道取之则不可得。河湖水面的波浪，扬到巅峰后就会落下来，客观规律原来就是这样的。所以，用德行使人感化，用威严使人畏惧，则天下的人便都来归附。在有道的国度里，发号施令，万民都会积极响应，亲附君上；颁布宪法，贤人勇士心悦诚服，尽力事君。千里之内，一束布帛的处罚，一亩地的赐赏，全都可以得到了解。在这种政治环境里，主管刑法的人不敢擅揽刑权，主管加禄晋爵的人不敢独操赏赐大权，人民顺从得像是一个父亲的儿子，一个家庭的财富，这是由于义理分明的缘故。

明主任官必令守职

明主者，使下尽力而守法分，故群臣务尊主而不敢顾其家；臣主之分明，上下之位审，故大臣各处其位而不敢相贵。乱主则不然，法制废而不行，故群臣得务益其家；君臣无分，上下无别，故群臣得务相贵。如此者，非朝臣少也，众不为用也。故《明法》曰[1]：“国无人者，非朝臣衰也。家与家务相益，不务尊君也；大臣务相贵，而不任国也。”

人主之张官置吏也，非徒尊其身厚奉之而已也，使之奉主之法，行主之令，以治百姓而诛盗贼也。是故其所任官者大，则爵尊而禄厚；其所任官者小，则爵卑而禄薄。爵禄者，人主之所以使吏治官也。乱主之治也，处尊位，受厚禄，养所与佼[2]，而不以官为务。如此者，则官失其能矣。故《明法》曰：“小臣持禄养佼，不以官为事，故官失职。”

先秦·《管子·明法解》

【注释】

(1)《明法》：为《管子》中的一篇，论述修明法度，以法治国的道理。《明法解》是《管子》中的另一篇，为对《明法》篇的解释。(2) 佼：通“交”。

【译文】

贤明的君主，设法使臣下尽力履行职责，遵守法度，因此群臣也就竭诚尽力，尊崇君主，不敢顾念自家私事；君臣名分明晰，上下位置分明，所以大臣们就各就各位，各司其职，不敢相互吹捧标榜。昏庸的君主就不是这样，法度废弛，所以群臣刻意营造其家私；君臣名分不清，上下尊卑无别，群臣相互抬举，朋比为奸。造成这种情形，不是人才少了，而是众多臣子不被君主使用。因此，《明法》中有这样的话：“国家没有辅佐良才，并不是朝臣衰减；而是官吏们勾结起来，谋求私利，不尽心尊崇君主；大臣们相互吹捧，结党营私，不尽心于国事。”

君主设置官吏，不仅仅只是为了尊重他们，给他们加厚俸禄而已，更重要的是让他们奉行君主的法度，执行君主的政令，治理百姓，诛杀盗贼。因此谁任的官职大，责任重，其爵位就尊贵些，俸禄就优厚些；谁任的官职小，责任轻，其爵位就相对卑下些，俸禄就相对菲薄些。爵位俸禄，是君主用来任用管理和治理官吏的手段。昏庸君主治下的群臣，身处尊贵的爵位，接受丰厚的俸禄，私置党羽，却不致力于官吏所应尽的职责，这样，官吏就失掉了其辅君治国的功能。所以，《明法》上有这样的话：“心术不正的臣属拿着君主的俸禄却私蓄党羽，不以居官奉职为本，如此，则官员渎职。”

强国三本

臣闻古之明君，错法而民无邪，举事而材自练，赏行而兵强。此三者，治之本也。夫错法而民无邪者，法明而民利之也。举事而材自练者，功分明。功分明，则民尽力，民尽力，则材自练。行赏而兵强者，爵禄之谓也。禄爵者，兵之实也。是故人君之出爵禄也，道明。道明，则国日强；道幽，则国日削。故爵禄之所道，存亡之机也。夫削国亡主，非无爵禄也，其所道过也。三王五霸，其所道不过爵禄，而功相万者，其所道明也。是以明君之使其臣也，用必出于其劳，赏必加于其功。功赏明，则民竞于功。为国而能使其民尽力以竞于功，则兵必强矣。

先秦·《商君书·错法》

【译文】

我听说古代圣明的君主建立法度，百姓就会守法而不做邪恶之事；发动民力兴办事业，天下的人才就会得到培养和锻炼；赏罚分明，军队就会强大而有战斗力。这三条，是治理国家的根本啊。所谓建立法度以法治国，百姓就会奉公守法不会做坏事，是因为法律严明，百姓能从法治中得到好处。所谓兴办事业就会培养出天下干练的人才，是说圣明的君主对天下人才按功过大小赏罚分明，功绩分明而又论功行赏，人们就会尽心尽力于国家的事业，人们尽心尽力于国家的事业，天下的人才自然就会得到锻炼。所谓推行赏罚制度，军队就会强大有战斗力，事实上说的是爵位和俸禄制度。俸禄和爵位，是治理军队的根本。君主按功授爵施禄是治理国家的方法。授予爵位和俸禄明确得当，国家就会强大起来；假如这些方法不得当，国家就会日益衰弱下去。所以对于授予爵位和俸禄，制定一个什么样的规则，实在是国家生存和灭亡的关键。那些国土一天天削减、君主渐渐败亡的事例，不是没有爵位和俸禄，而是遵行的方法错了。古时候的三皇五霸所遵行的制度也不过是授予爵位和俸禄给有功劳的人。但是，他们建立的事功都大得惊人，其原因就在于，所遵行的授予爵位和俸禄的规则是明确和合理的。所以，圣明的君主使用他的大臣，提拔和任用一定要根据功劳，奖赏和鼓励一定要根据功绩。假如君主对人们的功过是非赏罚分明，那么，人民就会争着建功立业。君主治理国家，若是能够使他的人民尽心尽力地去争着建功立业，那么，国家军队就一定会强大起来了。

君子受官辞官三原则

陈子曰："古之君子何如则仕?"孟子曰："所就三，所去三。迎之致敬以有礼，言，将行其言也，则就之。礼貌未衰[1]，言弗行也，则去之。其次，虽未行其言也，迎之致敬以有礼，则就之。礼貌衰，则去之。其下，朝不食，夕不食，饥饿不能出门户，君闻之，曰：'吾大者不能行其道，又不能从其言也，使饥饿于我土地，吾耻之。'周之，亦可授也，免死而已矣。"

先秦·《孟子·告子下》

【注释】

(1) 衰：减少、削弱。

【译文】

孟子的弟子陈臻问："古代的君子在什么情况下才做官?"答说："做官的情况有三种，辞官的情况也有三种。君王恭敬有礼节地迎接，说将要实行他的主张，就接受官职；礼节上虽没减少，但没有实行他的主张，就辞官而去。其次是：君王虽然没有实行他的主张，但恭敬有礼地迎接，便接受官职；礼节上减少了，就辞官。最下等的是：早上没有饭吃，晚上没有饭吃，饿得不能出家门，君王听到了说：'我从大处讲不能实行他的主张，又不能听从他的话，但让他在我的国土上挨饿，我感到惭愧啊。'于是就接济他，这样也可以授给小官，不过是免予饿死罢了。"

要任人唯贤 不能任人唯亲

人主欲得善射，射远中微者，县贵爵重赏以招致之。内不可以阿子弟，外不可以隐远人，能中是者取之，是岂不必得之之道也哉！虽圣人不能易也。欲得善驭，及速致远者，一日而千里，县贵爵重赏以招致之。内不可以阿子弟，外不可以隐远人，能致是者取之，是岂不必得之之道也哉！虽圣人不能易也。

……

夫文王非无贵戚也，非无子弟也，非无便嬖(1)也，倜然乃举太公于州人而用之，岂私之也哉！以为亲邪？则周姬姓也，而彼姜姓也。以为故耶？则未尝相识也。以为好丽耶？则夫人行年七十有二，齳然而齿堕矣。然而用之者，夫文王欲立贵道，欲白贵名，以惠天下，而不可以独也，非于是子莫足以举之，故举是子而用之。于是乎贵道果立，贵名果明，兼制天下，立七十一国，姬姓独居五十三人，周之子孙，苟不狂惑者，莫不为天下之显诸侯，如是者能爱人也。故举天下之大道，立天下之大功，然后隐其所怜所爱，其下犹足以为天下之显诸侯。故曰：唯明主为能爱其所爱，暗主则必危其所爱。此之谓也。

先秦·《荀子·君道》

【注释】

(1) 嬖（bì）：宠幸。

【译文】

君主想要得到善于射箭而且射得又远又准的人，就要用高官厚禄来招引；对内不偏向自己的子弟，对外不埋没关系疏远的人，能达到这一标准的选用，这难道不是必然得到善于射箭者的方法吗！这即使是圣人也不能改变的准则。君主想要得到善于驾驭车马、奔跑迅速又能到达远方目的地的人，一天能行千里，也要用高官厚禄来招引；对内不能偏向自己的子弟，对外不能埋没关系疏远的人，能达到这一标准的选用，这难道不是必然得到善于驾驭者的方法吗！这即使是圣人也不能改变的准则。

……

文王并不是没有高贵的亲戚，并不是没有子弟，也不是没有宠爱亲信之人，但他却在别处选拔任用姜太公，这难道是对他有偏心！因为他们是亲戚吗？那么周文王姓姬，姜太公姓姜。因为他们是老交情吗？可是他们却从不相识。是文王爱他漂亮吗？可太公当时已经七十二岁了，老得连牙齿都掉了。然而文王之所以任用他，是因为文王想建立良好的政治秩序，想显扬美好的名声，使天下百姓都受到恩惠，而要做到这些不能只靠独往独来，除了姜太公，别人都不足以选用，所以选拔姜太公给予重用。于是良好的政治秩序果然建立起来了，美好的名声果然显扬，文王统一了天下，建立起七十一个诸侯国，其中姬姓独占了五十三国，周室的子孙如果不是痴狂愚笨的人，没有不成为天下显贵诸侯的，这样做才是真正地爱其所爱。所以先实行治理天下的大道，建立拥有天下的大功，然后再偏隐忍自己的所怜所爱，他的下面的人还能够做显贵的诸侯。所以说：“只有明智的君主才能真正爱他所爱的人，昏庸的君主则一定使他所爱的人陷于危险。”说的就是这个道理。

用人要有原则

王者之论[1]，无德不贵，无能不官，无功不赏，无罪不罚。朝无幸位[2]，民无幸生。尚贤使能，而等位不遗；析愿禁悍[3]，而刑罚不过。百姓晓然皆知，夫为善于家而取赏于朝也，为不善于幽而蒙刑于显也[4]。夫是之谓定论，是王者之论也。

先秦·《荀子·王制》

【注释】

(1) 论：通“伦”，等级类别。(2) 幸位：侥幸得到的职位。(3) 析：疑为“折”。折愿：制裁狡诈的人。愿，狡诈之意。(4) 幽：暗中。

【译文】

称王之人的用人原则是：没有道德的人，不能给予尊贵的地位；没有才能的人，不能给予官位；没有功劳的人，不能给予赏赐；没有罪过的人，不能给予责罚。朝廷中没有侥幸得到的职位，百姓中没有侥幸生存的人。崇尚能人，所给的等级地位没有差错；制裁狡诈、凶暴的人，用刑处罚十分恰当。老百姓都十分清楚地懂得，在家里做好事也会在朝廷得到奖赏；在暗中做坏事也会在光天化日之下受到惩罚。这就是确定了用人的原则，这就是称王之人的用人原则。

士为知己者尽力竭智

天下轻于身，而士以身为人。以身为人者，如此其重也，而人不知，以奚道相得？贤主必自知士，故士尽力竭智，直言交争，而不辞其患，豫让、公孙弘是矣。当是时也，智伯、孟尝君知之矣。世之人主，得地百里则喜，四境皆贺；得士则不喜，不知相贺，不通乎轻重也。

汤、武，千乘也，而士皆归之。桀、纣，天子也，而士皆去之。孔、墨，布衣也；万乘之主，千乘之君，不能与之争士也。自此观之，尊贵富大不足以来士矣，必自知之然后可。

豫让之友谓豫让曰："子之行何其惑也？子尝事范氏、中行氏，诸侯尽灭之，而子不为报，至于智氏，而子必为之报，何故？"豫让曰："我将告子其故。范氏、中行氏，我寒而不我衣，我饥而不我食，而时使我与千人共其养，是众人畜[(1)]我也。夫众人畜我者，我亦众人事之。至于智氏则不然，出则乘我以车，入则足我以养，众人广朝，而必加礼于吾所，是国士畜我也。夫国士畜我者，我亦国士事之。"豫让，国士也，而犹以人之于己也为念，又况于中人乎？

秦·吕不韦《吕氏春秋·季冬纪·不侵》

【注释】

(1) 畜（xù）：养育。

【译文】

把天下看得比生命轻贱，而士能为人献出生命。能为人献出生命，如此看重的事，人们却不了解，又怎能与士相处得融洽呢？贤明的君主，一定要亲自了解士，那么士人才会竭尽自己的能力和智慧，直言相劝，而不回避因此而可能引出的灾祸。豫让、公孙弘就是这样的人。在他们那个时代，智伯、孟尝君很了解信任他们。而现在的君主，获得了百里土地就高兴，四方邻国也都前来祝贺，然而，获得了士人却不高兴，四邻也不相互道贺，这就是不知道哪个轻哪个重啊。

汤、武，不过是诸侯国君，而士人都归附他们。桀、纣，贵为天子，而士人却离开他们。孔子、墨子，都是平民之士，可是拥有万辆兵车或千辆兵车的君王，都无力和他们争夺士人。由此看来，尊贵富有显位不足以使士人归附，一定要先了解、信任士人，士人然后才会归附。

豫让的朋友对他说："您的行为为什么这样糊涂呢？您曾侍奉范氏、中行氏，他们灭亡了，您不为他们报仇；至于智氏灭亡后，您却一定为他报仇，这是什么原因呢？"豫让说："让我告诉您其中的缘故。范氏、中行氏，我寒冷他们不给我足以御寒的衣服穿，我饥饿他们不给我足以果腹的饭吃，总是给我和大家一样的待遇，是把我当成一般人来养活。按一般人来养活，我也就和大家一样来侍奉他。然而智氏却不这样，出门就给我车用，入门就给我足够的供养，大庭广众之中，一定要向我的住所表示礼节，是以国士的规格来对待我。他按国士规格供养我，我也要以国士的标准来回报他。"豫让是国士，还根据人家对自己的态度而考虑，更何况是中等之人呢！

要善于运用奖赏

昔晋文公将与楚人战于城濮[1]，召咎犯而问曰[2]："楚众我寡，奈何而可?"咎犯对曰："臣闻繁礼之君，不足于文[3]；繁战之君，不足于诈。君亦诈之而已。"文公以咎犯言告雍季[4]，雍季曰："竭泽而渔，岂不获得？而明年无鱼。焚薮而田[5]，岂不获得？而明年无兽。诈伪之道，虽今偷可，后将无复，非长术也。"文公用咎犯之言，而败楚人于城濮。反而为赏，雍季在上。左右谏曰："城濮之功，咎犯之谋也。君用其言而赏后其身，或者不可乎!"文公曰："雍季之言，百世之利也。咎犯之言，一时之务也。焉有以一时之务先百世之利者乎？孔子闻之曰："临难用诈，足以却敌。反而尊贤，足以报德。文公虽不终始，足以霸矣。"赏重则民移之[6]，民移之则成焉。成乎诈，其成毁[7]，其胜败。天下胜者众矣，而霸者乃五，文公处其一，知胜之所成也。

秦·吕不韦《吕氏春秋·义赏》

【注释】

(1) 城濮：春秋卫国地名，在今山东省范县西南一带。(2) 咎犯：字子犯，晋文公重耳的舅父。(3) 足：厌。文：文采。(4) 雍季：人名，晋文公的大臣。(5) 薮：湖泽，指水少而草木丰茂的沼泽。(6) 移：改变。(7) 其成毁：他的成功也要毁掉。

【译文】

当年，晋文公将要和楚国的军队在城濮打仗，召来咎犯问他说："楚国士兵多而我国士兵少，怎么办呢?"咎犯回答说："我听说礼仪烦琐的君主，不厌文采；频繁打仗的国君，不厌欺诈。您也用欺诈吧。"文公把咎犯的话告诉给了雍季，雍季说："把湖水放干了来捕鱼，哪能捕不到鱼呢？可是明年就没有鱼了。焚烧水少而草木茂盛的沼泽来打猎，怎么会猎捕不到野兽呢？可是明年就没有野兽了。欺诈伪善的办法，即使现在苟且可用，以后就再也不能用了，这不是长久的谋略啊。"文公采用咎犯的计谋，在城濮打败了楚国。归来后行赏，雍季功劳第一。左右大臣都劝谏说："城濮之战的功劳，是咎犯的计谋。您采用了他的计谋却把他放在行赏的后边，恐怕不应该吧！”文公说：“雍季的话，是百世有利。咎犯的计谋，是一时有用处，哪能把一时的用处放在百世的利益之前呢！”孔子听说后道：“面对危难使用巧诈，完全可以抗拒敌人。回国后尊崇贤者，足以报答恩德。文公即使不能自始至终以德行来要求自己，也足以称霸了。”赏重就可以改变人的本性，人的本性改变了就可以成功。因欺诈而成功，它的成功也会被毁掉，它的成功最后还得失败。天下取胜的事例很多，而称霸的只有五个人，文公是其中之一，这就是因为他知道取胜的道理。

以全举人固难

以全举人固难，物之情也。人伤尧以不慈之名，舜以卑父之号，禹以贪位之意，汤、武以放弑之谋。五伯以侵夺之事。由此观之，物岂可全哉？故君子责人则以人，自责则以义。责人以人则易足，易足则得人；自责以义则难为非，难为非则行饰；故任天地而有余。不肖者则不然，责人则以义，自责则以人，责人以义则难瞻，难瞻则失亲；自责以人则易为，易为则行苟；故天下之大而不容也，身取危、国取亡焉，此桀、纣、幽、厉之行也。尺之木未必有节目，寸之玉必有瑕适。先王知物之不可全也，故择物而贵取一也。

季孙氏劫公家。孔子欲谕术则见外，于是受养而便说，鲁国以訾。孔子曰："龙食乎清而游乎清，螭[1]食乎清而游乎浊，鱼食乎浊而游乎浊。今丘上不及龙，下不若鱼，丘其螭耶？"夫欲立功者，岂得中绳哉？救溺者濡，追逃者趋。

秦·吕不韦《吕氏春秋·离俗览·举难》

【注释】

(1) 螭（chī 吃）：古代传说中一种没有角的龙。古建筑或器物、工艺品上常用它的形状作装饰。

【译文】

举荐人才要求完美无缺，自然会感到很困难，这是世之常情。有些人以对自己儿子不慈爱责备尧，以不孝顺自己父亲责备舜，以内心贪图帝位责备禹，以谋划放逐弑君责备汤和武王，以侵占、掠夺责备春秋时期的五霸。由此看来，世上怎会有完美无缺的人呢？所以君子都是用一般人的标准要求他人，用仁义的标准要求自己。用一般人的要求他人就容易满足，容易满足就能发现人才；用仁义的标准要求自己就不会做坏事，不做坏事就有良好的行为。所以君子负责天地间的大事，其才能都绰绰有余。不肖的人则不是这样，他们用仁义的标准要求他人，用一般人的标准要求自己。

用仁义的标准要求他人就不易满足，不易满足则连自己的亲朋也会失去；用一般人标准要求自己就容易做到，容易做到就会行为草率。所以天下虽大而没有容身之处，终将给自己带来危险，给国家招致灭亡，这就是夏桀、商纣、周幽王、周厉王的所为。一尺长的木料上未必会长有节结，一寸大的玉石上一定会有瑕点。古代的王者知道人不可能完美无缺，所以选择人才都是着重于一技之长。

季孙氏劫夺了王室大权。孔子认为有违纲常，想加以规劝，但这样一来就会遭疏远，于是接受了季孙氏的衣食供养以便进行劝说，鲁国有些人对此有非议。孔子说："龙在清水中觅食，在清水中游弋，螭在清水中觅食却在浊水中游弋，鱼在浊水中觅食又在浊水中游弋。我现在上比不上龙，向下又不为鱼，我看上去像螭了吧？"凡是想建功立业的人，怎能处处都合乎规矩呢？援救落水的人就会沾湿衣衫，追逐逃跑的人就得快步奔跑。

鲍叔举荐管仲

管子束缚在鲁。桓公欲相鲍叔。鲍叔曰："吾君欲霸王，则管夷吾在彼，臣弗若也。"桓公曰："夷吾，寡人之贼也，射我者也。不可。"鲍叔曰："夷吾为其君射人者也。君若得而臣之，则彼亦将为君射人。"桓公不听，强相鲍叔。固辞让而相(1)，桓公果听之。于是乎使人告鲁曰："管夷吾，寡人之雠也，愿得之而亲加手焉。"鲁君许诺(2)，乃使吏鞹其拳(3)，胶其目，盛之以鸱夷(4)，置之车中。至齐境，桓公使人以朝车迎之(5)，祓以爟火(6)，衅以牺猳焉(7)，生与之如国，命有司除庙筵几而荐之(8)，曰："自孤之闻夷吾之言也，目益明，耳益聪，孤弗敢专，敢以告于先君。"因顾而命管子曰："夷吾佐予。"管仲还走，再拜稽首，受令而出。管子治齐国，举事有功，桓公必先赏鲍叔，曰："使齐国得管子者，鲍叔也。"桓公可谓知行赏矣。凡行赏欲其本也，本则过无由生矣。

秦·《吕氏春秋·赞能》

【注释】

(1) 固：坚决。(2) 鲁君：指鲁庄公，公元前693—前662年在位。(3) 鞹：皮革，这里用做动词，用皮革套住。(4) 鸱夷：大皮口袋。(5) 朝车：重臣朝见君主所乘的车。(6) 祓：举行仪式以去灾祈福。爟火：祭祀时点的火炬。(7) 衅：血祭。牺猳：祭祀用的纯色的公猪。(8) 除：扫除。筵：竹席。几：设于座侧供凭倚的矮桌。

【译文】

管仲在鲁国被囚。齐桓公想让鲍叔做国相。鲍叔说："如果您想成就霸王之业，那么管夷吾在鲁国，我不如他。"桓公说："管夷吾是我的仇人，是用箭射过我的人，不行。"鲍叔说："管夷吾是为他的国君射杀人的人。如果您得到他，并任命他为大臣，那么他也会为您射杀人的。"桓公不听，坚持要用鲍叔为相。鲍叔力辞不就，最后桓公采纳了他的意见。于是派人到鲁国告诉鲁君说："管夷吾是我的仇人，希望能得到他，亲手把他杀死。"

鲁君答应了，就派官吏用皮革套住管仲的双手，用胶粘上他的双眼，用大皮口袋套住他，把他放在车中。到了齐国的境内，桓公派人用朝车来迎接管夷吾，点起火把拔除不祥，杀了公猪举行血祭，让他活着回到国都，命令主管官吏扫洒宗庙，设置筵几，把管夷吾进荐给祖先，说："自从我听了夷吾的言论，目光更加明亮，耳朵更加聪敏，我用他为相，但不敢擅自决定，冒昧地将此事告诉先君。"然后回头命令管夷吾说："管夷吾你要辅佐我。"管仲后退了几步，向桓公再拜叩头，接受命令而后出来了。管仲治理齐国，只要做事有功，桓公一定要先赏赐鲍叔，说："让齐国得到管仲的人，是鲍叔啊。"桓公可以说是懂得如何行赏了。凡是行赏，应该赏赐根本，赏赐了根本，那么过失就无从发生了。

因小过而弃大将

子思居卫，言苟变于卫君曰：“其材可将五百乘，君任军旅率，得此人则无敌于天下矣。”卫君曰：“吾知其材可将，然变也，尝为吏，赋于民而食人二鸡子，以故弗用也。”子思曰：“夫圣人之官人，犹大匠之用木也，取其所长，弃其所短，故杞梓[(1)]连抱而有数尺之朽，良工不弃，何也？知其所妨者细也，卒成不訾[(2)]之器。今君处战国之世，选爪牙之士，而以二卵弃干城之将，此不可使闻于邻国者也。”卫君再拜曰：“谨受教矣。”

秦·孔鲋《孔丛子·居卫》

【注释】

(1) 杞梓：两种美好的木材，比喻优秀的人才。(2) 訾（zī资）：衡量、计量。

【译文】

子思客居卫国时，向卫君举荐苟变说：“这个人的才能可统率五百辆军车作战，君王任命这样的人才统率军队，得到此人可以无敌于天下。”卫君说：“我知道苟变是一名将才，然而苟变在任小吏时，一次向百姓征税，吃了人家两个鸡蛋，所以没有用他。”子思说：“圣明的君主选任官吏，好比高明的木匠选用木材，取其所长，弃其所短，所以两人合抱粗的杞树梓木却有数尺腐烂之处，良工也不会弃而不用，这是为什么呢？因为知道无用的只是极小部分，而用它最终可以做成极有价值的器物。当今君王处在战国之世，作为一国之君在选用亲信的将领时，却仅仅因为其吃过人家两个鸡蛋就舍弃了可以御敌立功的将才，这样的事千万不可传到邻国。”卫君听后一再拜谢说：“我一定听从你的教诲。”

远贤近佞 天下倾覆

人君莫不知求贤以自助，近贤以自辅。然贤圣或隐于田里而不预国家之事者，乃观听之臣不明于下，则闭塞之讥[1]归于君。闭塞之讥归于君，则忠贤之士弃于野。忠贤之士弃于野，则佞[2]臣之党存于朝。佞臣之党存于朝，则下不忠于君。下不忠于君，则上不明于下。上不明于下，是故天下所以倾覆也。

西汉·陆贾《新语·资质》

【注释】

(1) 讥：指责。(2) 佞：虚伪。

【译文】

作为君主，没有不懂得应访求贤士帮助自己、亲近贤士来辅佐自己治理国家的道理的。然而有些贤士、圣人隐居在民间山野而不过问国家大事，这是朝中主管甄选的官员不了解下情的结果，那么，国君就会受到耳目闭塞的指责。国君受到耳目闭塞的指责，则忠心耿耿的贤士就终身埋没于山野。忠心耿耿的贤士终身埋没于山野，那么奸臣逆子就会横行于朝中。奸臣逆子横行于朝中，那么臣下就不会忠于国君。臣下不忠于国君，国君就会不了解下情。国君不了解下情，所以国家就会遭到灭亡。

人有厚德　无问小节

今人君论其臣也，不计其大功，总其略行，而求其小善，则失贤之数也。故人有厚德，无问其小节。而有大誉，无疵其小故。夫牛蹄之涔不能生鳝鲔[(1)]，而蜂房不容鹄卵，小形不足以包大体也。夫人之情，莫不有所短，诚其大略是也。虽有小过，不足以为累。若其大略非也，虽有闾里[(2)]之行，未足大举。

西汉·刘安《淮南子·氾论训》

【注释】

(1) 鲔（wěi 伟）：古书上指鲟鱼。(2) 闾（lǘ 驴）里：乡里。

【译文】

现在的君主在评论其臣下的时候，不考虑他们建立的大功，不看他们总的表现，一味苛求他们小的善行做得如何，这是一种失去贤士的道理。所以，一个人如有好的品德，就不要计较他无伤大雅的小节；有大的声誉，就不要挑剔他细小的过错。牛蹄坑中的积水不能生长鳝鱼、鲟鱼，蜂房里装不下鸿雁的蛋，那是由于狭小的空间包容不了庞大的物体。人的品性，无不有其短处，只要考察其总的表现就可以了。即使有小的过失，也不足以成为牵累。倘若总的表现不好，虽有小的善行，也不宜重用。

得用人之道而不任己之才

人主者，以天下之目视，以天下之耳听，以天下之智虑，以天下之力争。是故号令能下究，而臣情得上闻。百官修同，君臣辐辏[1]。喜不以赏赐，怒不以罪诛。是故威立而不废，聪明先而不蔽，法令察而不苛，耳目达而不阖，善否之情，日陈于前而无所逆。是故贤者尽其智，而不肖者竭其力，德泽兼覆而不偏，群臣劝务而不怠。近者安其性，远者怀其德。所以然者何也？得用人之道，而不任己之才者也。

西汉·刘安《淮南子·主术训》

【注释】

(1) 辏（còu 凑）：车轮的辐条聚集到中心，引申为聚集。

【译文】

当国君的，借助天下人的眼睛去看一切事物，借助天下人的耳朵去听取各方面情况，借助天下人的智慧去思考，以天下人的力量去与敌对的势力争雄。所以，国家的政策法令才能得到贯彻执行，臣属的情况才能及时了解。各级官员才能团结一致，像辐条聚集在车毂上那样聚集在国君周围。国君不要凭着自己一时的高兴进行赏赐，也不要凭着自己一时的恼怒进行处罚。这样做，已经树立的威望才不会废弛，处理问题比别人聪明而不受蒙蔽，制定的政策法令明察而不严苛，听得多、看得远而不糊涂，天下的好事坏事每天能了解而没有失察的。这样，贤明之人能用尽他们所有的知识和智慧为国效劳，不肖的人能用尽他们所有的力气为国效力。朝廷的恩德覆盖每一个人，无偏无私，各级官员尽心尽力，而不松懈惰怠。近处的人安稳地过自己的生活，远处的人也因国君有高尚的品行而归向。为什么能做到这样呢？都是懂得用人的道理而不迷信个人才华的原因呀。

招贤五戒

齐桓公问于宁戚曰："管子今年老矣，为弃寡人而就世也。吾恐法令不行，人多失职，百姓疾怨，国多盗贼，吾何如而使奸邪不起，民足衣食乎？"宁戚对曰："要在得贤而任之。"桓公曰："得贤奈何？"宁戚对曰："开其道路，察而用之，尊其位、重其禄、显其名。则天下之士骚然举足而至矣。"桓公曰："既以举贤士而用之矣，微夫子幸而临之，则未有布衣屈奇之士，踵门而求见寡人者！"宁戚对曰："是君察之不明，举之不显，而用之疑，官之卑，禄之薄也。且夫国之所以不得士者，有五阻焉：主不好士，谄谀在傍，一阻也；言便事者，未尝见用，二阻也；壅[1]塞掩蔽，必因近习，然后见察，三阻也；讯狱诘穷其辞，以法过之，四阻也；执事适欲，擅国权命，五阻也。去此五阻，则豪俊并兴，贤智来处；五阻不去，则上蔽吏民之情，下塞贤士之路。是故明王圣主之治，若夫江海无不受，故长为百川之主；明王圣君无不容，故安乐而长久。因此观之，则安主利人者，非独一士也。"桓公曰："善！吾将著[2]夫五阻，以为戒本也。"

西汉·刘向《说苑·君道》

【注释】

(1) 壅（yōng 拥）：障蔽、遮盖。(2) 著：写作、撰述，用文字显明地表述。

【译文】

齐桓公问宁戚说："管仲现在年事已高，我最担心的是一旦他离我而去，国家的法令很难再继续执行，官吏失职，百姓会怨声载道，国内盗贼猖獗。我用什么办法才能不使奸邪横行霸道，百姓能够丰衣足食呢？"宁戚回答说："最根本的办法就是选拔贤士而委以重任。"齐桓公说："如何才能得到贤士呢？"宁戚回答说："多种途径招纳贤才，经慎重考核后委以重任，使他们居高官、得厚禄、扬美名。那时天下众贤士将接踵而向齐国奔来。"齐桓公说："我已经注意招贤纳士，委以重任，可现在除有幸得到您以外，再也没有隐居的贤士前来投奔我。”宁戚说：“贤士不来的原因是君王您考察不准确，选拔的人才没能得到重用，即使用起来有时也疑虑重重，任以小官，俸禄又少。国家求不到贤士，有以下五种阻碍：君王厌恶贤士，阿谀奉承的小人侍立左右，这是第一种阻力。君王对进献治国安邦良策的贤士不给予重视，这是第二种阻碍。君王受迷惑被蒙蔽，直言、忠言听不到，君王亲近的人引荐贤才才被选拔，而君王自己却无法察觉，这是第三种阻障。君王审理案件时，言辞尖刻，刑罚超过法度，这是第四种阻碍。君王的官吏为了满足自己的私欲，利用手中的权力，独断专权，这是第五种阻碍。一个国家要去掉这身边五种阻碍，天下豪贤俊士就会迅速涌现，贤才智士就会来到君王身边。这五种阻碍不根除，君王就无法了解官吏和百姓的实情；下面堵塞了贤士进身的路径。所以说圣贤的君王治理国家，就好像那大江大海无所不受，终成百川主宰；圣明的君王对百姓、贤才无所不容，终会长期国泰民安，江山永在。由此看来，能辅佐君王安定天下，有利于全国百姓的贤士，并非只有一个啊！”

齐桓公高兴地说：“好啊！我将牢记这进贤的五种阻障，时刻告诫自己。”

成就大业须下贤

人君之欲平治天下而垂荣名者，必尊贤而下士。《易》曰："自上下下，其道大光。"又曰："以贵下贱，大得民也。"夫明王之施德而下下也，将怀远而致近也。夫朝无贤人，犹鸿鹄之无羽翼也。虽有千里之望，犹不能致其意之所欲至矣。是故游江海者托于舡，致远道者托于乘，欲霸王者托于贤。伊尹、吕尚、管夷吾、百里奚，此霸王之舡乘也。释父兄与子孙，非疏之也；任庖人、钓屠，与仇雠[1]、仆虏，非阿之也；持社稷、立功名之道，不得不然也。犹大匠之为宫室也，量大小而知材木矣，比功校而知人数矣。是故吕尚聘，而天下知商将亡而周之王也；管夷吾、百里奚任，而天下知齐、秦必霸也，岂特舡乘哉？夫成王霸固有人，亡国破家亦固有人。桀用干辛，纣用恶来，宋用唐鞅，齐用苏秦，秦用赵高，而天下知其亡也。非其人而欲有功，譬其若夏至之日而欲夜之长也；射鱼指天，而欲发之当也；虽舜禹犹亦困，而又况乎俗主哉！

西汉·刘向《说苑·尊贤》

【注释】

(1) 仇雠（chóu chóu 仇仇）：仇敌。

【译文】

国君如果想要治理好天下并使功名永垂后世，就必须尊重贤士并谦恭地对待他们。《易经》上说："在上的人谦恭地对待臣下，那他品行就会发扬光大。"又说："以尊贵的身份谦恭地对待卑贱之人，会大得民心。"英明的君王布施恩德并谦恭地对待臣民，就能使远方的民众感怀并使近处的百姓亲附。如果朝中无贤士，就如同鸿雁没有翅膀一样。虽有高飞千里的目标，也不能达到它所想要飞到的地方。因此，横渡大江大海的人要凭借舟船，走远路的人要借助车马，而欲成就霸业的人要依靠贤士。伊尹、吕尚、管仲、百里奚这些人，就像帝王、霸主的车和船。

不重用父兄和儿孙，并不是疏远他们；任用厨师、渔夫、屠户，甚至仇人、仆役、俘虏，也并不是讨好他们。因为要执掌国家政权，走建功立业之路，就不得不这样做。又好比手艺高超的建筑师建造宫室，测量宫室的大小就能知道所需的木料，考察劳作量就知道用人的多少。所以，吕尚受到周文王的聘任，天下的人就知道殷商快要灭亡而周将称王天下；管仲、百里奚被齐桓公和秦穆公任用，天下的人就知道齐国、秦国一定会建立霸业了。这难道只是船和车的作用吗?

成就霸业固然有人，亡国破家也一定有人。夏桀任用千辛，商纣任用恶来，宋王任用唐鞅，齐国任用苏秦，秦始皇任用赵高，天下的人都知道他们将会灭亡。用的人不得当，却想建立功业，这就好像在夏至那天却想使夏夜变长；又如对着天空射鱼，想要发出的箭必中；即便是舜帝、禹帝那样的君王也感到困难，更何况是一般的君王呢!

授以三权　其君南面而霸

齐桓公使管仲治国，管仲对曰：“贱[1]不能临贵。”桓公以为上卿，而国不治。桓公曰：“何故?”管仲对曰：“贫不能使富。”桓公赐之齐国市租一年，而国不治。桓公曰：“何故?”对曰：“疏不能制亲。”桓公立以为仲父，齐国大安，而遂霸天下。孔子曰：“管仲之贤，不得此三权者，亦不能使其君南面而霸矣。”

西汉·刘向《说苑·尊贤》

【注释】

(1) 贱：旧时指地位卑下。

【译文】

齐桓公拟委任管仲治理国家，管仲说：“像我这样卑贱的人，那些达官显贵怎能服我管呢?”桓公任命管仲为上卿，可是国家并没治理好。桓公问：“这是为什么呢?”管仲说：“贫穷的人指挥不动富有的人。”桓公于是把临淄市一年所收的租税全部赏赐给管仲，可是管仲仍然没有把齐国治理好。桓公问：“又是什么原因呢?”管仲答道：“与国君关系疏远的人不能管制国君的亲戚。”桓公于是尊称管仲为仲父，齐国变得安定，不久就称霸天下了。孔子说：“管仲虽然贤能，如果他得不到这三项权力的话，也不可能振兴齐国，使齐桓公面南而称霸呀!”

尊贤在于用其才

桓公问于管仲曰："吾欲使爵腐于酒[1]，肉腐于俎[2]，得无害于霸乎?"管仲对曰："此极非其贵者耳；然亦无害于霸也。"桓公曰："何如而害霸?"管仲对曰："不知贤，害霸；知而不用，害霸；用而不任，害霸；任而不信，害霸；信而复使小人参之，害霸。"桓公："善。"

西汉·刘向《说苑·尊贤》

【注释】

(1) 爵：古代的一种酒器。(2) 俎：古代切肉用的砧板。

【译文】

齐桓公问管仲说："我要让酒在杯中放坏，肉在砧板上放臭，这对称霸有没有妨害呢?"管仲回答说："这些都是不值得重视的，这样做对称霸也无妨害。"齐桓公说："怎么样才会妨害霸业呢?"管仲回答说："不能识别贤人，妨害称霸；识别了贤人却不任用，妨害称霸；任用了却不委以重任，妨害称霸；重用了而不信任，妨害称霸；信任却又让小人干预他，妨害称霸。"齐桓公说："讲得好。"

参善恶以毁誉 课功过以赏罚

夫君者，必量材任以授官[1]，参善恶以毁誉，课功过以赏罚者也。士苟自贤，必贵其身，虽官当才，斯贱之矣。苟矜其功[2]，必蒙其过[3]，虽赏当事，斯薄之矣。苟伐其善[4]，必忘其恶，虽誉当名，斯少之矣。于是怨责之情，必存于心；希望之气，必形于色。此矜伐之士[5]，自贤之人，所以为薄，而先王甚恶之者也。

晋·袁宏《后汉纪》卷六《光武皇帝纪》

【注释】

(1) 材任：有才能堪任事。(2) 矜其功：自夸其功。(3) 蒙：掩盖。(4) 伐：自我夸耀。(5) 矜伐：居功自夸。夸耀自己的才能、功绩和恩惠。

【译文】

当君主的，必须估量人的才智和胜任工作的能力来授予官职，检验人的好坏来进行批评和表扬，考核功绩和过错来进行奖赏和惩罚。士人如果自以为贤能，一定把自己看得很高贵，虽然所任官职适合他的才能，他却认为太低下了。如果自夸功绩，必定掩盖自己的过错，虽然奖赏的与他功劳大小相当，他却认为奖赏太轻了。如果自我夸耀好处，一定不记得自己不好的地方，虽然表扬的与他名声相当，他却认为对他表扬太少了。于是怨恨责怪的情绪，必存于心；期待的神气，必形于色。这类夸耀自己才能的士人，自以为有贤德的人，凭什么认为浅薄，而先王是非常厌恶他们的。

选用人才　委任责成

上辇过郎署，问郎署长冯唐曰[1]："父家何在？"对曰："臣大父赵人，父徙代。"上曰："吾居代时，吾尚食监高祛数为我言赵将李齐之贤，战于钜鹿下。今吾每饭意未尝不在钜鹿也，父知之乎？"唐对曰："尚不如廉颇、李牧之为将也。"上搏髀曰："嗟乎，吾独不得廉颇、李牧为将！吾岂忧匈奴哉！"唐曰："陛下虽得廉颇、李牧，弗能用也。"

上怒，起，入禁中，良久，召唐，让曰："公奈何众辱我？独无间处乎！"唐谢曰："鄙人不知忌讳。"上方以胡寇为意，乃卒复问唐曰："公何以知吾不能用廉颇、李牧也？"唐对曰："臣闻上古王之遣将也，跪而推毂，曰：阃以内者，寡人制之[2]，阃以外者，将军制之。军功爵赏皆决于外，归而奏之。此非虚言也。臣大父言，李牧为赵将，居边，军市之租，皆自用飨士；赏赐决于外，不从中覆也。委任而责成功，故李牧乃得尽其智能……当是之时，赵几霸。其后会赵王迁立，用郭开谗，卒诛李牧，令颜聚代之；是以兵破士北，为秦所禽灭。今臣窃闻魏尚为云中守[3]，其军市租尽以飨士卒，私养钱，五日一椎牛，自飨宾客、军吏、舍人，是以匈奴远避，不近云中之塞。虏曾一入，尚率车骑击之，所杀甚众。夫士卒尽家人子，起田中从军，安知尺籍、伍符！终日力战，斩首捕虏，上功幕府，一言不相应，文吏以法绳之，其赏不行；而吏奉法必用。臣愚以为陛下赏太轻，罚太重。且云中守魏尚坐上功首虏差六级，陛下下之吏，削其爵，罚作之。由此言之，陛下虽得廉颇、李牧，弗能用也！"上说。是日，令唐持节赦魏尚，复以为云中守，而拜唐为车骑都尉。

北宋·司马光《资治通鉴》卷十五

【注释】

(1) 冯唐：西汉安陵（今陕西咸阳东北）人。文帝时，为郎中署长，年已老。曾在文帝前为云中守魏尚辩解，指出“赏轻罚重”之失。文帝乃复以魏尚为云中守，并任他为车骑都尉。景帝时，任楚相。（2）阃：门槛。（3）云中：郡名。战国赵武灵王置。秦代治所在云中（今内蒙古托克托东北）。辖境相当于今内蒙古土默特右旗以东，大青山以南，卓资县以西，黄河南岸及长城以北。西汉辖境缩小，东汉末废。

【译文】

文帝乘车路过中郎的官府，问郎署长冯唐说：“您老人家老家在哪里?”冯唐说：“我的祖父是赵地人，父亲移居代地。”文帝说：“我在代地时，我的尚食监宦官高祛数次对我夸奖当年赵国将军李齐的贤能，讲述他与秦兵在巨鹿大战的情形。现在，每当吃饭时，心思没有不在巨鹿的时候。老人家知道吗?”冯唐说：“李齐比不上廉颇、李牧为将时的才能高。”文帝拍着大腿说：“唉！我怎么就得不到廉颇、李牧那样的人为将军！有了他们，我岂能担忧匈奴呢!”冯唐说：“陛下纵使得到了廉颇、李牧，也不会任用他们。”

文帝大怒，站起身来返回宫中，过了很久，召见冯唐，责备道：“你为何当众侮辱我，难道再没有像你我独处之时的适当的机会吗?”冯唐谢罪说：“我是个粗鄙之人，不知忌讳。”文帝正在考虑匈奴入侵问题；于是终于才再问冯唐说：“你怎么知道我不能任用廉颇和李牧呢?”冯唐回答说：“我听说上古英明的君主派遣将军征战时，跪着推将军的车辆前行，并且说：‘朝内之事，由我来决定，都城以外之事，请将军裁定。所有军功、封爵、奖赏皆由将军在外面决定，回朝后再奏明君主。’这不是虚假的传言。我祖父说，李牧为赵国将军守边时，把从军中市场上所得的税收，都用来犒赏将士；赏赐由将军在外决定，不必请示朝廷批准。对其委以重任而责令成功，所以李牧才能尽其智能。……那时候，赵国几乎成了霸主之国。后来，适逢赵王赵迁即位，他听信郭开谗言，最终诛杀了李牧，命令颜聚代替李牧领兵；正是由于这样，所以赵国军队失败，将士逃离，为秦军所灭。现在我私下听说魏尚任云中郡郡守时，把军中市场交易所得的税收都用来犒赏士卒，还用自己的薪水每五天杀一头牛，自己宴请宾客、军吏和幕僚属官，因此，匈奴远远地逃避，不敢接近云中边塞。匈奴曾经一次入侵云中郡，魏尚率领车骑部队迎击，杀了很多匈奴入侵者。那些英勇作战的士兵都是百姓子弟，从田间出来从军，怎么能知道‘尺籍’、‘伍符’等等军规！整日拼死力战，斩首捕虏。可是在向朝廷上报战果军功时，只要稍有出入，那些咬文嚼字的官员，就会对他们绳之以法，应得到的赏赐就会化为乌有；而那些官吏所依据的法令却必须执行。我以为陛下赏太轻，罚太重。而且云中郡守魏尚由于上报斩敌首级数量只相差六个，陛下就将他交给官吏治罪，削去他的爵位，判他徒刑。由此说来，陛下即使得到廉颇、李牧，也不能任用啊！”文帝欣然接受了冯唐的批评意见。当天，就令冯唐持皇帝的信节去赦免魏尚，重新任命魏尚为云中郡太守，而任命冯唐为车骑都尉。

善驭众者以赏罚为先

赏不逾[1]时，欲民速得为善之利也；罚不迁[2]列，欲民速睹为不善之害也。有功见知，臣下所以悦。有罪不诛，天下何自化[3]？是以善驭众者以赏罚于先，行赏罚者以信必为止。功有可赏，必当如太宗之立赐金，光弼之立赐绢，使无改其时；彼见其有功者必赏，岂不知为善获利之速乎！罪有可诛，必当如吴起之立斩勇者，光弼之立斩退者，使无移其列；彼见其有罪者诛，岂不知为恶被害之速乎！若然，则迁善远罪者往往皆是，殆[4]有不可胜赏者矣。罚何所施乎？噫！信贷必罚，宣帝以是而中兴，况用兵乎！

北宋·施子美《施氏七书讲义·司马法讲义·天子之义》

【注释】

(1) 逾：超过、越过。(2) 迁：迁移、移动。列：行列、位次、排列。(3) 化：感化。(4) 殆：大概。

【译文】

赏不可过时而赏，为的是使人民迅速得到做好事的益处。罚不可离开行列再罚，为的是使人民迅速看到做坏事的害处。有功绩而能被上级及时了解，臣下就会高兴。有罪过不惩罚，人民怎么能得到教育而自觉改恶向善呢？因此，善于领导民众的人，总是把赏罚严明放在首要的位置，而施行赏罚时又以严守信用并行不误为之最。有功劳应该奖赏，一定要像唐太宗在大臣王志宁、孔颖达谏阻太子无礼行为时就立即赐黄金以表其功那样，或像唐代大将李光弼在战场上见到小兵临危不惧用长矛刺伤敌将战马时，立即赏给丝绸那样，使奖赏当场兑现不拖延时日；人们看到有功者一定会受到奖赏，怎能不知道做好事会很快得到好处呢！有罪过应该惩罚的，一定要像吴起对待蛮勇、不听指挥的部将立即斩首那样，或像李光弼对不战而退、临阵脱逃的人立即斩首那样，在士兵队列还没有离开阵地之前就执行军令；人们看到有罪恶的人一定会受到惩罚，怎么能不知道做坏事会很快招致祸害呢！如果这样，人们自觉向善而主动避免犯罪的就会比比皆是，做好事的人就会越来越多，大概会赏不胜赏了。至于那时，惩罚还往哪里施用呢？噫！赏罚严明，汉宣帝因此而使朝政振兴，何况用兵呢！

资格之弊

今贤材之伏于下者，资格阂之也；职业之废于官者，资格牵之也；士之寡廉鲜耻者，争于资格也；民之困于虐政暴吏者，资格之人众也；万事之所以玩弊[1]、百吏之所以废弛、法制之所以颓烂决溃而不之救者，皆资格之失也。……利之者，蠢愚而废滞者也；便之者，耋[2]老而庸昏者也。而于天下、国家焉，则大失也、大害也！

北宋·《宋文鉴》卷一〇三　孙洙《论资格》

【注释】

(1) 玩弊：苟且败坏。(2) 耋（dié 迭）老：老迈。

【译文】

当今贤能之才之所以居于下位，是因为资格造成了障碍；官府的职务之所以旷废，是因为受到资格的牵制；士人之所以寡廉鲜耻，是因为要为自己争得资格；百姓之所以苦于虐政暴吏，是因为凭资格进用的人太多；万事之所以苟且败坏、百吏之所以玩忽职守、法制之所以衰朽溃乱而不能挽救，都是因为资格造成的弊端。……认为资格之法有益的，是愚蠢而升进滞缓的人；认为资格之法便利的，是老迈昏庸的人。而对于天下、国家，则是大失、大害！

善治者善执天下之辔

四马之于车也，奔走疾迟，至难齐也。夫人之于马，必待夫躬临之而后如意耶，则一车而四驭，未能足也。今一御而四马之迟速，惟十指之听者，以吾所执者辔也。以一辔之约，制四马之节，执马之要，虽欲不吾听，不可得也。是先王之所以役天下者，执天下之辔也。

今夫欲天下之畏也，而陈之以刀锯(1)；欲天下之爱也，而陈之以玉帛(2)。夫刑戮赏赐，非不足以立畏爱也，然必陈其物，设其具，则刀锯金帛，非不给矣，为之不得其要，用之不中其节，用力劳而功不成。其事烦，其教粗。吾与物以力相胜，而物之从之也，内有不服之心，而吾力之所不周者，乱所从起。故圣人本法而明术。四凶(3)，天下之巨奸也；商容、比干、箕子(4)，商之望也。舜欲使天下不犯于有司，而度罪之不可以尽刑也，取天下之巨奸者击之，天下虽有悍强不服者，知所畏矣。舜非徒能施刀锯也，能沮其不畏之情也(5)。武王得商之善者，而度其未可尽赏也，取世之望者三人而尊礼之，而商之为善者悦矣。武王非徒知尊礼也，能动其悦我之心也。故舜、武王善执天下之辔者也。

南宋·陈傅良《永嘉先生八面锋》卷十二

【注释】

(1) 刀锯：刀和锯，古代刑具，亦代指刑罚。(2) 玉帛：圭璋和束帛。此泛指财富。(3) 四凶：相传为尧舜时代四个有恶名的人：浑敦、穷奇、梼杌、饕餮（tāo tiè）。(4) 商容：一作“常枞”，纣之乐官。重信义，知礼容，以贤为纣忌恨并免去他的官职。周武王灭商后，表彰了商容居住的里巷。比干：商宗室，纣叔父，官至少师。纣暴虐无道，国势垂危。他以死谏，曰：“为人臣者，不得不以死争。”纣怒曰：“吾闻圣人心有七窍。”剖比干，观其心。周武王灭商后，封比干墓，以彰其节。箕子：商宗室，纣叔父。官至太师，封于箕（今山西太谷东北）。纣暴虐，多规谏。比干强谏被杀，他惧而佯狂为奴。仍被囚禁。周武王灭商后获释。武王封箕子于朝鲜，并许他不称臣。今平壤有箕子墓。(5) 沮（jǔ）：终止、阻止。

【译文】

四匹马拉一辆车，奔跑起来，有快有慢，最难步调一致。人对于马来说，如果一定等到亲自去牵引然后才能使马听从人的意愿，那么即使一辆车配上四个驭手，也是不够用的。如今只用一个驭手驾驭马车，四匹马快慢的步调，只听从十个手指头的控制，就是因为驭手掌握着马的缰绳。用一根缰绳的约束力，控制着四匹马的节奏，掌握着马的要害，即使它们想不听从驭手的指挥，也是不能的。因此，先王能够牢牢统治天下的原因，就在于掌握住了天下的“缰绳”。

现在，当权者想要天下人惧怕自己，就把刑具陈列出来；想要天下人喜欢自己，就把财物陈列出来。刑戮和赏赐不是不能让人们产生惧怕自己或喜欢自己的心理，然而必定要陈设刑具和财物，那么刑具和财物不是不能派上用场，但如果用起来不得要领，不知适可而止，用力辛劳，却不见功效。政事烦琐，教育粗略，当权者与百姓的关系是靠权力制约的，因而百姓不得不服从统治，百姓中仍有些人对我心怀不满，而我的权力没有达到的地方，祸乱就从那里起来了。所以圣人治理天下遵循法度而又注意技巧。四凶是尧舜时代天下最凶恶的人，商容、比干、箕子是商代最有声望的人。舜想使天下人不再触犯有关部门所制定的刑律，也考虑到对于犯罪的人不可能全都使用刑罚，便选取了天下最为凶恶的进行打击，这样天下即使还有凶悍强劲的恶人，也知道害怕了。虞舜不是仅仅只用刑罚，而能遏制臣下对朝廷无所畏惧的心态。周武王得到了一批商朝的贤人，但考虑到这些人不能全都得到奖赏，便选取了当世最有德望的三位，待之以尊贵的礼仪，商朝那些贤人都高兴了。周武王不是只知道对最有德望的人待之以尊贵的礼仪，也能鼓动起那些贤人喜爱他的心。所以虞舜、周武王是善于掌握天下“缰绳”的人。

使人速得为善之利

昔柳宗元作《吏商》，世儒皆深排而力诋之。以愚观之，宗元之说，责之以吾儒分内之事，诚不逃议论之域也。若上之人施之以救未流之弊，岂不犹愈于严刑峻法之禁乎？世儒未可以轻议宗元也。且天下之中人，所以勉于为善者，以其知有为善之利也。圣人之为天下，所以上自公卿，而下至匹夫，一有小善，不终朝而赏随之，亦欲使人速得为善之利也。夫使天下之中人，勉强于为善，而无所邀持歆羡[1]于其间，吾恐其为之之志，未有久而不辍者。夫惟善方形于此，利已得于彼，其善愈博，其利愈大，则天下之凡至于得者，皆将鼓舞奔走，日夜惟善之归矣。何者？均是利也，而此以美名得之，彼以不美名得之；彼之所得者小，而此之所得者大。人岂有不弃恶而趋美、辞小而就大者哉？故宗元之说，未可以轻议也，但不可自吾儒言之。若操赏罚以制天下者，则诚不可不知此言也。世儒于此，又曰为善不可使人有利心。嗟夫！善固不可以利心而为之也，然与其严罚峻刑制之，而终不知为善，孰若以利心诱之，而使之乐于为善耶？敢于刑人罚人，不敢于诱人，愚不知其说也。

南宋·陈傅良《永嘉先生八面锋》卷十一

【注释】

(1) 歆羡：爱慕。

【译文】

从前，柳宗元写过一篇《吏商》，读书人都大加排斥，极力诋毁。而以我看来，柳宗元的观点，如果以为善是读书人的分内之事来要求，的确逃脱不了让人非议的境地。假若掌握权力的人施行它，用来救治社会上颓风败俗之类弊病，难道不是还胜过用严刑峻法去禁止吗？读书人不可以轻易地批评柳宗元。况且天下的一些普通人，之所以能尽力去做一些好事，是因为他们知道做好事的好处。圣人治理天下的时候，上自公卿，下到普通百姓，一旦他们有一点点善事，等不到一天，奖赏就跟随而至了，也是想让这些人尽快得到做好事的好处。如果让天下普普通通的人，勉强去做些好事，而从中又得不到使人羡慕的好处，我恐怕他们做好事的意愿，没有长久不辍的。如果刚在这里做了好事，便在那里获得了利益，他的好事做得越多，他获得的利益越大，那么，天下凡是想通过做好事而达到获利目的那些人，都将为此而振奋奔走，日日夜夜只去做好事。为什么呢？同样是获得利益，而这里是用美好的名声获得的，那里是用不太光彩的名声获得的；那里获得的利益小，而这里获得的利益大。人们哪有不厌弃丑恶而趋向美善、丢开小利而趋向大利呢？所以说柳宗元的观点，不可以轻易地批评。当然这话不应该从我们这些读书人的嘴里说出来。如果是掌握赏罚大权而统治天下的那些人，那的确不应该不知道柳宗元《吏商》一文中的观点。读书人对于这点，又说做好事不应该使人产生获利之心。唉！好事当然不可以凭利欲之心去做，然而与其用严刑峻法控制百姓，以至于使他们始终不知道做好事，怎么比得上用利欲之心去诱导他们，而使他们乐于做好事呢？敢于制裁人、处罚人，不敢于诱导人，我不知道其中的道理是什么。

对人才要封殖护持

国家养育人才当如养木，彼楩楠[1]豫章之材，封殖之，护持之，任其长成，一旦可以为明堂太室[2]之用。如或牛羊啮[3]之，斧斤伐之，则将憔悴惨淡无生姿，或枯槁而死矣，又安能有干霄拂云之势耶？士大夫亦然。国家以爵禄道之，以语言使之，精神横出，材气得伸，锐于有为，然后得为我用。傥绳以文法，索过求瑕，为之则有议，言之则有罪，将括囊[4]袖手，相招为自全计矣，国家何赖焉？……自非坚刚不拔之志，超世绝伦之人，其遇忧患、遭废绌而不变易者，鲜矣哉。

金·刘祁《归潜志》卷十二

【注释】

(1) 楩（pián 骈）楠（nán 南）豫章：皆为优良树木名。此处泛指优良木材。(2) 明堂太室：明堂，古代帝王宣明政教的地方，凡朝会、祭祀、庆赏、选士、养老、教学等大典均在此举行。太室，天子之祖庙为太庙，太庙之中室为太室。此处意指国家最重要的场所、地方。(3) 啮（niè 聂）：咬。(4) 括囊：扎束袋口。

【译文】

国家培育人才应当像养育树木一样，对于那些楩楠豫章之材，加以栽培种植，保护扶持，随其长成，有朝一日便可以成为建筑明堂太室的贵重材料。如果任由牛羊啃咬，任由斧子砍伐，那么它们就将憔悴惨淡而无生机，或者枯萎干槁而死，又怎能有钻天入云之茂盛呢？对于士大夫也是如此。国家用爵禄引导他们，用语言任用他们，他们就会精神横溢，才气彰显，奋发有为，这样，才可为我所用。倘若用文法来约束他们，查过索错，吹毛求疵，干事便遭议论，说话便获罪名，他们必将缄默不语，袖手旁观，各自寻求保全自身之计，那么，国家依赖何人呢？……如果本来就不是具有坚韧不拔的志气的超世绝伦之人，那么，他们遭遇忧愁困患，遭受黜退贬斥而不改变初衷的，实在是少见啊！

用人得当则民安

生民休戚，系于用人之当否。用得其人，则民赖其利；用失其人，则民被其害。自古论治道者，必以用人为先务。用既得人，则其所为善政者，始可得而行之。以善人行善政，其于为治者何有。皇帝陛下念及生民，实天下之幸，但朝廷用人，失于太宽，委任之初，不知审择，使善恶邪正，混然无别；既授以政，而居民之上矣，中间固有暴扰侵渔[1]之害，其势然也。今不求其本，直欲改其事一二，以为便民之举，将见一弊才去，一弊复生，后日改行之事，其害民者，未必不甚于前也。徒见纷更，恐终无益。臣等伏愿皇帝陛下，顺考古道，简用实材，重御史、按察之权，严纠弹[2]、考核之任，使贤者日进，不肖者日退，则天下之民，何患不安乎！

元·许衡《许文正公遗书·论生民利害书》

【注释】

(1) 侵渔：侵夺，从中侵吞牟利。(2) 纠弹：举发弹劾。

【译文】

为政者用人恰当与否与百姓休戚相关。用人得当，那么百姓就依赖他获得利益；用人不得当，百姓就会受到伤害。自古以来论述治理国家的方法的人，一定都把用人作首要之务。用人得当国家所制定的好的政策才可以得到施行。用好人实行好的政策，对于那些治理国家的人有什么难的呢？

皇帝想着百姓，实在是全国的幸事，但是朝廷在任用人才方面，有过于宽泛过失，用人之始，不知道审察和选择，使好的、坏的、奸邪的、正派的，都混在一起而不加以区分；既然把政事交给他们处理，他们也就凌驾在百姓头上了，其中会出现欺凌、侵扰、用不正当手段夺取百姓财物的危害，这是（太宽的用人标准）造成的吏治这样。现在却不探求解决事情的根本，只是想改变一两件事情，就认为是方便百姓的做法，那么将会看到的是一种弊病刚除掉，另一种弊病又出现了，后来改做的事情，它们对老百姓的损害，未必不比从前的更厉害。只是徒然有众多的变更，恐怕最终没有实际的好处。

我们做臣子的希望皇帝回过头去考察古代的治国规律，选拔任用真正的人才，重视御史按察的权力，严肃督察检举考核的职责，使有才能的人渐渐地进入朝廷被任用，没有才能的庸才渐渐地被辞退，那么天下的老百姓又怎么会担忧不安定呢！

任人在乎公正

为邦在于任人，任人在乎公正，公正之道莫先于赏罚，斯为政之大柄也。苟赏罚匪当，淑慝莫分[1]，朝廷纪纲，渐致隳[2]紊。必须公正之人典衡轴，直躬敢言，以辨得失，然后彝[3]伦式序，庶务用康。

元·脱脱等《宋史·赵普传》

【注释】

(1) 慝（tè）：邪恶。(2) 隳（huī 灰）：毁坏、崩毁。(3) 彝（yí 仪）：常理、法理。

【译文】

治国的关键在于任用人才，任用人才的原则在于公正，公正的标准首先是赏罚要分明，这是治理政务的关键啊。假若赏罚不当，贤良和邪恶不分，那么朝廷的纲纪就要渐渐毁坏和混乱。因此一定要由公正的人担任中枢要职，勤于政事，正直敢谏，帮助天子分辨得失，这样就能按伦常行事，按程序理政，这样国事就顺畅了。

明辨君子与小人

君子不以言废人，不以人废言，大开言路，所以成天下、安兆民也。天地之大，日月之明，而或有所蔽。且蔽天之明者，云雾也；蔽人之明者，私欲佞[1]说也。常人有之，蔽一心也；人君有之，蔽天下也。常选左右谏臣，使讽谕于未形，忖画于至密也。君子之心，一于理义，怀于忠良；小人之心，一于利欲，怀于谗佞。君子得位，有容于小人；小人得势，必排于君子。明君在上，不可不辨也。孔子曰："远佞人"。又曰："恶利口之覆邦家者。"此之谓也。

明·宋濂等《元史·刘秉忠传》

【注释】

(1) 佞说：逢迎讨好的话。

【译文】

品德高尚的君子，不因为几句话说得不对就把一个人彻底否定掉；也不因为一个人品德不好，就把他说对的话也否定掉。只有广开言路，才能完成统一天下、安抚百姓的大业。天地这么广大，日月这么明亮，然而有时也会遭到遮蔽。遮蔽天上日月的是云和雾，遮蔽人们明察的是私欲和谄媚。一般百姓遇有这种情况，只是蒙蔽了个人思想；而君主遇有这种情况，则是蒙蔽了整个天下。所以作为君主，常常选拔敢于谏诤的大臣，在自己未形成蒙蔽之前便有人劝告提醒，提前帮助自己思考筹划。君子的思想，专心致志于恪守道理与正义，怀抱忠良之心；小人的思想，一味追逐利欲，怀抱谗佞之心。君子有了地位，尚能容纳小人；小人得势，必然排斥君子。英明的君主在上，对此不可不明察。孔子说："要远离佞人。"又说："要厌弃那些花言巧语导致国破家亡的人。"说的就是这个道理。

勿以小过戕害人才

是故古之用人者，日夜思之，必其人之足以当是任也，然后以是任畀[1]之而不疑。今也不然，以小善而遽进之，以小过而遽戮之。陛下求贤之急虽孜孜，而贤才不足以副陛下之望者，殆此也。且夫天下之才，生之为难，成之为尤难。陛下既知生之成之之难矣，又岂忍以区区之小故而即付于刀锯斧钺[2]之地哉。昔汉武帝以英武之资，而所用之人，或朝奏暮召，小不如意，则诛戮随之耳。故汲黯[3]有言曰："以有限之才，纵无穷之诛。"武帝曰："不然，天下之才无穷，特患人君不能用之。"臣以为武帝非不能用之，患在不能知之耳。苟诚知之也，大以成其大，小以成其小，量其才而任之以官，因其能而授之以职。果奸邪也，则诛之戮之。果庸劣也，则黜之退之，又何忍于杀戮而后曰"吾能用天下之才也"哉？

明·《明经世文编》卷十　练子宁《廷对策》

【注释】

(1) 畀（bì）：给予。(2) 钺（yuè）：兵器，其形似斧。(3) 汲黯（？—前 112 年）：字长孺。濮阳（今河南濮阳西南）人。西汉大臣，曾任太守。

【译文】

所以古代任用人才的人日夜考虑的一定是所用的人能够担当这个职务，考虑成熟后便授予这个职务，而不再怀疑。现在却不然，有一点小功劳便很快提拔，犯了一点小过错又即刻处死。陛下虽孜孜不倦地求贤，贤才却总不能令陛下如意，其原因就在于此。况且说天下人才的产生是困难的，培养成才就更难了。陛下既然知道人才天生和成长的困难，怎能因一点小的原因就将他们置于死地呢。汉武帝是英武之主，但在用人时，常常是上午被推荐，下午就征召任用，稍不如意，就处以极刑。所以，汲黯批评武帝说："对有限的人才，肆意无穷诛杀。"武帝却说："不是这样。天下有无穷无尽的人才，只怕君主不能使用。"臣以为，武帝并非不能用人，毛病在于不能知人呀！倘若真能知人善任，大材大用，小材小用，量才任官，因能授职。确为奸邪者处死；确为庸人者摒退，又何必一面忍心诛杀，一面说“我能用天下的人才”呢？

用舍进退　以功为准

夫器必试而后知其利钝，马必驾而后知其驽良。今用人则不然，称人之才不必试之以事，任之以事不必更考其成。及至偾事[1]之时，又未必明正其罪。椎鲁少文[2]者以无用见讥，而大言无当者以虚声窃誉，倜傥伉直者以忤时难合[3]，而脂韦逢迎者以巧宦易容[4]。其才虽可用也，或以卑微而轻忽之。其才本无取也，或以名高而尊礼之。或因一事之善而终身借之以为资，或以一动之差而众口訾[5]之以为病。加以官不久任，事不责成，更调太繁，迁转太骤，资格太拘，毁誉失实。且近来又有一种风尚，士大夫务为声称，舍其职业而出位，是思建白条陈，连篇累牍，至核其本等职业，反属茫昧。主钱谷者不对出纳之数，司刑名者未谙律例之文，官守既失，事何由举？凡此皆所谓名与实爽者也。如此则真才实能之士何由得进，而百官有司之职何由得举哉？

故臣妄以为世不患无才，患无用之之道。如得其道则举天下之士，唯上之所欲为，无不应者。臣愿皇上慎重名器，爱惜爵赏。用人必考其终，授任必求其当。有功于国家，即千金之赏、通侯[6]之印亦不宜吝；无功于国家，虽嚬[7]笑之微、敝袴[8]之贱亦勿轻予。

明·张居正《张太岳集》卷三六《陈六事疏》

【注释】

(1) 偾（fèn 奋）事：败事。(2) 椎鲁少文：愚钝，不善言辞。(3) 倜傥伉（kàng 抗）直：豪爽刚直。忤时：不合时宜。(4) 脂韦逢迎：阿谀逢迎。巧宦：善于钻营奉承。(5) 訾（zǐ 紫）：诽谤非议。(6) 通侯：列侯，此处泛指公、侯、伯等高级爵位。(7) 嚬（pín 贫）：皱眉。(8) 敝袴（kù 库）：破旧的裤子。

【译文】

器物必经使用才能知道锋利还是不锋利；马匹必经驾驭才能知道是劣是良。可是，当今用人却不是这样，称赞某人有才，不需试用就任用；任职之后，也不考察其是否称职。等到败事之时，又不给予公开应有惩罚。愚钝而不善辞令的人被讥笑为无能，吹牛撒谎的人浮名窃取盛誉，爽直刚正的人因不合时宜而遭到排挤，阿谀逢迎的人因善于钻营而官运亨通。有才干的人因地位低下而受轻视。无才干的人因有名气而受重用。有的人只因一件事做好了，就可当做终身的资本；有的人却因一件事做错了，就遭到众人的指责。再加上官员任期短，不察实绩，调动频繁，升迁太快，太拘泥资格，称誉和诽谤都失真。且近来，又兴起这样一种风气，士大夫追求名声，舍本而不务正业，只考虑如何向皇帝提建议，建议提起来连篇累牍，至于核查他们的本职之事，反而茫然无知。管财政的不知道出纳数目，管司法的不懂法律条文。官吏职守尽失，国家事情怎么能办成呢？凡此种种都是名不副实。像这样，真正有才干的人怎么能够提拔上来，各级官吏应做的事又怎么能够做得好呢？

所以臣以为不必担心世上无人才，怕的是没有正确的用人方法。掌握了正确的用人之法，就能使天下之士都按皇帝的意愿办事没有不顺从的。臣希望皇上谨慎地处理有关官职、爵位和赏赐的事。用人一定要查其实效，授官一定要力求职能相符。对有功于国者，就是千金之赏、通侯之印也不要吝惜；对无功于国者，即使是微小的奖赏也不能轻易给予。

不以小过轻弃人

丞相丙吉驭吏嗜酒[1]，尝醉呕丞相车上，主吏欲斥之[2]，吉曰：“以饱醉之失去士，使此人将何所容？此不过污丞相车茵耳。”遂不去也。此驭吏边郡人，习知边塞警备事[3]，尝出，适见驿骑持白囊。驰至，驭吏因随至公车刺取，知虏入云中、代郡，遂归府见吉，曰：“恐虏所入边郡，二千石长吏有老病不任兵马者[4]，宜可豫视。”吉善其言，召东曹[5]。案边长吏，科条某人。未已，诏召丞相、御史，问以虏所入郡吏，吉具对。御史大夫卒遽不能详知，以得谴让。而吉见谓忧边思职，驭吏力也。吉乃长叹曰：“士无不可容，能各有所长。向使丞相不先闻驭吏言，何见劳勉之有？”此驭吏大有心胸人，若以为酒徒而斥之，彼虽欲自效无由也。官之待吏者，勿以小过轻弃人；而吏之有过获免者，益当厚自奋励，尽心公事，图报恩遇，则两得之矣。

清·陈宏谋《在官法戒录》卷二

【注释】

（1）驭吏：驾车的人。（2）主吏：主管官员。（3）警备：警报，备战。（4）二千石长吏：指俸禄为二千石粮的高官。兵马：军事。（5）东曹：丞相的属官。

【译文】

丞相丙吉的驾车小吏嗜酒，曾经因为喝醉酒而呕吐在丞相的车上，主管官吏想赶走他，丙吉说：“因为醉酒的过失而将人赶走，叫这个人在哪里能容身呢？这不过是弄脏了丞相车上的垫子罢了。”最终没有将他赶走。这个驾车的小吏是边郡人，熟知边塞上警备方面的事情，他曾经外出，正好看到驿站的骑兵手持白色的口袋疾驰而来，待到驿站的车来到近前，驾车的小吏乘机便跟随到官车探听，得知敌人入侵云中、代郡，便马上回到官府去见丙吉，说：“我担心敌人所入侵的边郡中，郡守有年老生病不能胜任领兵打仗的，朝廷或许可以预先审察。”丙吉认为他说得对，于是召集各部属官，审察边郡的长官，将他们按年龄、经历和擅长、文武等分成不同的类。还没有做完，皇上就下诏召主相、御史，询问敌人所入侵边郡的官员情况，丙吉一一作了回答。御史大夫突然被问，仓促间不能详细了解，因此受到批评。而丙吉却被夸奖为忧念边郡的安危、心中不忘自己的职责，这都是驾车小吏的功劳。丙吉由此感叹道："任何人都没有不能容忍的，人的才能各有所长。假使当初我没有事先听到驾车小吏的话，又哪里会受到嘉勉呢?"这位驾车的小吏是个很有抱负的人，如果认为他是个酒徒而将他赶走，那么他即使想效力也没有机会了。作为长官对待小吏，不要因为犯有小错而轻易将其抛弃；作为小吏，如果有错误却得到免除处罚的，更应该自我激励奋发图强，竭其心力为国效劳，投身公务，报答所受的恩遇，这样一来，就两全其美了。

福吏为上　能吏次之

良吏有二，才气开张，遇事能断，智足以集事，此能吏也。朴茂庞厚，安静若无能，每事欲置斯民于无事之地，此福吏也。福吏为上，能吏次之。以能吏之效在事功，福吏之效在元气也。王新城尚书谓："忠厚悖大，培养元气，最关治体。"世皆重能吏，而不知重福吏，何邪？

清·袁守定[1]《图民录》卷一

【注释】

(1) 袁守定（公元1705—1782年），字叔论，号易斋，丰城人。雍正庚戌进士，官芷江知县，擢主事。著有《未学诗钞》。

【译文】

好的官吏有两种，才华横溢，遇到事情能够有决断，足智多谋能够办成事，这是能干的官吏。朴实敦厚，安详闲静，好像没有什么能力一样，但每件事都想处理得让民众感觉好像没有发生什么事情一样，这样的官吏是有福气的官吏。有福气的官吏最好，能干的官吏就差一等。因为能干的官吏价值在于建立事功，有福气的官吏的价值在于为社会培养元气。尚书王新城说："忠诚厚道，淳朴宽大，培养社会的元气，这是治理社会最重要的事情。"社会上一般都重视能干的官吏，却不知道重用有福气的官吏，这是为什么呢？

限资格 则士大夫无生气

而凡满州、汉人之仕宦者，大抵由其始宦之日，凡三十五年而至一品[1]，极速亦三十年。贤智者终不得越，而愚不肖者亦得以驯而到。此今日用人论资格之大略也。夫自三十进身，以至于为宰辅、为一品大臣，其齿发固已老矣，精神固已惫[2]矣，虽有耆[3]寿之德，老成之典型，亦足以示新进；然而因阅历而审顾，因审顾而退葸[4]，因退葸而尸玩[5]，仕久而恋其籍，年高而顾其子孙，儽[6]然终日不肯自请去。若有故而去矣，而英奇未尽之士，亦卒不得起而相代。此办事者所以日不足之根源也。城东谚曰："新官忙碌石駘[7]子，旧官快活石狮子。"盖言夫资格未深之人，虽勤苦甚至，岂能冀甄拔？而具形相向坐者数百年，莫如柱外石狮子，论资当最高也。如是而欲勇往者知劝，玩恋者知惩，中材绝侥倖之心，智勇甦束缚之怨，岂不难矣！至于建大猷，白大事，则宜乎更绝无人也。其资浅者曰：我积俸以俟时，安静以守格，虽有迟疾，苟过中寿，亦冀终得尚书、侍郎。奈何资格未至，哓哓[8]然以自丧其官为？其资深者曰：我既积俸以俟之，安静以守之，久久而危致乎是。奈何忘其积累之苦，而哓哓然以自负其岁月为？其始也，犹稍稍感慨激昂，思自表见，一限以资格，此士大夫所以尽奄然而无有生气也。当今之弊，亦或出于此，此不可不为变通者也。

清·龚自珍《龚自珍全集·明良论三》

【注释】

(1) 一品：官秩名，是九品中的最高一级。(2) 惫（bèi 备）：疲乏。(3) 耆（qí 其）：老。(4) 葸（xǐ 洗）：害怕、胆怯。(5) 尸玩：尸位素餐，玩忽职守。(6) 儽（lěi 垒）：颓丧的样子。(7) 駘（dāi）：通"呆"。(8) 哓哓（xiāo xiāo 肖肖）：争辩声。

【译文】

凡是做官的满洲人、汉人，从开始做官之日算起，一般要三十五年才能做到一品，最快也要三十年。有才能的人也总不能提前，无能之辈却可以凭借驯服、无所作为而达到一品。这就是当今用人讲资格的大概情况。如果是三十岁做官，直到升任一品大臣时，年纪已经老了，精力也已经疲惫了，尽管年高德劭，办事稳健，可以做新官的榜样，但是，往往会因阅历多而谨小慎微，因谨小慎微而畏缩不前，因畏缩不前而玩忽职守。官做得久了容易留恋位子，年纪大了喜欢为子孙着想，于是，终日颓唐却又不肯辞职。即使有的人因故而辞官去职，也不会起用聪明才智之士来取代他们，仍然要论资排辈。这是能办事官员越来越不足的根源。城东有句谚语说："新官忙碌石呆子，旧官快活石狮子。"是说资格浅的新官即使是十分勤勉，难道会有破格提拔的希望吗？若论资格，谁也比不上衙门门柱外的石狮子，它们徒有威严的外表，相向而坐了几百年，资格最老。实行论资排辈，却想使勇于任事者得到鼓励，玩忽职守者得到惩戒，才干一般者没有侥幸心理，才干出众者消除怀才不遇的怨恨，实在是非常困难的。至于能够积极考虑国家的长远大计，主动向上级提出有关大政方针的建议那就更是无人了。因为，资格浅的人会说：我只要熬年头等待，安分守己，纵然有先有后，如果过中年，总有希望做尚书、侍郎。何必在资格不足之时，因和上级争辩，从而把过去的辛苦付之东流呢？资格深的人会说：我既然已经熬了许多年头，只要安分守己，时间长了，危险就自会降临他们那里，为什么要忘记这么多年积累的痛苦，因与人争辩，而辜负了自己的岁月呢？新官上任一般还有点感慨激昂的朝气，想做一番事业，一旦由于论资排辈而被限制住了，这些士大夫所以就默默无语丧失生气。当今的种种弊端，或许也是出于论资排辈吧，这不能不改革。

后　　记

经过三年多的努力，《人才鉴要——中国人才思想原典》终于付梓出版了。

在本书编写过程中，我们坚持以辩证唯物主义和历史唯物主义为指导，在先秦至清代浩如烟海的典籍中，经过反复梳理，去粗取精，深入分析，筛选出 300 多篇有关文献，按照人才学逻辑关系和当前人才工作的实际需要，分编为人才价值、成才之路、用才之道、识才之术、激励保障五个篇章，并对每个篇章都写了简要的导读，以便读者阅读与借鉴。

中国古代人才思想博大精深，历史悠久，经过几千年的丰富发展，已成为中国传统文化不可或缺的重要组成部分。她哺育了一代代精英骄子，孕育了优秀的人才选拔制度，促进了国家管理和社会进步。我们所以编写《人才鉴要——中国人才思想原典》，就是要弄清中国人才思想发展渊源，找出人才的成长、使用和管理规律，为当前人才资源开发和人才队伍建设服务，为建设社会主义现代化国家、构建社会主义和谐社会服务，为中华民族的伟大复兴服务。

本书是中国人才研究会、北京大学政治发展与政府管理研究所、国家干部考核研究中心共同组织编纂的系列人才学研究丛书的重要组成部分。除徐颂陶、余兴安两位编著者外，在编写过程中，陈建辉同志提供了部分文字的初稿，陈二伟、类成普、王鼎、刘丽、邓少平、黄田田同志为资料的核对等付出了诸多辛劳，北京大学王浦劬、谢庆奎、燕继荣教授给予大力支持，在此一并感谢！中国人事出版社领导及编辑室同志反复审校书稿并促成顺利出版，特予鸣谢！

编著者

2011 年 7 月